KB118716

민본경제
民本經濟

따뜻한 마음 냉철한 이성

제1권

나남
nanam

나남신서 1976

민본경제
따뜻한 마음 냉철한 이성

제1권

2018년 9월 10일 발행
2018년 9월 10일 1쇄

지은이   정창영
발행자   趙相浩
발행처   (주) 나남
주소   10881 경기도 파주시 회동길 193
전화   (031) 955-4601(代)
FAX   (031) 955-4555
등록   제 1-71호 (1979.5.12)
홈페이지   http://www.nanam.net
전자우편   post@nanam.net

ISBN 978-89-300-8976-0
ISBN 978-89-300-8001-9 (세트)

나남신서 1976

민본경제
民本經濟
따뜻한 마음 냉철한 이성

제1권

정창영 지음

나남
nanam

People First Economy

by

Jung Chang Young

nanam

머리말

이 책은 당대를 사는 국민들의 경제생활 또는 살림살이에 대해서 일반 독자들이 쉽게 이해할 수 있도록 풀어 쓴 교양도서이다. 두 가지 생각이 기초를 이루었는데, 하나는 경제이론과 경제현실은 서로 부합해야만 한다는 것이다. 즉, 경제이론(경제학)은 한국경제의 현실에서 가장 중요한 문제를 중요하게 다루어야 한다.

우리는 구미(歐美) 주류경제학의 영향으로 주요 거시경제지표에 주로 의존해서 국민경제를 분석하고 운영하는 데 익숙해 있다. 그 결과 가장 중요한 국민들의 실제 살림살이는 소홀하게 여기는 경향이 있다. 이 책에서 다루는 10가지 주요한 경제 문제들은 현실적으로 가장 중요한 주제들이다.

다른 하나는 대다수 국민들이 평안한 경제생활을 영위할 수 있어야만 국가도 든든한 기반 위에 설 수 있다는 것이다. 이는 오래전 동양의 전통사상으로서 《서경》(書經)에 있는 '민본'(民本) 사상에 연유한다. 즉, "국민은 나라의 근본이니 근본이 든든해야 나라도 평안하다" (民惟邦本 本固邦寧) 는 것이다. 근자의 트럼프 현상이나 영국의 EU 탈퇴, 즉 브렉시트(Brexit) 도 일반 국민들의 경제사정이 어려워진 데서 비롯된 측면이 크므로, '민본경제'는 21세기 시대정신과도 서로 통한다.

주위를 돌아보면 경제적으로 어려움을 겪는 국민들이 상당수에 달한다. 필자는 강의할 때나 학교 일을 볼 때 "이른바 엘리트는 국민을 하늘처럼 떠받들어야 한다"고 강조하였다. 이 책은 필자 자신부터 경제적으로 고통받는 이웃을 섬기는 것이 경제학 교수로서의 소임이라는 자성에서 출발하였다. 이를 위해서 현실적으로 중요한 10가지 문제를 분석하고 나름대로 바람직한 정책방향을 제시하였다.

필자는 이 책을 쓰면서 어떤 이념이나 도그마에 좌우되는 것을 경계하고, 실용주의의 입장에서 경제현실을 분석하고 이를 해결할 수 있는 경제정책을 제안하려고 노력하였다. 이는 19세기 말 영국의 경제학자 앨프리드 마셜(Alfred Marshall) 이 경제학도가 갖추어야 할 품성으로 지적한 바 있는, 어려운 이웃에 대해서 따뜻한 마음(*warm heart*) 을 가져야 하나 이들을 돕기 위해서는 냉철한 이성(*cool head*) 이 필요하다는 금언을 따르는 것이기도 하다. 아울러 한국경제의 현실을 제대로 보기 위해서는 세계적인 시야에서 우리 경제를 분석하는 것이 필요하므로 주요국들의 경제현실과 정책도 참고하였다.

이 책은 필자의 독창적인 생각을 담은 것이라기보다는 여러 연구자들과 논평자들의 연구 성과나 저술에 기초해서 당대의 중론을 도출하는 데 주력하였다. 이 책을 쓰면서 자신의 부족함을 많이 느꼈다. 그러나 다음의 선·후배, 동료 교수들과 연구자들이 귀한 시간을 할애해서 부족한 원고를 세심하게 검토하고 바로잡아 주어서 책의 내용이 상당한 정도로 개선되었다. 그래도 남는 미비함이나 오류는 필자의 몫이다.

구성열, 권명중, 김달중, 김정식, 박상용, 박태규, 백일우, 성백남, 성태윤, 손명세, 유정식, 이규식, 이두원, 이연호, 이제민, 정구현, 정세열, 조인숙, 홍성찬, 홍훈(이상 연세대), 김대행(IMF), 김동궁(금융감독원), 김종창(전 금융감독원장), 김병연(서울대), 김은주, 손민중, 이승철(이상 삼성경제연구소, SERI), 김태준(동덕여대), 김현철(미 코넬대), 김학렬, 이광주(이상 한국은행), 박광서(전남대), 박종현(경남과기대), 고 윤병철(초대 하나은행장), 이상만(중앙대), 이용만(한성대), 이원덕(전 노동연구원장), 이종욱(서울여대), 박대권, 연하청(이상 명지대), 원종학(조세연구원), 정성훈(한국개발연구원, KDI), 정진영(포스코경영연구원, POSRI), 조현국(영남대), 홍대순(이화여대) 교수(박사)께 충심으로 감사를 드린다.

특히 박광서 교수와 원종학 박사는 전편을 자세히 읽고 부족한 부분을 수정·보완하였다. 삼성언론재단의 송민경 과장은 일상 업무가 바쁜데도 늘 웃으며 몇 차례씩 거듭되는 수정·보완 요구를 실행하는 수고를 선선히 감당하였다. 또한 나남출판의 조상호 회장과 고승철 사장은 필자를 계속 격려해 주셨으며, 민광호 차장 등 편집진은 교정 작업에 세심한 수고를 다하였는데 깊은 감사를 드린다.

학교 일을 본 후 이 책을 시작해서 긴 시간이 경과하였다. 한결같이 필자를 성원하고 격려해 주신 연세대의 훌륭한 선·후배 동료 교수와 교직원, 동문, 친지들께 고마운 마음을 드린다. 우수한 학생들과 함께 평생 배우고 가르치는 것은 참으로 감사한 직분이다.

이 책을 집필할 수 있도록 성원해 주신 삼성전자의 이재용 부회장께 감사를 드린다. 한국을 대표하는 기업인 삼성전자가 겨레와 인류 사회의 믿음과 사랑과 존경을 받으면서 세계 1등 기업으로 지속적인 성장과 발전을 이룩해 나아가길 축원한다.

존경하는 할머님과 부모님의 후손을 향한 극진한 사랑과 헌신에 머리 숙여 감사드린다. 한결같은 사랑과 정성으로 가족을 뒷받침하는 부인 최윤희에게도 고마운 마음을 드린다. 이 책을 쓰는 동안 손녀 정재윤, 외손녀 편소정이 살아갈 통일 한반도는 자유롭고 평화로우며 공의(公義)롭고 융성하여 동아시아와 세계 전체의 본이 되는 나라가 되길 바라는 마음이 가득하였다.

2018년 9월

정창영

민본경제

따뜻한 마음 냉철한 이성

제1권

차 례

글씨 : 剛菴 宋成鏞

1. 민본경제 생각할 때

"민본경제 생각할 때"라는 제목은 오래전 필자가 일간지에 기고한 글에서 그대로 따온 것이다.[1] 이 글의 주요 내용은 정부가 경제정책을 수립·시행할 때 대부분의 나라에서 흔히 사용하는 주요 거시경제지표(총량지표), 즉 한 나라 전체의 국민소득을 뜻하는 국내총생산(Gross Domestic Product: GDP) 이나 그 증가율인 (경제) 성장률, 물가상승률(인플레이션율), 실업률, 이자율, 재화와 용역(서비스)의 수출과 수입의 차이인 경상수지, (외) 환율 등의 활용에 관한 것이다.

　경제를 총량지표로 파악하는 방식은 케인스(John Maynard Keynes)가 1936년 그의 대표적인 저서 《고용, 이자 및 화폐에 관한 일반 이론》(*The General Theory of Employment, Interest and Money*) 을 출판하면서 거시경제학의 기초를 놓은 후 널리 퍼졌다. 이들 주요 거시경제지표는 국민경제 전체의 동향을 포괄적으로 가리켜 주므로 경제정책을 수립하는 데 이를 활용하는 것은 바람직한 동시에 불가피하다고 볼 수 있다.

그런데 문제는 이러한 지표에만 전적으로 매달려서 경제정책을 수립하고 시행하는 방식, 대표적인 예로 GDP 또는 1인당 GDP의 크기와 성장률에 거의 맹목적이고 절대적인 중요성을 두는 방식은 경계해야 한다는 점이다. 즉, 총량지표는 큰 지침을 주는 것으로 족하며 과도한 중요성을 두는 것은 조심해야 한다.

우리는 제2장 4절 "GDP와 후생"에서 이미 널리 퍼진 'GDP 숭배' 경향의 문제점을 볼 것이다. 또한 미국의 경우 1950년경부터 1970년경까지는 GDP와 후생수준이 동반 상승하나, 그 이후에는 GDP가 증가하는 경제성장이 일어나도 국민들의 후생수준은 오히려 떨어졌음도 살펴볼 것이다. 한국은 다른 나라들과 비교할 때 1인당 소득수준은 높은 편이지만 후생이나 행복도는 상당히 낮은 편이다. 여러 형태의 연구에서도 한국의 행복도나 후생수준은 상당히 낮게 나타난다.

상식적으로 볼 때 한 나라의 경제가 얼마나 잘 운영되는가를 판단하는 데 제일 적합한 기준은 당대에 사는 국민들이 얼마나 편안하게 경제생활을 하는가 하는 점이다. 총량지표에 주로 의존해서 경제를 운용하면 국민들의 실제 살림살이를 알아차리기가 매우 어렵다. 총량지표에는 기계적으로 산출된 숫자는 있으나 정작 중요한 사람은 빠져 있기 때문이다.

나라 경제가 제대로 운영되지 못하여 국민들을 편안하게 해주지 못한 사례로는 120여 년 전인 1894년의 갑오농민전쟁 이후를 들 수 있다. 특히 최근 한반도 주변에서 미·중·일·러가 각축을 벌이는 상황은 갑오농민전쟁 이후와 비교되어 주목된다. 물론 현재의 한국은 당시와는 비교할 수 없을 만큼 국력이 신장되어 세계 10위권의 경제대국으로 변모하였지만, 당시와 비슷한 측면도 적지 않다. 갑오농민전쟁은 한국의 근대사에서 전환점이 되는 중요한 사건이다. 갑오농민전쟁을 계기로 청일전쟁이 발발하였고, 이 전쟁에서 일본이 승리하면서 한국은 일제의 식민지로 전락하였으며, 이로 인해 결국에는 남북 분단으로 이어졌기 때문이다.

그렇다면 갑오농민전쟁이 일어난 원인은 무엇이었나? 주된 원인은 우리가 스스로 나라를 다스리는 자치(自治)에 실패한 것이다. 이미 1800년경부터 50여 년 동안 계속된 안동 김씨 세도정권의 실정(失政)으로, 삼정(三政)2이 극도로 문란해지면서 지배층의 가렴주구와 학정이 만연되어 국민들은 헐벗고 굶주렸다. 더 이상 버틸 수가 없었고, 생존 자체가 불가능하여 '민란'이 끊이지 않았다. 토지제도 개혁이나 신분제 철폐 등 국민들의 개혁 요구도 묵살되었다. 3

당시 급변하는 세계정세 아래서 과감한 개혁만이 우리가 살 수 있는 길이었으나 지배층은 서로 분열과 대립만을 일삼았다. 나라가 국민의 편안한 경제생활을 보장해야 한다는 동양의 오랜 사상인 민본경제의 관점에서 보면 당시 조선은 실패하고 있었다. 그 후 이 땅에서는 청나라와 일본이, 그리고 러시아와 일본이 전쟁을 벌이고 그 결과로 조선 사람들은 전쟁의 폐해를 고스란히 입는다. 뿐만 아니라 결국에는 일본에 나라를 빼앗기는 불행한 운명을 맞는다. 결국 우리가 스스로를 다스리지 못해 주변국들을 끌어들여 나라도 잃은 셈이다.

현재의 우리 주변 상황은 어떠한가? 미국은 아시아 중시정책으로 해(공)군력을 아·태지역에 집중 배치하면서 중국의 굴기(屈起)를 견제하고 있다. 한편 중국은 2008년의 미국발(發) 세계금융위기 후 미국과 함께 G2의 지위를 누리면서 과거와는 달리 '중국몽'을 내걸고 화평굴기 전략에서 벗어나 남중국해상에 인공섬을 만드는 등 베트남, 필리핀, 인도, 한국, 일본 등 주변국을 위협하고 있다. 4 일본도 중국과 북한의 위협에 대응한다는 명분을 내세워 평화헌법을 개정하고 군사대국화의 길을 걷고 있다. 러시아도 신동방정책을 강조하면서 동아시아 진출을 추진하고 있다.

이처럼 한반도를 둘러싼 주변국들의 상황은 급변하고 있으나, 오늘의 한국은 120여 년 전과 비슷하다. 정치권은 국민들의 민생은 외면한 채 여·야 대립과 갈등으로 나날을 보내고 있다. 아울러 이념, 지역, 노사, 계층 간 갈등, 대립도 심화되고 있다. 오늘의 한국을 보면 우리는 갑오농민전쟁 이후 전개된 가혹하기 짝이 없는 민족적 시련에서 거의 교훈을 얻지 못한 것 같다.

그럼 여기서 주요 거시경제지표를 사용해서 최근의 한국경제 상황을 2015년을 기준으로 살펴보자. 먼저 GDP의 성장률을 뜻하는 경제성장률은 2.6%로, 한국의 발전단계로 보면 낮은 수준이기는 하나 OECD 회원국들의 평균치인 약 2%에 비해서는 높다. 또한 미국, 유럽연합(EU), 일본 등 주요 선진국들은 세계금융위기 이후 최근까지 오랜 기간 초저금리와 엄청난 양적완화(Quantitative Easing: QE)정책에도 불구하고 물가상승률이 낮아서 걱정이나, 한국은 인플레이션율을 나타내는 소비자물가상승률은 0.7%로 낮지만, 가격 변동이 심한 에너지, 식품을 제외한 핵심 인플레이션(*core inflation*) 율은 2%로 그렇게 낮지 않다.

실업률도 3.6%로 낮고, 3년 만기 국고채 금리도 1.66%로 낮았다. 원/달러 환율도 1997년의 이른바 IMF 사태와 2008년의 미국발 세계금융위기 시에는 자본의 해외유출과 큰 폭의 평가절하로 변동 폭이 컸지만, 2015년 말 현재는 1,172원으로 안정돼 있다. 수출과 수입의 차액인 '경상수지'도 2015년에는 GDP 대비 7.9%로 큰 폭의 흑자를 냈고, 외환보유액도 2015년 말에는 3,680억 달러로 GDP의 26.4%에 달하여 상환기간이 1년 미만인 단기외채의 3.4배나 되는 수준에 이르렀다.

이처럼 주요 거시경제지표를 사용해서 한국경제를 보면 실적이 양호한 편이다. 특히 2008년의 세계금융위기를 당해서는 다른 주요국들에 비해서 비교적 순항하여, 독일과 더불어 세계에서 가장 성공적으로 금융위기를 조기에 극복한 사례로 평가받기도 하였다.

이제 총량지표 이외에 민본(民本)경제의 관점에서 국민들이 얼마나 편안하고 행복한 경제생활을 하고 있는가를 보면 양상은 아주 달라진다. 단적인 예로 출산율과 자살률을 들 수 있다.

한국의 출산율은 2015년 기준 역대 최저치인 1.239명으로, 선진국 클럽인 OECD 회원국 가운데 제일 낮다. 일본조차도 1.46명으로 우리보다 높다. 양(養)육비와 주거비 부담이 과중하여 도저히 아이를 낳을 수가 없는 것이다.

또한 한국은 OECD 회원국 중에서 2004년 이후 현재까지 자살률이 가장 높은 부끄러운 나라이다. 인구 10만 명당 자살률은 2000년

13.6명에서 2011년 31.7명으로 급증하여 최고 수준을 기록한 후 점차 감소하였지만 2015년에도 26.5명을 기록하였다. 즉, 2015년에 매일 평균 26명, 총 9,673명이 스스로 목숨을 끊은 셈이다. 이는 10만 명당 12명인 OECD 평균치의 2배가 넘는 수준이다.

이와 같이 민본경제의 관점에서 보면 현재 한국인의 경제생활은 편안하지 못하다는 것을 알 수 있다. 지난 반세기 동안 총량지표를 위주로 하여 나라 전체를 발전시키고 부유하게 만드는 부국(富國)에 주력하였다면, 앞으로는 이와 더불어 민본의 관점에서 국민들의 행복과 평안을 도모하는 부민(富民)에도 상당한 역점을 두어야만 할 것이다. 국민경제 전체가 선진국의 지위에 가깝게 발전했으므로, 이제는 경제정책의 상당한 비중을 사람들이 살기에 평안한 경제생활을 도모하는 데 둬야 발전단계에 걸맞은 바람직한 방향이다.

이 길만이 한국경제의 지속적 성장을 가능하게 하여 선진국 진입을 가속화할 수 있다. 지금처럼 상당수 국민들이 자신의 능력을 제대로 발휘할 수 없고 경제생활을 제대로 할 수 없는 소외된 처지에 머무르게 되면 국내수요, 즉 내수(內需)의 제약으로 우리 경제의 지속적 성장에 제동이 걸릴 수밖에 없다. 수출(*Export*: X)과 수입(*Import*: M)이 없는 폐쇄경제를 전제로 하면, 국내수요는 나라 전체의 가계소비(*Consumption*: C), 기업투자(*Investment*: I) 및 정부지출(*Government expenditure*: G)을 합한 C + I + G이다.

따라서 국민 대다수의 경제생활이 편안한 민본경제란 두터운 중산층의 존재, 일자리의 지속적 창출, 주거안정의 보장, 충실한 건강보험, 계층 간 상향이동을 가능하게 하는 교육 그리고 서민들의 용이한

공(公) 금융권 접근을 충족하는 경제라고 할 수 있다. 나아가 한반도의 재통일로 국력의 극대화는 물론이고, 국민들을 북핵과 미사일의 위협으로부터 벗어나게 하며 동아시아와 세계 전체의 평화와 번영에도 크게 기여할 수 있게 하는 것이다. 이는 경제를 단순히 (1인당) GDP가 증가하는 것으로 파악하는 것보다 훨씬 더 중요하다. 이러한 민본경제의 길을 이 책에서 제시하고자 노력할 것이다.

2. 동아시아의 민본사상

1) 한·중·일 비교

기원전 6세기 이후 약 200년 동안은 동·서양 문명의 정신적 기틀이 형성된 시기이다. 당시는 동·서양 모두 도시국가들이 서로 각축을 벌이던 시대로서, 이 시기에 수립된 동·서양 철학의 기본 골격은 그 후 수천 년간 그대로 유지되어 왔다.[5]

　동양철학의 기초는 중국대륙에서 수많은 나라들, 곧 열국(列國)들이 무력으로 자웅을 겨루던 전국시대(戰國時代)에 이른바 백가쟁명(百家爭鳴)으로 알려진 갖가지 사상들이 표출되면서 형성되었다. 이들 제자백가(諸子百家)들은 "인간은 어떻게 살아야 하는가"를 질문하였고, 이는 곧 현실세계의 원리는 무엇인가를 추구하는 것이었다. 이에 대한 답은 사람은 하늘의 뜻에 따라 살아야 한다는 '정치철학'으로 정립되고, 이는 공자, 맹자의 철학에 기초한 동양식 왕도정치의 길을

열게 된다. 이 시기에 등장한 사상들 가운데 공자(孔子, 기원전 551~
479년)의 인(仁)과, 이를 계승한 맹자(孟子, 기원전 372~289년경)의
왕도주의(王道主義)가 대표적이다.

　비슷한 시기 소크라테스, 플라톤, 아리스토텔레스가 대표하는 서
양 고대 그리스 철학은 '세상 만물이 무엇으로 이루어졌는가?' 하는
만물의 공통적인 요소를 탐구하였다. 즉, 당시 서양철학은 자연 속에
서 눈에 보이지 않는 불변의 것을 찾으려 하였고 이는 '자연철학'으로
발전하였다. 보편적인 진리를 추구하려는 것으로, 플라톤의 이데아
론이 좋은 보기이다.

　'민본'이라는 말은 《서경》(書經)의 "민유방본 본고방녕"(民惟邦本
本固邦寧)에서 나온 것으로, 백성은 나라의 근본이니 근본이 든든해
야 나라도 평안하다는 뜻이다. 6 민본(民本)은 공자의 핵심 이념이다.
그 후 맹자의 왕도주의도 요체는 민본사상이다. 맹자는 백성이 제일
귀하고, 사직(社稷), 즉 국가는 그 다음이며, 임금은 가볍다(民貴君
輕)고 하였다. 천자(天子), 곧 황제의 자리는 하늘이 내린 것이요,
백성이 준 것이라고 하였다. 민심이 곧 천심(人乃天)이고, 천심이 곧
민심이라는 것이다. 7 맹자의 민귀군경설은 그의 민본사상을 단적으
로 표현한 것이다. 8

　민본주의사상은 현재에 이르기까지도 동아시아 여러 나라들의 사
유체계에 상당한 영향을 미친 유교사상의 요체이다. 즉, 유교사상에
서는 백성이 나라의 근본이며 이들의 생활, 즉 민생을 지극히 중시한
다. 특히 임금은 백성의 기본적 생활을 보장해야 하는 책임을 진다.

　맹자는 백성에게 기본적인 생활을 확보해 주는 것이 왕도(王道)의

시작이며 정치의 의무라고 보았다. 이처럼 유교의 민본주의사상에서는 민생의 안정을 위하여 경제를 매우 중시하는데, 이것이 우리가 이야기하고자 하는 '민본경제'이다.

한국, 중국, 일본, 세 나라를 비교해 보면 특히 조선에서 왕(군주)이 백성(民)을 하늘(天)로 보는 경향이 두드러졌다.[9] 정도전은 백성은 나라의 근본으로서 임금에게는 하늘이라고 하였다. 영조는 하늘이 나에게 내린 것이 백성이라고 하였다.

군주와 백성 간의 거리도 중국이나 일본과 달리 조선에서는 상대적으로 가까웠다. 즉, 국왕이 길가의 백성들에게 생활의 불만이나 고충을 묻는 대민접촉 방식은 영조 때부터 시작된 것이다. 중국에서는 황제가 자금성 밖으로 나가는 것은 왕조와 황제 자신을 위한 것이었지, 민(民)의 생활상을 알기 위해서가 아니었다.

100년 이상 계속된 일본의 전국시대가 끝난 후, 도요토미 히데요시(豊臣秀吉)를 물리치고 최후의 승자가 되어 천하를 통일한 도쿠가와 이에야스(德川家康) 시대(1603~1867년)의 일본을 보아도, 도쿠가와 쇼군(將軍)은 에도성 밖으로 거의 외출하지 않았다. 각 지방의 영토를 다스리는 봉건영주인 다이묘(大名)조차도 에도성에서 배알(拜謁)이 허용되었음에도 쇼군을 직접 바라보지는 못하였다. 쇼군에게 직접 상소하기란 거의 불가능하였으며, 시도하려면 죽음을 각오해야만 하였다. 또한 무가(武家)정치의 도쿠가와 일본에서는 조선이나 중국과는 달리 유교가 체제 이념으로서 정착되지 못하였으며, 메이지 일본(1868~1912년)에서도 유교는 지배 이데올로기가 되지 못하였다.

2) 다산 정약용

한국 근대 민본사상의 선구자는 다산 정약용(茶山 丁若鏞, 1762~
1836년)이다. 한국의 근대 학문은 유학(儒學)의 기반 위에 두 줄기의
학통이 있는데 성리학(性理學)과 실학(實學)이 그것이다. 성리학은
퇴계 이황(退溪 李滉)과 율곡 이이(栗谷 李珥)에 이르러 꽃을 피웠고,
실학은 다산이 집대성하였다.

실학은 영조·정조 시대에 일어난 경세택민(經世澤民)과 실사구시
(實事求是)의 학풍을 뜻한다. 경세택민이란 세상을 잘 다스리고 백성
을 편안하게 한다는 뜻인데, 다산의 모든 저작을 관통하는 일관된 정
신이다. 실사구시란 문헌적인 고증을 중시하는 과학적 방법론을 가
리킨다. 실학은 주자학(朱子學)이 현실과는 동떨어진 공허한 이론에
치우친 데 대한 비판에서 생겨났다. 10

다산은 백성을 편안하게 하는 것은 무엇보다 지방행정을 직접 책임
진 목민관에 달려 있다고 보고, 이들이 반드시 지켜야 할 일들을 《목
민심서》(牧民心書)에서 조목조목 밝혔다. 《목민심서》는 다산의 모
든 저작의 집약이고 결론이며, 그의 애국애민(愛國愛民) 정신이 배어
있다.

당시 현실을 보면 대부분 목민관들이 사리(私利)를 취하기에만 급
급할 뿐 백성을 다스리고 기를(牧民) 줄은 몰랐다. 그러니 백성들은
피폐하고 곤궁하여 병에 걸려 줄지어 쓰러져서 구덩이를 메우는데,
목민관들은 좋은 옷과 맛 좋은 음식으로 제 자신만 살찌우고 있었다.
다산은 이런 현실이 어찌 슬픈 일이 아니겠는가 하고 탄식하였다. 11

즉, 세금이나 공물(貢物)을 징수할 때 중간에 아전들이 협잡하는 일이 극에 달했다. 세금으로 낼 쌀(稅米)을 예로 들면, 호조(戶曹)에 바칠 물량이 4천 석이라면 백성들로부터 실제로 걷는 것은 1만 석을 훨씬 넘었다. 그 차이인 6천 석은 온갖 명목과 간사한 수단으로 아전들이 사사로이 착복하였다.

당시 나라의 기본이 되는 전정(田政: 토지정책)은 문란하기 짝이 없었다. 기름진 논밭은 모두 은결(隱結)로 만들어 놓았다. 즉, 숨겨서 토지대장에 올리지 않는 것이다. 세금을 수납할 때가 되면 먼저 고을 안의 가장 좋은 땅만을 뽑아내 은결로 빼돌려 놓고, 황무지나 다름없는 온갖 나쁜 논밭만을 나라의 세금을 징수할 대상으로 삼는 것이다. 그것이 버릇이 되어서 아주 당연한 것처럼 여기게 된 것이 "이제 수백 년이 되었다"고 하였다.

1결(結)의 농지에서 수확되는 곡식은 많은 경우 800두(斗), 적은 경우 600두, 아주 적은 경우는 400두에 불과하다. 농부는 대개 소작이다. 600두를 수확할 경우를 가정하면, 지주가 반을 가져가면 남는 것은 300두뿐이다. 이것으로 종자를 제하고, 꾸어 먹은 식량을 갚고, 세전의 양식을 제하고 나면 남는 것은 100두도 못 된다. 그런데 세(稅)와 잡부(雜賦)가 이토록 긁고 벗기고 강탈하니 슬프다. 이 아래서 백성들이 어떻게 살겠는가 하고 다산은 탄식하였다. 결국 "백성은 죽고 나라는 망하는 것이 눈앞의 일로 되었다!"고 하였다.

나라를 지키는 성스러운 병역 의무는 양반 계급에게는 적용되지 않았으므로 사람들은 병역 의무 자체를 수치스럽게 여겼다. 병적(兵籍)을 작성하여 군포(軍布)를 받아들이는 첨정(簽丁)도 문란하기가 극에 달했다. 원래 집에 그대로 살고 있는 자는 재물을 바치고 군인 된 자는 목숨을 바치는 것이 올바른 것이다. 그런데도 장차 목숨을 바치기로 된 자에게 먼저 재물을 바치라고 하는, 전혀 사리에 맞지 않는 일이 벌어졌다.

가난한 민호(民戶)에서 어린애를 낳으면 첫 울음소리가 나기 바쁘게 병적에 올리라는 붉은 종이가 날아온다. 어린애를 낳기만 하면 당장에 첨정을 하게 되는데 "부모 된 자는 집집마다 슬퍼하고 울고 있으니 나라에 법이 없어짐이 어찌 이 지경에 이르렀는가!" 하고 다산은 탄식하였다.

민본사상이 가르치는 것은 국가의 기둥은 국민이라는 것이다. 그러나 당시의 실정은 국민들의 생활이 피폐할 대로 피폐하였고 지배층은 이를 철저하게 도외시하였다. 그 결과가 동학농민전쟁으로 나타났고, 이를 기회로 외세가 개입하여 청일전쟁이 발발하면서 조선은 잔악한 일제식민지의 나락으로 떨어졌고, 결국은 남북분단의 비극을 초래하고 말았다. 다산이 예상한 대로 백성은 죽고 나라는 망한 것이다. 이는 오늘을 사는 우리 모두에게 엄중한 교훈으로 가슴속에 살아 있어야만 한다.

3. 민본주의와 민주주의

1) 공동체와 개인주의

민본주의와 민주주의의 개념은 서양의 민주주의라는 새로운 제도를 동양이 접하게 된 후에 비로소 형성되었거나 재구성되었을 가능성이 있으며, 이 과정에서 예로부터 있었던 위민(爲民)의 개념을 재발견했을 수도 있다. 12

원래 유교 민본주의는 도덕적인 공동체를 이상으로 하고 있어서 근대의 법치주의와는 상당한 거리가 있다. 유교사회는 기본적으로 대가족 공동체가 복지 문제를 자체적으로 해결하였지만, 가족 공동체 밖에 있는 사람들, 곧 홀아비나 고아, 자식이 없는 노인이나 무의탁 중병 폐인들도 해당 지방관청에서 거두어 주는 방식으로 공통체적인 틀 안에서 운영되었다. 그러한 의미에서 유교 민본주의는 가부장적인 온정주의를 밑바탕에 깔고 공동체적으로 운영되었다. 따라서 동양의 전통적인 민본사상은 민(民)을 정치의 자율적인 주체가 아니라 자비롭게 가르치고 먹여 살리며 보살펴야 할 대상으로 인식했다.

이처럼 유교 민본주의는 가부장적이고 가족적인 공동체에 기반을 두므로 개인주의에 기초한 근대 민주주의와는 상반된다. 이는 민주주의가 고대 그리스의 작은 도시국가를 배경으로 성장했음에 비해서, 동양의 민본주의는 그리스의 도시국가와는 비교할 수 없을 정도로 규모가 큰 국가를 배경으로 발생한 역사적 연원(淵源)과도 관련이 있다. 여기서 분명히 해야 할 것은 이 책에서 민본경제를 강조하는 것은 다만 국민을 경제정책의 목표로 삼아서 국민들의 편안한 경제생활을 도모함이 중요하다는 뜻이지, 과거의 유교 민본주의로 돌아가자는 것은 물론 아니라는 점이다.

서양에서 발전한 근대 민주주의의 출발은 1789년의 프랑스혁명이다. 그 목표는 인류 보편의 가치이며 민주주의의 기본 이념인 자유, 평등, 박애의 실현에 있다. 이를 구현하기 위한 기본 원리는 국민주권, 삼권분립, 대의제도, 다수결의 원칙 및 정당정치 등이다. 이러한 권리와 제도는 법에 의해 뒷받침되었으나, 이 모두는 기본적으로 개인주의에 바탕을 두고 있으며 따라서 민주주의는 개인의 자유를 확보하는 데 많은 노력을 기울였다.

서양의 민주주의와 비교할 만한 동양의 정치이념이 민본주의다. 동양의 민본주의는 서양의 민주주의와 마찬가지로 '국민을 위한' 정치를 지향한다. 인간의 존엄성을 바탕으로 삼고, 통치권의 근거를 백성에 두며, 백성의 복지를 추구한다는 점에서 민주주의와 일맥상통한다고 할 수 있다.

그동안의 경험을 통해서 보면 경제발전과 권위주의적 정치체제에서 민주주의로의 이행은 함께 이루어졌다. 그 대표적인 예가 바로 한국이다. 즉, 경제성장에 따라서 소득이 증가하고 중산층이 확대됨에 따라서 자연히 민주주의체제에 대한 국민들의 열망이 높아졌고, 이는 결국 정치체제의 전환을 초래하게 되었다. 다음에서 볼 다른 국가들에서의 움직임도 이와 비슷하다.

2) 민주주의의 최근 동향

(1) 발전도상국의 경험:
러시아, 우크라이나, 이라크, 이집트 및 '아랍의 봄'

20세기 전반기 독일과 이탈리아에서는 파시즘이, 소련에서는 공산주의가 세력을 넓혔지만, 제2차 세계대전의 종식과 더불어 많은 신생 독립국들이 민주주의체제를 받아들였다. 미국의 프리덤 하우스에 의하면 2000년 현재 세계 인구의 63% 또는 120여 개 국가가 민주주의 국가로 분류되었다. 이는 미국이 민주주의의 선도 국가로서 모범을 보인 것이 상당한 영향을 미쳤다.

특히 냉전이 종식된 1990년대 초 이후에는 미국이 유일한 패권국가로 등장하였고, 민주주의·시장경제가 정부 주도하의 권위주의·계획경제를 물리치고 바람직한 정치·경제체제로 자리 잡았다. 이는 정치·경제 분야 모두에서 자유가 바람직한 결과를 가져온다(*Freedom works.*)는 생각을 갖도록 하였으며, 특히 경제적인 측면에서는 정부 규제 완화, 자유무역, 세계화를 강조하는 '워싱턴 합의'(Washington Consensus)라고 불리는 풍조가 확산되었다.

그러나 이처럼 서방세계가 승리감에 도취된 무렵, 특히 21세기에 접어들면서 민주주의가 도처에서 문제점을 드러내기 시작하였다. 냉전체제가 붕괴된 후 많은 사람들이 민주주의·시장경제체제를 받아들일 것으로 예상하였던 러시아는 — 1990년대에 옐친 대통령은 민주화를 추진하는 방향으로 나아갔다 — 사유화 등 구 소련 명령경제(*command economy*) 체제의 해체를 서둘러 추진하는 과정에서 소수가 부를 독점하는 과두체제(*oligarchy*)가 생기는 등 혼란에 빠졌다. 더욱이 1999년 말 푸틴에게 권력이 이양된 이후 러시아의 민주주의는 크게 후퇴하였고, 다시 정부 주도의 권위주의로 회귀하였다.[13]

2004년 부패한 독재정권을 무너뜨려 이른바 '오렌지혁명'에 성공한 우크라이나는 민주주의를 지향하는 야당이 집권에는 성공하였으나, 시간이 흐르면서 국민들을 실망시켜 다시 종전의 독재자가 재집권하는 결과를 초래하였다.

이라크에서도 2003년 미국의 부시 대통령은 사담 후세인 대통령이 대량살상무기를 보유하고 있다는 전제하에 이라크 전쟁을 일으켰으나 잘못된 판단이라는 사실이 드러나자, 이를 자유와 민주주의를 위한 투쟁으로 새롭게 규정하였다. 그는 중동이 독재자들에 의해서 통치되는 한 유혈 테러와 분쟁은 계속될 것으로 믿었다. 그러나 미국 주도의 이라크 민주화 노력은 그 후 더 큰 혼란과 무질서를 초래하였다.

2011년 이집트에서 대규모 시위로 무바라크 정권이 무너지자 사람들은 민주화가 중동 전역으로 확산될 것이라는 기대에 한껏 부풀었다. 그러나 진보적인 성향의 정당들이 힘을 결집하지 못하고 분열되자 2013년 군부가 개입하기에 이르렀다. 흔히 '아랍의 봄'이라고 불리듯이 이집트에서 시작해서 중동 전역의 민주화를 기대하였으나, 튀니지를 제외하고는 성급한 바람이었음이 드러났다. 시리아의 내전, 리비아의 무정부 상태까지 겹치면서 사태는 더욱 악화되었다.

근자에는 태국, 말레이시아, 캄보디아도 군부 쿠데타나 부정선거 등으로 혼란에 빠졌다. 미얀마도 오랜 기간 잔인한 군부 독재로부터 벗어나 민주주의체제로 전환 중에 있으나 지금도 완전하게 이행한 것은 아니다.

후진국, 특히 이집트나 우크라이나가 잘 보여 주듯이, 민주주의가 승리하는 듯하다가 곧 다시 혼란과 무질서에 빠져 옛날의 전제정치로 회귀하는 일이 빈번하였다. 결국 1990년대 초 공산권의 붕괴 이후 민주주의가 급속히 확산될 것이라는 종전의 예상은 섣부른 기대였다. 민주주의제도가 개도국에서 뿌리내리려면 초기단계에서 매우 조심스럽게 민주주의를 가꾸어 나가야 한다는 귀한 교훈을 주었다.

(2) 구미 선진국의 민주주의

21세기에 들어와서 민주주의는 미국, EU 등 구미 선진국에서도 여러 문제점을 드러내고 있다. 이는 특히 2008년의 미국발 세계금융위기와 2011년의 유럽 재정위기 및 중국의 G2로의 도약 이후 분명해졌다. 먼저 세계금융위기를 계기로 구미 여러 나라의 정치제도는 기본적인 취약점을 지니고 있음이 드러났다.

대표적인 예로 미국 의회는 공화, 민주 양당이 서로 대화나 타협은 못 하면서 심하게 대립하는 가운데 파행을 계속해서 예산안도 제때에 통과시키지 못하였다. 마치 정치가 네거리에서 교통정체(*gridlock*) 된 것 같은 형국이다. 또한 금융위기 후 국민들은 실직을 당하고 저당 잡힌 집을 차압당하는 등 온갖 고초를 겪었는데도 정부는 세금으로 마련한 구제금융을 통해 대형 은행들을 살려 놓았다. 그랬더니 은행들은 임원들에게 상여금을 마구 지급했다. 미국 국민들이 이를 보고 정부가 제대로 일을 처리하는가 의구심을 품게 되면서 정부에 대한 신뢰가 땅에 떨어졌다. 중국 푸단대학의 장웨이웨이(張維爲) 교수는 민

주주의가 서방세계를 파괴하고 있으며, 특히 미국에서 그러하다고
비판하였다.

유럽 국가들에서도 수십 년 동안 사회보장 지출이 지속적으로 급증
하면서 GDP 대비 정부부채 비율이 위험할 정도로 높은 수준에 이르
렀다. 특히 프랑스와 이탈리아 정부는 지난 30년 동안 계속해서 재정
적자를 냈다. 구미의 정치·경제 현실에 실망한 국민들은 브렉시트
나 미국의 트럼프 대통령 당선 등에서 보듯 포퓰리즘(populism)에 휩
쓸리게 되었다.

유럽에서 극우파의 포퓰리즘이 세를 불리고 있는 이유는 크게 두
가지이다. 하나는 지난 10년 동안 유로존(zone) 국가들의 국채위기로
인한 경제침체로, 이는 유럽인들이 유럽의 경제통합에 대해서 비판
적인 태도를 갖게 만들었다. 다른 하나는 2015년에 정점에 다다른 이
민자 위기이다. [14]

그 결과로 2017년 9월 독일 총선에서 급진우파인 AfD가 전에 없던
성공을 거두어, 반년이 지나서야 중도우파인 기민당(CDU)의 메르켈
총리가 가까스로 연립정부를 구성할 수 있었다. 예외적으로 프랑스
에서는 급진우파 후보를 물리치고 '강력한 중도'를 내세운 마크롱이
대통령에 당선되었으며, 네덜란드에서도 급진우파가 패해서 한숨을
돌릴 수 있었다. 그러나 오스트리아의 12월 총선에서는 친(親)나치
정당인 극우파가 선전한 결과로 연합정부에 참여하면서 내무·국방
·외교장관직을 차지하여 반(反)이민정책이 한층 강화될 것으로 보
인다. [15]

이제 독일, 프랑스에 이어서 유럽 국가들 가운데 경제규모 3위인

이탈리아가 2018년 6월 총선에서 극좌·극우 두 포퓰리즘 정당의 연합정부가 수립되어 탈(脫) EU를 표방하였다. 이처럼 유럽에서 포퓰리즘이 번지고 있는 것은 경제상황 악화, 난민 대량 유입 및 SNS를 통한 선동적 구호 등에 연유한다. 2011년 유럽 재정위기 때에도 남유럽 3총사로 불리던 그리스, 이탈리아, 스페인의 막대한 국가채무가 문제였는데, 이는 아직도 그대로이다. **16**

여기서 보는 것은 유럽에서 극우 포퓰리즘을 제어하기가 쉽지 않다는 점이다. 외국인 혐오 등을 지지하는 국가주의(*nationalism*)에 찬성하는 비율이 유럽 총인구의 15~25%나 된다. 여기에 더하여 과거 공산주의 국가였다가 EU에 가입한 폴란드와 헝가리는 EU가 지향하는 자유민주주의에서 벗어나 권위주의적인 국가주의로 나아가고 있다. 이들 국가는 EU가 지향하는 핵심 가치인 민주주의나 법치(*rule of law*, 法治)도 반대하고 있다.

2012년 유럽 7개국에 대한 여론조사 결과를 보면 응답자의 절반 이상이 정부를 전혀 신뢰하지 않는 것으로 나타났고, 여론조사기관 유고브(YouGov)의 조사에 따르면 영국인의 62%가 정치인들은 항상 거짓말을 한다고 생각한다. 또한 여론조사기관 퓨(Pew)의 2013년 조사 결과에 따르면 미국인들 중 31%만이 자국이 나아가는 방향에 대해서 '매우 만족한다'고 답하였으나, 중국인들은 무려 85%가 그렇다고 대답하였다. 구미 여러 나라의 국민들 사이에 정치 현실이나 정치인들에 대한 불신과 불만이 팽배해 있으며 경멸감과 혐오감마저 갖고 있음을 볼 수 있다.

민주주의체제는 불완전하여 여러 결점을 지니고 있다. 예를 들면 대부분의 미국 정치인들은 선거에만 관심이 있어서 늘 선거운동을 하고 모금하는 데만 열심이다. 이익집단의 로비가 심하여 미국은 국회의원 1인당 로비스트가 20명이나 된다. 또한 장기적인 관점에서 국익을 증대시키는 중요한 결정을 내리지 못하며, 효율성의 측면에서도 많은 문제점을 가지고 있다. 즉, 민주주의제도 자체가 반드시 좋은 국정(*good governance*)을 보장하는 것은 아니다. 그러나 예외적으로 스웨덴, 덴마크를 비롯한 북유럽 국가들에서는 민주주의가 잘 작동하는 편이다. **17** 스웨덴의 경우에는 자유화, 규제완화 등을 추진하여 경제성장을 촉진하는 동시에, 전통적인 복지국가의 기본 틀을 그대로 유지하고 있다.

(3) 중국의 경우

민주주의가 적지 않은 결점을 드러내는 가운데, 중국의 급속한 부상은 여러 나라들의 관심을 끌게 되었다. 즉, 21세기에 들어오면서 미국과 EU 등 서방 선진국들이 제대로 모범을 보이지 못하는 가운데, 장기적으로 중요한 국가과제에 대한 결정을 신속하게 내리고 효율적으로 추진하여 급속한 경제성장을 성취한 중국이 주목을 받는 것이다. 근자에 서방 선진국들은 장기적인 시야에서 국익을 증진하는 결정을 제대로 내리지 못하고 있다. 이러한 현상을 보고 후진국들은 민주주의를 이상적인 정부 형태로 보기가 어렵게 되었고, 미국도 이를 후진국에게 권유하기 어렵게 되었다.

좋은 보기로 인도의 민주주의 정부는 혼란과 무질서를 방치하며 기본적인 사회간접자본도 제대로 확충하지 못하는 반면에, 중국은 최신식 고속철도와 고속도로 및 수많은 공항을 신속하게 건설하는 것을 보면서 인도 재계에는 불만이 가득하다. 또한 인도의 30세 이하 하원 의원들은 모두가 정치 명문가의 후손들이다. 브라질도 사회간접자본이 상당히 부족하고, 심지어 공공부문 근로자는 53세의 젊은 나이에도 은퇴하여 연금을 타서 생활할 수 있다.

서방세계는 이념적 측면에서 볼 때 민주주의와 시장경제가 가장 큰 자산이었다. 그러나 미국 국민들의 의회 신뢰도는 크게 떨어졌다. 또한 2008년 세계금융위기 이후 닥친 대불황(Great Recession)으로 미국과 EU 모두 근 10년 동안이나 경기가 제대로 회복되지 못하였다. 거의 10년 만인 2017년에 들어서야 실로 오랜만에 선진국·개도국 경기가 동시에 상승 국면을 보이고 있다.[18] 현재 미국의 최대 문제는 소득분배의 불평등이며, EU에서는 높은 실업률이 주요 문제가 되었다.

한편 중국은 권위주의적인 공산당 독재체제로 운영되고 있다. 미국, EU 등 서방 선진국들이 단기적인 포퓰리즘에 크게 영향을 받는 국민들의 직접선거에 기초한 민주주의를 택하고 있다면, 중국에서는 공직자를 뽑을 때 능력주의(meritocracy)를 근거로 삼는 편이다. 이는 중국의 오랜 전통인 과거제도에 연유한다.

즉, 중국에서 공직자는 장기간 평가를 받으면서 길러지고 승진한다. 근자에 이르기까지 공직자의 가장 중요한 평가 기준은 경제성장에 대한 기여였다. 사실 덩샤오핑(鄧小平)의 경제 개혁·개방 이후 무려 4억 명 이상이 빈곤 상태에서 벗어났으며, 이는 중국이 공산당 독재체제의 정당성을 주장하는 가장 주요한 논거가 되었다.

그러나 앞으로는 공직자 평가 시 경제성장에 대한 기여 이외에 심각한 환경오염 감축, 급증하는 소득분배 불평등 완화 및 만연한 부패 척결 등도 참작해야만 할 것이다. 이때 승진 기준은 종전에 비해 복잡해지는데, 어디에 얼마씩 가중치를 두어야 하는가의 문제가 생긴다.

아울러 중국인들은 점점 자신들의 의사를 자유롭게 표현할 수 있기를 바란다. 현재 선거는 작은 단위의 마을인 촌(村), 진(鎭)에서만 시행하고 있으나 앞으로는 더 넓은 단위로까지 확대할 필요가 있다. 19 또한 법치(*rule of law*)의 시행도 정치적 안정을 이룩하기 위해서 바람직하다. 그러나 중국 당국은 사회 혼란과 무질서를 막는 데 최우선순위를 두고 있다. 따라서 국민들의 불만을 사전에 수용하면서, 1당 독재체제는 점진적으로 보완해 나가려고 한다.

종전에는 한국, 대만 등 동아시아의 여러 나라들처럼 중국도 경제성장과 더불어 점차 민주주의로 이행할 것이라는 낙관론이 제기되기도 하였다. 그러나 현재로서는 중국이 구미의 자유민주주의를 채택할 가능성은 희박하다. 중국의 전통적인 능력주의와 구미의 민주주의의 장점을 결합한 독특한 정치체제를 구축하는 방향으로 나아갈 것이라고 보는 것이 일반적인 예상이다.

(4) 싱가포르의 권위주의적 자본주의

중국은 중국인들이 대다수인 싱가포르의 권위주의적 자본주의를 중국의 오랜 전통에 기초한 능력주의가 성공한 대표적인 역할 모형(*role model*)으로 간주한다. 중국과 달리 싱가포르는 최고 지도자를 국민들의 직접선거로 선출한다. 그런데도 싱가포르는 부패가 없는 깨끗한 정부 주도하에서 급속한 경제성장과 함께 사회 안정과 질서를 이룩하

였는데, 중국은 이를 높이 평가한다. **20**

널리 알려진 대로 싱가포르는 뉴욕, 런던, 홍콩에 이은 4대 세계 금융 중심지이다. 또한 중국의 상하이에 이어서 세계에서 두 번째로 물동량이 많은 항구이다. 1인당 GDP는 2014년에 약 5만 6천 달러에 이르렀으며, 완전고용을 유지하고 있다. 그러나 높은 부동산 가격, 생계비 상승, 사회간접자본 부족, 이민자 증가, 소득분배 불평등도 증대 및 노령화 등의 문제를 안고 있다.

싱가포르를 건국한 리콴유(李光耀, 1923~2015년) 총리가 서거하자 과거의 상의하달식 정부 운영, 언론 자유의 억제, 재판 없이 야당 인사를 구금하는 관행 등을 고쳐야 한다는 목소리가 높아졌다. 이미 2015년에는 소득분배의 불평등을 완화하기 위해서 복지지출을 증대시키는 방향으로 정책 변화가 있었다. 이를 위해서 최상위 5% 소득계층에 대한 한계세율도 20%에서 25%로 높인 바 있다. **21**

리콴유 총리는 제2차 세계대전 이후 아시아에서 가장 존경받는 동시에 논란이 된 지도자 가운데 한 사람이다. 특히 동남아시아 국가들에는 부패하고 비효율적인 정부가 많은데, 싱가포르는 유일하게 깨끗하고 효율적인 정부를 구축하였다. 싱가포르의 권위주의적 자본주의는 중국을 비롯해서 러시아와 걸프 지역 국가들에도 영향을 미쳤다. 미국의 닉슨 대통령은 리콴유 총리를 '작은 무대 위의 거인'에 비유하면서 다른 시대, 다른 지역에서 태어났더라면 영국의 처칠 총리 같은 거물이 됐을 것이라고 칭송하였다.

리콴유 총리는 구미의 자유민주주의는 아시아 사회에는 적합하지 않다고 비판하면서 인권을 제한하는 가운데 급속한 경제성장을 추구하였다. '아시아적 가치'(Asian values)를 특히 강조해서 김대중(金大中) 대통령처럼 자유민주주의의 보편성을 믿는 인사들과 논란을 벌이기도 하였다.

(5) 최근 민주주의의 동향: 브렉시트와 트럼프 현상

뒤돌아보면 18세기에는 세계에서 미국만이 민주주의제도를 실행하였으며, 19세기까지도 유럽에서는 군주제(monarchy)가 널리 성행하였다. 20세기에 들어와서는 전반기에 국가주의와 민족주의에 기초한 파시즘과 공산주의가 발호하였고, 그 결과로 두 차례의 세계대전이 발발하여 제1차 세계대전 1천만 명, 제2차 세계대전 5천만 명의 엄청난 인명손실을 초래하였다. 나치즘은 1929년에 발발한 세계대공황(Great Depression)의 산물이다. 이는 2008년의 세계금융위기와 2011년의 유럽 재정위기가 미국의 트럼프 대통령 당선과 영국의 브렉시트 등 포퓰리즘을 초래한 것과 비슷하다. 1942년 당시 세계 전체적으로 민주주의 국가는 12개국에 불과하였다.

20세기 후반기에는 20세기 전반기의 두 차례 세계대전 경험을 참작하여 미국의 주도하에 새롭게 자유민주주의와 시장경제체제가 구축되었고 이는 세계적으로 크게 확산되었다. 그 결과 세계 전체가 오랫동안 평화와 번영을 구가하였다. 예를 들어 1950~2015년 기간에 세계 전체 인구 중 극빈층의 비율은 72%에서 10%로 급감하였다. 또한 미국은 유럽의 NATO, 미·일 안보협약 및 한·미 상호방위조약 등을 통해서 동맹국들에게 평화와 안전을 보장하였다.

더욱이 1980년대 초 이후에는 신자유주의가 등장하면서 규제완화,

금융자율화, 세계화가 널리 확산되었다. 1980년대 이후 중국의 급속한 경제성장은 미국이 주도하는 세계경제 질서에 힘입은 바 크며, 사실상 최대 수혜자라고 볼 수 있다. 일본계 미국인 학자 프랜시스 후쿠야마(Francis Fukuyama) 교수는 동구의 민주화 및 소련 체제 붕괴에 즈음하여 1989년에 출판한 《역사의 종말》(*End of History and the Last Man*)에서 민주주의와 시장경제가 유일한 바람직한 체제라고 서둘러서 주장하기도 하였다.

그러나 21세기에 들어오면서 푸틴 대통령의 러시아에서는 민주주의가 후퇴하고 국가주의하의 전제정치로 돌아섰다. 시진핑(習近平) 주석의 중국도 중국몽(夢)을 주창하면서 민족주의와 국가주의를 강조하고 있다. 일본도 전쟁이 가능한 '정상국가'를 지향하며, 인도도 힌두민족주의를 강화하고 있다. 트럼프의 미국우선주의도 마찬가지이다. 터키도 오랫동안 온건한 이슬람주의와 민주주의를 유지하며 EU 가입도 눈앞에 두었으나, 근자에 에르도안 대통령은 독재체제를 구축하고 있다. 즉, 미국·중국·일본·러시아·인도·터키 모두 국가주의, 민족주의에 기초하여 강한 국가를 지향하는 '스트롱 맨'들이 이끌고 있다. [22]

다만 캐나다, 호주 및 EU의 대부분 나라들은 국가주의나 민족주의 경향에 휩쓸리지 않았다. 근자에는 오스트리아와 네덜란드 선거에서 중도 성향의 인사가 승리하여 집권하였으며, 특히 프랑스의 마크롱 대통령 당선은 이러한 경향을 견고하게 하였다. 그러나 동구의 폴란드, 헝가리는 반(反)자유주의와 국가주의로 나아가고 있다. 또한 서유럽에서도 포퓰리즘 진영의 기반은 현재도 튼튼하다. [23]

프랑스인들은 세계에서 가장 비관적인 국민들로, 81%가 세상이 나빠지고 있다고 생각하며 오직 3%만이 나아지고 있다고 본다. 또한 정부부문이 2016년 GDP의 57%나 차지할 정도로 비대하다. 이에 비해서 독일은 44%, 영국은 39%이다. 프랑스의 청년층 실업률은 25%인데, 이탈리아는 35%, 스페인은 40%로 이보다도 더 높다. 전체 실업률도 프랑스는 2017년 3월 10.1%로 독일의 3.9%나 영국의 4.5%보다 훨씬 더 높다. 25～64세 노동력 고용률도 프랑스는 72%로 독일의 79%, 영국의 78% 및 미국의 73%보다 낮다.

　　여론조사기관 해리스 폴(Harris Poll)에 따르면 2015년 미국인들의 85%는 지배계층이 자신들을 무시한다고 여기며, 81%는 빈익빈 부익부 현상이 일어나고 있다고 믿는다. 즉, 사회에서 자신들이 뒤처졌다(left behind)고 생각하는 이들이 절대다수인 것이다. 이들은 세계화를 다수가 아닌 소수의 이익만을 증대시키는 것으로 생각한다.

　　국제통화기금(IMF)의 크리스틴 라가르드(Christine Lagarde) 총재도 세계화가 불평등을 증대시켜서 결국 국가(국수)주의, 보호주의, 고립주의, 이민반대 및 포퓰리즘을 초래하였다고 본다. 따라서 세계화에 대한 신뢰를 회복하려면 불평등을 줄여야 하며, 경제성장의 과실을 널리 확산시켜야 한다고 주장하였다. 민주주의체제는 국민들의 신뢰를 기반으로 성립되는데, 만일 체제가 공평하지 못하다면 이를 지지하지 않을 것이다.

　　분배의 불평등은 근자에 들어오면서 크게 악화되었다. 제 2차 세계대전이 종식된 후 30년 동안 미국 중산층의 소득은 GDP 성장과 똑같이 2배로 증가하였다. 그러나 지난 30년 동안에는 GDP는 전과 같이

2배로 증가하였으나 중산층의 소득은 제자리에 머물러 있다. 또한 1950년대에는 대기업 CEO가 평균 근로자 소득의 20배를 받았으나 현재는 200배를 받는다. 이는 경제가 다수가 아니라 소수를 위해서 작동하고 있음을 나타낸다. 24

제2차 세계대전이 종식된 후 70여 년 동안 세계 정치·경제 질서는 미국 주도의 자유민주주의와 시장경제체제가 큰 흐름을 이루어 세계 평화와 번영에 크게 기여하였다. 민주주의의 기본 가치인 자유와 평등이 중시되고, 규제완화, 자유무역, 세계화가 대세가 되었다. 이른바 워싱턴 합의가 널리 확산된 것이다.

그런데 2000년대 초 미국과 영국은 무력으로 중동에 민주주의를 수출하려고 하였는데, 특히 이라크 전쟁을 분수령으로 미국과 영국에서는 기득권 세력에 대한 국민들의 광범위한 불신이 생겨났다. 현재 포퓰리즘도 다른 선진국들보다 특히 영국과 미국에서 브렉시트와 트럼프 대통령 당선으로 두드러지게 나타났다.

미국과 영국은 선진국들 중에서 소득분배 불평등도가 가장 높은 나라들이다. 특히 미국은 하위 95% 가구의 소득수준이 금융위기 이전인 2007년에 비해서 2015년에 더 낮아졌다. 즉, 최상위 5%를 제외하면 거의 모든 가계의 소득이 뒷걸음질한 것이다.

또한 미국과 영국에서는 대학을 졸업하지 못하면 사회적으로 패자로 간주된다. 그러나 독일에서는 초등학교 4학년을 마친 후 대학 진학을 희망하는 학생들은 9(7)년제 중·고등학교인 김나지움(*Gymnasium*)에 진학하고, 그렇지 않은 학생들은 직업학교에 진학한다. 독일의 대학 등록금은 무료이지만 초등학교 졸업생의 40%만 김나지움

에 진학하고, 나머지 60%는 직업학교에 진학한다. 직업학교를 나와
도 보수나 사회적 대우 면에서 대졸자에 비해 홀대받지 않고 장인(匠
人) 대접을 받기 때문이다. 이는 튼튼한 중소기업들이 다수 존재하여
일자리를 창출하므로 가능하다. 결국 이것이 미국과 영국에 비해서
독일이 정치·사회적으로 안정된 원인으로 보인다.

　우리가 유의할 것은 브렉시트와 트럼프에 투표한 사람들은 대학을
제대로 졸업하지 못해서 홀대받는 계층이었다는 점이다. 결국 트럼
프 대통령 당선과 브렉시트는 '보통 사람들은 고생하는데 교육받고
부유한 사람들은 세계화의 덕을 입어 잘살고, 은행도 국민들의 세금
인 구제금융으로 살려 놨는데 은행원들은 많은 보너스까지 받았다'는
엘리트층에 대한 불신이 불러온 포퓰리즘의 결과이다. 결국 소득분
배의 불평등은 건전한 민주주의 발전에 위협이 됨을 알 수 있다. [25]

3) 동·서양 문화

(1) 중국의 역사적 전통

중국은 한 세대 안에 가난에 찌든 나라에서 세계에서 가장 경제규모
가 큰 나라로 탈바꿈하는 역사상 초유의 기적을 이룩하였다. 그 원동
력을 중국의 8가지 전통적 생각에서 찾기도 한다. [26]

　첫째로, 중국은 '진리'를 판단하는 기준으로 이념에 기초한 독단적
주장인 도그마가 아닌 현실을 택하였다. 덩샤오핑은 1978년에 구 소
련의 공산주의나 구미의 민주주의는 발전도상국인 중국의 현대화를
성취하는 데는 제대로 작동할 수 없다는 결론을 내리고, 중국 특유의

경제발전 방식을 택하였다. 이는 실질적인 동시에 시행착오 과정을 스스로 겪으면서 다듬어 나가는 접근방식이었다.

둘째로, 중국은 오랜 역사에서 빈곤의 제거를 가장 기본적인 '인권'으로 여겨 왔다. 그 결과 세계 역사상 최초로 한 세대 안에 무려 4억 명의 인구를 빈곤 상태에서 해방시키는 엄청난 기적을 이룩하였다. 이는 서양이 18세기 이후 인권을 주로 시민권과 참정권에 국한해서 생각해 온 것과는 대조적이다.

셋째로, 중국은 근대화 추진과정에서 전통적 사상에 기초해서 통합적인 접근방식을 택하였다. 그에 따라 장기적 시야에서 경제발전 단계별로 분명한 우선순위와 경제발전 순서를 수립할 수 있었다. 이는 서방 선진국들에서 널리 채택된 인기 영합적이거나 단기적인 정책과는 대조적이다.

넷째로, 정부를 필요한 선(善)으로 보는 관점을 들 수 있다. 중국의 수천 년 역사에서 융성한 시기는 대체로 강력하고 개화된(enlightened) 정부가 다스린 때였다. 이는 정부를 필요악으로 보는 미국과는 다른 것으로, 중국의 급속한 경제발전은 개화된 개발국가가 주도하였다. 소련의 미하일 고르바초프(Mikhail Gorbachev) 대통령은 국가를 포기하였으며, 그 결과 소련은 붕괴되었다. 그러나 덩샤오핑은 정부를 이상국가를 추구하는 주체로 설정한 마오쩌둥(毛澤東)과는 다르게 근대화를 추진하는 주체로 바꾸었다. 중국정부는 결점도 있었지만 근대화를 향한 국민들의 합의를 이끌어 냈으며, 주요한 전략적 목표들을 일관성 있게 추구하였다.

다섯째로, 민주주의 대(對) 전체주의 정부라는 단순한 분류보다는 나라를 제대로 통치하는가(*good governance*), 실제로 무슨 일을 하는가에 따라서 정부의 성과가 평가되어야 한다고 본다. 중국정부는 투명성의 미흡이나 사법제도의 미비 등 많은 결점에도 불구하고 급속한 경제성장을 이룩하였으며, 이에 따라 국민들의 생활수준도 크게 향상되었다. 2008년 무려 78%의 중국인이 자신의 장래에 대해서 낙관적으로 기대하였다.

여섯째로, 공자의 능력주의(*meritocracy*) 전통을 계승하여 중국은 모든 계층의 공직자를 평가할 때 능력과 성과를 중시해 왔다. 즉, 공직자가 빈곤 제거, 환경오염 감소 등에 얼마나 기여했는가에 따라서 승진 여부가 결정되는 것이다.

일곱째로, 중국은 외국의 제도나 문물을 주체적, 선택적으로 배우고 조정하는 데에 탁월한 능력을 보였다. 좋은 예가 IT 혁명을 빨리 받아들이고 더 나아가 이 분야에서 세계적으로 탁월한 성과를 달성한 것이다.

여덟째로, 다양성 가운데서도 조화를 추구한다. 중국은 크고 복잡한 사회이나 공자 이래로 다양성 가운데 조화를 이룩하려고 노력해 왔다. 이는 구미의 적대적인 정치풍토와는 대비되는 것이다.

중국은 현재 시진핑 주석이 지적한 것처럼 만연된 부패의 척결 등 심각한 도전에 직면해 있다. 그러나 앞으로도 단순히 구미의 자유민주주의보다는 앞에서 본 중국의 오랜 역사적 전통에 기초하여 여러 문제들을 풀어 나갈 것으로 보인다. 이는 수천 년에 걸쳐서 20여 개 왕조가 흥망성쇠를 겪으면서 축적한 지혜이기도 하다.

그런데 현대 중국의 정치제도가 지니는 가장 중요한 강점은 특히 경제정책에서 복잡한 결정을 신속하게 잘 내릴 수 있다는 것이다. 특히 공항, 댐, 고속철도, 수도, 전력 등 사회간접자본을 구축할 때 그렇다.

영국 런던의 히드로공항은 제2차 세계대전이 끝난 후 70여 년 동안 인근 주민의 반대로 길이가 4킬로미터도 안 되는 활주로 하나를 새로 만들지 못했으나, 중국은 80개의 공항을 새로 건설하였다. 또한 중국과 경쟁하는 민주주의 국가인 인도를 보면 거의 모든 신규 투자가 노조, 로비집단, 농민단체, 법원 등에 의해서 사사건건 저해당하고 있어서 좋은 대조를 이룬다. 민주주의제도가 상당한 비용을 수반함을 알 수 있다.

구미(歐美) 여러 나라들은 오랫동안 중국이 경제성장과 더불어 민주주의로 이행할 것을 바랐으나 이는 일어나지 않을 것 같다. 중국정부는 엘리트와 중산층의 요구에 부응하는 방법을 잘 알고 있으며, 다당제 민주주의에 대한 중국 국민들의 지지도 크지 않아 보인다. 또한 중국정부는 상황이 변하는 데 따라서 신속하게 대응할 줄도 알며, 어려운 결정을 빨리 내리고 효율적으로 추진한다.

미국은 처음부터 연방정부를 믿지 못한다는 전제에 기초해서 헌법에 아예 견제와 균형(check and balance) 장치를 제도화해 놓았다. 이를 바탕으로 개인의 자유를 보장하고 활력 있는 민간부문을 창출해 낼 수 있었다. 그러나 근자에 들어오면서 정치제도는 더욱 양극화되어 가고 이념적으로도 경직성을 더해 간다. 그 결과 미국이 당면한 주요 장기 과제를 제대로 다룰 수가 없게 되었다. 미국의 민주주의제도는 그 자체로 정당성을 가질지 몰라도, 정부 조직이 서로 대립하여 나라

를 제대로 다스릴 수 없게 되면 이는 다른 나라가 따를 모델이 될 수
는 없다는 주장도 있다. 27

중국 런민대학(人民大學)의 장리원(張立文) 공자연구원장에 따르
면 문화대혁명 당시에는 공자(孔子)가 타도의 대상이었으나 현재는
믿음, 신뢰, 예의 등 유학의 핵심 가치가 중국에서 중요시되고 있다.
유치원과 초등학교에서는 사서삼경(四書三經)을 읽으며, 대학의 유
학 강의에는 학생들이 몰려들고 있다. 마르크시즘이 여전히 유효하
지만 2천여 년 넘게 이어 온 유학이 더 큰 힘을 가졌다. 28 특히 중국
당국은 2017년 1월에는 유치원에서 대학에 이르기까지 교과목 내용
에 전통사상을 포함시켰다.

이는 중국이 G2의 자리에 오르면서 서양의 개인적 자유와 민주주
의라는 정치적 이념에 맞서, ‘중국몽’을 뒷받침할 수 있는 가치를 과
거에는 봉건적인 사상이라고 배척했던 공자, 맹자 등에서 찾으려는
시도라고 볼 수 있다. 즉, 5천 년 중국 문명이 생산해 낸 유교사상을
부활시키고자 하는 것이다. 29

유학의 기초인 민본(民本)사상도 새롭게 중시되고 있다. 소통과
화합을 중요하게 여기는 유교사상은 빈부격차 등 사회의 여러 모순을
해결할 실마리를 제공할 수 있다. 즉, 개인의 이익만을 중시하는 현
대사회에서 화(和)를 강조하는 유학은 새로운 사상적 대안이 될 수
있다는 것이다. 중국이 그동안 ‘조화로운 사회’를 강조해 온 배경을
짐작할 수 있다. 그러나 다른 한편 규율, 공동체주의 등의 가치만을
지나치게 강조하면 인권을 억압하고 권위주의에 맹종하는 부작용이
뒤따를 수 있다.

(2) 동·서양 문화의 비교

한국을 비롯한 중국 등 동아시아 유교 문화권은 서양과는 사고(思考)하는 방식이 다른 문화적 차이를 지니고 있다. 예를 들어 두 가지 서로 상충되는 명제가 있을 때, 서양은 아리스토텔레스 이후 수립된 '논리적 추론'(logical reasoning)에 따라서 분명하게 둘 중 하나는 옳고 다른 하나는 틀리다는 대립적 판단을 내린다. 이에 반해 동양인들은 변증법적 사유체계로 절충적 판단을 내려 두 명제 모두 옳은 부분이 있다는 중도적인 길을 택한다.[30] 즉, 사유체계나 문화가 서양은 대립적이며 적대적인 반면 동양은 조화를 강조하며 절충적인 길을 택한다.

분쟁을 해결하는 방식도 서양은 적대적이고 대립적인 방식을 선호하는데, 좋은 보기가 미·영의 대립적인 노사관계이다. 또한 정치적, 군사적으로도 편 가르기를 선호하여 내 편, 네 편을 나누며 대립적으로 군사동맹을 맺어 동맹국과 비동맹국을 분류한다. 이는 옳은 것 또는 진리는 절대적이며 하나뿐이라는 인식에서 연유한다. 이에 반해서 동양은 조화롭게 절충을 통해서 분쟁을 해결하려고 노력하며, 협상이나 중재 등 비공식적인 분쟁 해결 방식도 널리 활용한다.

중국이 조화 또는 화(和)를 특히 강조하는 것도 동양의 사유체계에서 비롯된 것이다. 중용을 강조하는 것도 같은 맥락에서 이해할 수 있다. 진리도 상반되는 양편 주장에 각각 어느 정도는 포함되어 있다고 본다. 일상생활에서 일어나는 분쟁을 해결하는 방식도 서양은 이쪽 편은 옳고 저쪽 편은 틀리다고 보아 절충이나 타협의 여지는 없는 편이다. 이에 반해 동양은 절충을 모색하여 양편을 다 비판하고 중도적인 해결책을 찾는다.

교육에서도 서양은 학생들에게 어떤 주제를 놓고 논리적인 추론으로 서로 대립적인 토론을 벌여서 옳고 그름을 가려내게끔 유도한다. 반면에 동양은 절충안을 찾도록 한다. 그러나 과학의 발달을 위해서는 논리적인 추론에 의한 진리의 탐구가 필수적이다.

　문화는 경제성장에도 영향을 미친다. 한국, 중국, 일본, 대만, 싱가포르 및 홍콩은 공자, 맹자에서 비롯된 유교 문화권에 속하는데, 1950, 1960년대 이후 모두 급속한 경제성장을 달성하였다. 1970년대 말 이후에는 중국도 고도성장을 지속하고 있다. [31]

　공자는 다른 종교와는 달리 윤리와 도덕의 토대 위에서 정직, 성실, 근면, 절약 등을 강조하였다. 즉, 유교에서는 '덕성'을 강조한다. 이러한 문화적 특성이 경제성장을 촉진하는 데 기여했다는 평가도 있다. 따라서 유교에서는 진리는 유일하다고 주장하지 않는데, 이는 유대교, 기독교, 이슬람교에서 '진리'는 유일하며 절대적이라고 선포한 것과 대비된다. 동아시아에는 유교 외에도 불교, 도교, 힌두교 등이 있는데, 이들 종교에서도 유교와 같이 진리는 유일하다고 주장하지 않는다. 또한 동아시아 사람들은 두 가지 종교를 동시에 가지는 경우도 흔하다.

　산업혁명 이후 지난 2세기를 돌아보면 진리를 탐구하려는 서양은 뉴턴의 법칙 등 자연법칙을 발견하는 데 우위를 점하여 왔다. 그러나 동양은 문화적 특성으로 말미암아 자연과학의 발달에 관심을 쏟지 못하였다. 2,500년 전부터 동양에서는 정치철학이 발달하였고, 서양은 자연철학에 관심을 집중한 결과이다. 사유체계도 서양은 분석적인데 반해서, 동양은 종합적이며 통합적인 특징을 가진다.

이제 과학기술은 세계적으로 널리 전파되었으므로, 동양은 이를 충분히 활용할 수 있게 되어 경제성장이 촉진되었다. 그러나 정부, 기업 등의 운영에서는 동양의 사유체계가 강조하는 전체적이고 융합적인 접근이 필요한데, 서양은 이 점에서 미흡하다. 미국, EU 등 주요 선진국들의 정치가 대립적이며 적대적인 양상까지 띠는 것은 서양의 사유체계가 가지는 문화적 특성에 연유한다고 볼 수 있다.

(3) 한국의 민주주의

한국은 일본과 함께 대표적으로 아시아대륙에서 자유민주주의와 시장경제를 달성한 선진국으로 분류된다. 흔히 한·일 양국이 가치를 공유한다는 것은 이를 뜻한다. 물론 어떤 나라든지 정도의 차이는 있으나 모든 현존하는 정치·경제제도는 불완전한 인간이 만든 제도이므로 흠결이 적지 않은 것이 사실이다. 이는 한국의 민주주의·시장경제제도도 마찬가지이다. 그러나 남·북한의 정치·경제제도의 비교에서 분명하게 드러나는 것은 '자유'를 허용하는 체제가 훨씬 더 바람직한 결과를 초래한다는 점이다.

미국과 유럽 등 주요 선진국들처럼 한국의 민주주의도 자유선거를 시행하므로 절차적 요건은 충족한다. 그러나 과연 한국의 정치가 바람직한 국정 운영을 이루는가에 대해서는 선진국들과 마찬가지로 회의적이라고 답할 수밖에 없다. 정치가 국민들 사이의 대립·갈등을 조화시키고 화합시키는 것은 고사하고 이를 증폭하는 역할을 해온 지 오래이기 때문이다.

인기영합적인 정책 결정(*populism*)으로 장기적인 재정건전성이 위협받는 것도 우려된다. 또한 미국 의회도 그렇지만 여·야 간에 극도의 대립·갈등으로 주요 의안을 국가의 장기 이익을 우선시하여 결정하고 효율적으로 추진하기도 어렵다. 현실적으로 한국의 민주주의는 비용이 크고 비효율적이다. 부패 정도도 크게 개선되기는 하였으나 싱가포르 등에 비해서는 아직도 미흡하다. 한국 민주주의의 현실은 혼란, 무질서, 고비용 등 그 역기능이 특히 정치 선진국인 북유럽 국가에 비해서는 도를 넘어선다.

정당, 의회 정치 및 정부에 대한 국민의 불신, 경멸, 혐오감도 도를 넘어선 지 오래다. 한국의 현재 상황은 남·북한이 아직도 정전 상태이며, 동북아시아에서는 미국·중국·러시아·일본 등이 첨예하게 대립하고 있는 것이 엄연한 현실이다. 그러나 이에 적극적으로 대응할 수 있는 훌륭한 국정 운영은 기대할 수 없다. 중국이 비록 공산당 독재체제이지만 장기적인 시야에서 효율적으로 국정을 운영하는 것은 우리로 하여금 경각심을 불러일으킨다.

북핵, 미사일 위협 등 대외적으로 한국을 둘러싼 주변국들의 움직임이 엄중할 뿐만 아니라, 대내적으로는 경기침체가 오래 지속되어 국민 일반의 경제생활이 매우 어렵다. 이처럼 한국의 대내·외 상황이 위태로운데도 정치권은 아랑곳하지 않고 여·야를 불문하고 권력투쟁에 몰입하여 국민들의 원성이 최고조에 달했다. 즉, 한국 정치가 국민 일반을 도외시하는 상황이다. 32

미국, EU 등 주요 선진국에서든 한국에서든 민주주의제도는 불완전하여, 장기적인 관점에서 국익을 증대하는 방향으로 국정을 효율적으로 운영하기가 쉽지 않다. 여·야 간의 극한 대립은 주요 선진국

어디서나 볼 수 있는 흔한 현상이 되었다. 그러나 현실적으로 자유민주주의 외에 더 우월한 정치체제가 없으므로, 국민의 요구에 부응해서 발전시켜 나가려는 노력을 지속적으로 기울여야만 할 것이다.

국민 일반의 성숙한 시민의식과 여론 주도층의 노력으로 인간이 만든 상대적으로 덜 불완전한 정치제도인 자유민주주의를 계속 개선하여 북유럽 여러 나라와 같은 수준으로 발전시켜 나가는 것이 우리의 목표이다. 정치나 경제나 인간의 자유 의지를 최대한 발휘하도록 하는 제도가, 과거에도 그랬듯이 앞으로도 인간의 능력을 최대로 고양시킬 수 있기 때문이다.

4. 동·서양 문명

1) 중국의 장기 정체

중국 명(明) 나라(1368~1644년)의 영락제 재위 기간(1402~1424년)인 1420년에 자금성이 완성되었는데, 이때 중국은 세계 최고의 문명을 자랑하였다. 정화(鄭和) 제독은 영락제 재위 기간 중 여섯 차례에 걸쳐서 인도양을 지나 사우디아라비아의 제다까지 대항해를 감행하였다. 도합 317척의 배, 2만 8천 명의 수병이 이 항해에 참가했는데, 배 한 척의 길이가 무려 122미터나 되었다. 스페인의 크리스토퍼 콜럼버스는 1492년 3척의 작은 배와 88명의 대원을 이끌고 69일간의 항해 끝에 대서양을 건너 신대륙을 발견했는데, 이때 탄 산타마리아호의 길이는 중국 배의 5분의 1에 불과하였다. 중국의 대항해 목적은 교역이나 이익 추구가 아니라, 여러 나라를 방문하면서 중국 황제의 권위를 만방에 과시하는 것이었다.

한편 스페인은 주로 금은보화 획득이 항해 목적이었고, 포르투갈 은 동양으로 가는 새 항로를 개척하여 여기서 후추 등 향신료를 구해 유럽에 파는 무역을 통해 이득을 얻고자 하였다. 이른바 '발견의 시대'(Age of Discovery)에 스페인과 포르투갈에 의한 대서양과 인도양의 신항로 개척으로 신세계가 열린 것이다. 이는 이후 유럽 국가들의 경제성장 및 상호경쟁의 기폭제가 되었다. 유럽인들은 호기심이 많아서 남에게서 무엇이든 배우려는 성향이 높았고, 이윤 추구의 동기도 매우 강했다.

이와 달리 중국은 다른 나라에 대해서 별로 관심이 없었다. 특히 영락제 사후 명나라는 고립 정책으로 돌아섰고, 1500년 이후에는 돛대를 2개 이상 지닌 배를 만들면 사형에 처했으며, 정화의 항해기록도 폐기하였다. 이때부터 중국은 쇠락의 길을 걷기 시작한다. 1842년 아편전쟁 때까지 300여 년 동안 이러한 정책으로 중국은 가난해지고 후퇴했으며 암흑과 무지의 수렁에 빠졌다고 덩샤오핑은 지적하였다. 따라서 덩샤오핑은 발전을 원하는 국가는 폐쇄정책을 고집해서는 안 된다고 주장하였다. 그동안 정화 제독은 중국에서 잊혔으나 지금은 영웅으로 칭송받고 있다.

애덤 스미스(Adam Smith)의 《국부론》(An Inquiry into the Nature and Causes of the Wealth of Nations)은 1776년 출판되었다. 당시 그는 중국을 유럽 어느 나라보다도 부유한 나라로서, 땅이 가장 비옥하고

농업생산성도 높고 근면하며 인구도 가장 많은 나라라고 평했다. 그러나 다른 한편 오랫동안 정체된 채 가만히 서 있는 나라라고 표현하였다. 33

왜 1500년경을 분수령으로 동·서양의 운명이 갈렸는가? 중국은 여러 나라가 합해져서 하나의 큰 제국을 형성하면서 전제정치를 했다. 이 정치체제는 개인의 창의를 억압하고 기술 진보나 혁신을 저해했으며, 대외무역도 금지시켰다. 즉, 과도한 국가 통제가 경제발전을 막은 것이다.

동아시아가 거대한 단색 담요 같았다면 유럽은 수많은 조각 천들을 이어 붙인 형국이었다. 즉, 중국은 전체가 하나의 거대한 제국을 이룬 데 비해 유럽은 정치적으로 분열되어, 16세기 유럽에는 자주권을 가진 국가가 500여 개나 되었다. 이는 유럽에 지리적으로 여러 방향으로 흐르는 강과 알프스, 피레네 같은 험준한 산맥들이 널려 있기 때문이다.

제도가 중요하다는 것은 동·서양의 역사적 비교 이외에 최근에는 남한과 북한, 통일 이전의 서독과 동독, 영국의 식민지였던 북미와 스페인과 포르투갈의 식민지였던 남미의 현격한 발전 격차에서도 여실히 드러난다.

중세 유럽에는 중앙집권적인 정부가 없었다. 대신에 반(半) 자율적인 도시인 코뮌(*commune*)들이 많았다. 코뮌은 상인의, 상인에 의한, 상인을 위한 정부였다. 한편 서유럽에 비해서 동유럽은 도시 숫자가 적고 자유롭지도 못했는데, 그 결과로 농노제도가 오래 지속되었다. 중세에 대부분의 농부들은 농노로서 속박 상태에 있었다.

그러나 1500년경에 이르러서는 영국과 프랑스 및 벨기에·네덜란드·룩셈부르크 등 베네룩스 3국으로 일컬어지는 저지대 국가들(*low countries*) 그리고 독일의 서부지방에는 농노들이 거의 사라졌다. 영국에서 토지는 자영농(*yeoman*) 또는 자유로운 소작인에 의해서 경작되었다. 이와 달리 프러시아는 1809년에야 농노를 해방시켰으며, 러시아는 거대한 감옥과 같아서, 1919년 볼셰비키혁명 때의 몇 달과 1991년 소련 붕괴 후 얼마 동안을 제외하면 항상 자유롭지 못했다.

유럽에서는 국가들 간 경쟁이 치열했다. 상업, 무역, 신항로 개척 및 식민지 건설 등에 있어서 서로 간에 끊임없이 치열한 '경쟁'을 벌였고, 그 결과 서양은 동양을 앞서기 시작하였다. 기업활동도 자유로웠고, 국가가 혁신을 저해하지 않았으며, 혁신의 이익은 사적(私的)으로 취할 수 있었다. 따라서 지속적인 혁신이 일어났고, 이는 경제발전의 원동력으로 작용하였다.

1500년경부터 유라시아대륙 서쪽 끝에 자리 잡은 유럽의 작은 국가들이 당시 여러 면에서 이들보다 훨씬 선진화되었던 동양의 국가들을 비롯하여 전 세계를 앞서기 시작함으로써, 참으로 긴 세월인 500년 동안 전 세계를 지배하였다. **34**

그러나 1800년경까지는 중국이 서방세계와 경제적으로 비슷했다는 견해가 널리 퍼져 있다. 예를 들어서 1830년에도 중국의 제조업부문 생산이 세계 전체에서 차지하는 비중은 거의 30%나 되었고, 1850년까지도 그 비중은 세계에서 제일 높았다. 그러나 1인당 GDP로는 이미 1600년경에 영국이 중국보다 60%나 높은 것으로 추정되기도 하였다.

중국에 이어 1895년까지는 영국이 세계 제일의 공업국가 지위를 유지하였고, 그 후에는 미국의 선두 유지가 2010년까지 계속되었다. 그러나 2010년에 중국은 세계 제조업 생산의 19.8%를 점유해서 19.4%의 미국을 앞서기 시작하였다. 물론 중국 제조업 생산의 상당 부분은 미국 회사의 현지생산이고 미국의 생산성은 중국의 9배나 되지만, 그럼에도 지금은 서양의 패권 역사가 끝자락에 가까워지고 있다는 견해가 제기된다.

2) 근대화의 여명

서양 문명의 기반은 르네상스, 종교개혁, 과학혁명 및 계몽주의 등에서 찾을 수 있다. 르네상스는 고대 그리스·로마 문화를 이상으로 삼아 이를 부흥시키려는 운동으로, 학문, 문학, 미술, 건축 등 여러 분야에서 일어났다.

5세기에 서로마제국이 멸망하면서 '암흑시대'라고 불리는 중세가 시작되었는데, 15세기 중엽 이슬람 세력인 터키에 의해 콘스탄티노플이 함락되면서 동로마제국이 멸망하여 1천 년 동안의 암흑시대는 끝나게 된다. 이처럼 중세란 지중해 연안의 그리스와 로마에 의한 '고대사회' 이후, 알프스와 피레네산맥 북쪽의 나라들로 구성된 16세기 이후의 '근대 유럽'이 성립되기 전까지의 약 1천 년의 기간을 가리킨다. 르네상스는 중세가 끝나는 바로 이러한 새로운 시대에 일어났다.[35]

13세기부터 15세기에 걸쳐서 이탈리아 피렌체는 상공업의 중심지인 동시에 르네상스의 발원지였다. 단테, 레오나르도 다빈치, 미켈란젤로 등이 이 시대에 활약하였다. 르네상스는 그 후 프랑스, 독일, 영국 등 북유럽으로 확산되어, 인간의 자유정신이 억압되고 창조성도 철저히 무시된 중세의 야만성을 극복하고 인간 정신의 해방과 합리성을 추구하는 기운을 싹트게 함으로써 서양 문화의 주요한 기반이 되었다.

종교개혁은 약 500년 전인 1517년 독일의 마르틴 루터가 가톨릭교회의 면죄부 판매 등 극심한 부패와 민중에 대한 억압에 항거하여 교회 개혁을 요구하면서 본격화되어, 결국 그리스도교는 가톨릭과 개신교(프로테스탄트)로 양분되었다. 종교개혁의 성공은 당시 민중의 생활이 비참하기 짝이 없었고 교회에 대한 반감도 컸던 데서 연유한다. 르네상스 운동이 예술적, 귀족적이어서 민중과 유리되었던 데 비해, 16, 17세기의 종교개혁은 민중의 교회에 대한 강한 반감을 기초로 하였기 때문에 당시 사회를 변혁하는 데 큰 영향을 미쳤다.

과학혁명은 16세기 중엽부터 17세기 말에 이르기까지 유럽에서 일어난 근대과학의 출현을 뜻한다. 1543년 코페르니쿠스의 지동설, 1608년 현미경 발명, 1609년 망원경 제작, 1610년 갈릴레이의 지동설, 1628년 혈액순환의 설명, 1637년 데카르트의 해석기하학, 1654년 페르마와 파스칼의 확률이론, 1687년 뉴턴의 만유인력의 법칙 및 운동의 법칙과 미적분학 등이 주요한 결과이다. 1662년에는 자연과학 진흥을 위한 런던왕립학회가 설립 인가를 받았으며, 1703년에는 뉴턴이 회장을 맡았던 영국왕립학회가 과학자들의 학문적 교류의 중심이 되었다.

서기 750년경부터 1100년경에 이르기까지 이슬람은 유럽의 교사였다.[36] 예를 들어 그리스·로마 고전의 번역, 대수학, 광학, 지도 제작, 의학 등의 분야에서 유럽에 지식을 전수하였다. 아랍인들은 과학적 탐구심이 강해서 근대과학의 선구자 역할을 하였다. 특히 당시의 바그다드는 학문, 예술, 문화 활동의 중심지였다. 또한 1500년경의 시점에서 볼 때 중국의 산업기술, 인도의 수학, 아랍의 천문학은 다른 나라들에 비해서 몇 세기나 앞서 있었다.

그러나 기독교와 달리 이슬람은 종교적인 것과 세속적인 것을 구별하지 않았다. 또한 인쇄를 금지함으로써 세계의 지식 흐름에서 유리(遊離)되기 시작하였다. 이는 1500년경 독일에서 이미 200여 군데의 인쇄소가 있었던 것과 대조를 이룬다. 또한 당시의 동양과 서양을 비교해 보면 과학혁명의 성과가 보여 주는 대로, 새로운 지식을 깊이 있게 체계적으로 탐구하는 데 동·서양 사이에 현격한 격차가 있었음을 알 수 있다.

한편 17, 18세기에 유럽에서 널리 퍼진 계몽주의의 요체는 인간의 '이성'(理性)에 대한 믿음에 기초하여 인류의 무한한 진보를 믿는 것이었다. 또한 이성의 힘으로 구습에 얽매인 기존 질서를 타파하고 사회를 개혁하려고 하였다. 계몽주의의 사상적 기반은 합리주의를 강조한 볼테르, 《사회계약론》(Du Contrat Social)을 통해서 "인간은 자유를 가지고 태어났으나 모든 곳에서 사슬에 묶여 있다"고 설파한 루소, 《법의 정신》(De l'esprit des lois)에서 누구도 법 위에 설 수 없으며 개인의 자유는 국가 권력이 사법·입법·행정의 삼권으로 나뉘어 서로 견제함으로써 확보된다고 주장한 몽테스키외 등 프랑스 사상가들이 제공하였다.

또한 영국에서는 경험론 철학의 시조인 존 로크를 비롯해서, 인위적인 실정법 위에는 인간 본성에 기초를 둔 도덕적인 법 원리로서 보편타당성과 보편윤리성을 특징으로 하는 '자연법'이 존재한다는 자연법 사상이 널리 퍼졌다. 이는 구미 국가들에게 법질서의 도덕적 원리를 제공하였다. 또한 뉴턴의 기계론적 우주관은 과학 분야에서 계몽주의의 사상적 기반을 제공하였다.

계몽주의 사조는 프랑스를 중심으로 활발하게 전개되다가 후에는 유럽 전역으로 전파되었다. 이는 일반 민중의 저항 정신을 일깨움으로써 후일 미국혁명과 프랑스혁명에도 큰 영향을 미쳤다.

3) 자본주의의 추이

이탈리아의 도시국가들인 베니스, 피렌체, 제노아 등은 중세 '상업혁명'의 선두주자들이었다. 16세기 후반까지도 이탈리아는 세계를 주도하는 국가였지만, 그 후 이탈리아는 '대발견'이 제공하는 중요한 기회를 활용하지 못했다. 그 결과로 대서양이나 인도양에서는 이탈리아 배를 거의 볼 수 없었다.

또한 이베리아반도의 스페인, 포르투갈과 지중해 연안의 이탈리아는 16, 17세기의 과학혁명에도 전혀 참여하지 못했다. 이는 종교개혁 이전 남유럽이 교육과 연구의 중심이었던 것과 상당한 차이가 난다. 특히 스페인과 포르투갈은 기독교와 이슬람 문명의 접경에 있었기에 지리적으로 유리한 위치에 있었는데도 별로 진보가 없었다.

대항해 시대를 연 포르투갈은 인도양 항로를 개척하고 동양의 후추 등 향신료를 유럽에 팔아서 막대한 교역 이익(*gains from trade*)을 취했다. 그러나 단순히 교역에만 몰두하였고, 식민지를 개척하여 더 큰 이익을 취하려는 생각은 미처 하지 못하였다. 그 후 포르투갈에 자극받은 스페인은 콜럼버스를 지원해서 1492년 아메리카대륙을 발견하였고, 금은보화가 쏟아져 들어오자 스페인은 갑자기 유럽 제일의 부자가 되었다. 그러나 1600년경이 되면 스페인과 포르투갈의 국력은 쇠락하기 시작한다.

스페인, 포르투갈의 성공을 보고 경쟁심이 강한 유럽의 다른 국가들은 앞다투어 동양으로 진출하면서 이들 두 나라를 공격했다. 특히 영국은 1600년에 엘리자베스 여왕이 동인도회사에 특허를 주었고, 네덜란드도 2년 후 비슷한 회사를 설립하였다. 이에 동방 교역의 엄청난 이익이 이들 두 나라로 넘어갔고, 17세기 중반이 되면 영국과 네덜란드의 우위는 확고해진다.

한편 1592년 영국은 스페인, 포르투갈과 전쟁을 벌였으며, 1687년에는 무력으로 인도를 점령하였다. 금은보화나 교역에 의한 이득보다 훨씬 큰 이득을 주는 식민지 경영 방식의 제국주의 정책을 펼치기 시작한 것이다.

이제 영국에서 산업혁명, 즉 공업화가 시작되었다. 여러 유용한 기계들이 발명되었는데, 존 케이의 플라잉 셔틀(1733년)은 옷감의 생산량을 갑절로 증가시켰다. 또한 하그리브스의 제니 방적기(1764년), 아크라이트의 수력 방적기 등이 발명되어 면직물과 모직물의 산출량을 크게 증대시켰다.

제임스 와트가 증기기관(1765년)을 발명함으로써 드디어 증기가 새로운 동력으로 이용되었다. 그에 따라 석탄산업이나 제철공업과 같은 연관산업도 성장하였다. 1780년대 중반까지도 면제품은 영국 전체 수출의 6%에 불과했으나, 1830년대 중반에 이르러 이 비율은 48%로 급증하였고, 그 대부분은 유럽대륙으로 수출되었다. 19세기는 서유럽, 특히 영국의 세기라고 할 수 있다. 이 기간에 석탄이 풍부한 영국에서 증기기관을 본격적으로 활용하면서 '산업혁명'이 빠르게 진행된 것이다.

19세기 후반에는 과학과 기술의 결합에 의한 '2차 산업혁명'이 일어났다. 이는 독일이 선도하였고 영국은 오히려 뒤처졌다. 과학과 기술의 결합을 선도한 독일의 대학들은 1900년경에는 다른 나라들의 부러움을 사며 세계 대학의 표본이 되었다. 1901~1920년 기간에는 노벨 과학상의 30%가량을 독일 학자들이 받을 정도였다.

힘이 강해진 유럽은 아시아와 아프리카 등에 흡사 맹수처럼 덤벼들었다. 1913년 영국이 차지한 땅은 세계 전체의 4분의 1에 달했고, 프랑스도 9%를 차지하였다. 세계 면적의 10%에 불과한 11개 유럽 국가들이 전 세계의 절반 이상을 다스렸고, 인구로는 57%, GDP로는 5분의 4를 점유하였다.

이러한 상황을 보고 레닌은 제국주의를 가장 상위의 자본주의로서, 기생적이며 타락하고 소멸해 가는 자본주의라고 보았다. 오늘날에도 많은 사람들이 당시의 제국주의를 그렇게 생각한다. 구미의 대학에서도 제국주의를 중동의 갈등에서부터 사하라사막 이남 아프리카의 빈곤에 이르기까지 오늘날 거의 모든 문제의 근본 원인으로 생각한다.

미국의 독립선언과 프랑스혁명의 인권선언은 자유·평등의 민주주의사상을 널리 확산시켰다. 그러나 19세기 초엽 유럽에서는 국왕의 전제정치가 행해졌고, 영국에서도 소수 귀족 및 부유한 계급이 권력을 독점하였다. 19세기에 걸쳐서 민주주의를 향한 주된 요구사항은 선거권 확대였는데, 19세기 말에 이르면 유럽과 미국에서는 대다수의 국민들이 투표권을 갖는다. 따라서 19세기는 구미 제국에서는 민주주의가 확산된 세기라 볼 수 있다. 반면에 구미 제국에서는 19세기를 통틀어 소득분배의 불평등은 심화되었다.

그러나 19세기 중엽 이후 유럽에서 대의제가 확대되고 이에 따라 저소득층에게 유리한 입법이 시행되면서 노동자의 임금은 상승하였다. 영국에서 1780~1830년 기간에 근로자 1인당 산출량, 즉 생산성은 25%나 증가한 반면 임금은 4% 상승하는 데 그쳤다. 그러나 1848~1913년에는 런던 건설노동자의 하루 실질 임금이 2배로 뛰었다.

산업혁명 초기에는 어린이 노동자들이 하루 16시간 이상의 고된 노동을 하는 등 노동자의 생활상이 비참하기 짝이 없었다. 영국 맨체스터의 공장 소유자였던 로버트 오언(Robert Owen)은 앞장서서 노동자의 처우개선을 시도하였다. 1819년에 영국 의회가 〈공장조례〉를 통과시킨 것도 그의 노력의 결과였다. 이에 따라서 9세 아동에게는 하루 12시간 이상 일을 시킬 수 없게 되었다. 사회주의라는 단어도 오언이 1830년경 처음으로 사용하였다.

이러한 19세기의 경제·사회적 배경 아래서 칼 마르크스와 프리드리히 엥겔스는 《공산당 선언》(The Communist Manifesto)을 발표한다.

《공산당 선언》이 발표된 1848년은 유럽 여러 나라에서 혁명이 일어나서 '유럽 혁명의 해'라고 일컬어진 해였다. 이러한 상황에 크게 고무된 이들은 자본가와 노동자 간의 계급투쟁과 자본주의의 내재적 모순에 의한 자본주의 붕괴의 필연성을 제기하였고, 그 해결책으로 생산수단의 사적 소유 폐기, 프롤레타리아 독재 등을 주장하였다.

이어서 1867년 마르크스는 그의 역작인 《자본론》(Das Kapital) 1권을 출판하였다. 여기서 마르크스는 자본주의 사회의 가치 창출을 설명하기 위해 '잉여가치' 이론을 제시한다. 그는 노동자가 받는 임금은 간신히 생존할 수 있는 수준에 불과하고 이는 그들이 창출한 가치보다 훨씬 적은데, 그 차이를 생산수단을 소유한 자본가가 착취한다고 보았다. 또한 자본가 계급은 잉여가치의 착취를 늘리기 위하여 착취율 제고, 기술개발, 식민지 침탈의 제국주의 정책 등 온갖 방법을 사용한다고 설명하였다.

그러나 이들의 주장과 달리, 현실을 보면 부와 소득이 불평등하게 분배된 것은 사실이지만 실질임금은 크게 상승하였고, 누진적인 직접세제 도입과 사회안전망 확충으로 불평등 정도는 특히 20세기 후반기에 들어오면서 상당히 완화되었다.

마르크스는 또한 역사의 발전을 설명하기 위해서 '유물사관'을 제시하였다. 그는 한 사회의 '생산력'과 '생산관계'에 의해서 그 사회의 '생산양식'이 정해진다고 설명했다. 자본주의 사회에서의 생산관계는 자본가와 노동자 사이의 관계이다. 생산력은 시간의 경과와 더불어 점점 증가하나, 사람들 간의 관계인 생산관계는 그대로 남아 있으려는 경향이 강해서 결국 양자 간에 충돌이 발생하고, 이러한 충돌로 생산양식이 바뀌게 된다는 것이다. 생산양식이 바뀌면 기존의 생산양식에 기초하여 수립되었던 종교, 법 등 '상부구조'도 변하면서 다음 단계의 사회로 이행해 나간다고 본 마르크스는 고대 노예사회, 중세 봉건사회, 근대 자본주의 사회, 사회주의 사회 및 공산주의 사회로의 변화를 이러한 유물사관으로 설명하였다.

그러나 자본주의 사회는 몇 차례 위기를 맞기도 하였으나 미비점을 수정·보완해서 계속 진화해 왔다. 물론 마르크스의 저술은 1918년 소련의 볼셰비키혁명 발발에 지대한 영향을 미쳤다. 그러나 1990년 경 구 소련 붕괴와 동구권의 시장경제로의 전환이 보여 주는 것처럼 공산주의체제는 현실적으로 작동조차 할 수 없다.

현재까지도 시장경제 대신에 계획경제체제를 고수하는 나라는 북한을 비롯하여 라오스, 미얀마, 캄보디아, 쿠바 등 극소수에 불과하며, 이들은 모두 정체 상태에 빠져 있다. 그러나 이들 국가들도 최근에는 정도의 차이는 있으나 모두 개혁과 개방을 추진한다. 이는 시장경제체제가 지니는 여러 가지 결점에도 불구하고 현실적으로 이를 대체할 수 있는 체제가 존재하지 않으며, 시장경제체제를 수정·보완해서 사용할 수밖에 없음을 보여 준다.

4) 역사의 갈림길

근자에 우리는 세계경제의 중심이 아시아로 이동한다는 말을 자주 듣는다. 미국의 44대 오바마 대통령은 이를 참작하여 대외정책의 중심축을 아시아로 이동시킨다(*pivot to Asia*)는 계획을 수립하였다. 더 나아가서 니얼 퍼거슨은 《시빌라이제이션》(*Civilization: The West and the Rest*)에서 지금 서양은 500년에 걸친 세계 지배의 끝자락에 서 있다고 하였다.

폴 케네디는 《강대국의 흥망》(*The Rise and Fall of the Great Powers*)에서 역사적으로 강대국들은 자신의 경제력에 비해서 제국주의적인 개입 비용이 과도할 때 쇠퇴하기 시작한다고 하였다. 많은 미국 사람들이 모든 강대국이 이런 전철을 밟았으므로 미국도 같은 처지에 빠질 수 있다고 우려하였다.

전쟁 이외에 재정위기도 강대국의 쇠퇴를 초래한다. 한 예로, 스페인의 경우 1543년 세입의 3분의 2가 합스부르크 왕가에서 빌린 돈의 이자로 나갔다. 미국의 연방정부 부채를 보면, 2001년에는 GDP 대비 32%였으나 미국발 세계금융위기를 겪은 후인 2011년에는 66%로 갑절로 늘었다.

다른 한편, 새뮤얼 헌팅턴은 21세기가 '문명의 충돌'로 특징지어질 것이며, 서양은 중화의 동양, 범(汎) 중동의 이슬람 및 러시아의 도전을 받게 될 것이라고 예상하였다. 그러나 냉전이 종식된 후 지난 20여 년간을 돌이켜 보면 문명 간 충돌이 아니라 주로 국지적 전쟁이나 내전이 발발하였다.

20세기 전반기에는 파시즘과 공산주의의 발호로 전쟁과 폭력이 빈번하게 발생하여 수많은 인명이 희생되었다. 그러나 1990년경 소련 붕괴를 전환점으로 민주주의 · 시장경제체제가 확산되면서 이들 이념은 패색이 짙어 갔다.

1979년 이란 혁명 이후에는 급진 이슬람이 파시즘과 공산주의 대신 점차 기세를 펴기 시작하였다. 이는 특히 사우디아라비아가 석유를 수출해서 번 돈으로 다른 이슬람 국가들에 이슬람 급진주의를 전파하면서 더욱 기세를 높였다.

예를 들어, 말레이시아는 무슬림이 대다수이고 중국계는 상대적으로 소수파였으나 모범적이고 융성한 다문화사회였다. 방글라데시도 세속적인 헌법을 채택한 온건한 무슬림 국가였다. 터키는 무슬림 국가이지만 오랫동안 서방세계에서는 세속적이고 성공적인 민주주의 국가로 인식되었다.[37] 그러나 최근에는 이들 세 이슬람 국가에서 중동 걸프 연안 국가들의 영향으로 과격한 이슬람이 지속적으로 세력을 불리고 있으며, 테러와 살상도 자주 발생하고 있다.

특히 2010년 이후 과격 이슬람 세력들의 폭력과 이에 맞서는 '테러와의 전쟁'이 빠르게 증가하고 있다. 20세기에는 광적인 국가주의와 공산주의가 문제의 근원이었다면, 21세기에 들어서는 종교전쟁의 성격을 띤 충돌이 그 중심에 있다. 그런데 그것은 헌팅턴이 예상한 서로 다른 문명 사이의 충돌이 아니라, 같은 문명 내의 충돌이다. 2014년에는 무슬림 간의 군사적 충돌이나 전쟁으로 인한 사상자가 세계 전체 사상자 수의 79%나 차지할 정도로 많았다.

미국, 유럽 등 서방세계의 정치인들이나 국민들 가운데는 반(反)이슬람 정서를 지닌 사람들이 적지 않다. 미국의 트럼프 대통령이나 EU의 반 이민 정서가 대표적인 예이다. 그러나 구미 선진국들은 이미 다문화사회이며, 다수의 이슬람들이 소수파이기는 하나 주류사회와 더불어 공존하고 있다. 따라서 이미 도래한 다문화사회를 유지, 발전시켜서 서로 더불어 사는 평화롭고 조화로운 사회를 만들도록 노력해야 할 것이다.

이제 지난 500년 동안 구미 국가들이 세계를 지배한 이유가 무엇인지 간단히 보기로 하자. 퍼거슨은 5가지 핵심 요인(*killer applications*)을 든다. 첫째는 유럽이 정치적으로 분열된 가운데 서로 치열한 '경쟁'을 펼쳤다는 점이고, 둘째는 '과학혁명'이 유럽에서 일어났다는 점이다. 셋째는 법치와 대의제의 수립인데, 이는 사유재산권을 가진 부르주아 계층이 입법기관을 통해서 달성하였다. 넷째는 현대의학의 발달로 공중보건이 크게 향상된 점, 다섯째는 생산·공급된 재화에 대한 충분한 수요가 존재했다는 점, 여섯째는 근면·절약·저축 등 청교도 윤리가 강했다는 점이다.

그러나 2008년 발발한 미국발 세계금융위기와 2011년 발생한 유럽 재정위기는 구미 국가들의 상대적인 쇠퇴를 더욱 촉진했다. 특히 미국의 금융위기는 청교도적인 근면·절약정신이 사라져 버린 데도 연유한 것으로, 지나친 소비와 과도한 부채는 파산자와 과도한 채무자들을 양산하였다.

이는 미국식 경제모형의 실패로 볼 수 있으며, 그 한계를 드러낸 것이라고 생각할 수도 있다. 이로 인해 수많은 미국인들이 고통을 당한 것은 물론이고, 세계경제를 벼랑 끝으로 몰고 가서 선량한 발전도상국의 가난한 사람들까지도 어려움에 처하도록 만들었다.

리프킨에 따르면, 미국인들은 세계에서 가장 탐욕스러운 소비자들이다.[38] 즉, 지나치게 소비에 집착한다는 것이다. 이는 20세기에 들어와서 광고 제작자들이 소비자의 선택을 인간의 자유를 표현하는 최상의 방편으로 부각시키면서 굳어졌다. 그 결과로 미국 인구는 세계 전체의 5%도 안 되지만 전체 에너지 소비량의 무려 3분의 1을 차지하며, 이로 인해서 이산화탄소(CO_2)의 과도한 방출과 기후변화가 초래되었다는 것이다.

5. 기후변화, 세 차례의 산업혁명과 '디지털혁명'

1) 지속가능발전

근대과학의 아버지로 불리는 영국의 프랜시스 베이컨은 17세기 초 자연을 관찰하는 것보다 이용하는 데 주로 관심이 있었다. 또한 자연은 더 이상 경외의 대상이 아니며 인간에 의해 개조되어야 한다고 보았고, 인간은 자연을 정복할 수 있다고 생각하였다.

그 후 17세기 프랑스 철학자 데카르트는 자연을 자원으로 전환하기 위한 개념적인 틀을 제공하였다. 그는 모든 문제를 수학으로 풀 수 있다고 보았다. 이어서 아이작 뉴턴은 실제로 자연의 세계를 수학적 공식을 사용해서 설명하였다. 존 로크에 이르면 자연을 자원으로 보는 관념이 거의 정착된다. 로크를 비롯한 계몽주의자들은 인간이 자연의 속박에서 해방되어야 한다고 주장하였다. 또한 자연을 정확한 법칙에 따라서 움직이는 거대한 기계로 보는 기계론적 세계관을 제시하였다.

아울러 존 로크는 17세기 말 사유재산이 자연법에 기초하는 것이라고 주장하고, 사유재산의 취득을 인간의 최고 업적으로 칭송했다. 그의 주장은 당시 부르주아 계급으로부터 상당한 호응을 얻었으며, 영국 의회의 개혁에도 근거를 제공하였다. 후에는 프랑스혁명과 미국 독립전쟁의 사상적 기반이 되기도 하였다.

18세기 유럽의 합리주의 계몽운동은 사람들이 무제한의 물질적 진보가 가능하다고 믿게 만들었다. 이에 따라 18세기 후반 이후 200여 년 동안 구미 여러 나라를 중심으로 지속된 산업혁명이 급속한 인구 증가와 함께 에너지와 자원 고갈, 환경오염(대기·수질·토양 오염 등), 자연생태계의 파괴 및 기후변화를 초래하자, 경제성장 및 소비 제일주의를 추구하는 서양의 방식이 과연 지속가능한가에 대한 의문이 제기되었다. **39**

되돌아보면 이는 어리석고 오만한 생각이었다. 화석연료의 고갈이 시간문제임을 알게 된 근자에 와서야 비로소 맹목적인 무한성장 대신 지속가능한 경제발전을 추구해야 함을 깨닫게 되었다. 자연의 공격적 이용과 소비의 미덕만을 강조한 결과 이산화탄소가 누적적으로 방출되었으며, 이는 지구생태계를 피폐하게 만들어 놓았다.

일찍이 1972년 지구의 장래를 걱정하는 과학자들의 모임인 '로마클럽'은 이러한 추세가 계속된다면 100년 이내에 경제성장은 한계에 봉착할 것이라고 예측하였다. 경제성장 및 이를 수반하는 산업화와 도시화 때문에 석유, 석탄, 천연가스 등 화석연료 사용량이 폭증하면서 이산화탄소 배출량도 급증하였다. 이산화탄소 배출량이 급증하면 지구의 온도가 상승하는 온실효과 또는 지구온난화(*global warming*)가 발생한다. 지구온난화는 해수면(*sea level*) 상승, 기상이변 등을 초래하여 경작지의 면적을 축소시키고 농업생산량을 감소시켜 식량위기를 초래할 수 있다.

과학자들은 온실가스(CO_2) 배출이 20세기 중반 이후 기온상승의 주된 원인일 가능성이 95% 이상이라고 오래전부터 주장해 왔는데, 이번 여름의 세계적인 폭염은 사람들이 이를 피부로 느끼게 하였다. 서울이 기상관측이 시작된 이후 111년 만에 최고인 섭씨 39.5도를 기록한 것을 비롯해서, 일본, 미국 캘리포니아, 유럽 등지에도 폭염이

〈그림 1〉 경제성장과 기후변화

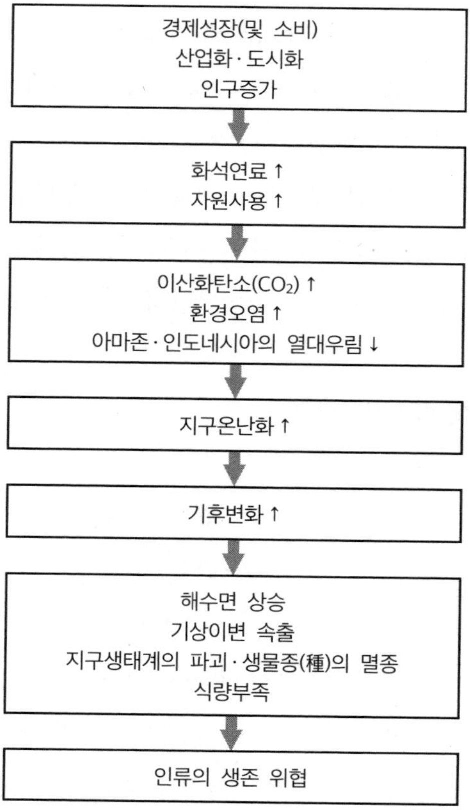

경제성장(및 소비)
산업화·도시화
인구증가

↓

화석연료 ↑
자원사용 ↑

↓

이산화탄소(CO_2) ↑
환경오염 ↑
아마존·인도네시아의 열대우림 ↓

↓

지구온난화 ↑

↓

기후변화 ↑

↓

해수면 상승
기상이변 속출
지구생태계의 파괴·생물종(種)의 멸종
식량부족

↓

인류의 생존 위협

휩쓴 것이다.

우리가 오랫동안 거의 맹목적으로 추구해 온 경제성장과 소비증대가 지구생태계와 조화를 이루는 지속가능한 경제발전이 아니라 생태계 파괴라는 결과를 초래한 것이다. 지구생태계는 인류의 생존에 필수적인 태양, 물, 공기를 공급하는데, 그 원천을 파괴하기에 이른 것이다.

모든 국가들이 추구해야 할 공통의 규범으로서 지속가능발전이 처음으로 채택된 것은 1992년 브라질 리우데자네이루에서 개최된 UN 환경개발회의(United Nations Conference on Environment and Development)에서이다. 그 후 2015년 개최된 UN총회에서는 2000~2015년 기간에 추진된 UN 새천년개발목표(UN Millenium Development Goals: MDGs)를 계승할 새로운 과제로 지속가능발전목표(Sustainable Development Goals: SDGs)를 채택하였다. 즉, 목표가 단순한 경제성장의 추구에서 지속가능한 경제발전의 추구로 바뀐 것이다.

2) 교토의정서와 파리기후협정

온실가스 감축에 관한 첫 번째 국제협약은 1997년 채택된 '교토의정서'로, 2005년에 발효되었다. 여기에는 산업혁명의 선두주자들로 온실가스 배출에 주로 책임이 있는 38개 선진국들이 참여하였다.

교토의정서가 채택될 즈음 과학자들은 이산화탄소의 과다 배출로 지구온난화가 발생하였고, 이로 인해 해수면이 상승하고 북극의 빙하가 녹으며 기상이변이 속출할 것이라고 경고하였다. **40**

그러나 세계 최대 온실가스 배출국인 중국을 비롯하여 발전도상국들에 대해서는 온실가스 배출에 대한 감축 의무가 부과되지 않았으므로 교토의정서의 효과는 제한적일 수밖에 없었다. 또한 미국은 처음부터 중국 등이 참여하지 않는 것을 이유로 가입하지 않았으며, 그 후 일본, 캐나다, 러시아, 뉴질랜드 등도 탈퇴하였다.

교토의정서가 채택된 지 18년 만인 2015년 12월, 12쪽 분량의 '파리기후협정'이 체결되었다. 이에 앞서 5년 동안 UN기후변화협약 당사국 총회를 중심으로 현재 추세대로 온실가스가 배출된다면 2100년경에는 지구 온도가 섭씨 4~5도가량 상승할 것으로 예상되므로, 기후변화로 인한 파국을 피하려면 상승 폭을 2도 이내에 머물게 해야 한다는 합의가 널리 이루어졌다. **41** 그러나 미국의 트럼프 대통령은 이산화탄소 배출에 연유한 지구온난화 주장이 사기(*hoax*) 라고 주장하면서 2017년 6월 파리기후협정 탈퇴를 결정하였다.

미국은 중국에 이어서 세계 두 번째의 이산화탄소 배출국이다. 더욱이 제2차 세계대전이 종식된 이래 미국이 국제사회에서 행사해 온 지도력과 영향력에 비추어 볼 때 탈퇴 결정은 매우 유감스러운 일이다. 그러나 캘리포니아, 뉴욕, 워싱턴주를 비롯한 미국의 6개 주는 파리기후협정에서 미국이 약속한 목표, 즉 2025년까지 이산화탄소 배출량을 2005년 대비 26~28% 감축하는 것을 그대로 이행하기로 결정하였다. 이들 주는 미국 GDP의 30% 이상을 점유한다.

아울러 187개 미국 도시들도 원래의 감축 목표를 지킬 것을 선언하였는데, 이들은 약 5,200만 명의 인구를 가지고 있다. 또한 애플, 아마존, 구글, 페이스북, 마이크로소프트, GE, 테슬라 등 미국의 선도적 대기업들도 트럼프 대통령의 탈퇴선언을 비판하였다. 심지어는 미국의 거대 석유기업인 엑슨모빌도 비판 대열에 합류하였는데, 이는 수년 전부터 이산화탄소 배출량이 적은 연료 개발에 70억 달러를 투자해 왔기 때문이다. 이렇게 볼 때 트럼프 대통령의 파리기후협약 탈퇴 결정이 초래할 부정적 영향은 크지 않을 것으로 예상된다.

파리기후협정을 교토의정서와 비교해 보면, 우선 파리기후협정에는 모두 200개국이나 되는 선진국과 개도국들이 참여하였다. 또한 2100년의 지구 기온상승 폭을 산업혁명 이전과 비교해서 섭씨 2도 이하로 유지하고, 가능하면 1.5도까지 낮추도록(limit global warming to well below 2℃ from pre-industrial times and perhaps as little as 1.5℃) 노력하기로 합의하였다. **42**

독일 메르켈 총리가 지적한 대로, 파리기후협정은 전 세계가 처음으로 기후변화를 억제하기 위한 노력에 동참하기로 스스로 약속한 것이다. 그러나 교토의정서가 각국의 온실가스 배출량 감축 목표까지 규제한 데 비해서, 파리기후협정은 각국이 자율적인 감축 계획안을 제출하도록 하여 강제성이 없고, 설령 목표치를 달성하지 못해도 규제할 방법이 없다.

이를 놓고 비판론자들은 파리기후협정이 이빨 빠진 호랑이처럼 강력하지 않다고 부정적으로 평가한다. 그러나 만일 감축 목표를 강제하려고 시도했다면 많은 나라들이 파리기후협정에 서명하지 않았을 것이다. 우선 미국의 경우, 이는 의회의 비준을 받아야 하므로 공화당의 반대를 생각하면 처음부터 가능하지 않았다. **43**

그러나 파리기후협정은 모든 회원국들이 5년마다 전보다 상향 조정된 감축 목표를 제출하고 이미 이행된 상황을 검증받도록 의무화하여, 국제사회의 평가(*peer review*)를 받도록 하였다. 이는 곧 약속을 지키지 못할 경우 국제사회의 상당한 압력을 받을 것임을 뜻한다. 또한 5년마다 제출하는 수정 목표치는 최초로 제출한 감축 목표안에 비해서 강도가 높아야만 하고, 실현 가능한 최고치를 제시하도록 권고하였다. 그런데 이산화탄소 배출량을 감축하는 데 별로 결실을 내지 못한 교토의정서의 시효는 2020년 말까지로, 파리기후협정은 2021년 1월에 발효된다.

2016년 지구의 평균 온도는 이미 1880년 대비 1.29도나 상승한 것으로 추정된다. 이번 파리기후협정으로 모든 회원국들이 제출한 이산화탄소 감축 목표치를 다 이행한다고 하여도 21세기 말까지 지구온도는 2.7도 이상 상승할 것으로 예상된다. 만일 아무것도 하지 않고 현재의 화석연료 소비 증가 추세를 그대로 유지한다면, 2100년에 지구의 평균 온도는 산업혁명 이전에 비해서 4~6도나 상승할 것으로 예측하기도 한다.[44] 이때는 지구생태계가 급속한 기온상승에 적응하지 못하여 멸망할 수도 있다.

2100년 지구의 평균 온도 상승 폭이 산업혁명 이전 대비 2도 이하여야만 지구의 파국을 막는다는 주장은 IPCC를 비롯해서 여러 기후변화 전문가들에 의해서 계속 제시되었다. 또한 이 임계점을 초과한다면 해수면 상승, 기상이변, 지구생태계 파괴, 생물종 멸종 등으로 인류의 생존 자체가 위협받게 된다는 주장도 널리 받아들여졌다.

흔히 파리기후협정은 '화석연료시대의 종언'을 향한 첫걸음으로 평가된다. 그 이유는 이 협정이 서명국들로 하여금 이산화탄소 배출량이 더 이상 증가하지 않는 정점 수준에 가능한 한 빨리 이르러, 적어도 21세기 후반에는 이산화탄소의 배출 중립성(neutrality)에 도달하도록 권고하기 때문이다. **45** 이산화탄소 배출 중립성이란 이산화탄소 배출량 증가가 이산화탄소 배출량 감축에 의해서 상쇄되어 이산화탄소 순(純) 증가가 0이 되는 상태를 뜻한다. 이는 지난 200여 년 동안 계속된 경제발전모형의 근본적 변화를 요구한다.

3) 주요국들의 감축 목표 비교

이제 주요국들이 제출한 이산화탄소 배출량 감축 목표치에 대해서 살펴보자. 지난 20여 년 동안 이산화탄소 배출량 감축에 대해 가장 적극적이며 주도적인 역할을 해온 곳은 EU이다. 미국의 반대로 무산되었지만 파리기후협정에서도 EU는 이를 조약의 형태로 체결해서 강제력을 가져야 한다고 주장하였다.

2010년 EU는 20/20 기후정책을 발표하였다. 이는 이산화탄소 배출량을 2020년까지 1990년 대비 20% 감축하겠다는 목표이다. 파리기후협정에서도 EU는 이산화탄소 배출량을 2030년까지 1990년 대비 40%나 감축하겠다고 약속하였다.

한편 미국은 이산화탄소 배출량을 2025년까지 2005년 대비 26~28% 감축하겠다는 계획을 제출하였다. 중국도 근자에 대기오염의 심각성을 많은 국민들이 피부로 느끼면서, 종전에 비해서 이산화탄소 배출량 감축에 대해 더욱 진지한 노력을 기울이고 있다. 중국은 파리기후협정에서 GDP 한 단위당 이산화탄소 배출량, 즉 GDP 1위안

(元)을 생산하는 데 배출하는 이산화탄소 양을 2030년까지 2005년 대비 60% 감축하겠다고 약속하였다. 그런데 2013년 현재 세계 전체 이산화탄소 배출량에서 중국이 차지하는 비중은 27%로, 미국의 15%와 EU의 10%를 합한 것보다 더 많은 이산화탄소 최대 배출국이다.

한국은 현재 세계 7위의 이산화탄소 배출국이다. 한국은 경제성장률 예상치를 3%로 잡고 GDP 가운데 제조업이 점유하는 비중이 일정하다는 전제 아래 계산한 2030년 이산화탄소 총배출량 전망치인 8억 5천만 톤을 37% 감축하겠다는 목표를 제시한 바 있다. 그러나 이러한 가정들이 과연 맞을 것인가에 대해서는 의문의 여지가 있다. 또한 이러한 가정 아래서 추정, 약속한 37% 감축 폭이 큰지 적은지를 판단하기도 어렵다. 설령 한국이 계획대로 감축을 달성한다고 해도 2030년 이산화탄소 배출량은 1990년 대비 무려 81%나 증가한다. 이는 녹색기후기금(Green Climate Fund: GCF) 사무국을 인천 송도에 유치한 국가로서는 국제사회에 면목이 없는 셈이다.

국제에너지기구(IEA)에 따르면, 한국의 2012년 이산화탄소 배출량은 1990년에 비해 121.7%나 급증하였다. 반면에 세계 전체 이산화탄소 배출량은 같은 기간에 13.4% 증가하는 데 그쳤고, 우리가 속한 선진국 협의체인 OECD 전체로는 오히려 7.0%가 감소하였다. OECD 회원국들 중에서 최근에는 한국만이 화석에너지 사용량이 증가하였다. 석탄화력발전소 증설계획을 가진 나라도 한국, 일본뿐이다. 독일, 덴마크는 이미 재생가능에너지로 모든 전력 수요를 충족하고 있다.

또한 IEA가 파리기후협정 사무국에 각국이 제출한 이산화탄소 배출량 감축 목표를 기초로 하여 2030년 1인당 온실가스 배출 전망치를 계산한 결과를 보면, 러시아가 12톤으로 세계 1위이고, 미국이 10.9톤으로 2위 그리고 한국이 9.4톤으로 3위로 예상된다. EU는 4.7톤으로 한국의 절반에 불과하며, 인도도 2.1톤이다. OECD도 한국이 재생가능에너지 사용이나 이산화탄소 배출량 감축 노력에 있어서 회원국 가운데 꼴찌라고 지적하였다. [46]

이러한 국제 비교에서 분명하게 드러나는 것은 한국의 에너지 관련 정책이 세계 추세와 동떨어져 있다는 점이다. 심지어 인도의 경우 1인당 GDP는 중국의 5분의 1에 불과하고, 1인당 이산화탄소 배출량도 인도 1.6톤, 중국 6.2톤으로 중국의 4분의 1 수준이다. 또한 13억 인구 중 3억 명은 지금도 전기를 사용하지 못하고 있다. 아직도 오랫동안 경제성장을 지속해야만 1인당 GDP를 늘릴 수 있는 인도가 파리기후협정에 제출한 계획에 따르면, GDP 한 단위당 이산화탄소 배출량을 2030년까지 2005년 대비 30~35% 감축하겠다고 국제사회에 약속하였다. [47] IPCC 이회성 의장이 "한국은 세계에서 고립된 나라"라고 지적한 이유이다.

한국은 이명박 정부 시절 '녹색성장'을 주요한 경제정책 방향으로 제시한 바 있다. 또한 선진국들은 발전도상국들이 지구온난화로 인하여 입은 폐해를 극복할 수 있도록 2020년까지 매년 1천억 달러를 지원하기로 이미 약속한 바 있는데, 파리기후협정에서 이를 다시 확약하였다. 한국은 바로 이를 운영할 녹색기후기금(GCF) 사무국을 몇 년 전에 인천 송도에 유치하였으므로 이산화탄소 감축에 선도적인 노력을 기울여야 하는 것은 당연하다.

4) 저탄소경제를 지향한 정책방향

파리기후협정은 서명국들에게 2050년을 목표 연도로 장기 저(低)탄소배출을 목표로 하는 '장기 저탄소 발전전략'을 작성해서 2020년까지 제출하도록 요구하였다. 이는 참가국들이 장기적으로 이산화탄소 배출량을 줄이도록 유도하는 데 상당히 기여할 것으로 보인다.

그런데 덴마크는 일찍이 두 차례의 석유파동이 엄습한 1970년대에 재생가능에너지 기반사회(renewable energy-based society)로 전환하기 위한 50년 장기계획을 세우고, 그 후 정부가 수차례 바뀌어도 근 반세기 동안 이 정책을 지속적으로 추구해 왔다. 그 결과 덴마크는 현재 녹색산업 분야에서 세계적인 경쟁력을 갖춘 선도국가로서 입지를 확고하게 구축하였다.

파리기후협정의 목표와 같이 지구온도 상승 폭을 2100년까지 섭씨 2도 이내에 머무르게 할 수 있는가 여부는 결국 정부정책에 달려 있다. 각국 정부가 저탄소경제(low carbon economy)로 이행해 나갈 것이라는 정책방향을 분명히 선포하고 충분한 인센티브를 제공할 때 산업계와 소비자는 이에 따라서 움직일 것이므로, 이때 파리기후협정은 세계은행 김용 총재의 말대로 게임 체인저(game changer)로서의 역할을 할 것이다.

또한 저탄소경제의 도래를 앞당기려면 정부정책을 통한 인센티브 제공으로 기술발달을 촉진하는 것이 필수적이다. 태양광, 풍력 등 재생가능에너지의 생산비도 지금보다 훨씬 더 떨어져야 한다. 또한 날씨 변화에 따라서 이들 재생가능에너지의 공급량이 안정적이지 못하고 수시로 단절되는 문제(*intermittency problem*)를 해결해야 하고, 안정적인 전기 공급을 위한 저장(*storage*) 기술도 개선되어야 한다. 전기자동차의 경우에는 배터리 성능 향상을 위한 기술진보가 필요하다. 또한 탄소 중립적인 경제로 이행하기 위해서는 화석연료를 사용해서 전기를 생산할 때 배출되는 이산화탄소를 포획(*carbon capture*)하는 기술발달이 필요하다.

IEA에 의하면, 2013년 현재 세계의 에너지 총공급에서 재생가능에너지가 차지하는 비중은 13.5%나 된다. 그러나 그 4분의 3은 바이오연료(*biofuels*)에서 나오는데, 땔감 나무, 동물의 배설물 및 숯(목탄) 등이 그것이다. 그 다음이 수력발전이다. 생태계에 미치는 부정적 영향 때문에 선진국에서는 더 이상 댐을 쌓지 않는 것이 보통이나, 발전도상국에게는 아직도 수력발전이 중요하다. 이 밖에 풍력, 태양광 등의 비중은 1.3%에 불과하다.

따라서 현재의 기술 수준이나 정부보조금만으로 풍력이나 태양광이 이산화탄소 배출량 감축에 크게 기여하리라 예상하면 무리다. 석탄은 천연가스에 비해서 대기오염을 2배나 더 일으키지만, 현재 세계 전력생산의 41%를 차지하며, 총에너지 수요의 30%를 충족한다.

그런데 독일은 풍력, 태양광, 수력발전 및 식물·동물의 폐기물인 바이오매스(*biomass*) 등 재생가능에너지로 전력의 35%를 공급함으로써 재생가능에너지 활용 면에서 세계적인 선도국가가 되었다. 근자에 독일을 비롯한 서구 선진국들의 농촌에서는 풍력 터빈이 돌아가는 광경을 쉽게 볼 수 있게끔 풍경도 바뀌었다.

그러나 2011년 일본 후쿠시마 원전 사고 후 독일정부는 원전 가동을 중단하여 전력생산에서 석탄에 대한 의존도가 오히려 증가하였다. 이 때문에 2020년까지 이산화탄소 배출량을 1990년 대비 40%나 줄이겠다고 한 공약을 지킬 수 없게 되었고, 약 32%만 감축할 수 있을 것으로 예상된다. **48**

현재까지 인류는 지구온난화 완화에 별로 진전이 없는 실정이다. 이에 과학·기술자들은 지구를 대상으로 기술적으로 온실가스를 감축하는 방법(*geoengineering*)을 실험하고 있다. 기후변화는 온실가스 누적에 의해서 초래되었으므로 공학기술을 적용해서 대기에서 온실가스를 제거하려는 것인데, 이는 매우 위험하며 비용도 엄청나게 많이 소요된다. 따라서 향후 더 많은 연구와 신중한 검토가 필요하다. **49**

한편 경제학자들은 기후변화를 완화시키려면 이산화탄소 배출에 대해서 직접 탄소세(*carbon tax*)를 부과해야 한다고 주장한다. 지금처럼 풍력, 태양광에 대해서 보조금을 지급하는 방식은 재생가능에너지 공급은 증가시키지만 오염물질 배출 행위를 직접 억제하지는 못하기 때문이다. 노드하우스(William Nordhaus) 교수는 만일 모든 국가들이 탄소세를 부과한다면, 매년 세계 GDP의 1~2% 비용만으로 지구의 평균기온 상승 폭을 산업혁명 이전에 비해서 2도 이내로 억제할 수 있다고 추정하였다.

그러나 많은 나라들은 탄소세를 직접 오염 배출자에게 부과하는 대신, 탄소배출권 거래제(*cap and trade*)를 채택하고 있다. 이 제도는 일정 수준의 탄소배출량을 우선 정한 후(*cap*), 이만큼의 탄소배출권을 배출자들에게 서로 사고팔 수 있도록(*trade*) 경매 등의 방법으로 할당하는 제도이다.

2005년 EU가 처음 채택한 이 제도는 미국의 캘리포니아주도 시행하고 있으며, 2014년에는 한국도 채택하였고, 중국도 6개 지역에서 시범적으로 시행한 후 전국으로 확대할 계획이다. 그런데 중화학공업 부문 등 오염물질 다량 배출 기업들의 압력에 못 이겨 정부가 배출권을 과다 발행하면 배출권 가격이 너무 싸져서 오염물질 배출을 억제하는 효과를 보기 어렵다. 2015년 말 현재 EU의 탄소배출권도 1톤당 불과 10유로의 낮은 가격으로 거래되고 있다. 따라서 캘리포니아주가 하는 것처럼 배출권 최저 가격을 정한 후 점차 상향 조정할 필요가 있다.

잘 알려진 바와 같이, 독점이나 공유재산 등이 존재할 때는 시장기구가 자원을 효율적으로 배분할 수 없는 이른바 시장의 실패(*market failure*)가 일어난다. 예를 들어 기업이 오염물질을 배출하는 이유는, 오염물질 배출에 따라 발생하는 피해 비용을 기업이 지불하지 않음으로써 배출에 따른 이득이 개별 기업에게 돌아가기 때문이다. 따라서 정부가 오염물질 배출에 따른 피해를 배출 기업에게 직접 보상하게 하거나, 배출 자체를 직접 규제하거나, 또는 배출권 거래제를 사용하면 오염물질 배출에 따른 사회적 문제를 해결할 수가 있다.

공기, 바다, 토양 등은 '공유자산'이다. 예를 들어 개별 어부는 고기를 많이 잡을수록 이롭지만, 어업 분야 전체로 보면 남획을 일삼으면 어류자원이 고갈되는 '공유의 비극'(*tragedy of commons*)이 발생한다. 이는 대기나 토양에서도 마찬가지이다. 따라서 정부의 직접적 개입이 필요하다.

2015년 파리기후협정 체결은 21세기가 화석시대의 마지막이 될 것임을 가리키는 동시에, 기존의 경제발전모형을 근본적으로 바꿀 필요가 있음을 보여 준다. 즉, 지식 집약적이고 자원 절약적이며 환경친화적인 지속가능발전을 추구해야만 한다는 당위성을 제시한다. 한국이 제출한 감축 목표는 우리가 세계정세 변화에 얼마나 무지한가를 단적으로 드러낸다. 비록 상당히 늦었으나 근 반세기 전에 덴마크가 시작한 것처럼 재생가능에너지에 기초한 경제로의 전환을 서둘러야 할 것이다.

우리는 현재도 전력생산의 67%를 화석연료에 의존한다. 그러나 불과 10여 년 후인 2030년까지 이산화탄소 배출량을 줄이려면 이러한 발전소들은 계속 가동할 수 없다. 이는 앞으로 중대한 변혁이 일어날 수밖에 없음을 뜻한다. 앞으로도 지금까지의 타성대로 화석연료에 의존하는 것은 바보짓이라고 IPCC 이회성 의장은 지적하였다.

재생가능에너지, 에너지 저장기술, 태양광 등에 투자하는 기업들은 성장성이 매우 높은 사업 기회를 선점할 것이다. 반면에 해외 가스유전 매입이나 개발은 시대에 역행하는 것이다. 무엇보다 한국정부는 정책 기본방향이 저탄소경제를 지향함을 명확하게 공표하고, 이에 부응하는 정책 설계나 인센티브 지원 등을 추진해야 한다. 그래야 기업, 가계 등 모든 경제주체들이 투자와 소비에서 저탄소경제에 부합하는 방향으로 움직일 것이다. 우리도 덴마크나 독일처럼 재생가능에너지 비율을 획기적으로 높이는 동시에 에너지 절약기술 개발에 힘을 쏟아 사용효율도 높여야 한다. 이는 한국경제에 새로운 성장동력을 제공할 수 있다.

우리는 신문이나 방송에서 베이징 등 중국의 주요 도시들이 대기오염으로 한 치 앞도 내다볼 수 없을 정도로 뿌연 모습을 흔히 본다. 2015년 11월 말 베이징의 대기오염으로 인한 미세먼지 농도는 세계보건기구(World Health Organization: WHO)가 정한 안전기준을 무려 40배나 초과하였다. 인도의 대기오염은 더 극심하다. 세계에서 오염도가 가장 심한 20개 도시 가운데 13개는 인도의 도시들이다. 특히 수도 뉴델리는 인도 대법원이 판결문에서 가스실(*gas chamber*)로 비유할 정도이다. 돌이켜 보면, 1952년 영국 런던도 극심한 대기오염으로 인한 스모그로 무려 1만 2천 명의 희생자를 낸 후, 1956년〈대기정화법〉(Clean Air Act)을 제정하였다.

5) 대기오염, (초)미세먼지, 재생가능에너지

2015년 대기오염(*air pollution*) 때문에 전 지구적으로 420만 명이 조기 사망하였다. 인도와 중국이 각각 110만 명으로 가장 많으며, 앞으로는 인도가 제일 많을 것으로 예상된다. 또한, 대기오염은 모든 사망 원인 가운데 5번째를 차지한다.

인도에서는 실내에서 요리할 때 석탄 등 고체연료를 사용하므로 실내오염이 상당하며, 석탄화력발전소, 차량 매연 및 산업체의 오염물질 배출도 많다. 특히 수도이자 제일 인구가 많은 뉴델리의 대기오염이 심각하다. WHO에 따르면 2011~2015년에 세계 대도시 가운데 뉴델리가 가장 높은 미세먼지 농도를 나타냈으며, 그 수치는 베이징의 2배나 된다. 우리도 최근에는 한반도 상공을 뒤덮은 미세먼지로 푸른 하늘이 사라지고, 도시는 물론 농촌의 산과 들도 모두 뿌연 빛으로 변했다.

WHO는 석면, 벤젠, 미세먼지를 1급 발암물질로 지정하였다. 세계 전체적으로 미세먼지로 인한 조기사망자 수는 한 해 약 700만 명에 달하며, 서울에서만도 매년 1만 1천여 명이 조기 사망한다. 미세먼지는 PM10, 즉 1세제곱미터(m^3) 단위 부피의 공기 중 직경이 10마이크로미터(μm, 1밀리미터의 1천 분의 1) 이하인 먼지로, 사막의 모래 먼지와 같은 자연 기원의 광물성 입자이다. 한편 초미세먼지, 즉 PM2.5는 $2.5\mu m/m^3$ 이하인 먼지를 가리키는데, 이는 탄소, 질소산화물, 황산화물 등에서 인위적으로 생성된 입자이다.

한국의 대기환경기준은 연평균으로 PM10은 $50\mu m/m^3$이며 PM2.5는 $25\mu m/m^3$ 이하이다. 이는 일본의 기준보다는 1.6배가 높고, WHO 권고치보다는 2.5배나 높아서 기준을 강화할 필요가 있다.

봄철에는 중국에서 발원한 황사가 한반도를 뒤덮는다. 황사에는 평균적으로 초미세먼지(PM2.5)도 포함되는데, 중국에서 발생한 초미세먼지는 2~3일 후 황사에 섞여서 한국에 도달한다. 중국의 초미세먼지는 난방용으로 주로 석탄 같은 고체연료를 사용함으로써 생긴다. 반면 미세먼지(PM10)는 평균적으로 약 50%는 국내 요인에 의해서 발생하며 나머지 50%는 중국에서 유입되는 것으로 추정된다.

미세먼지의 주요 발생원은 석탄화력발전, 매연, 자동차 배출가스 등이다. 2016년 말 기준 국내 전력생산 가운데 석탄화력발전의 비중은 39.3%이고, 원전은 30.7%이다. 또한 액화천연가스(LNG)에 의한 발전은 18.8%이며 재생가능에너지를 사용한 발전은 4.7%이다. 석탄화력발전소는 전체 미세먼지의 14%를 만들어 낸다. 따라서 30

년 이상 된 노후 석탄화력발전소의 가동을 중단하고, 값이 비싼 LNG 발전소로 전환하는 것을 검토할 필요가 있다.

다른 나라에 비해서 상대적으로 싼 전기료도 현실화하여 단계적으로 인상하는 것이 바람직하다. 이는 전기의 과도한 소비를 억제하는 효과도 있다. 한편 문재인 정부는 2017년 6월 국민 안전과 재생가능에너지 활용 증대를 위해서 탈(脫)원전을 선포하면서, 한국의 첫 번째 원자력발전소인 고리 1호기를 가동 40년 만에 영구 정지하였다. 또한 건설 중인 신고리 5, 6호기의 건설도 중단하겠다고 발표하였다.

그러나 주요한 정부정책은 국민의견을 수렴하는 과정을 거쳐야 한다는 취지에서 도입된 '공론조사'가 합리적 결론을 내려서 5, 6호기의 건설은 계속할 수 있었다. 여기서 원전공론화위원회의 시민참여단은 직감적인 생각을 서둘러 표출하는 대신에 전문가가 제공하는 정보를 바탕으로 충분한 토론을 거쳐서 결론을 내렸는데, 이는 대의민주주의와 더불어 숙의민주주의가 작동한 첫 사례이다. **50**

한편 문재인 정부는 2017년 12월 '재생에너지 3020계획'을 발표하였다. 주요한 내용은 2030년까지 전체 발전량 가운데 태양광, 풍력, 수력 등 재생가능에너지의 비중을 20%로 늘리는 것이다. 2016년 말 현재 전력생산에서 석탄과 원전의 비중이 각각 39.3%와 30.7%로 도합 70%나 되는데, 이를 급감시키고 재생가능에너지의 비중을 높이려는 것이다.

이 밖에도 '재생에너지 3020계획'은 2030년까지 태양광과 풍력 설비를 각각 6.4배와 14.7배로 대폭 확충하며, 원자력발전 감축에 있어서는 월성 1호기 조기 폐로, 신규 원전 6기 건설 백지화, 노후 발전소 10기의 수명 연장 불허 등의 내용을 포함하였다. EU 회원국들도 2020년에는 에너지 소비량 중에서 재생가능에너지의 비율이 20%에 달할 것으로 예상한다.

한국정부의 에너지 정책의 기본방향은 올바르나 전환속도는 너무 급격하다. 2014~2016년 기간 중 중국이 태양광 패널과 풍력 터빈 생산을 급속하게 증대시킴으로써 태양광과 풍력의 단가는 급감하였고, 이에 따라 재생가능에너지 사용은 촉진되었다. 세계 전체 이산화탄소 발생의 4분의 1을 차지하는 중국의 이러한 노력은 바람직하다. 그러나 설비 이용률이 날씨의 변동에 따라서 진폭이 커서 평균적으로 태양광은 15%, 풍력은 20~30%에 불과하다. 이러한 재생가능에너지 공급량의 불안정성 때문에 안정적인 전기 공급을 위해서는 저장기술의 개선이 필요하며, 설비 확충에 따른 환경파괴는 주민 반발을 초래할 수 있다. 또한 전력생산 단가가 원전이나 석탄발전소보다 높은 LNG발전이나 재생가능에너지에 더 많이 의존하면 전기료 인상이 뒤따를 것이다.

문재인 정부는 2030년까지 발전량에서 원전 비중을 18%로 축소할 계획이다. 또한 석탄화력발전 비중도 25%로 축소하나, LNG와 재생가능에너지 비중은 각각 37%와 20%로 높일 예정이다. 그러나 2016년 말 기준 킬로와트시당 전력생산 단가는 원전이 68원으로 가장 싸고, 석탄화력이 73.8원, LNG발전이 101.2원 그리고 재생가능에너지 발전이 156.5원이다. 따라서 소비자의 전기료 부담은 상승하게 된다. 탈원전은 또한 전력공급체계의 근본적인 변화이므로 전력공급에 차질이 없도록 신중한 결정이 필요하다.

그런데 자동차 배출가스를 줄이려면 오염도가 높은 경유차를 억제해야 한다. 이를 위해선 경유차에 대한 세제우대부터 철폐해야 한다. 2016년 현재 휘발유차는 약 980만 대이며 경유차는 약 860만 대로 수는 비슷하나, 초미세먼지 배출 비중은 경유차가 29%이며 휘발유차는 4%에 불과하다. 여기에 45만 대에 달하는 굴착기, 지게차, 덤프트럭 등 건설장비와 선박 등을 합하면 모든 디젤엔진의 초미세먼지 배출 비중은 50%를 넘어선다. 즉, 건설장비는 경유차에 비해서 수는 20분의 1에 불과하나 초미세먼지 배출 비중은 경유차의 절반이나 된다. 그런데 우리 환경당국이 초미세먼지 농도를 측정하기 시작한 것은 2015년부터로 상당히 늦었다.

한편 2000년대 중반 이후 10년 동안 3조 원을 투입해서 버스연료를 경유에서 CNG로 바꾸며, 경유차에 저감장치를 달아 미세먼지 농도를 상당히 낮추었다. 그러나 (초)미세먼지 발생의 주된 요인은 오염원이므로, 국민 일반의 자원 및 에너지 절약 생활화가 절실하게 필요하다. 동시에 지하철, 버스 등 대중교통수단 이용을 적극 권장하는 것도 필요하다.

미세먼지 농도는 오염원 발생 이외에도 바람에 의한 이동이나 대기정체에 의해서도 영향을 받는다. 한국은 서풍지대에 위치해서 특히 봄철에는 중국의 미세먼지가 바람을 타고 한반도로 이동한다. 따라서 국제공조가 필요한데, 한 · 중 · 일 3국은 1999년 이후 3국 환경장관회담을 열고 있다. 그러나 이보다 훨씬 더 중요한 것은, 꾸준히 과학적 증거를 확보하고 이에 대해서 국제적 공인을 받는 것이다. 즉, 중국이 오염원이라는 명확한 증거를 축적하는 것이 필요하다. 수도권의 미세먼지에서 중국이 차지하는 비중은 2017년에 44%로 추정되었으며, 나머지는 국내 요인에서 비롯되는 것으로 보인다.

독일 의회는 2030년부터 가솔린과 디젤엔진을 사용하는 자동차는 신규등록을 받지 않기로 의결하였다. 따라서 2030년 이후에는 전기차나 수소차만 남게 된다. 노르웨이, 네덜란드도 2025년 이후에는 내연기관 자동차를 더 이상 팔지 못하게 하려고 한다. 전기차는 우리 예상보다 훨씬 빠르게 시장을 확대할 수 있다. 독일은 또한 2014년 6월 9일 전체 발전량의 절반이 넘는 비중을 태양광으로 충당하는 기록을 세웠다. 그런데 전체 태양광의 90%는 개인주택에 설치된 태양광 패널에서 나왔다. 정부가 적극적으로 지원하고 장려한 덕분이다.

미국 환경부장관을 역임한 미국 UC버클리의 스티븐 추 교수에 따르면 태양광, 풍력 등 재생가능에너지 생산단가는 급속하게 떨어지고 있다. 미국에서는 풍력발전 단가가 이미 석탄발전보다 싸졌으며, 태양광발전 단가도 30년 전에는 1와트당 40달러였으나 현재는 80센트이며 5~6년 이내에는 수익을 내는 수준인 50센트까지 떨어질 것으로 예상된다. 전기자동차의 핵심인 배터리 가격도 지난 5년간 50%나 떨어졌으며 앞으로 5년 이내에 다시 50%가 더 떨어질 전망이어서, 전기차에 투자하지 않는 자동차업체는 10~20년 뒤엔 문을 닫아야 할 판이다.

한편, 최근에는 플라스틱의 과도한 사용이 사회적으로 큰 문제가 되었다. 2017년 현재 한국의 1인당 플라스틱 연간 사용량은 부끄럽게도 세계 1위이다. 또한 비닐봉지는 1인당 연간 420개를 사용해 독일의 6배나 되고, 일회용 컵은 연간 257억 개를 쓰나 재활용률은 6%

에 불과하다. 플라스틱은 싸고 편리해서 모든 생활용품에 널리 사용되나 분해되는 데 무려 500년이나 걸린다. 생활쓰레기 배출도 1995년 쓰레기 종량제 시행으로 상당히 감소하였으나 아직도 갈 길이 멀다. 51

6) 세 차례의 산업혁명과 '디지털혁명'

문명비평가 리프킨 박사의 시대 구분에 따르면, 석탄이 풍부한 영국에서 증기기관(steam engine)을 활용하여 1차 산업혁명이 일어났다. 2차 산업혁명은 석유가 풍부한 미국에서 내연기관(combustion engine)의 활용과 더불어 일어났다.

그런데 이들 산업혁명은 새로운 통신(커뮤니케이션) 기술과 에너지 체계가 결합했을 때 발생하였다. 52 2차 산업혁명의 예를 들면, 20세기 초 전기가 발명되면서 전신, 전화 등 새로운 커뮤니케이션 기술이 출현하였다. 아울러 내연기관의 발명과 함께 철도가 부설되었고, 자동차의 보급·확산으로 고속도로가 도처에 건설되었으며, 이에 따른 교외로의 이주 및 이를 수반하는 건설 붐 등이 오랫동안 지속되었다.

앞으로 3차 산업혁명은 인터넷 기술과 재생가능에너지가 서로 결합함으로써 일어날 것이라고 리프킨은 예상하였다. 재생가능에너지에는 태양광, 풍력, 수력, 지구 표면 아래 존재하는 방대한 지열(地熱) 그리고 연료 작물·삼림 폐기물·도시 쓰레기 등을 활용하는 바이오매스 등이 있다. 화석연료나 핵연료인 우라늄은 특정 지역에서만 나는 엘리트 자원인 반면, 재생가능에너지는 어디에나 존재한다.

EU는 21세기가 시작될 때 두 가지 목표를 세웠다. 하나는 유럽을 지속가능한 저탄소배출 사회로 전환하는 것이며, 다른 하나는 그 후 세계금융위기와 유럽 재정위기의 연이은 발생으로 어려워졌으나 유럽을 세계에서 가장 활기찬 경제권으로 만드는 것이다.

EU는 또한 21세기 중반까지 재생가능에너지원에 기초한 수소경제 체제로 이행해 나간다는 계획을 발표하였다. 수소는 우주를 구성하는 가장 가벼운 요소로서, 순수한 물과 열이라는 두 가지 부산물만 만들어 낸다. 태양광, 풍력, 수력, 지열, 바이오매스 등 재생가능에너지원을 사용해서 전기를 생산해 내고, 남는 전기를 이용해서 물을 분해함으로써 수소를 분리해 내고, 이것을 저장했다가 자동차 연료나 전력생산에 사용하는 것이다.

대부분의 자동차 제조회사들도 전기자동차와 수소자동차를 모두 출시하는 방향으로 준비하고 있다. 이때 내연기관에서 연료전지로 전환하는 것이 중요하다. 리프킨에 의하면 2030년경에는 전기자동차와 수소자동차를 위한 충전소를 거의 모든 곳에서 볼 수 있을 것이다.

EU는 2000년대에 들어오면서 '20-20-20 by 2020' 계획을 준비하였다. 즉, 온실가스 배출량을 2020년까지 1990년 대비 20% 줄이고, 에너지 효율성은 20% 높이며, 재생가능에너지 비중도 20%로 높인다는 것이다. 또한 2007년에는 EU 의회가 공식선언문을 발표해 3차 산업혁명을 EU의 장기 비전으로 채택하기도 하였다.

리프킨이 제시한 3차 산업혁명의 5가지 핵심 요소는 다음과 같다.

① 화석연료에서 재생가능에너지 체제로 전환한다.

② 모든 건물을 재생가능에너지를 생산할 수 있는 미니 발전소로 바꾼다. 미국에서는 총에너지의 약 50%와 전력의 75%를 건물들이 소비하고 있으며, 이산화탄소 배출량의 49%도 건물에서 나오므로 이는 중요하다.

③ 모든 건물과 인프라에 수소 저장기술을 설치하여 불규칙적으로 생성되는 에너지를 비축한다. 즉, 태양광, 풍력 등 재생가능에너지는 중간중간 끊기는 불규칙성이 있으므로 이를 저장할 수 있는 기술을 개발할 필요가 있다. 이미 지난 50년 동안 우주비행사들은 수소연료전지로 동력이 제공되는 우주선을 타고 지구 주위를 돌았다.

④ 인터넷 기술을 활용하는 에너지 공유 인터그리드에서 잉여 에너지를 에너지가 부족한 다른 그리드로 되팔아 다른 데서 사용할 수 있도록 한다.

⑤ 교통수단을 전원연결(플러그 인)이나 연료전지 차량으로 교체하고 그리드 상에서 전기를 사고팔 수 있도록 한다.

인류는 50년 전만 해도 멸망에 대해서 걱정하지 않았다. 그러나 지금 인류는 핵무기 등 대량살상무기와 기후변화의 위험성으로 문명뿐만 아니라 생존마저도 위협받는 위기에 놓여 있다. 지구상에서 수백만 년 동안 살아온 야생동물들이 이번 세기가 끝나기 전에 완전히 사라질 것이라고 과학자들은 예측한다. 그 주된 원인은 지구온난화이다. 즉, 기후변화가 동식물의 멸종을 초래할 수 있으며, 나아가 인류도 멸망을 맞을 수 있다.

리프킨은 대량생산, 대량소비가 초래하는 기후변화 등 인류에 대한 위협을 줄이기 위해서 재화와 서비스를 같이 나누어 쓰는 공유경제(sharing economy)를 제안하였다. 그 예로 인터넷과 위치확인시스템(GPS)을 기반으로 한 우버(Uber) 서비스와 공유숙박을 알선하는 에어비앤비(Airbnb)를 들 수 있다. 리프킨은 2040년경에는 자동차의 공유가 보편화되어, 자동차를 소유하는 것이 오히려 예외가 될 것으로 예상하였다.

지구는 살아 있는 유기체이므로 이산화탄소 배출로 인한 지구온난화와 기후변화는 인간의 생명과 생물권 전체에 치명적인 영향을 미칠 수 있다. 즉, 지구의 모든 생명체를 유지해 주는 생물권을 손상시킬 수 있는 것이다. 이는 인류 스스로 파멸의 위기를 자초할 수 있음을 뜻한다.

이를 참작해서 EU는 근자에 보편적인 인권 개념을 동물에게도 확대하고 있다. 특히 독일은 2002년 하원 의회에서 동물의 권리를 헌법으로 보장하는 세계 최초의 사례를 만들었다. 또한 27개 EU 회원국들은 2012년 이후 달걀을 증산할 목적으로 닭들을 움직일 수도 없는 좁은 곳에 일렬로 가둬 놓는 식의 닭장을 금지하기로 합의하였다. 이와 같이 생물권을 보호한다는 것은 지구상에 인간과 함께 사는 모든 생명체를 돌본다는 뜻이다. 현재 이러한 친환경 사육의 비율은 독일이 89%, 스웨덴이 78%, 영국이 48%이다. 이에 반해서 한국은 밀집(케이지) 사육 비율이 95.2%로 지극히 높고, 농장사육이나 방목의 비율은 1.5%에 불과하다.

조류인플루엔자(AI) 발생으로 인하여 2017년에도 우리는 안타깝게도 무려 3천만 마리의 닭 등 가금류를 희생시켰다. 달걀을 저가로 대량생산하기 위해서 밀집 사육한 것이 AI의 확산피해를 초래한 주요 요인으로 추정된다. 소비자들이 고가라도 친환경적으로 사육된 닭이나 계란을 점점 더 선호하는 편이기에, 현재의 사육방식을 친환경적으로 전환해야 할 필요가 있다.53 닭도 감각을 가진 생명체이다. 날갯짓하고, 모래로 목욕을 하고, 땅을 쪼아대고, 밤엔 횃대에 올라가 자는 습성이 있다. 마리당 A4 용지(620제곱센티미터)만큼도 안 되는 공간에 가둬 키우는 것은 분명 못 할 일이다.

되돌아보면 산업혁명 이후 200년간 계몽주의사상에 기초해서 경제성장 제일주의를 추구한 결과 인류 스스로가 파멸의 위기를 자초하였다. 이제는 서양이 동양의 생각을 경청할 필요가 있다. 또한 구미 자본주의는 미국의 금융위기와 유럽의 재정위기 발발로 여러 문제점을 드러냈으며, 무제한적이고 공격적인 자원 이용으로 기후변화를 일으켜서 인류 생존에까지 큰 위협을 가함으로써 서양 문명 전체가 중대한 전환점에 처하게 되었다.

경제이론도 지난 200여 년간 인간을 이성적이고 합리적이며 욕심이 많고 자신의 이익만을 추구하는 존재로 가정하였으나, 근자에는 자애롭고 서로 공감하며 협동하는 성향을 지닌 것으로 생각한다. 또한 국가라는 경계를 넘어서 모든 인류를 가족으로 보고 서로 공감하며, 더 나아가 지구상의 다른 모든 종(種)들도 지구의 공동 생물권 안에서 서로 의존하며 살아가는 대가족으로 보아야 한다는 견해가 확산되고 있다.

리프킨과는 달리, 일반적으로는 1, 2, 3차 산업혁명을 다음과 같이 구분하는 것이 보통이다. 즉, 1차 산업혁명은 18세기 후반 이후 당시 새로운 에너지원이었던 석탄을 사용한 증기기관이 주도한 것으로, 2차 산업혁명은 20세기 초 석유에 기초한 내연기관의 활용 및 철도의 부설, 전기·화학·정유산업의 발달 및 통신수단의 혁신에 의존한 것으로, 3차 산업혁명은 1960년대 이후 반도체, 컴퓨터, 인터넷에 의한 혁신이 주도한 것으로 구분한다.

최근에 관심이 높아지는 디지털혁명(*digital revolution*) 또는 이른바 4차 산업혁명은 2000년대 이후 인공지능(AI), 로봇기술, 무인자동차, 나노기술, 사물인터넷(IoT), 빅데이터·클라우드, 3D프린팅, 유전학·생명공학 등이 주도하고 있다. 그런데 이번에는 그 영향이 1, 2, 3차 산업혁명과는 비교할 수 없을 만큼 클 것으로 예상된다.

즉, 4차 산업혁명으로 향후 10~20년 사이에 미국의 모든 직업의 약 47%가 위협받을 것으로 예상된다. 또한 지금 초등학교에 다니는 어린이가 취업할 즈음에는 현재 직업의 절반 이상이 없어질 수도 있다. 가령, 자율주행차의 운행은 미국에서 가장 큰 직업군인 트럭운전 기사 350만 명의 직장을 위협할 수 있다. 또한 단순한 저기능 육체노동만 사라지는 것이 아니라, 지식과 정보를 기계적으로 처리하는 평균적 기능을 요구하는 대부분의 직업도 사라질 수 있다. [54]

쓰나미가 몰려오고 있으며, 문명사적 대전환(*Great Transformation*)의 시대가 다가오고 있다. 스위스에서는 2016년 5월 국민의 소득, 재산, 고용 상태에 상관없이 무조건 한 사람당 약 3만 달러의 기본소득(Unconditional Basic Income: UBI)을 보장하는 안건에 대해 국민투표를 실시했다. 이는 비록 부결되기는 하였으나 앞으로 다가올 시대를 예고한다. 즉, 4차 산업혁명으로 로봇이 사람들의 일을 대체한다면, 인간은 스포츠 등 여가 선용을 위해 다른 활동을 해야 하는 시대가 도래할 것이다. 또한 분배의 불평등은 심화되고 경제적 안정도 위협받을 수 있으므로 인류공동체가 효과적으로 대응하는 방안을 강구하는 것이 절실하게 요청된다. 55

6. 이 책의 구성

이 책의 구성을 간략하게 살펴보자. 제1권은 1~6장을 포괄하는데, 제1장에서는 이 책의 주제인 '민본경제'란 무엇인가에 대해서 본다. 우리는 이 책의 기본 요소를 동양의 2,500여 년 된 유교사상의 핵심인 민본(民本)에서 찾는다. 이때 '민본경제'는 국민 대다수가 편안한 경제생활을 하는 것을 뜻한다. 이는 구미 주류경제학의 GDP 숭배(fetishism)와는 차이가 있다. 따라서 책의 내용 구성도 민본경제를 달성하는 데 주요한 요소인 성장잠재력 확충, 중산층 확대, 일자리 창출, 주거안정, 건강한 삶, 교육, 서민금융 확대 그리고 한반도의 재통일 등으로 되어 있다.

민본경제는 시대정신과도 맥을 같이한다. 영국의 EU 탈퇴, 즉 브렉시트나 미국의 트럼프 대통령 당선 등에는 여러 복합적 요인들이 작용하였지만, 가장 주요한 원인은 경제성장의 과실이 상당수 국민들을 외면하였으며 소득분배의 불평등이 심화된 것이다. 이 밖에 1장에서는 민본주의와 민주주의, 민주주의의 최근 동향, 동·서양 문화

(문명)의 상호비교 그리고 기후변화와 지속가능발전 등에 대해서 살펴본다.

제 2장 "'산 경제학'의 창조"에서는 발전도상국의 관점에서 보았을 때 구미 주류경제학의 현실성과 적용타당성이 어떠한지 알아본다. 이어서 2008년 미국발 세계금융위기와 2011년 유럽 국채위기를 겪으면서 드러난 주류경제학의 제약점에 대해서 설명한다. 이어서 자본주의의 추이를 설명하고 자본주의의 장래 전망에 대해서도 알아본다. GDP와 행복 사이의 관계도 풀이한다.

제 3장 "성장잠재력의 확충"에서는 성장잠재력을 확충하기 위한 주요 방도에 대해서 살펴본다. 성장잠재력 확충으로 경제성장이 촉진될 때 일자리 창출을 비롯해서 국민의 후생증진을 기대할 수 있기 때문이다. 성장잠재력을 확충하기 위해서는 단순한 생산요소의 투입 증대를 통한 성장 방식에서 벗어나 혁신주도형 경제로의 전환, 고용률의 제고, 투자의 활성화, 건강한 기업생태계의 조성 및 생산성 향상 등이 이루어져야 한다. 무엇보다, 근자의 저성장 기조를 극복하기 위해서 필요한 제일 중요한 대책은 획기적인 제도개혁이다.

먼저 경제성장과 형평의 증진 사이의 상호관계를 살펴본 후, 경제민주화와 복지확충에 대해서 알아본다. 여기서 제일 중요한 것은 빈곤층을 위한 견고한 사회안전망을 구축하는 것이다. 또한 북유럽 여러 나라들의 경험에 기초해서, 적극적 노동시장정책을 통하여 취약계층 자립을 목표로 하는 일자리 제공의 중요성을 강조한다.

이어서 주요 선진국들의 경제발전모형을 살펴보는데, 이들은 모두가 독특한 문화적, 역사적 배경을 가지고 있다. 민주주의와 시장경제를 기본으로 하면서도 국가별로 독특한 특징을 지니고 있는 앵글로-색슨과 유럽대륙 모형을 서로 비교하면서 설명하고, 나아가 최근 주목받는 북유럽 모형의 특징도 살펴본다. 이들에 기초해서 바람직한 한국경제의 발전모형을 생각해 본다. 세계 전체의 시야(*global perspective*)에서 보면 한국경제를 더 잘 이해할 수 있기 때문이다.

제 4장 "중산층의 확대"에서는 1997년 외환위기 이후 진행된 중간소득층의 비중 감소 및 저소득층과 고소득층의 증가, 이른바 양극화 경향에 대해 살펴본다. 한국의 소득분배는 세계적 추이와 보조를 같이하여 1990년대 초부터 악화되기 시작하였고, 특히 1997년 외환위기와 2008년 세계금융위기를 거치면서 크게 나빠졌으며, 아직도 외환위기 이전 수준을 회복하지 못하고 있다.

처분가능소득을 기준으로 중위소득(*median income*)의 50% 미만을 버는 가구 비율인 상대빈곤율은 2014년에 14.4%였다. 1인 가구를 포함한 전(全) 가구를 대상으로 월 소득이 최저생계비에 미달하는 가구 비율인 절대빈곤율은 2013년에 9.0%였다. 2013년 노인 절대빈곤율은 시장소득 기준으로 49.1%였으며, 상대빈곤율은 60.6%였다. 미국의 경우, 4인 가족 기준 최저생계비(약 2만 4천 달러) 미만의 소득을 버는 이들의 비율인 절대빈곤율은 2013년에 14.5%로 약 4,500만 명에 달했다.[56]

제 5장 "일자리 창출"에서는 한국을 비롯한 세계 주요국에게 중요한 문제인 '일자리 없는 성장'(*jobless growth*)에 대해서 다룬다. 2017년 5월 기준 정규직 근로자는 1,252만 명, 비정규직 근로자는 677만 명, OECD 기준에 따른 고용주 1인·자영자(이상은 통계청 기준)이

외에 무급(無給) 가족종사자도 합한 자영업자는 690만 명이다.

우리나라는 임금수준과 직장 안정성이 상대적으로 낮은 비정규직 근로자와 생계형 자영업자가 많아 노동시장 구조가 취약하다. 비정규직 근로자는 1997년 외환위기 이후 파견근로자, 임시직·일용직 근로자 등이 늘면서 그 수가 급속히 증가하였는데, 이는 양극화의 주요한 요인이다. 또한 매년 약 100만 개 정도의 새로운 자영업소가 생기지만, 동시에 약 80만 개는 문을 닫는다. 이들의 순소득은 월평균 약 149만 원으로 기초생활수급자(4인 가족 기준)와 비슷한 수준이다.

제6장 "주거안정"에서는 중산층 이상의 주거사정은 상당히 호전되었으나, 서민과 저소득층의 주거 불안은 계속되고 있음을 본다. 2014년 기준 서울의 자가보유율은 46.3%로 절반 이상이 전세나 월세에 살고 있다. 특히 저출산·고령화 추세와 더불어 2008년 세계금융위기 이후 경기침체가 계속되면서, 집값 상승세가 꺾이고 일부 수도권 지역에서는 하락세가 나타나자 집값은 오르기만 한다는 기대를 더 이상 할 수 없게 되었다. 이에 따라서 집을 사기보다는 전세에 살려는 사람들이 늘어나서 전셋값이 크게 올랐다. 전셋값의 가파른 상승은 집 없는 서민들에게는 서럽고 힘든 일이다.

지난 30여 년 동안의 부동산정책은 그 주된 목표를 서민과 저소득층의 주거안정에 두었어야 하나 실제로는 경기대책의 수단으로 쓰였다. 즉, 경기가 침체되면 부동산 규제를 풀어서 경기를 부양하였고, 과열되면 풀었던 규제를 다시 끄집어내서 경기 진정을 도모하였다. 국민의 주(住) 생활 안정이라는 주택정책의 근본 목표를 망각했던 것이다. 경제정책의 본말(本末)이 뒤바뀐 주요한 정부실패 사례이다.

이상의 제1권에 이어서 출간될 제2권은 7~10장을 포괄한다. 먼저 제7장 "건강한 삶"에서는 1989년 도입된 전 국민 의료보험제도가 세계적인 성공사례임을 설명한다. 우리나라는 전 국민을 포괄하는 의료보장체제를 단기간 내에 확립함으로써 국민의 의료 접근성을 획기적으로 높였다. 그러나 1989년 당시의 낮은 소득수준을 참작해서 저부담·저보장 체제로 시작한 결과, 지금도 건강보험의 보장성은 60%대에 머물러 있어서 환자 본인의 부담이 크다.

현재 직장인의 건강보험료율은 소득의 5.64%에 불과하여 일본과 대만의 8%, 프랑스와 독일의 15%에 비해서 낮다. 이는 결국 보장성의 차이를 초래하여, 세계에서 보장성이 제일 높은 덴마크의 85%와 비교하면 큰 차이가 난다. 그 결과 큰 병에 걸리면 높은 진료비로 말미암아 중산층도 빈곤층으로 전락할 수 있다.

국민건강보험 '지역가입자' 가운데 50.6%는 노인, 실업자, 주부, 학생 등 일자리가 없는 미취업자이고, 13.7%는 임시직, 일용직, 무급 가족종사자(unpaid family workers) 등이다. 더구나 지역가입자 가운데 6개월 이상 보험료가 밀린 가구는 전체의 19.2%인 156만 가구에 이른다. 체납으로 건강보험 혜택을 아예 받지 못하는 사람도 220만 명이나 된다. 이들 대부분은 연 소득 500만 원 미만의 극빈층이다. 따라서 소득이 낮아 건강보험료를 제대로 낼 수 없는 저소득층을 위해서는 건강보험료를 지원하고, 정부의 의료급여 대상자도 지금보다 크게 늘려서 의료보험의 사각지대를 없애는 것이 급선무이다.

제8장 "교육"에서는 먼저 인적자원밖에 가진 게 없는 한국에서 교육은 근대화의 원동력이었음을 본다. 그러나 2014년 현재 초·중·

고등학교 학생 중 53.9%만이 현재의 삶에 만족하는 것으로 나타났다. 이는 독일 85.4%, 프랑스 85.1%, 영국 83.5%, 미국 83.1%와 크게 대비된다. 이러한 현상은 이른바 명문대 진학이 공부의 유일한 목표가 돼버린 '입시지옥' 때문이다.

스스로 '생각'(think) 하는 것을 장려하기보다는 지식의 단순한 암기만을 강조하는 객관식 시험인 수능, 그것도 단 한 번의 수능 성적이 학생들의 평생을 좌우하는 것을 두고 '한 판에 승부가 결정되는 사회'(one-shot society) 라고 평하기도 한다. 중국, 일본도 우리와 사정이 크게 다르지 않다.

그 결과로 사교육이 창궐하고 공교육은 부실화했다. 사교육비는 가계에 큰 부담이 될 뿐만 아니라, 그 지출 규모도 소득계층에 따라 큰 차이가 나서 부(富)의 대물림 현상도 우려된다. 공교육비와 사교육비를 합쳐서 2010년 약 100조 원이 교육에 투자된 것으로 추정되는데, 이는 GDP의 무려 8%나 된다.

한편 대학진학률은 2015년 70.8%로 전보다는 상당히 떨어졌으나, 일본의 50% 등 다른 선진국들에 비해서는 아직도 높다. 이처럼 대학진학률이 비정상적으로 높은 이유는 결혼에도 영향을 미칠 정도로 고졸자에 대한 사회적 차별이 심하기 때문이다. 그 결과 대졸자의 취업률은 40%밖에 안 되는 반면, 고졸자에 대해서는 노동시장에서 만성적인 초과수요가 존재하는 심각한 학력별 수급 불균형(mismatch)이 발생한다. 이는 한국의 유일한 국부의 원천인 인적자원이 상당히 낭비되고 있음을 뜻한다.

한국에서 교육은 1960년대와 1970년대에는 계층 간 상향이동의 가장 중요한 통로였으며 '개천에서 용이 난다'는 지극히 바람직한 현상이 가능했다. 그러나 1980년대 이후 부모의 소득, 부(富) 및 교육수준이 자녀들에게 대물림되는 경향이 점점 증대했는데, 이는 건실한 민주주의 발전에 주요한 위협요소가 되고 있다.

제9장 "서민금융"에서는 저(低) 신용자인 금융소외자에 대해서 살펴본다. 제1금융권(시중은행)에 접근하기 어려운 신용등급 7~10등급에 속하는 저신용자를 금융소외자로 규정할 때, 이들이 이용하는 금융이 서민금융이다. 2012년 5월 현재 저신용자 수는 약 662만 명으로 전체 금융서비스 이용자의 16.3%나 된다. 이들은 상호저축은행이나 새마을금고 등 제2금융권, 보험·여신 전문사(카드사·캐피털사) 등 기타 금융기관 그리고 등록 대부업체의 고금리 대출에 의존할 수밖에 없다. 이도 여의치 않으면 불법 사채시장으로 내몰려서 살인적인 금리를 낼 수밖에 없는데, 이런 사채(私債)를 이용하는 사람들이 2011년 말 현재 무려 600만 명으로 추정되기도 하였다.[57]

이처럼 금융소외자가 많은 것은 특히 2008년 세계금융위기 이후 경기침체가 오래 지속되면서 제대로 된 일자리도 줄고 소득도 감소한 데 반해, 전·월셋값과 사교육비는 올라 서민들의 생활이 어려워진 데서 비롯된다. 현재 은행에서 쉽게 신용대출을 받으려면 신용등급이 1~4등급이어야 하는데, 이는 전체 금융거래자 4,050만 명 가운데 절반에 불과하다.

제10장 "한반도의 재통일"에서는 재통일을 성취하는 것이 현재 우리가 당면한 가장 중요한 장기과제임을 강조한다. 먼저 1990년경 구소련 붕괴 및 동구권 민주화로 인한 교역상대국의 갑작스런 상실, 대

홍수 발생 등으로 연이어 GDP가 마이너스 성장률을 보인 1990년대 이른바 '고난의 행군' 기간 북한의 경제 사정을 살펴본다.

당시 북한에서는 식량배급제가 붕괴되고, 약 50만 명의 아사자가 발생한 것으로 추정된다. 북한 주민들은 최근까지도 식량난에 시달리고 있어서 2016년 4월 UN 산하 국제식량농업기구(FAO)의 발표에 따르면, 북한 주민의 5분의 2인 약 1천만 명이 영양부족 상태에 놓여 있고, 240만 명의 임신부와 산모 및 5세 미만의 어린이들이 영양실조의 위협 아래 있다. 또한 전체 인구의 무려 4분의 3이 먹거리가 불안한 상태에 놓여 있다.

그리하여 식량을 구하기 위해서 국경을 넘어 중국 등에서 떠도는 북한 동포가 무려 30만 명에 달하는 것으로 추정된다. 인권탄압도 심해서 정치범 수용소에는 20만 명의 정치범이 구금되어 있는 것으로 추산된다. 남한의 이산가족도 무려 1천만 명에 달해서 마음의 고통이 극심하다.

나아가 10장에서는 한반도 재통일의 당위성과 그에 따른 비용, 수익을 비교하여 재통일의 이득이 훨씬 크다는 것을 보인다. 또한 남·북한 재통일은 동아시아와 세계 전체의 평화와 번영에도 크게 기여할 수 있음을 본다.

그동안 우리는 동·서독의 경험에 비추어 재통일 비용이 막대할 것으로 생각하였다. 그러나 비용은 쓰기 나름이며, 독일이 잘한 것과 잘못한 것을 참작할 수 있다. 대체로 북한의 기아상태를 해소하는 데 매년 약 30억 달러가 소요될 것으로 추정되는데, 이는 남한 예산의 약 1%에 불과하다. 또한 통일 후 20년 동안 GDP의 2~3% 정도를 투자하면 북한의 산업기반을 충분히 구축할 수 있을 것으로 추정된다.

반면에, 통일로부터 얻는 이익은 실로 엄청나게 크다. 먼저 분단 이전에 남·북한 경제는 지리적·자연적 조건으로 말미암아 상호보완성을 지니고 있었다. 재통일은 이를 회복시켜 줄 것이며, 나아가 북한의 노동력 및 무려 6조 달러 가치로 추정되는 막대한 자원과 남한의 자본·기술을 결합하면 엄청난 시너지 효과를 창출할 수 있다. 통일된 지 30여 년 후의 통일 한국은 미국과 중국을 제외하고는 다른 어떤 선진국과도 견줄 수 있는(at par except two) 수준까지 발전할 가능성이 있는 것으로 예상된다.

이 밖에도 남·북한이 모두 군사비를 줄임으로써 막대한 평화 이익(peace dividend)을 얻을 수 있으며, 북한의 사회간접자본 및 산업시설에 대한 투자수요 급증, 인구증가로 인한 노동력 증대 및 시장 확대로 인한 규모의 경제를 실현할 수 있을 것이다. 무엇보다도 한반도 재통일은 대륙으로의 접근이 차단된 반쪽 섬나라에서 온전한 대륙·해양 국가로 발돋움할 수 있게 함으로써 우리나라에 완전히 새로운 지평을 열어 줄 것이다.

재통일 이후에도 미국과의 동맹 유지는 아시아와 세계 전체의 평화 유지와 번영에 기여할 것이다. 한편 중국은 북한의 피난민 유입에 대한 우려에서 벗어날 수 있고, 한반도 안정으로 주요 불안 요인이 사라질 것이다. 그 결과로 중국이 역점을 두어 추진하는 동북 3성의 경제 활성화가 촉진될 수 있다. 일본도 북한의 핵미사일 위협에서 벗어날 수 있으며, 러시아는 통일 한국과의 경제적 교류·협력 확대로 이득을 얻을 수 있다.

1장 핵심사항

— 국민경제를 운용하는 데 있어서 주요 거시경제지표에만 의존하는 것은 한계가 있으므로, 국민이 으뜸이라는 동양의 전통사상에 기초한 민본(民本)의 관점에서 국민들의 실제 살림살이에 초점을 맞추는 것이 바람직하다.

— 갑오농민전쟁, 청일전쟁, 러일전쟁, 일제강점기 및 남북분단으로 이어진 120여 년의 현대사가 우리에게 주는 귀한 교훈은 국민들의 경제 형편은 도외시한 채, 지배층이 분열과 대립만을 일삼아 스스로 나라를 다스리는 자치(自治)에 실패한 것이 모든 문제의 근본 원인이라는 점이다.

— 총량지표로 한국경제를 평가하면 밝은 측면이 많으나, 민본경제의 관점에서 보면 개선할 여지가 적지 않다.

— 지금도 동아시아 여러 나라에서 적지 않은 영향을 미치는 유교사상의 핵심은 2,500년 전 공자에서 비롯된 '민본'사상이다. 한국 민본사상의 선구자는 다산 정약용인데, 그의 생각은 《목민심서》에 잘 드러나 있다. 이 책은 당시 지배층의 가렴주구로 국민들의 생활이 피폐하기가 이를 데 없었음을 적나라하게 그렸다.

— 2008년 미국발 세계금융위기 이후 민주주의는 북유럽 몇 나라를 제외하고는 미국, EU에서도 상당한 취약점을 지니고 있다는 것이 드러났다.

미국 의회에서 계속되는 공화·민주 양당의 대화·타협 없는 대립과 파행이 대표적인 예이다. 유럽에서도 2011년 재정위기 이후 오랜 경기침체로 반(反) 세계화 경향이 나타났고, 2015년에 이민자 수가 정점에 달하면서 반(反) 이민정책이 대두된 결과 극우 포퓰리즘(*populism*)이 세력을 불려, 2017년 현재 유럽 인구의 15~25%가 이를 지지하는 것으로 나타났다. 민주주의체제는 불완전하며, 민주주의제도 자체가 바람직한 국정(*good governance*)을 보장하는 것도 아니다.

— 세계금융위기 이후 구미의 민주주의가 여러 결점을 드러낸 가운데 중국의 G2 부상은 여러 나라의 관심을 끌었다. 한편 종전에는 한국, 대만처럼 중국도 경제성장과 더불어 점진적으로 민주주의로 이행해 갈 것이라는 낙관론이 제기되었으나, 중국이 구미의 자유민주주의를 그대로 채택할 가능성은 현재로서는 그리 높지 않아 보인다.

— 1500년경부터 작은 유럽 국가들이 당시 훨씬 선진화되었던 동양을 비롯한 전 세계를 앞서기 시작해서, 그 후 무려 500년의 긴 세월 동안 세계를 지배하였다. 그러나 2000년대에 들어오면서 특히 미국발 세계금융위기와 유럽 재정위기를 계기로 서양 문명은 위기에 봉착하였고, 500년에 걸친 서양의 세계 지배도 끝자락에 도달한 것으로 보인다.

— 서양의 주도 아래 오랫동안 추구해 온 경제성장과 소비증대는 지구생태계와 조화를 이루는 지속가능한 경제발전을 이룩하지 못하고 오히려 생태계를 파괴하는 결과를 초래하였다.

— 온실가스 감축에 관한 국제협약인 교토의정서는 2005년 발효되었다. 2015년 채택된 파리기후협정은 이를 대체하는 것인데, 2100년까지 지구 온도 상승 폭을 섭씨 2도 이내에 머무르게 하는 것이 그 주요 목표이다. 한국은 재생가능에너지 사용이나 이산화탄소 감축 노력에 있어서 OECD 회원국들 가운데 꼴찌이다. 녹색기후기금(GCF) 사무국을 인천 송도에 유치한 국가로서 부끄러운 일이다.

— 덴마크는 이미 1970년대에 두 차례 석유파동을 겪으면서 재생가능에너지 기반사회(renewable energy-based society)로 이행해 나가는 50년 장기 계획을 세웠다. 그 후 정부가 수차례 바뀌어도 근 반세기 동안 이 정책을 지속적으로 추진하여 현재는 녹색산업 분야에서 세계적 경쟁력을 가진 선도국가로서의 입지를 공고하게 구축하였다.

— 독일은 풍력, 수력, 태양광 및 식·동물 폐기물인 바이오매스 등 재생가능에너지가 전력의 35%를 공급함으로써 재생가능에너지 사용에 있어서 세계적 선도국가가 되었다. 최근 서구의 농촌에서는 풍력 터빈이 돌아가는 것을 흔히 볼 수 있을 정도로 풍경이 바뀌었다.

— 그러나 2011년 일본 후쿠시마 원전사고 후 독일은 원전 가동을 중단해서 전력생산에서 석탄에 대한 의존도가 오히려 증가하였다. 그 결과 2020년까지 이산화탄소 배출량을 1990년 대비 40% 줄이겠다고 국제사회에 공약한 것을 지킬 수 없게 되었고, 오직 32% 정도만 감축할 수 있을 것으로 예상된다.

— 문재인 정부는 2017년 12월 '재생에너지 3020계획'을 발표하였다. 2017년 말 현재 석탄과 원전이 전력생산에서 점유하는 비중은 각각 39.3%와 30.7%로 합계 70%에 달한다. 2030년까지는 석탄, 원전의 비중을 줄이고 재생가능에너지 비중을 20%까지 높이려고 한다.

— 2015년의 파리기후협정 체결은 21세기가 화석시대의 끝이 될 것임을 예고하는 동시에, 각국이 경제발전모형을 근본적으로 전환할 필요가 있음을 보여 준다. 정부는 우리나라가 기본적 정책방향으로 저탄소경제를 지향해 나갈 것임을 분명하게 공표하고, 기업 · 가계 등 모든 경제주체가 투자와 소비에 있어서 저탄소경제에 부합하는 방향으로 의사결정을 하도록 촉진할 유인체계를 구축해야만 한다.

— 유럽은 21세기가 시작되면서 EU를 지속가능한 저탄소배출 사회로 전환하겠다는 야심찬 계획 '20-20-20 by 2020'을 공표하였다. 즉, 2020년까지 온실가스 배출량을 1990년 대비 20% 줄이고, 에너지 효율성은 20% 높이며, 재생가능에너지 비중도 20%로 높인다는 것이다.

— 산업혁명 이후 200여 년 동안 계몽주의사상에 기초해서 경제성장 제일주의를 추구한 결과, 기후변화가 급속하게 진행되어 인류 스스로가 파멸의 위험성을 높여 놓았다.

— '디지털혁명'(*digital revolution*) 또는 이른바 4차 산업혁명은 2000년대 이후 인공지능(AI), 로봇, 무인자동차, 나노기술, 사물인터넷(IoT), 빅데이터 · 클라우드, 3D프린팅, 유전학 · 생명공학 등이 주도하고 있

다. 디지털혁명은 인간의 일자리 등에 이전의 1, 2, 3차 산업혁명과는 비교할 수 없을 정도로 심대한 영향을 미칠 것으로 보인다. 즉, 쓰나미가 엄습하고 있으며 문명사적 대전환의 시대가 임박한 것이다. 2016년 5월 스위스에서 실시한 기본소득(UBI)에 대한 국민투표는 다가올 시대를 미리 예고하는 것이다. 인류사회는 이에 대해서 공동으로 지혜롭게 대응해야만 한다.

1. 경제학의 현실성과 적용타당성

"산 경제학의 창조"는 필자가 30대의 젊은 시절 주로 학생들을 위한
교내신문인 〈연세춘추〉(1973. 9. 17)에 기고한 긴 글의 제목이다. 지
금 생각하면 의욕과 패기가 앞선 주제넘은 것으로 부끄럽기도 하나
경제학이 지향해야 할 바를 나타낸 것으로 생각하고 일부만 수정하여
그대로 쓰기로 하였다.

  경제학에는 오랫동안 논란의 대상이 되어 온 몇 가지 중요한 문제
가 있다. 그중 하나는 우리가 대학에서 애써 배우고 가르치는 경제이
론은 미국을 비롯한 구미의 전통적인 경제이론인데, 이것이 과연 발
전도상국의 실제 문제를 해결하는 데 얼마나 도움이 되는가 하는 문
제이다.[1]

  전통적인 구미 경제이론의 유용성에 대해서는 두 가지 측면에서 비

판할 수 있다. 첫째로, 선진국과 발전도상국은 서로 문화, 제도 및 경제발전 단계가 다르므로 선진국을 대상으로 한 구미의 경제학을 발전도상국에 그대로 적용할 수는 없다는 것이다. 이는 곧 경제학의 현실성(realism)에 대한 비판이다. 둘째로, 구미의 경제학은 발전도상국에 적용타당성(relevance)도 없다는 것이다. 이는 현실성이 부족하다는 첫 번째 비판보다 더욱 기본적인 공격이다. 이제 이 두 가지 비판을 차례로 살펴보자.

1) 경제학의 현실성

우선 구미 경제학의 현실성에 대한 비판을 보자. 구미 경제이론은 오늘날의 선진국을 대상으로 전개된 것이므로, 이를 어느 국가에나 일반적으로 적용할 수는 없으며, 선진국에만 특수하게 적용할 수 있다는 주장이다. 더구나 세계 전체 국가 중 선진국의 비중은 오히려 낮고 대부분을 발전도상국들이 차지하므로, 전통적 구미 경제이론은 세계 어느 나라에나 적용할 수 있는 보편타당한 '일반이론'이 아니라, 소수 선진국을 주된 분석 대상으로 하는 '특수이론'이라는 것이다.

하나의 예로서 과거 선·후진국을 막론하고 널리 읽힌 경제학 교과서인 새뮤얼슨(Paul. A. Samuelson)의 《경제학》(Economics, 9th ed., 1973)을 현실성의 측면에서 살펴보자. 대학생들에게 교재란 그저 하나의 책이 아니다. 이들은 교재의 내용을 진실 또는 객관적 사실로 받아들이고, 이를 통해 세상을 바라보는 틀을 만든다는 점에서 그 영향력은 매우 크다. 이 책은 거의 모든 사례를 미국의 것으로 제시한다.

따라서 이를 읽는 발전도상국 학생들은 자기 나라의 경제 현실은 제대로 알지 못하면서 미국의 문화와 경제제도에 더 익숙해지게 된다.

또한 이 책은 직접적인 분석 대상이 미국경제이므로 케인스 이론이 가르치는 대로 투자(I)가 소비(C) 및 정부지출(G)과 함께 국민소득 또는 국내총생산(GDP)을 결정하는 주요한 요인이라고 간주한다. 이는 미국처럼 자연자원이 풍부하고 국내수요가 큰 국가를 설명할 때는 적절하지만, 발전도상국 경제를 설명하는 데는 온전한 방식이 아닐 수 있다. 한국처럼 대부분의 발전도상국에게는 수출이 또 하나의 주요한 GDP 결정 요인이 되기 때문이다. 즉, 당시 미국처럼 대외의존도가 상대적으로 낮은 경우에는 '폐쇄경제'를 가정하고 국민소득의 결정이론을 설명할 수 있으나, 대부분의 발전도상국들의 경제체제는 '소규모 개방경제'이기 때문에 이를 그대로 적용하기 어렵다. 더구나 오늘날에는 미국을 포함한 다른 선진국들의 경제체제도 폐쇄경제가 아닌 고도로 통합된 세계경제 안에서의 개방경제로 이루어져 있다.

2) 경제학의 적용타당성

전통적인 구미 경제이론에 대한 두 번째 비판은 발전도상국 경제에 적용타당성조차 없다는 것이다. 구미 경제이론은 미시경제학과 거시경제학이라는 두 핵심부분으로 구성되지만, 발전도상국이 이보다 급하게 당면한 현실 문제는 경제발전 또는 경제성장이므로, 적용타당성의 문제가 제기된다.

적용타당성을 보기 위해 주요 선진국과 발전도상국의 경제발전사를 간략하게 살펴보자. 선진국들은 이미 오래전 공업화, 산업혁명 또는 도약(take-off)을 시작한 후 지속적인 경제성장을 이루어 왔다.

산업혁명의 선두주자인 영국은 1780년경 공업화를 시작하였고, 프랑스가 그 뒤를 이었다. 아시아에서는 후발주자인 일본이 1868년 메이지(明治) 유신으로 제도개혁을 시작한 후 영국에 비해 거의 100년이 늦은 1880년경부터 도약을 시작하였다. 즉, 독일과 일본은 영국, 프랑스에 비해서 후발주자이지만 모두 오늘날 선진국으로 불리는 나라들이다.

한국은 19세기 후반의 지극히 중요한 시기에 자체적 근대화에 실패한 후, 일제강점기의 질곡 및 남북 분단의 아픔과 동족상잔의 6·25전쟁을 겪고 1960년경에나 비로소 공업화를 시작했으므로 후발국인 일본보다도 80년 정도 늦게 출발한 셈이다. 한국과 비슷한 시기에 도약, 곧 공업화를 시작한 나라로는 대만, 홍콩, 싱가포르 등이 있으며, 이들은 한국과 함께 아시아의 네 호랑이(four tigers)로 불린다. 말레이시아, 인도네시아, 태국 및 중국, 인도, 베트남 등은 네 호랑이 국가들보다 다소 늦게 출발한 후-후발주자(late-late comers)들이다.

선진국들은 이미 상당한 수준의 경제성장을 달성하였으므로 당면한 주요 과제는 희소한 자원을 어떻게 효율적으로 배분하는가 하는 것인데, 이를 다루는 분야가 미시경제학(microeconomics)이다. 우리는 천연자원, 노동, 자본 등 생산요소를 사용하여 각종 재화와 용역(서비스)을 생산한다. 재화와 용역에 대한 인간의 욕망 또는 수요는 끝이 없으므로, 자연히 이를 만드는 데 쓰이는 희소한 자원은 효율적으로 배분되어야만 한다.

선진국들의 또 다른 과제는 완전고용 유지와 경기변동 완화이다. 즉, 실업이나 경기침체 및 디플레이션, 경기과열이나 인플레이션 등 단기적인 거시경제 문제를 어떻게 해결할 것인가 하는 것인데, 이에 초점을 맞춘 학문이 거시경제학(*macroeconomics*)이다. 여기서 단기란 몇 년 정도의 기간이며, 10여 년은 장기가 된다. 이러한 단기적인 거시경제 문제는 중앙은행(한국은행)의 이자율과 통화량을 활용하는 통화정책(*monetary policy*)이나, 정부가 조세나 정부지출을 사용하여 시행하는 재정정책(*fiscal policy*)을 활용하여 해결할 수 있다고 믿는다.

소비를 하는 개별적 경제주체인 가계와 투자를 하는 기업의 행위를 분석하는 미시경제학, 국민경제 전체를 하나로 묶어서 총체적으로 분석하는 거시경제학은 경제학의 두 가지 핵심 분야이다.2 물론 미시경제학과 거시경제학은 발전도상국들에게도 유용한 분석의 틀을 제공한다. 미시경제학은 희소한 자원의 효율적 배분을 위해서 시장에서 수요와 공급이 만나 가격이 결정되는 시장기구 또는 가격기구의 작용이 매우 중요함을 보여 준다. 거시경제학에서는 국민경제 전체의 소비(C), 투자(I), 수출(X), 일반물가수준(*the general price level*, p) 등 거시경제 개념을 사용하는데, 이는 발전도상국에게 그대로 유용하다.

현재 인류가 가진 자원배분기구에는 시장과 계획(*market vs. plan*), 두 가지가 있다. 1991년 소련 붕괴가 보여 준 바와 같이, 시장이 많은 결점에도 불구하고 작동은 하는 반면 계획은 작동조차 못 한다. 광복 이후 70여 년 동안 수많은 가계와 기업의 분권적 의사결정에 기초하여 시장기구를 활용한 남한과 중앙집권적 계획경제(Centrally Planned

Economy: CPE) 체제인 북한의 엄청난 경제 격차는 시장기구가 보완할 점이 많지만 상당한 강점을 지녔음을 나타낸다. 이는 통일 이전 서독과 동독 경제의 상호비교에서도 그대로 드러난다.

미시경제학과 거시경제학이 유용하다 하더라도, 발전도상국의 관점에서 볼 때 가장 중요한 문제는 경제성장 또는 경제발전이다. 3 즉, 1인당 GDP의 지속적인 성장과 이에 수반하는 구조적 변화(*structural change*)를 뜻하는 경제발전을 이룩하는 것이 가장 중요한 현실적 문제이다.

제일 중요한 문제를 제일 중요하게 다루는 것은 정말로 중요하다. 마치 영국의 고전학파가 당대에 주된 과제(*burning issues*)인 경제발전 문제를 가장 중요시한 것처럼, 오늘날의 발전도상국에서도 경제발전은 최대의 당면 과제이며, 당연히 경제이론도 경제발전 문제를 집중적으로 다루어야만 한다. 즉, 발전도상국의 관점에서 보면 경제학은 '경제발전론'이라고 할 수 있다. 4

3) 전통적인 경제이론과 한국경제의 현실

한국경제가 현재 당면한 주요 과제와 특징에 대해서 살펴보기로 한다. 주요 과제로는 저출산·고령화 문제, 높은 대외의존도, 취약한 고용구조, 높은 주거비·교육비 및 과도한 가계부채 그리고 양극화 경향 등을 들 수 있다.

(1) 저출산·고령화

먼저 저출산·고령화와 이에 따른 성장잠재력 감퇴 문제를 보자. 한 여성이 가임기간 동안 낳은 평균 자녀 수를 '합계출산율'이라고 하는데, 한국의 합계출산율은 1960년에는 6명이었으나 1970년 4.53명, 1980년 2.83명으로 계속 줄어들다가 1983년에는 드디어 기존 인구규모를 겨우 유지하는 수준, 곧 '인구대체수준'인 2.1명으로 감소하였다. 이후에도 합계출산율은 지속적으로 감소하여 1985년 1.7명, 1990년 1.59명, 1995년 1.65명, 2000년 1.47명,[5] 2005년 1.08명 그리고 2015년에는 1.26명[6]으로 OECD 회원국 중 최저 수준으로 감소하였다. 2001년 이후 15년 동안이나 계속해서 합계출산율이 1.3 미만인 '초저출산' 상태가 지속된 것이다.

2010년 주요국의 출산율을 보면 미국 2.06명, 프랑스 1.97명, 영국 1.88명, 이탈리아 1.39명, 독일 1.36명 및 일본 1.34명이다. 5년이 지난 2015년의 출산율은 미국 1.89명, 프랑스 2.00명, 영국 1.92명, 이탈리아 1.43명, 독일 1.39명 및 일본 1.40명으로 한국보다는 상황이 나은 편이다.[7]

1960년대 초에는 빠른 인구증가가 경제성장에 부정적 영향을 끼친다는 인식이 세계적으로 널리 퍼져 있었다. 이에 우리나라도 '가족계획사업'을 추진하였고, 이는 세계적 성공 사례가 되었다. 그러나 출산율이 1983년에 이미 인구대체수준에 이르렀음에도 13년이나 지난 1996년에야 인구억제정책을 폐지하는 등 때를 놓치는 바람에 저출산이 급속하게 진행되었다. 이는 우리가 장래에 미리 대비(*providence*)하는 데 얼마나 부족한지를 여실하게 보여 준다. 선진국의 과거 경험을 보면, 출산율을 높이기가 낮추기보다 훨씬 어려우며 비용도 많이 든다. 한국은 2005년에 이르러서야 노무현 정부가 〈저출산·고령사회기본법〉을 제정하였다.

출산율의 급속한 저하와 더불어 기대수명도 통계가 처음 작성된 1970년 61.9세에서 1983년 67.4세, 2000년 76.0세를 거쳐 2015년에는 82.1세로 크게 늘어남으로써 고령화 또한 급속히 진행되었다. 2000년에 65세 이상 인구비율이 7%를 넘어서는 고령화사회(aging society)로 진입한 후, 2015년에는 이 비율이 13.15%에 이르렀다. 2018년에는 14% 이상인 고령사회(aged society)로, 2026년에는 20%를 넘는 초고령사회로 진입할 것으로 예상된다. 불과 26년 만에 고령화사회에서 초고령사회로 전환하는 셈인데, 선진국에서는 그 기간이 최소 70년 이상 걸렸다.

저출산·고령화는 인구 감소, 경제성장 둔화, 노인부양 부담 급증, 재정건전성 악화 등 경제·사회의 여러 분야에 실로 지대한 영향을 미침으로써 한국경제의 앞날에 부정적으로 작용할 것이다.

먼저 2019년부터 '노동력' 또는 '경제활동인구'가 감소할 것으로 예상된다. 특히 핵심 노동력(25~49세)은 이미 2009년부터 감소하기 시작하였으며, 이에 따라 노동력 가운데 고령층이 늘어나고 있다. 이와 같은 고령화는 인플레이션 초래 없이 달성 가능한 최대의 경제성장률, 즉 '잠재성장률' 저하를 초래하게 된다.

1997년 외환위기 이전에는 노동력(L)의 증가 투입과 설비투자(K)의 증대로 잠재성장률이 7%대의 높은 수준을 유지하였다. 그러나 2000~2015년의 잠재성장률 또는 평균성장률은 3.9%로 크게 떨어졌다. 2017년의 실제 성장률은 3.1%였고, 2018년과 2019년에는 각각 3%와 2.9%의 성장률을 예상하고 있다. 현재의 잠재성장률은 2.8~2.9%인 것으로 추정된다.

여기에는 세 가지 주요 원인이 있는데, 기업의 투자심리 위축으로 인한 투자 부진, 저출산·고령화로 인한 노동투입량 감소 및 생산성 향상 부진이 그것이다. 잠재성장률은 2016~2025년에는 다시 1.9%로 반감하고, 2026~2035년에는 0.4%로 떨어져서 거의 정체상태에 달할 것으로 예상된다.

잠재성장률의 급격한 하락을 저지하려면 투자증대와 기술혁신을 추진해야 한다. 또 저출산·고령화의 관점에서 보면, 여성의 경제활동 참가율을 2015년의 57.4%에서 OECD 회원국 평균인 66.8% 수준으로 꾸준히 높이고, 정년을 5년 정도 연장하며, 노동생산성 증대를 위해 노력해야 한다. [8]

(2) 높은 대외의존도

둘째는 한국경제의 높은 대외의존도이다. 대외의존도는 국제수지 기준을 사용하면 서비스는 제외하고 재화만의 수출(X)과 수입(M)을 더해 국민총소득(GNI)으로 나누어 산출[(X+M)/GNI]하는데, 이러한 방식에 따른 우리나라의 2015년 대외의존도는 86.7%이다. 과거에는 우리도 GNI 대신 국내총생산(GDP)을 이용하였는데, 지금도 국가 간 비교를 위해서는 GNI 대신 GDP가 자주 이용된다. 이 방식에 따른 대외의존도[(X+M)/GDP]는 2005년 64.7%에서 2015년에 84.8%로 크게 늘어났다. 이는 같은 해 G20 국가 중 독일의 86.0%

다음으로 높은 수준이며 미국 28.0%, 일본 30.9%, 중국 36.5% 및 영국 56.8% 등과 대비해 보면 매우 높은 수준이다. **9**

우리나라의 대외의존도가 높은 까닭은 내수시장이 협소하고 부존자원이 빈약하여 원자재 대부분을 수입에 의존하기 때문이다. 중간재도 상당 부분을 수입에 의존한다. 현재 수입에서 원자재의 비중은 50%를 넘는데, 특히 원유 수입액이 2015년에 무려 731억 달러에 이르렀으며, 천연가스 수입액도 같은 해에 188억 달러나 된다. **10** 남북 분단으로 자원이 풍부한 북한과의 상호보완성이 단절된 것이 대외의존도를 과도하게 높이는 주요한 원인 가운데 하나이다.

또한 1997년 외환위기와 2008년 세계금융위기에서 경험했듯이, 증권시장과 외환시장 등 금융시장도 외부 충격에 따른 주가의 하락 폭과 환율의 상승 폭이 다른 선진국이나 아시아 국가들보다 훨씬 크다. 이는 한국의 자본시장, 곧 증권시장이나 채권시장이 외국인에 널리 개방되어 있고, 외환거래도 자유화된 데서 연유한다. 국제 금융시장에서 무슨 일이 생기면 국제 투기자본이 제일 먼저 한국 금융시장에서 자금을 인출하여 가는 일이 빈번하여, 한국은 현금자동지급기(ATM) 역할을 한다고 할 정도이다.

한국에 대한 '외국인 투자'를 보면, 외국인이 국내에 공장을 짓는 등의 '외국인 직접투자'(Foreign Direct Investment: FDI)의 유입은 OECD 회원국 가운데 20위 정도로 적은 편이다. 2007∼2016년 기간에 한국에 대한 FDI는 947억 달러로 연평균 100억 달러도 채 안 되었다. 반면 이 기간 중 한국의 대외 직접투자는 FDI의 거의 3배에 달하는 2,761억 달러였다. 일자리도 그만큼 해외에서 창출되었음을 뜻한다. 그러나 주식시장에서의 외국인 투자 비중, 곧 상장총액 대비 외국인 투자 비율은 2016년 6월 현재 32.7%를 기록하는 등 보통 30% 내외 수준을 유지하였다.[11] 채권시장에서의 외국인 보유 비율도 2007년 이전까지는 10% 수준 이하였으나, 그 후 증가하여 한때 20% 선까지 도달한 적도 있다.

세계시장에서 반도체와 디스플레이 패널 가격이 큰 폭으로 상승하여 삼성전자, SK하이닉스, LG전자 등 세계적인 한국 기술기업들의 수익이 크게 호전되자 이들의 시가총액은 2017년 6월 초 439조 원에 달하였다. 이 중에서 외국 투자자들은 228조 원(2천 20억 달러)을 보유했는데, 이는 한국의 세계적 기술기업 시가총액의 52%나 된다. 이에 주로 힘입어 KOSPI도 2017년에 들어와서 17%나 상승하여 한국 주식시장은 아시아에서 실적이 가장 좋은 시장의 하나이다. 한편 외국인들은 2017년 6월 현재 한국증시 시가총액의 36.7%를 보유하고 있다.[12] 한편 삼성전자의 시가총액은 약 300조 원이며, 2017년 2/4분기 매출액은 약 60조 원, 이윤은 14조 원이다. 특히 이윤의 크기로 삼성전자가 세계 1위를 기록한 것은 사상 처음이다.

이와 관련하여 주요한 문제는 주식투자, 채권투자, 차입 등 수시유출입성 자본유입이 전체 외국인 자본유입에서 점유하는 비중이 2000~2010년 기간 중 평균 83%에 달해서 신흥시장국(emerging market economies) 평균인 48%에 비해서 월등하게 높다는 점이다. 반면에 외국인 직접투자는 같은 기간 총 외국인 자본 유입의 16.4%에 불과해, 신흥국 평균 52%에 비해서 상당히 적었다.[13] 이러한 조건하에서는 금융불안이 발생했을 때 자본유출이 급속히 일어나 금융위기의 시작이 될 수 있으므로, 외국자본 유출입의 변동 폭을 줄이는 정책이 필요하다.

(3) 취약한 고용구조

셋째는 취약한 고용구조이다. 현재 세계 주요국들에서 심각한 문제로 대두되는 것은 경제성장에 비해 고용기회 창출이 더딘 '일자리 없는 성장'(*jobless growth*)이다. 그런데 고용기회 창출과 관련하여 제기되는 문제로 공장의 해외 이전을 들 수 있다. 이 문제는 한국을 비롯해서 미국 및 주요 선진국들도 똑같이 겪고 있다. 미국의 대표적인 기업인 GM의 경우 국내 고용은 1970년에 46만 8천 명이었으나 최근에는 5만 2천 명으로 급감하였으며, 그 대신 중국 현지공장에서 3만 2천 명을 고용하고 있다.

기술발달로 기술이 사람을 대체하는 것도 일자리 없는 성장을 심화하는 주요 요인이다. 노동을 절약하는 기술(*labor-saving technology*), 곧 자본을 사용하는 기술(*capital-using technology*)의 채택으로 노동자 1인당 산출량인 '노동생산성'이 크게 향상되면서 기업이 필요로 하는 노동력은 절감되어 사람을 적게 쓰는 현상이 가속화되고 있다. 예를 들어, 포드자동차는 10년 전에 비해 최근 근로자 수가 절반밖에 안된다.[14] 이러한 흐름은 한국도 비슷하다.

더구나 '디지털혁명', 이른바 4차 산업혁명의 진전과 더불어 인공지능, 로봇, 3D프린팅, 사물인터넷, 빅데이터·클라우드 등 혁신적인 신기술의 출현으로 기계가 사람을 대량으로 대체하는 것도 일자리 없는 성장을 가속화하고 있다. 예를 들면, 독일의 스포츠용품 브랜드인 아디다스는 1993년에 생산지를 아시아로 이전하여 현지에서 직·간접적으로 약 100만 명을 고용하였다. 그런데 2016년 처음으로 독일에서도 50만 켤레의 운동화를 생산하였다. 그러나 인력은 10명에 불과하고 로봇 12대와 3D프린터가 생산을 하였다.[15] 독일은 2011년부터 정보통신기술(Information and Communication Technology : ICT)을 산업현장에 적용하는 '제조업 4. 0'(*Industry 4.0*)을 추진 중인데, 여기서는 노·사·정이 함께 고용에 미치는 영향도 협의하고 있다.

우리는 1970년대 이후 제조업 육성정책과 강력한 수출 진흥정책을 바탕으로 급속한 경제성장과 더불어 대규모 고용증대 효과를 톡톡히 누렸다. 그러나 이제는 제조업-수출 위주의 경제성장 전략이 일자리를 창출하는 데 더 이상 효과를 내지 못하고 있다. 즉, 2000년 이후부터는 수출이 늘어도 고용증대를 유발하지 못하고 있다. 이는 글로벌 경쟁을 해야 하는 대기업들이 해외생산을 늘리고, 자본집약적인 또는 자본을 사용하는 생산방법을 사용하기 때문이다. 또한 부품·소재 분야에서 독일, 일본처럼 강력한 국제경쟁력을 지닌 중소기업들도 드물어서, 이를 상당 부분 수입에 의존함으로써 이 분야에서도 일자리를 제대로 창출하지 못하고 있다.

일자리를 제대로 창출하지 못하면 가계의 처분가능소득이 줄어 소비가 감소하고, 이에 따라 생산이 줄어들어 다시 일자리가 줄고 소비가 더욱 감소하는 식으로 국민경제가 악순환에 빠질 수 있다. 이러한 악순환의 늪에서 벗어나려면 제조업-수출 일변도의 경제성장 전략에서 벗어나 구조적인 전환을 시도해야 한다.

즉, 더 많은 고용창출을 위해서 수출과 함께 내수 증진을 꾀하고,

제조업 진흥과 함께 고용유발 효과가 큰 내수산업인 서비스산업 진흥에도 온갖 정책적 노력을 쏟아부어야 한다. 아울러 지난 15년 동안 제조업 부문에서 대기업의 총고용은 오히려 감소하였으므로, 앞으로는 경쟁력 있는 중소기업을 동시에 육성하는 것이 고용증대를 위해서도 필수적이다.

한편 고용창출 문제, 즉 일자리 양(量)의 문제와 더불어 일자리 질(質)의 문제도 심각하다. 한국의 고용구조를 보면, 2016년 8월 기준 2,650만 명의 총취업자 가운데 임금근로자가 1,963만 명인데, 이 중 정규직이 1,318만 명, 비정규직이 644만 명이다. 그리고 1인 자영업자와 무급 가족종사자를 합한 비임금근로자가 690만 명이다.

이를 비율로 보면, 한국의 고용구조는 정규직 근로자가 전체의 반인 49.7%이고, 나머지 반은 24.3%의 비정규직 근로자와 26.0%의 자영업자로 이루어져 있다. 반면에 선진국에서는 대체로 정규직 근로자가 전체 고용의 3분의 2를 차지하고 나머지 3분의 1이 비정규직 근로자와 자영업자로 구성되어 있다.

특히 한국은 1997년 외환위기 이후 비정규직 일자리의 증가가 두드러졌다. 이는 정규직은 임금이 높고 불황이 닥쳤을 때 구조조정(해고)이 어려워 기업이 정규직 근로자 고용을 꺼리기 때문이다. 비정규직 근로자의 임금은 대체로 정규직의 60% 수준이며, 국민연금이나 건강보험 가입율도 정규직에 비해서 훨씬 낮다. 이들 중에는 일을 해도 빈곤에서 벗어날 수 없는 근로빈곤층(working poor)이 많아서 양극화를 초래하는 주요한 요인이 되고 있다.

시곗바늘을 돌려 세계금융위기 직후인 2009년 8월로 돌아가 한국의 고용 관련 통계를 살펴보면, 당시 공식적 실업률은 3.7%이며 실업자는 90만 5천 명이었다. 이 가운데 20~34세의 청년층이 차지하는 비율은 50.9%로, 세계금융위기로 20~30대의 청년층이 가장 큰 타격을 받았음을 알 수 있다. 여기에 취업준비생 64만 4천 명, 구직단념자 17만 8천 명, '쉬었음'이라고 답한 145만 2천 명을 더한 사실상의 청년층 실업자는 317만 9천 명에 달하여, 실제 청년실업률은 13.8%나 된다. 금융위기가 발생한 지 10년 가까운 세월이 흘렀지만 지금도 청년층의 고용 사정은 별로 나아지지 않았다.

비정규직과 포화상태인 자영업자는 한국경제의 뇌관이다. 통계에 잘 잡히지 않는 일용직 근로자까지 포함시킨 비정규직 근로자는 2016년 8월 말 현재 무려 644만 명이나 된다. 자영업자도 통계청 기준으로는 690만 명이지만, 경제협력개발기구(OECD) 기준에 따라 통계에 제대로 잡히지 않는 복수의 자영업자까지 포함시키면 720만 명이나 된다. 특히 자영업자는 상당한 정도로 과잉상태로, 소득수준이 비슷한 OECD 회원국들과 비교해 훨씬 많다. 게다가 1955~1963년생인 베이비붐 세대 은퇴자들이 재취업할 자리가 마땅치 않자, 도·소매, 음식·숙박업, 운수업 등 이미 과포화상태가 되어 과잉경쟁이 일어나는 분야에 계속해서 진입하고 있다.

최근 청년들 사이에서는 "문과생은 졸업하고 치킨집을 차리고, 이과생은 취업 후 잘려서 치킨집을 차린다"라는 자조 섞인 이야기가 회자되는데, 이는 청년 취업의 어려움, 과잉상태인 자영업 등 어려운 현실경제를 반영한 풍자인 셈이다.

전체 고용의 88%나 차지하는 중소기업의 장기침체도 일자리 창출을 어렵게 하는 주요 요인이다. 제조업의 부가가치 총액에서 중소기업이 차지하는 비중은 2003년 71.3%에서 2014년 51.2%로 20%포인트나 급락했다. 2014년 현재 중소기업 수는 약 354만 개이며 이 중 제조업체는 4% 정도인 약 12만 4천 개이다. 그러나 중소기업에서 중견기업으로 올라선 기업은 지금까지 1,300개에 불과하여 전체 제조업체의 0.4% 수준이다.

일본경제가 1980년대의 엔고(円高)와 1990년대의 장기불황에서 벗어날 수 있었던 원동력은 연구개발의 지속적 수행으로 고유 기술을 보유한 100년 이상 장수기업이 5만 개나 된 데서 나왔음을 상기할 필요가 있다. 독일의 경우 독특한 기술을 보유하여 세계시장에서 강력한 국제경쟁력을 가진 중소기업인 미텔슈탄트(Mittelstand)들이 수출 증대와 고용창출에 크게 기여하고 있음은 널리 알려져 있다. 한국의 경우에도 국제경쟁력이 있는 중소기업과 중견기업 및 벤처기업의 대거 출현이 일자리 창출을 비롯해서 한국경제의 선진화에 필수적인 기본 요건이다.

노동에 대한 수요와 공급의 학력 간 불균형도 한국의 고용문제를 어렵게 하는 주요 요인 중 하나이다. 2020년까지 기업이 요구하는 고졸자는 공급에 비해 32만 명이나 부족하지만, 전문대졸 이상 실업자는 50만 명에 달할 것으로 추정된다. 2012년 상반기에 중소기업의 85%는 원하는 만큼의 외국인 근로자도 배정받지 못할 만큼 중소기업은 일할 사람을 구하지 못해서 아우성이다.

이는 공기업, 대기업 등 소득도 높고 사회적 인정(prestige)도 받는 안정적 직장에 대한 과도한 선호 때문으로, 높은 대학진학률이 이를 더욱 심화하고 있다. 대학진학률은 2008년 83.8%로 정점에 달한 후 2015년에는 70.8%로 떨어졌으나 아직도 높은 수준이다. OECD도 2012년 발표한 보고서에서 한국의 대학졸업자 과잉에서 비롯된 '학력 인플레이션'이 청년실업률을 높이는 주된 요인이라고 지적하였다.

독일에서는 고교졸업자 가운데 대학진학 자격시험(Arbitur)에 합격한 학생들도 40%만 대학에 진학하며, 60%는 곧바로 직장을 선택한다. 고교만 졸업하고 취업해도 사회적으로 충분한 대우와 보수를 받을 수 있기 때문이다. 그러나 미국, 영국에서는 대학을 졸업하지 않으면 패자로 간주하여 무시하는데, 바로 이들이 브렉시트와 트럼프 대통령 당선을 초래하였다. 일본도 대학진학률은 50% 수준에 불과하다. 무조건 대학에 진학하고 보는 우리 현실로는 노동시장의 학력별 수급 불균형을 해소하기가 쉽지 않다.

최근 고졸 취업의 새로운 기운이 일면서 실업계 고등학교인 '특성화고' 취업률이 증가하고 있고, 일반고 대신에 기술 명장을 육성하는 '마이스터고'와 특성화고에 진학하겠다는 중학교 3학년생들이 늘어나기 시작한 것은 바람직한 변화이다.

(4) 높은 주거비·교육비 및 과도한 가계부채

넷째는 높은 주거비·교육비와 과도한 가계부채이다. 현재 기업부채는 별로 문제가 안 되나, 과다한 가계부채가 우리가 당면한 주요한 문제이다. 그리고 가계부채의 상당부분은 주택담보대출이 차지한다. 이러한 상황은 다른 선진국들도 마찬가지이다.

제8장 4절의 3)에서 살펴보는 것처럼, 한국은 OECD 기준 중간소

득층(또는 중산층)의 54.8%가 적자 가구이다. 그 주요 요인은 주택 관련 대출의 원리금 상환액과 사교육비 지출인데, 이 둘이 가계소득의 3분의 1이나 차지한다. 높은 주거비와 사교육비는 저출산의 주요 요인이기도 하다.

가계부채는 한국은행의 가계신용 기준으로, 2016년 12월 말 현재 1,344조 3천억 원에 달했다. GDP 대비 가계부채 비율은 2016년 말 현재 89.1%로서 OECD 평균인 73%보다 높은 수준이다. 처분가능소득 대비 가계부채는 2015년 12월 말 현재 170%로서 OECD 35개 가맹국 가운데 9번째로 높고, 미국의 2008년 서브프라임 모기지 사태 당시보다 더 높아서 위험한 수준이다. [16]

가계부채와 관련하여 2008년 금융위기가 발발한 미국의 경우를 살펴보자. 널리 알려진 대로 미국은 소비중심사회이며, 과도한 부채 문화를 가지고 있다. 이는 소비보다 저축을 중요시하며, 빚(독일어로 'Schuld')은 죄나 잘못을 뜻하는 독일과는 대조적이다. 그 결과 미국 가계의 거의 절반인 48%가 쉽게 현금화가 가능한 은행예금 등 유동자산 보유액이 5천 달러(약 500만 원) 미만이다. 즉, 국민의 절반이 경제적으로 불안정한 상태에 처해 있는 것이다.

한국의 가계저축률을 보면, 최근 상당한 변동을 보이면서도 전체적으로는 과거에 비해 크게 낮아졌음을 알 수 있다. 한국의 저축률은 1998년 23%에서 2012년 3.9%로 급속하게 감소하였다. 비슷한 기간 주요 선진국의 가계저축률을 보면, 1998년에는 미국 6.42%, 프랑스 9.46%, 일본 9.84% 및 독일 9.96%였다. 그리고 2012년에는 일본 1.36%, 미국 7.89%, 독일과 프랑스가 각각 9.26% 및 9.46%

로, 일본을 제외한 다른 나라들은 과거 수준을 비교적 잘 유지하였다.[17]

즉, 한국의 가계저축률은 1998년에는 다른 국가들에 비해 상당히 높은 수준이었으나, 1997년 외환위기와 2008년 금융위기라는 큰 격변기를 거치면서 일본을 제외한 다른 나라들보다 훨씬 낮은 수준으로 감소하였다. 그러나 한국의 저축률은 2012년 3.90%의 낮은 수준을 기록한 이후 빠른 증가세를 보여 2013년 5.60%, 2014년 7.18%, 2015년 8.66%로, 2012년의 2배 이상으로 급증하였다. 그런데도 현재의 저축률 수준은 1990년대 수준에 비해서는 훨씬 낮다.

이러한 가계저축률 하락 및 가계부채 급증의 전환점은 1997년 외환위기이다. 당시 외환위기를 맞아 기업 부문의 400%나 되는 높은 부채/자본 비율은 심각한 기업부실을 가져왔고, 이는 또한 기업에 돈을 빌려준 금융부문의 부실을 초래하였다. 이러한 경험 때문에 금융기관은 상대적으로 안전한 가계신용 확대에 주력함으로써 가계부채가 크게 증가했다.

특히 경기부양을 위해서 당시 김대중 정부는 신용카드를 이용한 내수 진작을 시도하였는데, 신용카드 회원의 길거리 모집 등 상식 밖의 카드 남발도 용인할 정도였다. 그 결과 신용카드 현금 대출이 1998년 32조 7천억 원에서 2002년에는 412조 8천억 원으로 무려 10배 이상 폭증하는 어처구니없는 일이 발생하였다.

당시 신용카드 연체율은 6.6%나 되었고, 이는 신용카드사의 부실, 나아가서는 이들에게 카드채 매입이나 기업어음 할인 등을 통해서 자금을 공급한 투신사와 은행의 부실까지 초래하여 전체 금융시장의 안정마저 위협하였다. 아울러 부동산 관련 규제의 대폭적 완화를 통한 부동산시장 활성화 정책으로 부동산시장이 과열되면서 주택담보대출도 급증하였다.[18]

2003년 말 금융채무 불이행자(신용불량자)는 380만 명에 이르러 최고 수준에 달하였다. 이 밖에도 여러 금융기관에서 돈을 빌린 160만 명에 달하는 다중 채무자 가운데 절반인 80만 명 정도가 연쇄적인 연체로 추가로 신용불량자가 될 가능성이 있었다. 이 둘을 합한 460만 명은 전체 경제활동인구 2,300만 명의 무려 20%에 이르러, 이로 인한 소비위축 및 경기침체는 매우 심각하였다.

이명박 정부에서도 가계부채는 빠르게 늘어나 2012년 말에는 911조 원에 달하였다. 세계금융위기 이후 4년 동안 주요 선진국들이 가계부채를 줄인 것과는 대조적이다. 저금리 기조도 가계부채의 급속한 증가를 초래한 주요 요인이다. 세계금융위기가 본격화하면서 한국은행이 기준금리를 2008년 9월 연 5.25%에서 2009년 2월에는 2%로, 다시금 2016년 6월에는 1.25%로 인하해서 낮은 수준의 금리를 유지한 결과 가계대출은 크게 늘어났다. 2017년 12월에는 오랜만에 기준금리를 0.25% 인상해서 1.5%가 되었는데, 이는 2018년 6월 현재까지 그대로 유지되고 있다. 그러나 한국은행에 따르면 가계부채는 계속 증가해서 2018년 1/4분기 말 1,468조 원에 달하여 1,500조 원에 육박하였다.

한편 미국 연방준비제도(US Fed)가 2017년 12월과 2018년 6월 기준금리를 각각 0.25%씩 인상한 결과 현재는 1.75~2.00%로 높아져 한국과 같은 수준이 되었다. 이는 미국 경제성장률이 2017년과

2018년에 각각 2.2%와 2.3%로 추정되어 양호한 편이고, 물가상승률도 2017년 1.7%와 2018년 1.9%로 목표치인 2%에 근접할 것으로 예상되며, 실업률도 2017년 4.1%, 2018년 4월 3.9%로서 완전고용 수준의 실업률로 추정되는 5%보다 훨씬 낮아질 것으로 예상되는 등 미국경제가 완연한 회복세를 보이기 때문이다. 2018년에도 미국 연방준비제도는 0.25%씩 3차례 정도 기준금리를 더 인상할 것으로 예상되는데, 이때 문제는 한국의 금융시장에 투자된 외국자금이 유출될 수 있다는 것이다.

아울러 정부당국이 부동산경기 부양을 위해 총부채상환비율(Debt to Income ratio: DTI)과 주택담보대출비율(Loan to Value ratio: LTV)을 완화한 것도 가계가 주택담보대출을 크게 늘린 원인이다. 이미 2016년 말에는 가계부채가 1,344조 원에 달하였는데, 이는 GDP의 89.1%에 이르는 높은 수준이다.

가계부채는 생계형 가계부채와 부동산 구입용 가계부채로 구분되는데, 일자리 창출 부진, 고령화·연금제도 미흡 등으로 최근 생계형 가계부채가 증가하는 것도 한국 가계부채의 주요한 특징 가운데 하나이다.

과도한 가계부채와 더불어 서민들의 금융소외 현상도 심각한 문제이다. 제1금융권, 즉 시중은행들은 미소금융, 새희망홀씨, 햇살론 등 저소득층을 위한 대출이 높은 연체율을 보이자 서민금융 확대를 꺼리고 있다. 금융위원회는 금융소외자를 신용등급 7~10등급의 저신용자로 규정하는데, 2012년 5월 말 기준 저신용자 수는 약 662만 명으로 전체 금융서비스 이용자의 16.3%를 차지하였다.

제 1금융권에 접근하기 어려운 저신용자들은 상호저축은행, 신용협동조합, 농·수·축협 상호금융, 새마을금고 등 '비은행 예금취급기관', 보험 및 여신전문사(카드사, 캐피털사) 등 '기타 금융기관'의 고금리 대출에 의존하는 경우가 많다. 근자에는 대표적인 서민금융사인 저축은행과 등록 대부업체들이 크게 위축되면서 불법 사금융인 사채시장으로까지 내몰리는 사람들이 늘고 있다.

사채를 이용하는 금융소외계층 규모는 2004년 정부가 발표한 380만 명 이후에는 공식적으로 발표된 통계가 없다. 그러나 근자에는 이들의 수가 500∼600만 명 정도로 급증한 것으로 추정되기도 한다. [19]

총자산규모 1∼5위의 대형 저축은행들이 모두 문을 닫았고, 등록 대부업체 수도 크게 줄어들면서 상당수의 저신용자들이 불법추심의 위협이 큰 사채시장의 나락으로 떨어지고 있다. 이는 최근 몇 년 동안 양질의 일자리가 사라지면서 소득증가는 정체된 반면, 전·월세 및 교육비, 물가 상승 등으로 생활비가 증가한 데서 연유한다. 불법사채는 저신용자들에게 가혹하리만큼 약탈적인 고금리를 부과하여 이들이 '부채의 덫'에서 벗어나기가 매우 어렵다.

그러나 부채 보유가구의 상환능력은 전체적으로 양호한 편이어서 은행(비은행 금융기관)의 가계대출 연체율은 2016년 3월 말 현재 0.36%(2.1%)이다. 따라서 금융제도의 안정성은 크게 우려할 정도는 아니다. 그러나 앞서 이야기한 것처럼 소득증가 정체 및 생활비 증가가 지속되면서, 2011년 이후 현재까지 가계부채 증가율이 가계소득보다 계속해서 높았고, 그 결과로 가계소득 대비 부채비율도 상승하였다. 특히 자영업자의 과도한 부채가 중요한 문제이다. 결국 과도한 가계부채는 소비를 위축시켜 경제성장률의 감퇴를 초래하는데, 이는 중요한 문제이다.

(5) 양극화 경향

다섯째는 이른바 '양극화' 경향이다. 통계청의 〈2015년 사회조사〉에 따르면 본인의 사회·경제적 지위를 중산층으로 생각하는 사람이 전체 응답자의 53%였지만, 하층으로 생각하는 사람도 무려 44.6%에 달하였다. 또한 일생 노력한다면 본인의 사회·경제적 지위가 높아질 가능성이 있느냐는 질문에 가능성이 낮다는 응답이 무려 62.2%나 되었다. 자식 세대의 계층 상승 가능성에 대해서도 낮다고 응답한 비율이 50.5%였으며, 높다는 응답은 31.0%였다. [20]

1997년 외환위기 이후부터 우리 사회에서 이른바 양극화에 대한 논의가 시작되었다. 양극화란 중간소득층의 비중은 감소하고, 저소득층과 고소득층의 비중은 증가하는 경향을 말한다. 이러한 경향은 2008년 세계금융위기 이후 더욱 심화되었다. 다만 중간소득층이 상당히 존재하므로 양극화라는 개념은 조심해서 사용해야 한다.

UN은 1990년대 초부터 20 대 80의 문제를 제기하였다. 즉, 세계화와 지식·정보화로 인한 급속한 기술발달, 중국경제의 부상에 따른 선진국 내 저숙련 노동자들의 피해 등으로 세계 인구의 20%가 세계 전체 부의 80%를 차지하여 세계적으로 소득불평등이 확대되었다는 것이다.

그러나 선진국의 소득불평등은 사실 이미 1970년대 말부터 확대되기 시작하였다. 그 이유는 앞에서 지적한 요인들 이외에도 1980년경 미국의 레이건 대통령과 영국의 대처 총리가 집권한 이후 2008년 세계금융위기 이전까지 거의 30년 동안 규제완화와 금융자율화가 세계 전체적으로 큰 흐름을 이루어 왔기 때문이다. 또한 고소득층에 대한 세율 인하 등으로 조세의 소득재분배 기능도 약화되었다. 이 무렵부터 중산층도 약해지기 시작했는데, 그 이유는 생산성이 증가하고 경제가 성장하는데도 임금은 1970년대 말 이후 제자리걸음을 하였기 때문이다.

그리하여 미국 뉴욕 맨해튼에서 시작된 "월가를 점령하라"(Occupy Wall Street: OWS) 시위는 영국 런던, 국채위기를 겪은 그리스, 스페인, 포르투갈, 이탈리아를 비롯하여 칠레, 중국, 러시아, 이스라엘, 인도 등 세계 여러 지역으로 퍼져나갔다.

2011년은 '아랍의 봄'에서 시작해서 시위가 전 세계로 널리 번진 '분노의 해'였으며, '99 대 1'의 구호는 과장된 것이긴 하지만 여론의 주목을 받았다. 이는 정치권에서도 주요한 화두가 되어, 미국 오바마 대통령은 줄어드는 중산층을 확충하고 소득불평등을 바로잡는 것을 2012년 미국 대선의 주된 의제로 삼았다.

한국은 1997년 외환위기와 2008년 세계금융위기를 겪으면서 소득분배를 나타내는 주요한 지표들이 악화되었다. 즉, 소득분배상의 하위(상위) 20% 소득계층이 국민소득에서 차지하는 '소득점유율'은 감소(상승)한 반면에 소득상위 1% 집단이 전체 국민소득에서 차지하는 비중은 2000년의 9.0%에서 2015년에는 14.2%로 확대되었다. 또한 한국개발연구원(KDI)에 의하면, 1996~2010년 기간 중 하위 20% 소득계층의 소득점유율은 6.3%에서 2.7%로 급감하였고, 하위

10% 소득계층의 소득점유율도 2.0%에서 0.4%로 격감한 것으로 추정된다. 상위 20% 소득계층의 소득점유율을 하위 20%의 그것으로 나눈 '5분위 배(倍) 율'도 증가하였다.

소득분배 불평등도를 측정하는 대표적 지표인 지니(Gini) 계수도 상승하였다. 지니계수는 완전 평등 상태인 0과 완전 불평등 상태인 1 사이의 값을 가지며, 지니계수가 커질수록 불평등도는 심화한다.

한국의 지니계수는 도시 2인 이상 가구를 대상으로 하여 '시장소득' 기준 추정치가 오래전부터 발표되었는데 이를 중심으로 살펴보자. 21 지니계수는 지난 30년 동안 가장 낮은 값인 1992년 0.238 이후 완만한 상승세를 보이다가 1997년 외환위기를 계기로 급등하여 1999년 0.298을 기록한다. 이후 카드대란 시기인 2004년에 0.3 이상으로 상승한 후 2008년 세계금융위기를 계기로 다시 급등하여 2009년에는 0.320으로 상승한다. 이후 경제가 점차 안정을 찾으면서 지니계수도 하강세를 보여, 2015년에는 0.305를 기록한다. 한편 OECD 주요국들의 지니계수는 2011년 기준으로 미국 0.389, 독일 0.293, 스위스 0.289, 스웨덴 0.273, 노르웨이 0.250, 체코 0.256 등이다.

한국은 지니계수로 보면 OECD 회원국 평균보다 낮은 편이지만, 10분위 배율이나 상대빈곤율은 OECD 평균보다 높아 불평등도가 크다. 앞으로 연금제도가 미흡한 상태에서 고령화와 저성장 기조가 지속되면 소득불평등도는 더욱 심화될 것으로 우려된다.

1997년 외환위기 당시의 소득분배 불평등도 증가는 기업과 금융부문의 대규모 구조조정(해고)에 의한 실직 등으로 가구주의 근로소득 불평등이 확대된 데 주로 연유한다. 그러나 최근에는 저임금고용의 비중이 지속적으로 증가하는 등 저소득층의 소득 감소가 두드러진다. 즉, 전통적인 빈곤집단인 독거노인과 소년소녀가장 이외에, 일하더라도 빈곤 상태에서 벗어나지 못하는 계층인 '신(新)빈곤층' 또는 '근로빈곤층'이 크게 늘어나고 있다. 비정규직 근로자의 상당수가 여기에 속한다.

한국의 양극화 경향에는 여러 요인들이 작용한다. 예를 들면 국내시장을 대상으로 하는 내수산업의 독과점 구조도 그 하나다. 즉, 독과점기업, 성공적인 수출기업 및 공기업에서는 고임금 정규직 근로자가 다수이나, 건설업처럼 출혈경쟁을 하는 내수산업에서는 저임금 비정규직 근로자들이 많다. 이처럼 독과점구조는 양극화를 촉진하는 역할을 한다.

소득분배 불평등도가 심화하면 계층 간 상향이동이 어려워진다. 이는 자본주의의 초석인 '기회의 평등'이 위협받음을 뜻하는데, 이때는 교육을 통한 계층 간 상향이동도 점점 더 어려워진다. 즉, 자녀의 대학 입학이 부모의 소득수준에 상당한 정도로 영향을 받음으로써, 1960년대나 1970년대에 가능했던 '개천에서 용 난다'는 기대가 1980년대 이후에는 점점 더 실현되기 힘들어졌다.

또한 수능시험 한 번으로 평생의 운명이 정해지는 '한 번에 결판나는 사회'(one-shot society)가 돼버려서, 이른바 SKY 대학에 진학하는 1% 학생들은 만족할지 모르나 나머지 99%의 고교생은 평생 열등감에 빠지게 된다. 즉, 대부분의 고교생들이 자신의 재능에 따라 자신만이 지닌 독특한 잠재력을 극대화하면서 삶의 보람을 찾을 수 없는 교육제도이다. 이는 인적자원이 거의 전부인 한국에는 지극히 중요한 문제이다.

　일반적으로 볼 때 소득분배의 불평등이 지속되면 사회적 불만은 커지고 정치적 불안정성은 높아지며 반세계화, 보호무역주의, 반시장 경제 경향이 증대된다. 근자에 일어난 영국의 브렉시트, 미국의 트럼프 대통령 당선 등이 대표적인 예이다. 즉, 소득분배의 불평등은 지속적 경제성장을 저해할 뿐만 아니라 민주주의에 대한 위협이 될 수 있다. 미국의 전형적 보수주의자이며 오랫동안 연방준비제도 의장을 지낸 그린스펀의 "민주주의, 시장경제, 세계화 등 우리가 당연시하는 것도 국민 일반의 지지가 있어야만 존속할 수 있다"는 지적에 유의해야 한다.

2. 최근의 세계경제위기와 경제학

1) 최근의 세계경제위기

(1) 2008년 세계경제위기

2008년 엄습한 세계금융위기는 진원지인 미국뿐만 아니라 거의 대부분의 나라에 크나큰 경제적 고통을 안겨 주었다. 이 금융위기는 미국의 비(非) 우량 주택저당채권 위기 (*sub-prime mortgage crisis*) 에서 비롯된 것이다.

　1990년대 말 이후 주택 가격이 급격히 상승하자 집값이 계속 오를 것이라 믿고 무턱대고 주택을 구입하려는 저신용 계층이 늘어났고,

은행들은 이들의 상환 능력도 제대로 따져 보지 않은 채 주택을 담보로 발행한 비우량 주택저당채권을 근거로 대출을 방만하게 늘린다. 그러나 2006년부터 주택 가격 급락으로 주택경기의 거품이 꺼지면서 비우량 주택저당채권의 가치가 실제 주택 가격에 못 미치는 부실채권이 대량 발생하였고, 이는 금융기관의 부실을 초래하였다. 이어서 저소득층 주택구입자들이 집을 팔아도 빚을 갚지 못하는 사태가 걷잡을 수 없이 확산되었다.

이러한 위기의 주요 원인으로는 월가의 탐욕을 비롯해서, 정부당국의 '사려 깊은 규제·감독'의 미흡, 얽히고설킨 천문학적 규모의 파생금융상품 발행, 2000년 닷컴 거품 붕괴 이후 경기부양을 위한 금융완화정책으로 2002~2004년 중 금리가 거의 1% 수준에 머물러서 주택경기의 거품을 초래한 것 등을 들 수 있다.

경제학자들과 정책담당자들은 흔히 민간신용을 확대하면 경제성장이 촉진된다는 잘못된 믿음을 가지고 있다. 민간신용이 과다하게 팽창되는 과잉금융(excess finance) 현상이 일어나면 버블이 생기게 된다. 특히 주택담보대출이 과도하게 증가하다가 버블이 꺼지면, 일본과 미국의 경험에서 보듯이, 수요가 급락해서 장기불황에 빠지는 결과를 빚는다.

또한 미국의 막대한 경상수지 적자 누적, 중국·일본·독일 및 산유국 등의 엄청난 흑자에 따른 천문학적 외환보유고 축적은 기본적으로 지속불가능한 '세계적 불균형'(global imbalance)을 초래했는데, 이 또한 위기의 원인 중 하나라 할 수 있다.

구체적으로 보면, 2016년 미국의 재화와 용역의 수출입 차액인 '경상수지'(*current balance*) 적자는 약 4,700억 달러로 그해 미국 GDP의 2.5%에 달하였다. 한편 미국의 국방비 지출은 6,640억 달러로 GDP의 3.6%에 이르렀다.

독일의 2016년 경상수지 흑자는 3천억 달러로 GDP의 무려 8.6%나 되었다. 독일의 대미 수출은 1,480억 달러이고 대미 수입은 800억 달러로, 680억 달러의 경상수지 흑자를 냈다. 그리고 독일의 국방비 지출은 370억 달러로 GDP의 1.2%에 불과하였다.

미국의 입장에서 대(對) 독일 경상수지의 막대한 적자는 불만일 수밖에 없다. 또한 미국이 NATO에 대한 막대한 국방비 지출을 통해 유럽의 안보를 지킴으로써 유럽 여러 나라의 평화와 번영을 지탱하고 있으나, 독일의 국방비 지출은 영국과 프랑스에 비해서 낮고 NATO가 요구하는 GDP 대비 2% 선에도 훨씬 미치지 못한다. 보호무역을 선호하고, 미국의 세계 지도자로서의 역할보다 고립주의를 지향하는 미국의 트럼프 대통령이 독일의 메르켈 총리를 처음 만났을 때 악수도 교환하지 않은 배경이다.

2008년 9월, 리먼브러더스의 파산 이후에는 극도의 불확실성으로 돈이 돌지 않아 세계 금융시장이 붕괴 위험에 직면하였다. 주요국들의 GDP 성장률도 초기에는 급속히 마이너스로 떨어졌고, 실업도 늘어나서 1930년대 대공황 이후 최대의 불황(*Great Recession*)을 초래하였다.

금융위기를 타개하기 위하여 미국은 프레디맥(Freddie Mac)와 패니메이(Fannie Mae), 뱅크오브아메리카(Bank Of America: BOA), 씨티은행(Citibank), AIG 등의 금융기관에 막대한 공적자금을 투입하였다. 즉, 금융제도 자체의 붕괴를 막으려 '구제금융'을 한 것이다.

미국의 잘못으로 시작되었으나 전 세계로 전염된 세계금융위기를 수습하기 위해서 G20을 중심으로 주요국의 공조(共助) 노력도 활발하였다. 먼저 주요국들은 모두 함께 통화정책을 활용해서 이자율을 거의 0에 가까운 수준까지 인하하였다. 아울러 국채 등을 매입하는 형태로 통화량을 살포하는 '양적완화정책'(Quantitative Easing: QE)을 썼다. 이어서 경기침체로 소비(C), 투자(I), 수출(X) 등 국내외 수요가 모두 감소하였으므로, 총수요를 진작시키려 정부지출(G)을 늘리는 재정정책을 통한 재정지출증대(fiscal stimulus)도 시도하였다.

한국, 대만, 태국, 말레이시아, 싱가포르, 홍콩 등 소규모 개방경제는 위기 직후에 큰 타격을 받아서 2008년 9월~2009년 3월 기간 중 GDP가 평균적으로 연율로는 13%나 급감하였다. 그러나 한국경제는 이미 2009년 2/4분기에 세계에서 제일 빠른 회복세를 나타내서 성장률이 연율 10%를 넘어섰다. 중국, 인도, 인도네시아 등 인구가 많은 나라들은 세계경제의 침체기간 중에도 계속해서 성장하였다. 주요국의 GDP 성장률을 보면 〈표 2-1〉과 같다.

2009년 3/4분기가 되면 영국과 스페인을 제외한 주요 선진국 경제가 다시 성장하기 시작하였다. 이와 같은 예상 밖의 빠른 경기회복은 확장적인 금융·재정정책에 연유한 것이다. 그래서 리먼브러더스의 파산 이후 1년이 지난 2009년 9월쯤에는 지금 생각해 보면 섣부르게도 세계경제가 회복 국면에 진입하였다는 판단하에 확장적인 통화정책을 거두어들이는 출구전략(exit strategy)에 대해서 논의하기 시작하였다.

<표 2-1> 주요국가 GDP 성장률

국가	1997~2006 평균	2007	2008	2009	2010	2011	2012	2013	2014	2015	2016	2017	2018 추정치
한국	4.9	5.5	2.8	0.7	6.5	3.7	2.3	2.9	3.3	2.8	2.8	3.0	3.0
미국	3.3	1.8	-0.3	-2.8	2.5	1.6	2.2	1.7	2.6	2.9	1.5	2.2	2.3
유로존	2.3	3.0	0.5	-4.5	2.1	1.6	-0.9	-0.2	1.3	2.0	1.8	2.1	1.9
독일	1.5	3.4	0.8	-5.6	3.9	3.7	0.7	0.6	1.9	1.5	1.9	2.0	1.8
프랑스	2.4	2.4	0.2	-2.9	2.0	2.1	0.2	0.6	0.9	1.1	1.2	1.6	1.8
이탈리아	1.5	1.5	-1.0	-5.5	1.7	0.6	-2.8	-1.7	0.1	0.8	0.9	1.5	1.1
일본	0.9	2.2	-1.0	-5.4	4.2	-0.1	1.5	2.0	0.3	1.1	1.0	1.5	0.7
영국	3.1	2.6	-0.3	-4.3	1.9	1.5	1.3	1.9	3.1	2.2	1.8	1.7	1.5
중국	9.5	14.2	9.7	9.4	10.6	9.5	7.9	7.8	7.3	6.9	6.7	6.8	6.5

자료: International Monetary Fund, *World Economic Outlook 2017.*

너무 빨리 출구전략을 쓰면 다시 불경기에 빠질(*double dip*) 염려가 있는 반면, 너무 늦추면 주식, 부동산 등의 자산시장이 거품을 일으킬 위험이 있다. 문제는 과연 확장적인 금융·재정정책 없이도 소비와 투자가 자생적으로 계속 증가하여 지속적인 경제성장이 가능할지 여부이다.

이즈음 유로존 내의 남유럽 국가들을 중심으로 과도한 복지지출, 저성장 등이 원인이 되어 국채위기 또는 재정위기가 발생하였다. 위기의 근본적인 원인은 남유럽 국가들과 북유럽 국가들이 서로 경제적 특성과 국제경쟁력이 다른데도 1999년에 단일 통화인 유로를 사용하는 통화동맹을 맺은 데 연유한다. 그 결과로 남유럽 국가들의 경쟁력이 약화되면서 실업이 발생하였고, 이에 따라 정부의 재정적자가 증대된 것이다.

이에 따라 EU와 IMF는 2010년 5월 그리스에 구제금융(*bail out*)을 지원하였고, 2010년 11월과 2011년 4월에는 아일랜드와 포르투갈에도 구제금융을 지원하였다. 그 후에도 그리스는 계속해서 구제금융을 요청하였다.

상환 능력은 있으나 유동성 부족을 겪고 있는 스페인과 이탈리아마저 재정위기에 휩싸일 위험에 처했다. 이탈리아와 스페인은 유로존에서 경제규모로 독일, 프랑스에 이어 3, 4위의 큰 나라로 역내 GDP의 28.4%를 차지하므로, 이들 국가까지 재정위기에 휩싸이면 문제는 심각하다. 또한 프랑스, 독일 및 영국의 금융기관들은 재정위기에 처한 나라들의 국채를 많이 보유하고 있었으므로, 이들 은행의 부실 가능성도 증대되었고 그 결과 신용경색이 초래되었다.

또한 유럽계 금융기관들은 자금이 부족해지면 동유럽, 중남미, 아시아 등 신흥시장국들에 빌려준 대출금을 회수할 것이므로, 특히 한국처럼 유럽자금 의존도가 높은 경우에는 주식시장, 채권시장, 외환시장이 불안정해진다. 유럽 재정위기는 세계경제가 글로벌 금융위기로부터 회복되기 시작하는 국면에서 발생하여 어려움을 가중시켰다.

스페인과 이탈리아의 국채금리가 채권시장에서 급상승하면 자금조달이 어려워지므로 디폴트를 방지하려면 구제금융을 신청할 수밖에 없게 된다. 이를 피하려면 저리(低利)로 국채를 발행할 수 있도록 유동성을 지원해야만 한다.

유럽중앙은행(ECB)의 드라기(Mario Draghi) 총재는 2012년 9월 어려움에 직면한 국가들이 재정건실화와 강력한 경제개혁을 수행하겠다고 약속하는 조건으로 이들 나라의 국채를 무제한 매입하기로 하였다. 미국과 더불어 유로존에서도 양적완화를 시작하려 한 것이다.

이러한 ECB의 결정은 스페인과 이탈리아의 국채금리를 급속히 떨어뜨렸다. 그러나 이들 두 나라에서는 지난 10여 년 동안 노동생산성을 상회하는 임금인상이 계속됨으로써 국제경쟁력이 약화되어 1%대의 저성장이 앞으로도 상당 기간 예상되므로, 재정적자를 줄이려면 강도 높은 재정긴축을 할 수밖에 없는 형편이다. 이들 국가의 정부지출 가운데 복지 분야가 50%를 초과하므로, 앞으로 이를 감축해야만 하는 힘든 과제가 남아 있다.

세계금융위기를 본격화한 리먼브러더스의 파산 이후 벌써 10년의 긴 시간이 경과하였다. 그동안 주요 선진국의 이자율은 거의 0에 가까워졌고, 정부의 재정지출도 컸으며, 양적완화도 실행하였다. 금융위기의 회복과정이 늘 고통스럽고 시간이 많이 걸린다는 사실은 이번의 세계금융위기에서도 그대로 들어맞았다.

예를 들면, 미국 연방준비제도는 2012년 9월에 세 번째 양적완화(QE3)를 단행하였다. 동시에 기준금리를 향후 3년 동안 0~0.25%의 지극히 낮은 수준으로 유지하기로 하였다. 양적완화란 중앙은행이 발권력을 동원해 화폐를 찍어서 국채 등을 매입하여 시중에 대량으로 유동성을 살포하는 것이다. 이는 기준금리가 이미 0에 가까우므로 더 이상 이자율을 내릴 수 없는 상황에서 택하는 비정상적 금융정책이다. 아울러 주택저당채권(*mortgage-backed securities*)도 매입함으로써 주택저당채권 금리를 떨어뜨리려고 하였다. 어느 나라나 주택경기는 직·간접적 연관산업을 통해 경기회복에 중요한 영향을 미치기 때문이다.

돌이켜 보면 2008년 11월~2010년 3월 행해진 미국의 첫 번째 양적완화(QE1)는 금융위기 직후 금융기관들이 직면한 부실 위험을 타개하기 위한 것으로, 은행의 건실화에 상당한 성과를 거두었다. 두 번째 양적완화(QE2)도 2010년 11월~2011년 6월 시행되었는데, 당시에는 미국도 일본처럼 디플레이션 위험에 처했기에 이를 해소하기 위한 것으로 긍정적 결과를 얻었다.

그러나 이제는 미국에서 디플레이션의 위협도 사라졌고 주택시장도 안정된 마당에 다시 QE3를 기간도 정하지 않고 실시할 정도로 경제상황이 급박한 것인지에 대해서 논란이 있을 수 있다. 하지만 불경기가 끝난 후 3년이나 지났으나 미국의 실업률은 높은 수준에 그대로 머물러 있었고 개선될 기미도 보이지 않는 등 미국경제가 만족스러운 상태와는 거리가 멀다는 연방준비제도의 판단 때문에 QE3를 실행하였다. 그러나 경제상황이 호전되면서 QE3는 2014년 말에 중단하였다.

미국 연방준비제도의 버냉키(Ben Bernanke) 의장은 2008년 금융위기 이후 일찍부터 제로금리와 양적완화를 시행하였다. 이러한 비(非) 전통적 통화정책 집행으로 연방준비제도 대차대조표상의 자산은 금융위기 이전인 2007년 1월의 약 8,700억 달러에서 2017년 7월 현재 약 4조 5천억 달러로 거의 5배나 폭증하였다. 즉, 중앙은행의 관점에서는 부채인 통화팽창이 발생한 것이다.

ECB도 미국과 일본에 비해서는 늦었으나 2015년 3월 이후 양적완화정책을 계속하였다. ECB의 대차대조표상 자산은 2017년 7월 현재 약 4조 9천억 달러로 미국과 비슷하다. 2017년 4월 이후에는 ECB가 국채매입 규모를 월 800억 유로(€)에서 600억 유로로 축소(*tapering*)

하기 시작하였다. 일본도 2013년 4월부터 매년 60~80조 엔(¥)의 양적완화를 시행하였다. 2017년 7월 현재 일본 중앙은행의 대차대조표상 자산규모는 미국, EU와 거의 비슷한 4조 5천억 달러에 이르렀다. 즉, 세계금융위기를 극복하려 미·일·EU가 모두 엄청난 규모의 유동성을 시중에 살포한 것이다. 이는 후일 세계적으로 자산 거품을 일으킬 위험이 상당한 큰 요소이다.

(2) 최근 세계경제 동향

이제 최근 세계경제 동향에 대해서 간략하게 살펴보기로 하자. 미국발 세계금융위기가 발발한 지 거의 10년 만에 세계경제가 드디어 회복세를 나타내고 있다. 금융위기에서 벗어나는 데는 오랜 기간이 소요된다는 사실은 이번에도 그대로 맞는 것 같다. 보통 금융위기 이후 위기 전 소득수준을 회복하는 데는 약 8년이 걸린다. 2017년 3월 현재 회복세는 미국, 유럽 등 선진국과 중국, 인도 등 발전도상국들에서 모두 나타나고 있다.[22] 원자재 가격 하락으로 어려웠던 러시아와 브라질 경제도 회복세를 나타내고 있다.

그 첫 신호는 세계무역 동향을 앞장서서 알리는(bellwether) 대표적인 교역국인 한국의 수출이 2017년 2월에 전년 동기(同期) 대비 20% 증가함으로써 나타났다. 세계은행(The World Bank; IBRD)이 2017년 1월 발표한 《세계경제예측》(Global Economic Prospects)에 따르면, 세계경제는 2016년에는 2.3%의 성장률을 달성한 것으로 추정되나 2017년에는 이보다 다소 높은 2.7%의 GDP 성장률을 기록할 것으로 예상된다.

발전도상국 경제는 2016년에 3.4%의 경제성장률을 달성하였으나 2017년에는 이보다 높은 4.2%의 경제성장률이 예상되고, 2017~2018년에는 연평균 4.7%의 성장률을 기록할 것으로 예상한다. 발전도상국들은 2000~2008년의 호황기에는 연평균 6.3%의 높은 경제성장률을 보였으나, 2016년의 경제성장률은 2000년대에 들어와서 가장 낮았다.

이는 2008년 미국발 세계금융위기와 2011년 유럽 국채위기에 이어서, 중국의 경기둔화 및 브라질·러시아 등 자원 수출에 크게 의존하는 규모가 큰 발전도상국들의 경기침체에 따른 세 번째 세계경제 하강으로서, 앞으로도 당분간 계속될 것 같다.

브라질은 2016년에 −3.4%의 마이너스 경제성장률을 보였으나 2017년에는 0.5%의 플러스 성장률이 예상되었다. 러시아도 2016년 0.6%의 부(負)의 성장률을 보였으나 2017년에는 1.5%의 정(正)의 성장률을 달성할 것으로 추정되었다. 이는 원자재, 특히 원유 가격 폭락이 진정된 데 연유한다. 원자재 가격 하락으로 어려움을 겪은 나라들은 호주, 캐나다, 러시아, 브라질, 남아프리카공화국 등 자원수출국이고, 이득을 본 나라들은 한국을 비롯해서 유로존, 일본, 중국, 인도 등 자원수입국들이다.

일본을 제외한 아시아는 2017년에도 6.2%의 경제성장률을 보여 세계경제 성장을 이끌 것으로 보인다. 특히 인도의 2017년 경제성장률 예상치는 7.6%로서 중국의 예상치 6.5%에 비해 상당히 높으며, 규모가 큰 경제들 가운데서도 가장 높은 경제성장률을 달성할 것으로 예상된다.

한편 사하라사막 이남(sub-Saharan)의 아프리카 국가들은 2014년 4.57%의 비교적 높은 경제성장률을 달성했으나, 2016년에는 1.5%로 급속히 둔화되었으며 2017년에도 2.9%로 개선되는 데 그쳤다.

미국, EU, 일본 등 주요 선진국 경제 가운데서 상대적으로 견고한 성장을 하는 나라는 미국이다. 2016년 미국은 1.5%의 경제성장률을 달성한 것으로 추정되며, 2017년과 2018년에는 각각 2.2%와 2.3%가 예상되었다. 이를 미국의 과거 경기회복 추세와 비교해 보면, 2008년 금융위기로 말미암아 회복기간은 오래 걸리고 그 강도도 약하다. 그러나 법인세율의 35%에서 21%로의 대폭 삭감과 재정지출 증대로 2018년 7월 현재 2018년 경제성장률은 무려 4%로 예상된다.

그런데 팽창적인 통화정책과 함께, 2014년 2월 브렌트유(油) 기준 배럴당 110달러이던 유가가 2016년 1월에는 32달러로 3분의 1도 안 되는 수준으로 급락한 것도 미국의 경기회복을 촉진했다. 즉, 유가의 급속한 하락으로 미국 GDP의 3분의 2 이상을 점유하는 소비지출이 증가함으로써 GDP 성장에 도움을 주었다. 그러나 유가는 2018년 1월 다시 70달러를 넘어섰는데, 이는 세계 경기 회복으로 수요가 증대되어 유가가 상승할 것이라는 기대와 더불어 OPEC이 감산한 데 연유한다.

미국은 견고한 경제성장으로 고용증대가 일어나 실업률도 지속적으로 하락하여 2015년 4/4분기에는 5.0%를 기록하였는데, 이는 5.2~5.5%로 추정되는 미국의 '자연실업률' 수준보다도 낮은 것이다. 그 후 2017년에는 4.1% 수준까지 떨어졌으며, 다시 2018년 4월에는 3.9%로 더 떨어졌다.

이에 따라 2016년 이후 임금상승 현상이 완만하게나마 일어나고 있다. 즉, 실업률이 떨어져서 자연실업률 수준에 다다르면, 노동에 대한 수요가 공급을 초과하여 임금이 오르게 되고, 이는 수요 증대를 통해서 경제성장을 촉진하게 되므로, 미국경제에 대한 전망은 밝은 편이다.

그러나 미국 연방준비제도의 분석에 따르면, 2010~2013년 기간에 중위(中位) 소득의 증가는 오직 최상위 10% 소득계층에게만 발생하였으며, 나머지 소득계층의 중위소득 수준은 일정하였다. 그 결과로 최근에는 미국의 소비 증가세가 둔화되었다.

미국 연방준비제도는 7년 동안이나 거의 0% 수준에 머물렀던 이자율을 2015년 12월 말 0.25%로 인상한 것을 시작으로 2016년 12월, 2017년 3월, 6월 및 12월에 각각 0.25%씩 인상하여 2017년 12월 1.25~1.50% 수준이 되었으며, 2018년 6월 현재로는 1.75~2.00%이다. 그러나 이러한 이자율 인상은 2015년 초부터 예상되었으므로 실제로 이자율이 오르더라도 환율 등에 미치는 영향은 크지 않을 것 같다.

2013년 IMF 라가드 총재는 유로존, 일본, 미국 등 주요 선진국들의 물가가 계속해서 떨어지는 디플레이션(*deflation*) 위협이 세계경제 회복을 저해하는 주요 요인이라고 경고하였다. 즉, 인플레이션율이 지나치게 낮은 것이 문제라는 것이다. 앞으로도 상당 기간 미국을 제외한 유로존 및 일본에서는 통화당국이 설정한 인플레이션 목표치인 2%를 달성하기는 어려울 것 같다.

디플레이션이 일어나면 물가가 떨어지므로 소비지출은 감소한다.

즉, 앞으로 물가가 더 떨어질 것으로 예상하고 소비를 미루는 것이다. 또한 가계와 기업이 가진 부채의 명목가치는 일정하나 실질가치는 증가하여 빚을 갚기가 점점 더 어려워진다. 주요 선진국들 가운데 유로존이 디플레이션의 위협이 가장 커서 유로존은 세계 경기 회복에 걸림돌로 생각되었다.

그러나 유로존은 〈표 2-1〉이 보이는 바와 같이 2016년에 1.8%의 경제성장률을 달성했으며, 2017년에는 2.1%, 2018년에는 1.9%의 경제성장률이 예상되어 디플레이션에 대한 우려는 상당히 진정되었다. 그 주요한 요인은 세 가지로, 첫째는 유가 하락, 둘째는 달러화 대비 유로화의 평가절하이다. 미국은 수출이 GDP 대비 15% 수준이나, 독일은 그 비중이 40%나 될 정도로 수출 의존도가 높다. 이때 유로화의 평가절하는 수출증대로 이어진다. 셋째는 미국과 일본에 비해서는 늦었으나 2015년부터 시작된 ECB의 양적완화정책이다.

ECB는 디플레이션의 위협을 물리치기 위해서 통화를 증발하여 매달 600억 유로에 달하는 국채를 매입하였다. 유로존의 양적완화는 미국, 일본에 비해서 늦었지만 경제성장의 침체, 실업 증가 및 디플레이션의 우려를 줄이는 데 상당한 도움을 준 것으로 보인다. 즉, 대서양의 양쪽인 미국과 유로존 모두 양적완화 덕분에 오랜 저성장과 낮은 인플레이션율로부터 벗어나기 시작하였다.

EU의 공식 통계기구인 유로스타트(Eurostat)에 따르면 2017년 5월 현재 유로존의 실업률은 9.3%로, 2008년 세계금융위기 이후 가장 높았던 2013년 4월의 12.1%에 비해서는 상당히 떨어졌다. 그러나 미국에 비해서는 상당히 높다. 2008년 초 유로존의 실업률은

7.2%였으며, 2009년 말에도 10%에 조금 미달하여 미국과 비슷한 수준이었다. 유로존에서 2017년 5월 현재 실업률이 가장 낮은 나라는 독일로 3.9%이며, 프랑스가 9.6%, 이탈리아가 11.3%, 스페인이 17.7%, 가장 높은 그리스는 무려 22.5%나 된다.

ECB는 유로의 양적완화가 모두 끝난 후에도 유로존의 실업률은 10% 수준에서 유지될 것으로 본다. 이는 미국발 세계금융위기와 유럽 국채위기의 상처가 유로존에서 얼마나 깊었던가를 여실하게 보여준다. 특히 25세 미만 젊은 층이 큰 타격을 입어서, 독일의 청년실업률이 6.5%인 데 반해서 프랑스는 20%를 넘는다.

일본은 1990년대 중엽 이후 최근까지도 물가하락이 지속되는 디플레이션의 덫에 갇혀 있었다. 따라서 명목가격 기준으로 GDP는 계속 감소해서, 정부 조세수입은 줄어들고 정부 채무는 계속 늘어나 2015년 말 현재 순(총)정부채무는 GDP의 130%(250%)를 초과하였다. 디플레이션이 진행되면 명목이자율에 비해 물가하락을 참작한 실질이자율은 상승하므로 기업들은 투자를 줄인다. 또한 명목이자율을 0 이하로 낮출 수는 없으므로 통화정책만으로는 총수요를 증대시킬 수 없는 제약에 직면한다.

2012년 12월 취임한 일본 아베 총리는 디플레이션에서 벗어나는 것을 가장 중요한 경제정책의 목표로 삼았다. 이를 위해서 '3개의 화살'로 불리는 이른바 '아베노믹스'를 추진하였다. 그 첫째는 정부재정으로 재정지출을 확대하는 것이며, 둘째는 일본 중앙은행이 물가상승률 목표치인 2%를 달성하기 위해서 2013년 4월부터 매년 60~80조 엔(¥)의 통화를 발행해서 국채를 매입하는 양적완화를 실행하는 것이다.

양적완화의 결과로 주가는 크게 상승하고 엔화 가치도 2012년 말 달러당 75엔에서 2018년 초에는 109엔대로 떨어졌다. 원화 환율도 100엔 대 1,009원이었다. 그러나 일본의 GDP 대비 수출은 15%로 낮은 편이며, 생산활동도 해외에서 많이 하므로 엔화 가치 하락이 수출증대에 미치는 효과는 과거에 비해서는 낮다. 참고로 1985년 플라자 합의(Plaza Accord) 이전에는 엔/달러 환율이 250엔이었다. 그러나 일본의 양적완화로 인한 급속한 엔화 가치 하락은 원화 가치를 상대적으로 상승시켜 한국의 수출경쟁력이 악화되는 결과를 초래하였다. 일본은 드디어 물가도 상승하기 시작하여 디플레이션 덫에서 탈출할 기미를 보이고 있다.

아울러 재정건전성을 회복하는 것도 시급하므로 일본 정부는 2014년 4월 소비세율을 5%에서 8%로 인상하였다. 부가가치세(Value-Added Tax: VAT) 율이 다른 OECD 회원국에 비해서 훨씬 낮으므로 이를 인상하는 것은 바람직하다. 하지만 그 결과 경기침체를 초래하였고, 이에 2015년 중 부가가치세를 다시 8%에서 10%로 인상하려던 계획은 연기되었다.

아베의 첫 번째와 두 번째 화살은 금융시장 활성화에는 크게 기여하였으나, 아직 일반 국민들이 피부로 느낄 정도의 경기회복은 일어나지 못하였다. 그러나 일자리가 늘어나면서 노동시장의 수급사정은 근로자가 일자리를 쉽게 찾을 수 있을 정도로 크게 호전되었다. 그 결과 "일본이 세계경제에 부담이 되는 일은 더 이상 없을 것"이라는 아베의 공언은 실현될 가능성이 높다. 23 IMF도 〈표 2-1〉에서와 같이 일본의 GDP 성장률을 2017년 1.5%, 2018년 0.7%로 추정하였다.

그러나 장기적인 성장 전망은 아베노믹스의 세 번째 화살인 '구조
개혁'의 성패에 달려 있다. 대표적인 예가 노동시장 개혁이다. 과보
호된 정규직 근로자와 비정규직 근로자 간의 격차를 제거하는 것은
일본경제의 잠재성장률을 높이기 위해서 필수적이며, 이는 한국경제
의 경우에도 마찬가지이다.

앞으로도 미국, 유로존, 일본 등 주요 선진국에서는 수요부족에 기
인한 저성장이 예상된다. 생산성 향상과 구조개혁을 통해서 잠재성
장률을 높이는 것만이 저성장의 늪에서 벗어날 수 있는 정도(正道)인
동시에 유일한 해결책이라고 할 수 있다. 경제성장에 지름길은 없으
며 오직 정도를 따르는 것이 근본적인 처방이다. 이는 한국 역시 유의
해야 할 점이다.

그동안 미국, 유로존, 일본은 모두 제로에 가까운 이자율과 방대한
규모의 양적완화정책을 통해 엄청난 유동성을 시중에 살포하였다.
이는 디플레이션의 위협으로부터 벗어나기 위한 불가피한 선택이었
다. 그러나 다른 한편 장래에 자산가치의 버블을 초래할 위험이 도사
리고 있다. 따라서 향후 정책당국이 당면한 과제는 한편으로는 경기
침체를 초래할 수 있는 위험성과 다른 한편으로는 자산 인플레이션을
유발할 가능성을 참작하면서, 이자율 인상이나 양적완화 회수의 속
도와 정도를 적절하게 조절하는 것이다. 우리는 통화정책에서 일찍
이 가보지 못한 길을 걷고 있다. **24**

2) 세계경제위기와 경제학 [25]

거의 모든 경제학자들은 2008년의 세계금융위기를 전혀 예상하지 못하였다. [26] 극소수의 예외가 있다면, 라잔(Raghuram Rajan)은 금융기관들이 과도한 수준의 위험(risk)을 지고 있다고 주장하였고, 실러(Robert Shiller)는 주택 가격 거품이 꺼지면 고통스러운 결과가 초래될 것이라고 경고한 바 있다. 한편 로고프(Kenneth Rogoff)는 보통의 작은 경기변동은 잘 설명하면서 이번처럼 지진 같은 것은 예상하지 못하였다는 것은 말이 안 된다고 비판하였다.

따라서 전문화되고 추상적인 경제학이 현실경제와 유리되어 있다는 비판이 제기되었다. 또한 적용타당성 측면에서도 중요한 문제를 제대로 취급하지 않는다는 반성도 나왔다. 경제사학자 아이헨그린(Barry Eichengreen) 교수의 지적대로, 이번 위기로 말미암아 경제학의 상당 부분에 대해서 의문이 제기되었다.

특히 경제학의 중요한 두 분야인 거시경제학과 금융경제학에 대해서 기본적인 재검토가 필요하게 되었다. [27] 크루그먼(Paul Krugman) 교수는 지난 30년 동안 거시경제학의 많은 부분이 좋게 말하면 거의 쓸모가 없으며, 심하게 말하면 해를 끼치기까지 하였다고 비판하였다. 배로(Robert Barro) 교수도 지난 한 세대 동안 미국과 영국 대학에서의 거시경제학 교육이 값비싼 시간의 낭비였다고 지적하였다.

경제학이 어떻게 이러한 처지에 이르게 되었나? 돌이켜 보면 1970년대 두 차례 석유파동으로 구미 선진국 경제는 경기침체와 인플레이션이 동시에 발생하는 스태그플레이션(stagflation)에 휩싸였는데, 당시 케인스 경제학은 이를 설명하는 데 미흡하였다. 따라서 그 이후의 거시경제학에서는 케인스주의가 퇴조하고 '새 고전파'(new Classicals)가 세력을 확대하여 왔다. 한편 케인스주의는 새 고전파에 대응해서 '새 케인지언'(new Keynesians)으로 발전함으로써 거시경제학은 이들 두 개의 큰 흐름으로 이어지게 되었다.

새 고전파는 신고전학파처럼 경제주체는 완전히 합리적이고 금융시장도 완전히 효율적이라고 가정하며, 시장기구는 언제든지 완전고용을 달성하므로 비(非)자발적 실업은 존재하지 않는다고 본다. 따라서 이들은 재정·금융정책을 통한 정부의 경제개입을 용인하지 않는다. 물론 새 고전파의 비자발적 실업이 존재하지 않는다는 주장은 현실과는 상당한 거리가 있다.

새 케인지언들은 주로 하버드대학, MIT, 프린스턴대학 등 대서양 연안에 몰려 있어서 짠 바닷물(salt water) 학자들로 비유되며, 새 고전파들은 시카고대학 등 주로 내륙에 위치해 있어서 깨끗한 물(fresh water)의 '순수파' 학자들로 불린다. 이들은 화폐주의(monetarism)의 창시자인 프리드먼(Milton Friedman)이 1953년에 신고전학파 경제학은 현실경제를 잘 설명한다는 주장을 하면서 시작되었다. **28**

새 고전파와 새 케인지언의 거시경제모형은 1997~1998년 아시아 금융위기 및 2002년 공황 수준의 아르헨티나 경제침체를 경험하고서도 모두 금융부문을 무시하였다. 따라서 거시경제학의 두 조류 모두가 대공황 이후 최대인 이번 불황을 예측하지 못한 것은 어찌 보면 당연한 결과이다.

경제정책에서도 새 고전파는 물론이고 새 케인지언들도 통화정책만으로도 불경기를 퇴치할 수 있다고 낙관하였다. 그러나 1930년대 대공황 그리고 2008년 세계금융위기의 경우에도 이자율을 하한선인 0까지 인하해도 통화정책만으로는 부족했으며 케인스식 처방인 확장적 재정정책이 필요하였다.

1970년대 중반 루카스(Robert Lucas)와 사전트(Thomas Sargent)는 '합리적 기대' 가설을 제시하였다. 이에 따르면 경제주체들은 의사결정을 내릴 때 가능한 최선의 정보를 사용하여 미래에 대한 합리적 예측을 한다. 이때 금융·재정정책은 실질소득·고용 등 실물부문에 어떠한 영향도 미칠 수 없게 된다.

새 고전파의 프레스코트(Edward Prescott) 등은 이러한 합리적 기대 가설을 받아들여서 실물경기변동(*real business cycle*) 이론을 제시하였다. 이들에 따르면 금융정책과 같은 명목적 충격은 실물부문에 영향을 미치지 못하며, 오직 기술적 충격과 같은 실질적인 충격만이 영향을 미친다. 이에 반해서 새 케인지언들은 가격의 경직성 때문에 단기적으로는 금융정책이 실물부문에 영향을 미칠 수 있다고 보아서, 이들의 주장은 통화량이 경기변동에서 중요한 역할을 한다는 화폐주의자들의 주장과 맥을 같이한다.

거시경제학에서는 장기적 경제성장은 수요가 아니라 공급능력에 의해서 주로 결정된다는 생각이 지배적이었다. 실물부문과 함께 금융부문을 분석에 도입한 IS-LM 체계에서도 금융·재정정책은 장기적으로 경제성장에 별로 영향을 줄 수 없다. [29]

이제 금융경제학으로 가보자. 금융경제학은 파마(Eugene Fama)의 효율적 시장 가설(Efficient Markets Hypothesis: EMH)에 기초한다. EMH는 어떤 금융자산의 가격은 그에 관한 모든 정보를 반영한다고 본다. 이때 금융시장은 금융자산의 가격을 올바르게 매기게 된다. 그 결과로 금융시장은 스스로를 규제할 수 있으며, 모든 금융혁신은 유익하고, 월가가 만든 복잡한 금융상품들도 훌륭하다는 생각이 널리 퍼지게 되었다.

한편 지난 30여 년 동안 주요 선진국들의 중앙은행은 재화와 용역의 가격상승, 즉 인플레이션을 수습하는 데만 주력하고 자산의 가격상승, 즉 토지·주택 등 자산 거품은 소홀히 다루었다. 아울러 완전경쟁적인 금융시장을 전제함으로써 실제 금융제도의 움직임은 무시하였다. 이처럼 금융시장을 무시한 새 케인지언이나 새 고전파 거시경제모형이 모두 대공황 이후 최대인 이번 대불황을 예측하지 못한 것은 당연한 결과일 수 있다.

이제 2008년 세계금융위기로 금융부문이 경기변동에 크나큰 영향을 미친다는 사실이 드러났다. 즉, 금융부문은 거시경제학의 핵심적인 분석대상이 되어야 한다는 것이다. 따라서 향후 금융부문과 실물부문 간의 상호관계를 밝히는 등 거시경제학에서 금융부문을 중요한 문제로 다루는 노력을 기울여야만 할 것이다.

아울러 경기순환변동은 거시경제학의 중요한 분석대상이 되었으나, 대공황과 같은 이례적 현상을 연구범위에서 제외한 것도 바로잡아야 한다. 즉, 경기변동이 잔물결이라면 대공황은 쓰나미에 비유할 수 있으며, 그 영향과 파급범위는 엄청나게 크기에 이를 반드시 연구대상으로 삼아야 할 것이다.

1990년대 중엽에 이르면 새 케인지언과 새 고전파 모두 서로의 장점을 받아들여 이 둘을 통합한 동태적인 확률론적 일반균형(Dynamic Stochastic General Equilibrium: DSGE) 모형을 사용하여 경기변동 현상을 설명하려고 하였다. 이를 우리는 '신고전적 통합'(*new neoclassical synthesis*)이라고 부르며, '주류 거시경제학'의 토대를 형성하게 되었다.

그러나 2008년 금융위기를 겪을 때, 주류 거시경제학은 사전에 전혀 위기를 예상하지 못했으며, 사후에도 그 원인과 대책을 제대로 제시하지 못하였다. 새 고전파와 새 케인지언이 모두 사용하는 DSGE 모형도 완전한 정보를 가진 가상 상황을 전제로 경제주체들의 행위를 모형화한 것으로, 논리적 일관성과 이론적 정교함은 지녔으나 현실과는 거리가 먼 경제학자들의 장난감(*toy model*)일 뿐이었다. [30] 이를 경제학자들이 주류 거시경제학의 한계를 제대로 인식하지 못하는 '지성적 허세'에 빠진 결과라고도 불렀다. [31]

특히 새 고전파는 경제주체들이 완전히 합리적이고 시장도 완전히 효율적이라고 가정함으로써 실업도 자발적인 것뿐이라고 보았다. 이때는 대공황 때의 대량실업도 수많은 사람들이 자발적으로 대거 휴가를 간 것이 되는 우스꽝스러운 현상이 초래된다.

이제 경제학은 종래의 합리적 경제주체나 효율적 시장 가설에서 벗어나 행동경제학(*behavioral economics*)이 제시하는 비합리적 행위, 예를 들면 쏠림 현상(*herd behavior*), 비합리적 과잉행동(*irrational exuberance*) 등 인간행위의 여러 편의(*bias*)를 참작해야만 할 것이다.

최근의 세계금융위기를 경험하면서 불경기와 불황을 설명하고 대책을 세우는 데는 새 고전파보다 케인스적 분석이 더 타당하다는 사실이 드러났다는 게 크루그먼의 주장이다. 이에 대해서 코흐레인은 자유시장경제를 주장하는 것은 시장이 완전해서가 아니라, 재정지출 확대 등을 통해서 정부의 개입이 커지면 더 부정적인 결과를 초래하기 때문이라고 반박한다.

세계금융위기로 거시경제학과 금융경제학뿐만 아니라 거시경제정책에 대한 재검토도 필요하게 되었다.[32] 회고해 보면, 대공황 이후에는 케인스를 따른 재정정책이 주된 거시경제정책이었다. 이자율이 너무 낮아서 '유동성 함정'(liquidity trap)에 빠지면 통화정책은 효력을 잃기 때문이다.

이어서 1960년대와 1970년대에는 재정정책과 통화정책이 두 가지 중요한 거시경제정책이었고, 그 후에는 재정정책은 보조적이었고, 통화정책이 주된 거시경제정책이 되었다. 2008년 세계금융위기로 이자율이 0에 가깝게 떨어지자, 전통적인 통화정책은 힘을 잃어 통화를 발행하여 국채를 사들이는 양적완화(QE)가 등장하였으며, 통화정책과 함께 재정정책도 중요해졌다.

그러나 재정정책은 입법과정이 길어 자동안정장치(automatic stabilizers)의 중요성이 부각되었다. 또한 2008년 위기가 시작될 무렵 34개 OECD 회원국들의 GDP 대비 국가채무의 중위(median) 비율은 60%에 불과하였으나 정부의 재정지출이 급증하면서 2017년 말에는 거의 105%로 급증하였다.

현재 중앙은행은 통화정책을 사용하여 물가와 GDP의 안정을 추구하는 책임을 지고 있으며, 재정당국은 국민경제의 재정안정을 달성하는 것을 목표로 하는 거시안정정책(macro prudential policy)을 집행한다. 현재는 통화정책, 재정정책 및 거시안정정책 등 세 부류의 경제정책이 금융위기 이후의 거시경제정책을 구성한다.

3. 자본주의의 진화

1) 자본주의의 추이

〈파이낸셜타임스〉는 2012년 초 20회에 걸쳐서 "자본주의의 위기"를 주제로 한 특집기사를 실었다.**33** 미국 하버드대학 총장과 재무부장관을 지낸 서머스(Lawrence Summers)는 이는 5년 전만 해도 상상도 할 수 없었던 일이라고 하였다. 2008년 미국에서 시작된 세계금융위기를 계기로 자본주의체제에 대해서 다시 생각하게 된 것이다.

미국 연방준비제도 의장을 오래 지낸 그린스펀은 경제학은 사람을 분석대상으로 하므로 자연과학처럼 '통제된 실험'은 할 수 없다고 하였다. 그러나 동일한 문화, 언어, 역사와 가치체계를 지닌 서독과 동독의 경우, 제2차 세계대전이 끝난 후 1989년 베를린장벽이 무너질 때까지 40여 년 동안 자본주의 시장경제와 공산주의 계획경제라는 체제상의 차이만 있었는데도 둘 사이의 격차는 엄청나게 벌어졌다. 이는 남·북한을 비교할 때도 마찬가지이다. '제도가 중요하다'(Institutions matter.)는 것을 보여 주는 귀한 예이다.

그러나 주류 거시경제학은 제도를 '외생적'으로 주어지는 것으로 가정해서 제도의 중요성을 소홀히 다룬다. 선진국에서는 경제가 저성장을 보이므로 과거와 현재의 경제상황이 크게 다르지 않아서, 과거에 '내생적'으로 결정된 제도가 고정됐다고 전제해도 큰 무리가 없다. 그러나 발전도상국은 대체로 선진국에 비해서 높은 경제성장률을 달성하는데, 이때는 경제상황의 빠른 변화를 참작하여 새로운 제도를 구비하는 것이 필요하다. 이때 이익집단(*interest group*)의 반발로 기존 제도를 제대로 개혁하지 못하면 경제성장률이 둔화된다. 한국이 노동·공공·금융·교육 부문 등 4대 개혁을 추진하려고 계속 시도하나 번번이 좌초하는 것이 그렇다.

신성장이론(*new growth theory*)을 제창한 로머(Paul Romer) 교수에 따르면, 추격경제학(*catch-up economics*)의 관점에서 볼 때, 후발 추격자로부터 추격을 받는 선도국가는 새로운 기술을 개발하는 등 지속적인 혁신(*innovation*)을 해야만 후발 추격자를 앞서 경제성장을 계속할 수 있다. 그러나 지속적인 혁신·기술진보가 가능하려면 이를 뒷받침하는 제도개선이 내생적으로 이루어져야만 한다. 이른바 내생적 경제성장이론(*endogenous growth theory*)의 전제이다. [34]

애쓰모글루(Daron Acemoglu) 교수에 의하면, 선진국과 후진국의 차이는 서로 다른 제도를 선택한 데 있다. 그는 제도를 정치적 제도와 경제적 제도로 구분하며, 이를 다시 포용적 제도(*inclusive institution*)와 착취적 제도(*extractive institution*)로 구분하고 포용적 제도를 선택한 국가가 선진국이 될 수 있다고 한다. [35]

여기서 포용적 제도는 제도선택의 이익을 모든 국민들이 공유하는 것인 반면, 착취적 제도는 몇몇 이익집단이 독식하는 것이다. 선진국은 포용적 제도를 선택하며 후진국은 착취적 제도를 선택하는 것이

보통이라고 한다. 포용적 제도는 혁신을 초래하므로 성장률을 증대시키지만 착취적 제도는 저성장의 원인이 된다. 후진국도 포용적 제도를 선택한다면 경제성장률을 증대시킬 수 있으나 이익집단의 반대로 쉽지가 않다.

법과 제도는 시대적·지리적 경제여건에 맞도록 내생적으로 결정되었다. 현재 한국에는 과거의 여건에는 맞았으나 지금은 맞지 않는 제도가 흔하다. 저출산·고령화시대 도래, 산업구조의 급속한 변화 및 경제의 서비스화, 높은 주거비와 교육비, 수출기업·내수기업 및 대기업·중소기업의 균형성장, 4차 산업혁명의 도래, 교육·금융·노동·공공 부문의 개혁 필요성 등을 반영하는 새로운 제도의 구비가 필수적이다.

종전의 경제성장이론은 선진국과 발전도상국 간에 수렴(*convergence*) 또는 추격(*catch-up*)이 일어날 것이라고 예상하였다. 그러나 현실적으로는 이러한 현상이 일어나지 않자 로머는 신성장이론, 즉 내생적 성장이론을 제시하였다. 이에 따르면 경제성장의 주요 요인인 기술진보나 혁신은 한 나라의 교육, 경제제도 등에 의해서 내생적으로 결정된다. 따라서 제도가 우월한 선진국과 이것이 미흡한 발전도상국 사이에 성장격차가 벌어진다는 것이다. 한국경제의 재도약을 위해서는 변하는 경제 여건을 따라가지 못하는 기존의 불합리한 제도를 개혁하는 것이 시급한 과제이다.

18세기 계몽운동과 더불어 시작된 자본주의제도로 인류는 오랜 정체 상태에서 벗어나 생활수준이 급속히 상승하고, 빈곤도 괄목할 정도로 줄어들었으며, 평균수명은 크게 늘어났다. 시장경제체제는 물질적 번영을 이루는 데 있어 인류가 가진 가장 성공적인 제도이다. 흔히 자본주의제도에 의해 초래되었다는 물질적 탐욕도 어떤 경제체제에서나 발견할 수 있는 인간 본성이다. 소득분배의 불평등 증대도 자본주의체제 자체의 속성 이외에 세계화, 기술혁신 및 정부정책 등에 상당한 영향을 받는다.

자본주의에 대한 비판은 과거에도 자주 제기되었다. 18세기 말엽 영국에서 최초로 일어난 산업혁명 초기에는 1인당 평균소득의 증가속도가 매우 더디었다. 또한 자본주의 발흥기인 19세기 전반기에 영국 대도시의 번영의 뒤안길에는 무서운 빈곤과 비인도적 소년노동의 혹사가 있었다. 소득과 생활수준이 상당히 향상된 후에도 마르크스(Karl Marx, 1818~1883년)는 자본주의 시장경제가 초래하는 소득분배의 악화를 우려하였다.

19세기 말과 20세기 초에는 철도, 전기, 내연기관 등 기존 경제 질서를 뒤엎는 혁신적 기술(*disruptive technology*)이 대거 출현하면서 급속한 경제성장이 일어났다. 미국에서는 이른바 '악덕 자본가'(*robber baron*)들이 엄청난 부(富)를 축적한 때이다.

미국 역사에서 남북전쟁이 끝난 1865년부터 진보시대(Progressive Era)가 시작된 1896년경까지 약 30년의 기간을 도금시대(Gilded Age)라 부른다. 이는 마크 트웨인(Mark Twain)의 소설 제목에서 따온 것으로, 그의 소설은 얇은 금박에 의해 가려진 빈부격차 확대 등 심각한 사회문제를 안고 있던 당시 세태를 풍자하였다. 과시적 소비라는 말도 이때 처음 나왔다.

1869년에는 미 대륙 간 횡단철도가 최초로 개통되어 뉴욕에서 샌프란시스코까지 가는 데 걸리는 시간이 6개월에서 불과 6일로 단축되었다. 또한 1900년경에 이르러서는 강철, 석유 등 주요 산업에서 경제력 집중이 심화되어 소수 대기업들이 트러스트를 형성하는 등 산업 전반에 걸쳐서 독점력을 행사하였다. 이때는 록펠러, 카네기, 모건, 밴더빌트 등이 활약한 시기이기도 하며, 이들은 후에 대학, 병원, 미술관, 공연장, 도서관 등을 짓는 데 막대한 기부를 하였다. 록펠러는 자신의 순재산의 절반이 넘는 5억 달러를 자선사업에 썼다.

뒤이은 진보시대에는 루스벨트(Theodore Roosevelt) 대통령이 트러스트를 해체하는 등 시장에서의 경쟁을 촉진하는 조치와 더불어, 누진적인 조세 및 사회안전망 구축 등을 추진하였다. 진보시대에는 기업가들의 활력은 손상시키지 않으면서 사회를 더 공평하게 하려고 노력한 것이다.

도금시대는 근 100년이 지난 1990년대 이후 금융의 세계화와 디지털혁명(*digital revolution*)으로 미국에서 '슈퍼리치'가 출현한 시기와 비교해 볼 수 있다. 도금시대에는 도덕적 관점에서 자본주의의 정당성에 관한 논란이 있었으며, 이에 따라서 지나친 과시욕을 절제하고 자선사업을 벌이는 풍조를 가져왔다. 지금도 미국의 대형 은행들과 애플, 구글, 마이크로소프트, 아마존, 페이스북 등 거대 기술기업(*Big Tech*)들이 문제가 되고 있다.

1930년대에 들어와 세계경제는 대공황을 겪었다. 1933년 미국 GDP는 경상시장가격 기준으로 1929년에 비해 거의 절반으로 급감하였으며, 실업률은 무려 25%까지 급증하였다. 자본주의가 최대 위기에 직면한 것이다. 이때 케인스는 대공황을 극복하기 위해 정부 재정정책의 중요성을 강조함으로써 민간부문과 정부부문으로 구성된 혼합경제를 옹호하였다.

2) 현대 세계 금융자본주의의 위기

(1) 소득분배 불평등의 심화

최근 세계금융위기를 겪으면서 자본주의체제는 다시 신뢰와 정당성의 위기에 직면하였다. 그 핵심에는 1970년대 말부터 시작되어 30여 년 동안 주요 선진국들에서 급속하게 확대된 소득분배의 불평등이 자리 잡고 있다. 특히 미국에서는 지난 30여 년 동안 증가된 소득의 대부분을 극소수의 최상층이 차지하였다. 그리하여 현대 자본주의경제는 최부유층 소득의 급속한 증대와 나머지 대부분 국민들의 소득정체가 특징인 '투 트랙' 경제로 변하였다. 클린턴 미국 전 대통령의 지적대로, 수많은 국민들에게 "현 체제는 제대로 작동하지 못하고 있다".

예를 들어 미국 CEO의 소득과 평균 근로자의 임금 간 격차를 비교해 보면, 1965년 24배이던 것이 1975년 35배, 1990년 70배, 2000년 299배 그리고 2010년에는 무려 325배로 뛰었다. 미국 최상위 1% 소득계층의 가계소득이 전체 가계소득에서 차지하는 비율도 1970년대 후반 10% 수준에서 2007년에는 23.5%로 급등하였다. 이는 1928년 대공황 이후 최고 수준이다. 세후(*after tax*) 가계소득 기준으로는 최상위 1%의 가계소득 점유율이 1979년 8%에서 2007년에는 17%로 2배 이상 급증하였다.

34개 OECD 회원국의 최하위 10% 대비 최상위 10% 소득계층의 평균소득 소득배율(倍率)은 2009년에 9배이다. 전통적으로 미국, 영국보다 소득분배가 평등한 덴마크, 독일, 스웨덴 같은 나라들에서도 그 배율이 1980년대의 5배에서 현재는 6배로 늘어났다.

지난 30년 동안 미국 최상위 1% 소득계층의 실질소득은 300%나 급증했지만 중위가계소득은 불과 40%밖에 증가하지 않았다. 1970년대 후반부터는 생산성이 향상되고 경제성장은 일어났으나 임금은 정체되는 현상이 지속되었으며, 그 결과로 중산층은 위축된 것이다. 그 주된 이유로 흔히 지적된 것은 세계화, 기술진보 등이다. 이 외에도 경제정책과 관련해서는 노동시장과 재화시장의 규제완화, 조세의 소득재분배 기능 약화 등이 영향을 미쳤다.

구체적으로 보면, 세계화로 인해 공장이 해외로 이전하면서 일자리가 임금이 싼 국가로 집중되었으며, 자동화 탓에 선진국 비숙련 근로자의 일자리는 줄었다. 즉, 세계자본주의의 성과가 미국의 최상층과 발전도상국의 근로자들에게 주로 돌아가고 미국의 중산층은 오히려 손해를 본 것이다. 미국 중산층을 위해서는 세계자본주의가 제대로 작동하지 못한다는 지적이다. **36** 2009년 미국 남성근로자(25~64세)의 중위소득은 4만 8천 달러인데; 이는 물가상승률을 참작한 실질소득 기준으로는 1969년의 수준과 비슷한 것이다.

또한 미국의 레이건 대통령과 영국의 대처 총리 집권 이후 30여 년 동안 규제완화, 민영화, 금융자율화는 세계적 흐름이 되었다. 그 결과 금융위기 이전인 2007년 미국 금융회사들의 이윤은 미국 전체 기업 이윤의 40%를 차지하였고, 보수지급액의 비율도 이와 비슷한 수준이었다. 반면에 대번영기(Great Prosperity, 1947~1977년)에는 그 비율이 10%에 불과하였다.

미국의 최고 소득세율은 70%에서 35%로 절반 수준으로 삭감되었으며, 증권투자에서 얻는 소득에 부과하는 자본이득(*capital gains*) 세율도 15%로 인하되었고, 상속세도 삭감되었다. 반면에 중산층의 소득세와 간접세인 판매세는 인상되었다. 또한 사회안전망을 축소시켜 실업자의 27%만이 실업보험의 혜택을 받고 있다.

대번영기에 비해서 대퇴보기(Great Regression)인 1918~1933년과 1981년~현재 기간에는 소득분배가 악화되고 중산층이 위축되어 유효수요 또는 국내수요가 급속하게 감소하였다.[37] 이때 최상층의 수요만으로는 충분한 내수(內需)를 창출할 수 없으므로 경제성장은 둔화되고 임금상승도 제약될 수밖에 없다. 결국 소득분배의 과도한 불평등은 경제성장을 제약하는 주요 요인이 된다.

최근의 IMF 보고서도 상위 20% 소득계층의 분배 몫이 1% 증가하면 경제성장률은 0.08% 감소하며, 하위 20% 소득계층의 분배 몫이 1% 증가하면 반대로 성장률이 0.38% 증가한다고 추정하였다. 흔히 말하는 낙수효과(*trickle-down effect*)가 발생하지 않는 것이다.[38]

미국의 소득분배 불평등이 1970년대 말부터 확대되기 시작한 데 비해, 사회안전망을 갖춘 유럽대륙 국가들은 사회적 시장경제체제를 가졌으므로 미국·영국에 비해서는 나은 상황이다. 그러나 2000년대에 들어오면서부터는 독일, 덴마크, 스웨덴 등 불평등도가 낮은 국가에서도 최상위 10% 소득계층의 소득증가 속도가 빨라지고 있다. 프랑스, 일본, 스페인 등에서만 최상층 소득계층의 소득 증가율이 나머지 소득계층의 증가율보다 빠르지 않았다.

그러나 독일과 미국을 비교해 보면, 시간당 실질 평균 임금이 1985년 이후 미국은 6%밖에 상승하지 못한 데 비해서 독일은 거의 30% 늘었다. 또한 독일의 최상위 1% 소득계층은 1970년이나 지금이나 전체 가계소득의 11%만 점유한다. 즉, 독일에서는 성장의 과실이 미국에 비해 널리 많은 사람들에게 돌아갔다. 지난 15년 동안 경제성장률도 독일이 더 빨랐으며, 실업률도 세계금융위기가 시작된 2008년 이전에 비해서 더 낮다.

소득분배의 불평등이 과도하게 심화하면 계층 간 상향이동이 어려워져서 기회의 평등을 이룰 수 없다. 39 또한 사회적으로 분노가 확산되어 정치적 불안정을 초래할 수도 있다. 보호무역주의 경향과 반 (反)세계화 움직임도 일어나며, 자본주의 경제체제에 대한 신뢰도 떨어진다. 미국에서 자유기업체제에 대한 지지는 10년 전의 80%에서 현재는 60%로 급락하였다. 오히려 중국에서 시장경제에 대한 지지가 훨씬 높으며, 브라질, 독일의 지지율도 미국보다 높다.

자유방임적인 금융자본주의를 뒷받침해 온 금융자율화, 대외개방, 규제완화 등을 옹호하는 미국이 주도하는 이른바 워싱턴 합의 (Washington Consensus)도 폐기되었다. 이는 세계금융위기 발발 이후 미국정부가 유수의 금융기관들과 자동차산업을 국유화함으로써 자연스럽게 초래된 결과이다.

1997년 아시아 금융위기 때 IMF는 태국, 인도네시아, 한국에 대해서 경기침체가 극심한 가운데서도 이자율을 대폭 인상하고 정부의 재정지출을 대폭 줄이며 은행·기업과 정부 사이의 연계를 끊도록 강요하였고, 금융시장의 전면적 대외개방과 각종 규제 철폐 등의 가혹한 정책처방을 내린 바 있다. 그러나 2008년의 미국 금융위기 당시, 미국이 주도하는 IMF는 1997년에 아시아 국가들에게 내린 것과는 정반대의 정책을 사용하였다. 미국이 지극히 위선적인 행동을 한다는 비난을 받는 것은 당연하다. **40**

(2) 대형 투자은행의 행태

미국의 주요 은행들이 정부 구제금융으로 소생하였음에도 해당 은행 간부들은 막대한 보너스를 받음으로써 도금시대와 마찬가지로 자본주의의 정당성에 대한 비판이 제기되었다. 특히 CEO의 보수와 유인 체제가 단기실적에 좌우되므로, 높은 이윤이 날 때도 사람들을 마구 해고하는 경향이 생겼다. 즉, 사람들을 인간자본이 아니라 단순한 '일손'(*hands*) 또는 비용으로만 여기는 것이다.

대형은행들은 너무 크고 중요해서 파산시킬 수 없는(*too big to fail*) 경우에 해당된다. 때문에 조세납부자인 국민들의 희생을 토대로 구제금융을 주어 살려 놨으나, 정작 은행 간부들은 도덕적 해이(*moral hazard*)로 과도한 보너스까지 챙김으로써 국민들의 분노를 샀다. 영국의 오스본(George Osborne) 당시 재무장관은 2009년에 은행들이 거액의 보너스를 지급하기 불과 몇 달 전, 주요 은행과 금융제도 자체를 살리기 위해 국민들 세금으로 정부로부터 막대한 구제금융을 받은 점을 지적하면서, 은행가들이 지극히 근시안적이고 어리석다고 비난하였다.

그러나 이는 자본주의의 위기라기보다는 은행가들에 대한 신뢰의 위기라고 하겠다. 미국의 일반적 여론은 대표적 투자은행인 골드만

삭스 CEO인 블랭크페인(Lloyd Blankfein)의 막대한 보수는 부당한 것으로 보는 반면, 애플 창업자인 스티브 잡스(Steve Jobs)는 혁신적 기업가이자 대중의 영웅으로 생각한다.

2008년 세계금융위기는 기본적으로 가계 부실에서 비롯되었다. 가계가 고(高) 부채를 안고 주택을 구입하면서 생긴 거품이 꺼져 가계의 가장 주요한 저축자산인 주택의 가치는 폭락했으나, 부채는 그대로 갚아야 하는 상황에 이르자 소비를 크게 축소하는 바람에 불황이 장기화된 것이다. 이때 가계 부실은 은행 부실을 초래하였다.

결국 정부는 금융기관을 살려서 신용공급기능을 복원해야 했다. 대형은행들이 이익은 '사유화'하고 손실은 '사회화'하여 국민들에게 떠넘긴 셈이다. 은행들이 본연의 기능을 수행하기보다는 가능한 모든 수단을 동원하여 자신들의 이윤을 극대화해 온 것이다. 은행들은 새롭게 부가가치를 창출하기보다는 오히려 금융제도의 불안정을 초래하여 세계경제에 막대한 타격을 입혔다. 그 발단은 1970년대 이후 추진된 금융자율화와 규제완화였다.

투자은행들은 본업인 기업금융과 인수합병(Merger & Acquisition: M&A)에 대한 자문 및 증권발행 업무보다는 자기 자산이나 차입금으로 채권, 주식, 외환, 파생상품 등에 투자하는, 고객 계정이 아닌 은행 자신의 '고유계정거래' 또는 흔히 말하는 '자기자본거래'(*proprietary trading*)에 치중하였다. 그리하여 외환거래량은 1977~2010년 기간에 무려 234배나 폭증하였고, 특히 채권과 통화 거래에서 나오는 수입이 2010년 대형 투자은행 전체 수입의 80%를 차지했다. [41]

은행들이 사회에 유용한 일을 전혀 수행하지 못하는 속이 텅 빈 행태를 보인 것이다. 이미 1997년 외환위기 때 말레이시아의 마하티르 (Mahathir Mohamad) 총리는 아시아 외환위기가 투기적인 통화 거래 때문에 일어났다고 비난하며, 통화 거래를 금지시켜야 한다고 주장하였다.

투자은행들은 파생금융상품에 관해서도 위험을 널리 분산할 수 있고 큰 위기도 피할 수 있다고 선전하였으나, 실제로는 내용이 텅 빈 것이었다. 1990년대 이후 급증한 파생금융상품도 1980년대 남미 외채위기 때 남미에 과도하게 대출한 결과로 위기에 처한 은행들이 손실을 피하려 시작한 것이다. 즉, 은행들은 채권(자산)을 증권화하여 투자자들로 하여금 위험요소가 없는 것처럼 포장하였다. 은행을 규제·감독하는 기관마저도 이에 협력해서 부채의 대폭적 증가를 허용하였고, 그 결과 은행의 자본-부채 비율은 큰 폭으로 떨어졌다.

1980년대 미국의 저축대부조합(Saving & Loan Association) 사태에서 보는 것처럼 정부당국과 중앙은행은 예금은행이 위기에 처했을 때 금융제도의 안정을 지키기 위해서 이를 지원하였다. 1934년 제정된 〈글래스-스티걸 법〉(Glass-Steagall Act)은 예금은행인 시중은행과 투자은행을 구분하였고, 투자은행의 손실을 지원하는 것은 금지하였다. 그러나 2008년 세계금융위기 때에는 양자 구분이 없어졌고, 미 연방준비제도는 골드만삭스나 모건스탠리 같은 투자은행에 대해서도 파산을 막으려 금융지원을 하였다.

또한 정부당국이 투자은행의 자기자본거래를 억제하는 볼커 규칙 (Volcker Rule)을 만들려고 하자 투자은행들은 자신의 정치력을 동원하여 이를 막으려고 하였다. 그러나 선진국의 중앙은행들은 투자은행의 필요자본 준비율을 높여서, 위기 이전처럼 부채를 한없이 증가시킨 가운데 채권과 통화의 거래를 통해 과도한 이익을 추구하는 행위를 못하도록 하였다.

2011년을 흔히 '세계적인 분노의 해'라고 일컫는다. '아랍의 봄'으로 불리는 아랍 국가들의 연이은 민주화 투쟁에서 시작해, 그리스, 포르투갈, 이탈리아, 스페인에서는 유럽 국채위기에서 비롯된 과도한 긴축정책 집행으로 인한 소요사태가 벌어졌고, 영국, 칠레, 중국, 이스라엘, 인도 등 여러 나라에서는 소득분배 불평등과 부패 척결을 위한 시위가 벌어졌다.

미국 뉴욕에서도 "월가를 점령하라"(OWS)는 구호 아래 시위가 벌어졌다. OWS가 내건 슬로건 '99 대 1'은 2011년에 가장 널리 회자된 말이 되었으며, 이들은 빈곤 자체보다 소득분배 불평등을 핵심 의제로 삼았다. 클린턴 미국 전 대통령의 지적대로, 수많은 국민들에게 "현 체제는 제대로 작동하지 못하고 있는 것"이다.

특히 소득분배의 과도한 불평등이 미국 중산층을 옥죄고 있다. 4인 가족 기준 22,314달러를 '빈곤선'으로 책정했을 때 2010년 빈곤율은 15.1%이며 빈곤인구는 무려 4,600만 명에 달한다. 또한 당시에는 실업률도 상당히 높았다. 결국 금융부문, 감독기관, 정부가 공동으로 잘못을 저지른 결과 수많은 국민들이 일자리를 잃었고, 집을 차압당했고, 소득이 감소했으며, 주가 하락으로 노후연금이 줄어들었다.

물론 현대 자본주의체제 아래서 최고 소득계층은 과거의 자본가들처럼 자본 소유가 아니라 CEO라는 직위로부터 막강한 권한과 부(富)를 얻는다. 1930년대에 벌리와 민즈(A. A. Berle & G. Means)가 지적한 대로, 미국기업에서는 소유와 통제의 분리(*divorce of ownership and control*)가 일어났다. 당시 GM의 CEO 슬론(Alfred Sloan)은 전문경영자들이 거대하고 다변화된 현대 기업에서 효율적으로 기업을 통제하고 관리할 수 있다는 것을 보였다.

오바마 미국 전 대통령은 2012년 대선의 주된 이슈로 소득분배 불평등을 공식으로 제기하였다. 또한 줄어드는 중산층을 확충하는 것이 정부와 민간부문의 의무라고 하였다. 분배문제는 이제 시위를 선동하기 위한 것이 아니라 미국 주류사회의 의제가 된 것이다.

(3) 글로벌 거대 기술기업

1990년대 말엽 이후 우리는 기술, 금융, 의료·제약 등의 분야에서 슈퍼스타 기업들의 대약진을 보고 있다. 그 결과 미국의 전체 기업이윤에서 이들 기업들이 차지하는 비중은 3배나 늘어나서 2017년 현재 무려 45%를 점유하고 있다. 또한 지난 20여 년 동안 미국 전체 산업부문의 75% 이상에서 부(富)의 집중도가 증가하였다. 그러나 여기서는 글로벌 거대 기술기업(Big Tech)에 대해서 주로 살펴본다. **42**

〈그림 2-1〉은 증권시장 시가총액 순으로 본 세계 최대기업들을 나타내는데, 이른바 글로벌 거대 기술기업들이 8개로 주를 이룬다. 미국이 애플, 알파벳(구글), 마이크로소프트, 아마존, 페이스북 등 5개로 제일 많으며, 중국이 알리바바와 텐센트 등 2개로 그 뒤를 잇는다. 한국 기업으로는 삼성전자가 있으며, 유럽과 일본 기업은 1개도 없다. 유럽의 최대 기술기업인 SAP의 순위는 60위이고, 유럽에서 시장가치가 가장 큰 기업은 대표적인 구(舊) 산업에 속하는 로열 더치

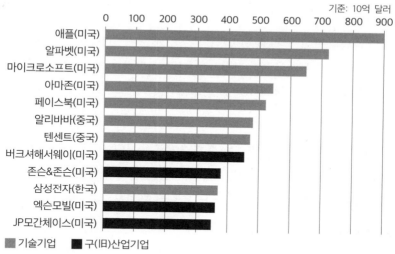

〈그림 2-1〉 글로벌 거대 기술기업의 시장가치: 2017년 11월

기준: 10억 달러

■ 기술기업　■ 구(旧)산업기업

* 자료: 톰슨 로이터스.

셸(Royal Dutch Shell)인데, 이들의 가치는 미국의 엑슨모빌(Exxon Mobil)보다 높다. 반면 애플의 시장가치는 약 800조 원으로 8천억 달러를 넘으며, 삼성전자는 약 400조 원으로 4천억 달러에 근접한다. **43**

앞으로 기술경쟁에서 낙오된 구 산업 위주의 기업은 점점 더 뒤처지게 될 것이다.

그런데 거대 플랫폼 기술기업들인 페이스북, 아마존, 구글 등은 '네트워크 효과'에 힘입어서 결국에는 각자의 분야에서 자연독점(*natural monopoly*)이 되고 만다. 이는 신경제(*new economy*)의 주요한 특성인데, 종전의 경쟁법이나 반독점법으로는 이를 바로잡기가 쉽지 않다.

예를 들면, 아마존은 2017년 미국 총상거래액의 44%를 점유하였

다. 또한 이들은 쌓아 놓은 여유자금이 엄청나서 경쟁자가 될 싹이 보이는 기업은 미리 사버리고 만다. 페이스북이 경쟁기업인 인스타그램(Instagram)을 초기에 M&A함으로써 경쟁의 싹을 잘라 버린 것이 좋은 예이다. 몬산토(Monsanto)는 미국의 농화학 기업인데, 이들은 지난 10년 동안 30개의 기업을 인수하였다. 비즈니스 소프트웨어 기업인 오라클은 80개 그리고 구글은 120개 이상의 기업을 사버렸다. 그 결과로 근자에 와서 미국의 창업열풍이 수그러들어 새로 창업하는 스타트업들이 감소하였으며, 기업가정신도 감퇴하였다.

이제 거대 기술기업이 제기하는 주요한 문제점들을 살펴보기로 하자. 미국 총인구의 65%가 플랫폼에서 뉴스를 보는데, 이들 거대 기술기업의 등장과 함께 자유민주주의에 대한 국민들의 신뢰도가 떨어진 것으로 나타났다. 즉, 최근에는 페이스북, 구글, 트위터가 주로 뉴스를 제공하는데, 이러한 현상과 거의 동시에 자유민주주의에 대한 신뢰 저하가 발생한 것이다. 이들은 국민들을 왼쪽이든 오른쪽이든 극단으로 치닫게 유도하는 경향이 있다. 이는 결국 현존하는 제도에 대한 불신을 초래하는 결과를 가져왔다.

갤럽(Gallup)이 2017년에 행한 여론조사 결과를 보면, 응답자의 58%가 이들 거대 기술기업의 규모와 영향력에 대해서 불만을 표출하였다. 따라서 거대 기술기업의 막강한 권한은 앞으로 가장 주요한 정치·경제·사회적 문제가 될 것이며, 미 의회의 공화·민주 양당 의원들 모두 거대 기술기업의 독점력에 대해서 주의를 집중하기 시작하였다.

또한 구글과 페이스북은 미국 전체 디지털 광고수입의 무려 63%

를 차지하는데, 이는 언론의 자유가 민주주의의 기본요소임을 상기할 때 매우 위험한 현상이다. 아울러 1996년 제정된 미국 〈정보통신품위법〉(Communication Decency Act) 230항에 의하면, 플랫폼 기업들은 사용자가 게시한 어떤 내용물에 대해서도 책임을 지지 않는다. 2016년 미국 대통령 선거에서 러시아가 페이스북, 구글 또는 트위터를 사용해서 부당하게 선거결과에 영향을 미치려고 시도한 점을 볼때, 이 조항은 불공정한 규제 면책이므로 개정되어야 한다. 그러나 거대 기술기업들은 어마어마한 자본을 통한 정치력을 동원하여 이를 저지하고 있다.

이제는 거대 기술기업에 대해서 더 공정하고 투명한 새로운 경쟁법과 반(反)독점법의 적용이 필요하다. 그러나 과거의 법체계로는 이것이 어려운데, 이른바 반독점 패러독스(antitrust paradox)가 보여 주듯이 이들 거대 기술기업들이 제공하는 서비스는 소비자 후생을 증대시킴으로써 경제의 효율성(efficiency)을 제고한다는 반대 주장도 있기 때문이다. **44**

정부 공정거래당국은 새로운 인터넷시대에 어떻게 시장에서의 경쟁을 촉진할 것인가에 대해서 새로운 접근을 해야 한다. 미국은 현재 거대 기술기업에 대한 규제를 거의 하지 않는데, 이들에게 인류의 장래를 맡겨 놓는다는 것은 너무나 위험한 일이다. 특히 청소년들 가운데 스마트폰에 대한 중독성이 증대되는 것은 심각한 문제이다.

3) 자본주의의 장래

(1) 자본주의 시장경제

1930년대 대공황으로 구미경제가 심각한 위기에 직면하였을 때, 구(舊) 소련의 스탈린식 중앙집권적 계획경제(CPE)가 한때 대안으로 제시된 적이 있다. 특히 구 소련경제는 당시 급속한 경제성장을 하고 있었으므로 여러 발전도상국들의 관심을 끌었다. 예를 들어 마오쩌둥(毛澤東) 시대의 중국이 이를 받아들였으며, 인도의 네루식 사회주의도 정치적으로는 민주주의를 채택하였으나 경제체제 면에서는 계획경제를 받아들였다.

그러나 구 소련경제는 자본, 노동 등 전통적인 생산요소 투입 증대에 의하여 GDP가 증가하는 경제성장의 초기단계에서는 급속한 성장을 성취하였으나, 요소 투입 증대가 점차 한계에 달한 후기단계에 들어서는 지속적인 경제성장에 어려움을 겪게 된다. 후기단계에서는 생산성 향상, 효율 증대, 기술혁신 등이 뒷받침되어야 지속적인 경제성장이 가능하기 때문이다. 이미 1960년대 후반부터 북한경제나 구소련경제의 성장률은 둔화되기 시작했는데, 이는 공산주의 계획경제체제에는 혁신을 촉진하는 동기부여가 전혀 없기 때문이다. 즉, 스탈린식 계획경제는 작동조차 할 수 없는 경제체제임이 밝혀진 것이다.

구 소련의 경제체제를 받아들인 중국이나 인도도 스탈린식 계획경제를 운용한 기간에는 정체상태에서 벗어나지 못하였다. 중국경제가 급속한 성장을 시작한 것은 덩샤오핑이 1978년에 시장경제체제를 받아들이고 본격적으로 개혁·개방을 시작한 이후의 일이다. 즉, 지난

30년 동안의 중국의 기적은 구 소련의 스탈린식 계획경제와 결별하고 시장경제체제를 받아들인 결과이다.

그러나 중국은 공산주의 정치체제, 기업의 광범위한 국가 소유, 만연한 부패, 상당한 지역 간 발전격차, 지배구조의 투명성 결여, 법과 질서(*law and order*)의 미흡, 환경오염, 미국보다 심한 소득분배 불평등 등으로 영·미식 자본주의체제의 대안이 되기에는 미흡하다.

인도의 경우에도 1991년 이후 본격적으로 시장친화적 개혁을 하면서 지난 20여 년 동안 경제성장이 가속화되었다. 그러나 12억 인구 중 8억은 지금도 절대빈곤으로 고통받으며, 3억 명 정도만이 중산층으로 발돋움하였다. 경제성장의 낙수효과가 일어나지 못해서 국민 대다수를 포용하는 성장(*inclusive growth*)은 발생하지 못한 것이다.

노벨상 수상자인 센(Amartya Sen) 교수는 경제성장과 경제발전을 구별하였다. 인도의 경우 GDP가 지속적으로 증가하는 경제성장은 괄목할 만하였으나, 대다수 국민의 생활수준은 별로 향상되지 못했다. 따라서 경제정책을 사용하여 성장의 과실이 국민 일반의 건강, 영양 및 교육수준 향상을 통해 널리 확산되어야 한다고 하였다. 이때에야 비로소 경제발전이 일어났다고 볼 수 있다.

앞에서 남한과 북한 및 통일 이전의 서독과 동독 간의 엄청난 격차를 자본주의 시장경제와 공산주의 계획경제 간의 제도, 체제의 차이에 연유한다고 지적하였다. 북한, 미얀마, 라오스, 쿠바 등 시장경제를 활용하지 않은 나라들이 오랫동안 빈곤 상태에 처해 있었던 것도 궁극적으로는 계획경제체제가 지니는 구조적 문제점 때문이라고 볼 수 있다. 그러나 라오스와 쿠바는 시장경제 요소를 많이 받아들였고,

특히 라오스는 2011년 증권거래소도 설립하였다. 미얀마도 최근에는 개방경제를 지향하며 시장경제체제로 이행 중이다.

반면에 남미경제는 오랫동안 실패한 경제모형으로 치부되어 왔다. 현재도 남미는 여러 불확실성에 직면해 있다. **45** 전체 남미인들의 절반만이 자유민주주의에 대한 믿음을 가지고 있는데, 이는 지난 10년 동안 최저 수준이다. 그러나 대부분의 남미 국가들은 헌법 질서를 존중하고 있다. 혁명 노선을 택하고 있는 니카라과, 베네수엘라의 위기 상황은 다른 남미 국가들에게 오히려 귀한 교훈을 준다.

브라질은 국민들이 정치인들의 부패로 인해서 불신과 분노가 매우 크며, 장래에 대해서도 비관적이다. 2018년 10월 총선을 앞두고 국민들의 좌절감을 이용하려는 우파 포퓰리즘이 세를 얻고 있다. 멕시코 국민들은 7월 대선에서 부패 척결을 앞세운 좌파 지도자를 선택하였다. 멕시코 경제는 기본적으로 건전하나, 미국의 트럼프 대통령이 북미자유무역협정(NAFTA)을 폐기하겠다는 위협을 가하고 있다. 아르헨티나는 미국의 고금리와 강한 달러화 가치로 페소화(貨) 가치가 급락하자, 이자율을 무려 40%로 올리고 달러 유출을 막기 위해 안간힘을 썼다. 그러나 여의치 않자 결국 IMF로부터 500억 달러의 구제금융을 지원받기로 하였다. 아르헨티나는 2001년에도 채무불이행(*default*)을 선언한 바 있다. 그러나 제2차 세계대전 이전에는 세계에서 6번째로 부유한 나라였다. 다른 남미 국가들은 국제수지위기나 외채위기의 위험성은 현재로서는 적다. 콜롬비아에서는 6월에 중도 우파 대통령이 당선되어, 자유민주주의가 제대로 작동하고 있음을 보여 주었다.

자본주의 시장경제는 아프리카대륙에서도 비교적 순항 중이다. **46** 오랫동안 세계경제로부터 고립되었던 아프리카는 1990년대 후반 이후 경제성장에 속도를 내고 있다. 아프리카는 현재 10억 명에 달하는 인구에도 불구하고 세계무역에서 점유하는 비중은 2%에 불과하며, 2010년 세계 전체 외국인 직접투자(FDI)는 1조 1,200억 달러에 달하나 이 중 사하라사막 이남 아프리카의 비중은 3%뿐이다.

　　그러나 2012년 사하라사막 이남 아프리카의 경제성장률은 5.8%로 높은 편이며, 구미 선진국들과는 달리 채무도 많지 않다. 아직 독재, 내전 등의 정치적 위험은 높지만 지난 10년 동안 부패, 투명성 결여, 사유재산권 보장 미흡 등을 개선하기 위한 상당한 노력이 있었다. 특히 아프리카는 24세 미만이 전체 인구의 60%를 차지할 정도로 젊은 층이 많다. 아프리카에서는 구미의 경제위기를 자본주의의 실패가 아닌 정부의 실패로 보고 있으며, 자본주의 시장경제를 활용하여 수많은 사람들을 빈곤 상태에서 해방시킬 수 있다고 생각한다.

　　자본주의 시장경제는 상당한 결점에도 불구하고 현재 인류가 가진 유일하게 작동하는 자원배분기구이다. 〈파이낸셜타임스〉의 "자본주의의 위기" 특집기사에서도 시장경제 자체를 반대하는 필자는 없었다. "월가를 점령하라" 등 구미 선진국에서 발생한 시위도 소득분배 불평등에 대한 항의이지, 자본주의 시장경제체제 자체에 대한 비판은 아니다. 결국 1930년대 대공황 이후 케인스가 그랬던 것처럼 자본주의 시장경제를 개선하고 개혁하는 것이 바람직한 방향이다.

　　후쿠야마 교수는 1990년대 초 구 소련과 동유럽의 사회주의체제가 붕괴하는 것을 예상하며 '역사의 종언'을 주장하였다. 즉, 자유민주주의가 공산주의를 이기고 최후의 이데올로기로 정착한다는 것이다. 물론 현실에 존재하는 사회주의가 실패한 것은 사실이다. 그러나 사회주의사상이 지향하는 평등의 추구는 인류의 오랜 소망이다. 자유민주주의도 자유와 평등을 가장 소중한 가치로 삼는다.

또한 현대자본주의는 사유재는 잘 공급하지만 공공재, 예를 들면 교육, 사회간접자본, 환경보존, 소비자보호, 적절한 규제·감독, 금융제도 안정 등은 제대로 공급하지 못한다. 미국이나 중국에 비해서 유럽과 캐나다 등이 사유재와 공공재 공급의 균형을 비교적 잘 맞추는 편이다. 아울러 과도한 소득분배의 불평등을 개선하는 것도 중요한 목표가 되어야 한다.

(2) 주요 경제권의 체제 비교

미국, 영국 등 앵글로-색슨 자본주의는 특히 개인의 자유와 책임을 강조하며, 창의적 혁신을 촉진하는 등 중요한 강점을 지니고 있다. 그러나 호황과 불황의 경기변동 진폭이 과도하여 상당수 국민들이 어려움을 겪고, 특히 소득분배가 불평등한 문제점을 지닌다. 이에 비해서 유럽대륙의 사회적 시장경제는 사회안전망이 충실한 장점이 있으나, 특히 남유럽 국가들에서 보는 것처럼 과도한 연금, 노동시장의 경직성 등은 문제가 된다. 근자에는 행복수준이 높은 북유럽 국가들이 관심을 끌고 있다.

근 100여 년 전 도금시대 이후의 '진보시대'가 경제성장을 저해하지 않고 소득분배의 불평등을 누그러뜨리기 위해 여러 가지 획기적인 개혁 조치를 취한 것처럼, 지금도 비슷한 형태의 진정한 진보주의(*true progressivism*)가 필요하다는 견해가 제기되었다. **47** 불평등의 증대는 불가피한 것이 아니며 올바른 정부규제, 정부지출 유형 변화 및 조세개혁을 통해서 얼마든지 누그러뜨릴 수 있다는 것이다.

예를 들어, 100년 전 미국의 시어도어 루스벨트 대통령이 한 것처럼 중국, 인도, 러시아 등에서는 정경유착, 부패 등을 척결하며, 중국의 국영기업이나 미국의 대형은행들이 지닌 독점적 지위를 정부정책으로 철폐할 수 있다. 아울러 빈곤층의 후생수준을 증대시키는 방향으로 조세제도를 개혁하며, 부유층에게 혜택이 많이 돌아가는 각종 공제제도를 제거하는 등의 개혁적 조치를 취할 수 있다. 이를 통해서 지금 세계적으로 중요한 문제인 불평등을 누그러뜨리는 동시에 경제성장도 촉진할 수가 있다.

한편 미국정부의 복지지출은 의료보험, 연금 등에 GDP의 16%나 사용하는데도 점점 늘어나기만 한다. 또한 주요 선진국들의 의료보험과 연금은 지속불가능한 측면이 있다. 미국은 인구구조가 다른 선진국에 비해 젊으므로 연금의 지속가능성은 양호한 편이나, 의료보험의 상태는 심각하여, 과감한 개혁이 없으면 재정 파탄에 직면할 수도 있다. 또한 은퇴자는 연금이 삭감되면 빈곤층으로 추락할 위험이 크다.

2008년 미국 금융위기와 2011년 유럽 국채위기를 수습하는 과정에서 주요 선진국들의 정부 채무는 급속하게 증가하였으며, 중앙은행들도 통화발행 증대로 부채를 급속하게 늘려 놓았다. 또한 위기 수습과정에서 유럽, 미국 및 일본 정부의 정치지도력 부재가 드러나서, 자본주의의 위기가 아니라 구미 자본주의의 위기이며 정부의 위기라고 보기도 한다.

이처럼 미국, 영국의 앵글로-색슨 자본주의와 유럽대륙의 사회적 시장경제가 위기에 처하자 동아시아 모델이 자본주의의 주요한 대안으로 등장하였다. 특히 최근 세계금융위기와 국채위기로 경제력의 중심이 아시아로 이동하면서 동아시아의 경제모형이 관심을 끌게 되었다. 일본에 이어 한국, 대만, 홍콩, 싱가포르 등 네 호랑이 국가들, 말레이시아, 인도네시아, 태국 등 이른바 MIT 국가들 그리고 체제는 다르나 중국, 베트남, 몽골 등을 여기에 포함시킬 수 있다. 리콴유(李光耀) 싱가포르 전 총리는 한때 '아시아적 가치'라고 하여 동아시아의 중요한 장점을 강조한 적도 있다.

《동아시아의 경제기적》(*The East Asian Miracle*: *Economic Growth and Public Policy*)은 1993년 세계은행이 출판한 책 이름이기도 하다. 당시의 동아시아 경제발전모형에는 중국, 베트남, 몽골은 포함되지 않았다. 이들 국가들이 낮은 인플레이션율과 건실한 재정을 지속하는 등 거시경제적 균형을 이룩하였고, 인간자본에 대한 투자를 중요시하였고, 정부가 대체로 친(親)시장적 접근을 택하였으며, 개방경제를 유지하였다는 것이 그 주요 내용으로, 과거 남미의 경제발전모형이 일반적으로 실패했다고 평가되는 것과 좋은 대조를 이룬다.

동아시아 경제발전모형 안에서도 한국, 일본, 대만, 중국 등 동북아시아 경제와 태국, 말레이시아, 인도네시아 등 동남아시아 경제 사이에는 주요한 차이가 있다. 즉, 동남아시아 국가들에 비해서 동북아시아 국가들의 경제성장 속도가 더 빨랐는데, 이는 주로 세 가지 요인에 기인한다.

첫째 요인은 소규모 자작농이 중심이 되는 농지개혁(land reform)을 통해서 농지 면적당 수확량을 크게 증대시키고 농가의 구매력도 늘릴 수 있었다는 것이다. 둘째는 공산품 수출증대를 촉진하기 위해서 세계시장에서의 수출경쟁에서 성과가 높은 기업에 대해서 금융·세제 면의 인센티브를 부여하였다는 것이다. 셋째는 대외지향적인 수출촉진을 통한 공업화와 중화학공업화를 추진하기 위해서 금융정책을 '시녀'(handmaiden)로 활용하는 금융억압(financial repression) 정책을 시행하였다는 것이다. **48**

남미는 10여 년 전까지만 해도 인플레이션이 심하고, 국가재정은 늘 적자이며, 만성적인 국제수지 적자와 외채 누적에 시달렸고, 소득분배 불평등도가 매우 높은 특징을 지녔다. 이에 비해서 동아시아 경제발전모형은 급속한 성장과 형평성을 동시에 달성하였다는 점에서 '동아시아의 기적'으로도 칭송되었다.

물론 동아시아 국가들이 기적을 이룩한 것은 사실이나, 정부의 과도한 개입으로 시장에서 가격왜곡이 일어났으며, 이에 따라 자원이 비효율적으로 배분되고 정경유착이 일어나는 등 부작용도 수반되었다는 점은 유념해야 할 것이다.

다른 한편, 조세부담률을 낮추고 규제를 최소화하면 시장기구가 모든 것을 해결할 것이라는 앵글로-색슨 자본주의체제가 지향한 단순한 믿음은 이번 세계금융위기로 크게 흔들리게 되었다. 이제 세계경제의 중심이 동아시아로 이동하는 현실에서, 동아시아 국가들의 정부가 시장기구의 효율적이고 공정한 작동을 위해 개입하는 정책은 세계적으로 더 많은 관심을 끌 것으로 보인다.

남아프리카 '처분가능소득'의 지니계수는 0.6으로 세계에서 불평등도가 가장 높고, 다음이 남미의 0.5이며, 중국은 0.42, 미국은 0.39, 선진국 평균은 0.31, 스칸디나비아 국가 평균은 0.25이며, 스웨덴은 0.24로 세계에서 제일 평등한 나라이다. 여기에 스웨덴의 공공서비스가 가난한 계층에 더 많은 혜택을 주는 것을 참작하면 지니계수는 0.18까지 내려간다.

스웨덴 경제는 과거에는 높은 조세부담률 덕분에 높은 수준의 사회서비스와 이전지출의 혜택을 받았다. 그러나 지난 20년 동안의 개혁을 통해서 사회서비스는 그대로 유지하되 세율과 이전지출은 낮추는 식으로 복지국가의 틀을 크게 바꾸었다. 그 결과 경제의 활력은 유지하면서도 분배의 평등을 이룩할 수 있었다.

자본주의 경제체제는 오랫동안 계속해서 고용기회를 창출해 내고 중산층의 소득증대를 통해서 내수 기반을 확충함으로써 지속적인 경제성장을 가능케 하였다. 그러나 미국, EU, 일본 등 주요 선진국들의 소득은 정체된 상태이고, 특히 EU의 실업률은 높은 수준에 오래 머물러 있다. 앞으로도 실업률이 완전고용에 가까운 수준으로 회복되고 소득도 크게 증가할 것으로 기대하기는 어렵다. 따라서 그 대안으로 동아시아나 북유럽 경제모형이 더 큰 관심을 끌 것으로 보인다.

4. GDP와 후생

1) GDP의 한계

국내총생산(GDP)은 한 해에 어떤 나라에서 생산된 모든 재화와 용역의 시장가격을 합산한 것이다. 흔히 GDP는 한 나라의 경제적 실적을 나타내는 대표적인 성과지표(*performance indicator*)로 사용되며, 후생의 대(代)변수로 간주하기도 한다.

그러나 GDP는 후생수준을 잘 나타내지 못할 뿐만 아니라, 물가수준을 참작한 실질구매력도 제대로 반영하지 못하는 문제가 있어서, 전문가들이나 국제기구들은 명목 GDP보다는 구매력 조정 국민소득(*purchasing power parity adjusted GDP*)을 널리 사용한다.

제2차 세계대전이 끝난 후 이를 처음으로 측정한 쿠즈네츠(Simon Kuznets) 교수는 GDP의 제약점을 잘 인식하고 있었다. 즉, GDP가 시장에서 일어난 생산활동만을 측정하고, 가계 내 주부의 가사서비스 및 어린이와 노인에 대한 돌봄서비스, 여가활동 등 후생을 증대시키는 활동은 제외하며, 자원의 고갈 등 지속가능한 성장을 위해 참작해야 할 요소도 무시한다는 것이다. 따라서 한 나라의 후생을 GDP로부터 추정할 수는 없다고 하였다. **49**

기본적으로 GDP 성장은 후생증진을 위한 수단이나, 실제로는 그 자체를 목표로 여기는 이른바 GDP 숭배(*GDP fetishism*)가 널리 퍼졌다. 그 결과 정부정책은 왜곡되고 지속불가능한 경제성장을 추구하게 된다. 사르코지 프랑스 전 대통령의 제안으로 설립된 '경제성과와 사회진보 측정을 위한 국제위원회'의 스티글리츠(Joseph Stiglitz) 교수가 지적한 대로, 우리가 무엇을 측정하면 이는 우리 행동에 영향을 준다. 따라서 잘못된 것을 측정하면 잘못된 일을 추구하게 된다.[50]

GDP는 또한 생산된 재화와 용역이 후생증진에 진정 기여하는지 판단하지 못한다. 예를 들면, 미국처럼 범죄 증가로 교도소가 늘어나고 보안설비에 대한 지출이 늘면 GDP는 늘어나게 된다. 아울러 소득분배의 양상도 드러낼 수 없다. 세계 대부분 국가에서 GDP는 최근 수십 년 동안 늘어났으나, 대표적인 개인소득을 나타내는 중위(中位, median) 처분가능소득은 오히려 감소하였다. 미국에서도 지난 30년 동안 1인당 GDP는 증가하였으나 하위 50% 소득계층의 소득은 정체되었거나 감소하였다.

GDP 이외에 고용, 건강, 주거, 교육, 안전 및 사회적 관계 형성(social connectedness) 등도 '생활의 질'에 영향을 미치는 요소로, 후생을 측정할 때 참작해야 한다. UN이 발표하는 인간개발지수(Human Development Index: HDI)가 한 예로, 유아사망률, 문자해독률, 생활수준 등을 참작하여 만든다. 그러나 HDI의 결과는 각 구성요인에 대해서 얼마만큼의 가중치를 주는가에 따라서 달라지므로 자의적일 수밖에 없는 한계가 있어서 아직 GDP를 대체하기는 어렵다.

2) 행복과 후생

(1) 행복 지표

최근 경제학자들은 후생의 척도로서 행복에 대해 연구하기 시작하였다. 대부분의 인류 역사는 생존을 위한 투쟁이었다. 그러나 선진국에서 처음으로 부족함이 지배하던 사회가 풍요한 사회로 바뀌고 있다. 이를 반영하여 노벨상 수상자인 카너먼(Daniel Kahnoman) 등이 제창한 행동경제학에서는 행복연구가 활발하다.

전통적 경제이론에서는 경제주체가 합리적으로 행동하고, 이기적이며, 취향이 일정하다고 가정한다. 그러나 심리학에 기초한 행동경제학은 경제주체가 항상 합리적, 이기적인 것은 아니고, 취향도 변할 수 있다고 본다. 그리하여 경제학과 심리학은 서로 다른 종(種)의 인간인 '이콘'(econ)과 '인간'(human)을 각각 연구대상으로 삼는다고 한다.

미국, 영국 및 유럽대륙에서의 행복연구 결과에 따르면, 지난 30년 동안의 경제성장에도 불구하고 행복 수준은 그대로이거나 오히려 감소하였다. 이는 선진국에도 상당수의 빈곤인구가 있으며 소득분배도 불평등한 데 연유한다. 무엇보다, 기본적으로는 매슬로(Abraham Maslow)[51]가 주장한 욕구의 계층이 존재하기 때문이다.

인간 욕구의 피라미드에서 제일 아래는 식량, 물, 주거, 의복 등 생리적 욕구이다. 그 바로 위가 안전과 안보인데, 이는 안전, 건강, 고용, 재산권, 공포로부터의 자유 등을 뜻한다. 바로 위는 사랑과 소속감으로, 친구·가족·배우자·연인 등과의 관계에서 나온다. 그 다음은 자긍심인데, 이는 자신감, 성취감, 타인으로부터의 존경 등에서 비롯된다. 맨 위는 자아실현 단계인데, 이는 자신의 능력을 최대한 발휘했을 때 얻는 행복감을 뜻한다.

돈은 행복을 위한 전제조건을 충족하는 데 필수적이다. 돈이 없으면 인간의 기본적 욕구도 충족시킬 수 없고, 따라서 피라미드의 매우 낮은 단계에 머물 수밖에 없다. 따라서 저소득수준에서는 소득이 상승하면 행복도 증대된다. 그러나 소득이 일정 수준을 넘어서면 소득이 늘어나도 행복은 크게 증가하지 않는다. 즉, 1인당 GDP와 행복

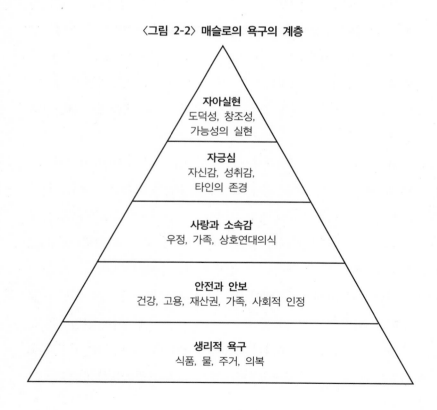

〈그림 2-2〉 매슬로의 욕구의 계층

사이에 연관성이 약해지는 것이다.

지난 반세기 동안 각국 정부는 GDP를 후생의 대변수(*proxy*)로 써 왔으며, GDP 성장은 경제정책의 주요한 목표 가운데 하나였는데, 만일 GDP와 행복 간에 연관성이 약하다면 이는 문제이다. 따라서 후 생의 척도로 GDP 대신 다른 지표를 사용해야 한다는 주장이 제기되 었다.

하나의 예를 들자면, 지속가능한 경제후생지표(*index of sustainable economic welfare*)가 있다. 이는 개인 소비지출을 기본으로, 여기에 가 사노동 등을 더하고, 범죄 및 각종 사고 비용과 공해 비용 등은 빼며, 소득불평등으로 인한 저소득층의 좌절감과 자원고갈, 환경악화 등도 참작해서 산출한다. 또 하나의 지표로는 순진보지수(*genuine progress indicator*)를 들 수 있는데, 그 접근방법은 지속가능한 경제후생지표 와 대체로 비슷하다. 여기에 추가로 사회봉사활동의 가치를 더하고 노동시간이 과도한 근로자들의 여가 손실은 뺀다.

이들 두 지표는 GDP보다 행복에 대한 연구결과와 더 높은 상관관 계를 보여 준다. 미국의 경우, 1950년대 초부터 1970년경까지는 순 진보지수가 GDP와 동반 상승하였으나, 그 후에는 GDP의 증가 추세 와는 달리 순진보지수는 감소하는데, 바로 이때가 미국인들이 덜 행 복하다고 느끼기 시작한 때이다. 영국의 경우에도 비슷한 결과가 지 속가능한 경제후생지표를 사용했을 때 얻어진다.

물론 이러한 지표들은 불완전하며, 정확히 측정할 수 없는 것들에 대해서도 화폐적인 가치를 매긴다. 그러나 GDP보다는 더 나은 척도 이며, 일단 산출되면 정부의 정책 수립에 큰 영향을 미칠 수 있다. 예를 들면, 종전에는 생산성 향상과 경제성장에만 초점을 맞추었으나, 이제는 노동시간에 상한을 설정하여 가족과 더 많은 시간을 보내게 하며, 지역사회봉사에 더 큰 중요성을 두도록 유도한다.

아울러 소득분배의 과도한 불평등을 줄이기 위해 기업들의 시장경쟁제한 행위를 규제하며, 부유층에 대하여 높은 세율을 적용하게 된다. 또한 재생불가능 자원의 사용에 대한 세율을 높이면 자원고갈에 미리 대비할 수 있다. 이러한 변화는 이미 오래전에 케인스가 예상한 것처럼 선진국들이 물질시대를 지남(post-materialist society)에 따라 바람직한 정치적 과제가 되었다. 앞으로 국민들의 생활만족도를 높이기 위한 정부 개입은 점점 더 중요해질 것이다. 이는 모두 GDP가 후생의 척도로서 적합하지 않기 때문에 빚어진 결과이다.

2006년 경제협력개발기구(OECD)는 국가후생지수(National Index of Well-being: NIW)를 이용해서 30개 회원국의 후생 수준을 측정한 바 있다. 모두 7개 분야 26개 지표 가운데 '경제' 분야에는 경제적 자원, 처분가능소득, 여가시간, 가구규모, 소득분포 등 5개 지표가 있는데, 한국은 여기서 22위를 차지하였다. '건강' 분야는 기대수명, 잠재적 수명, 영아사망률 등 3개 지표, '환경' 분야는 1인당 쓰레기 배출량, 이산화탄소 배출량, 수질정화시설 수혜인구 비율, 농약사용량 등 4개 지표로 이루어져 있는데, 한국은 두 분야에서 모두 23위였다.

사회구성원의 '자립' 분야에는 고용률, 미취업 가구원 비율, 교육연수, 학업성취도 등 4개 지표가 있으며, 한국의 순위는 15위로 비교적 높은 편이었다. '형평성' 분야는 지니계수, 상대빈곤율, 아동빈곤율, 노인빈곤율, 성별 임금격차 등 5개 지표로 이루어져 있으며, 한국의 순위는 27위로 가장 떨어진 분야였다. '사회적 연대' 분야에는 자원봉사활동 참여율, 자살률, 수감자 비율, 범죄피해율 등 4개 지표가 있고, '생활만족도' 분야에는 1개 지표가 있으며, 한국은 두 분야에서 모두 26위였다.

NIW를 보면 한국의 순위는 특히 사회의 형평성과 연대(solidarity) 분야에서 낮으며, 사회구성원의 자립 분야에서는 비교적 높은 편으로 나타났다. 전체 NIW는 30개국 중 25위로 폴란드, 슬로바키아, 멕시코, 헝가리, 터키보다 앞서 있을 뿐이다.

1위는 스위스로 1.0 만점에 0.747이며, 다른 국가들의 순위와 점수는 3위 노르웨이(0.736), 4위 스웨덴(0.734), 6위 캐나다(0.697), 7위 덴마크(0.692), 9위 핀란드(0.687), 10위 네덜란드(0.669), 11위 영국(0.666), 14위 독일(0.638), 18위 일본(0.617), 25위 한국(0.475) 등으로 나타났다. 전체적으로 북유럽 국가들의 순위가 높은 편이다. [52]

한 나라의 행복 또는 후생(happiness, wellbeing)을 측정하는 데는 세 가지 길이 있다. 첫째는 1인당 GDP를 후생을 더 잘 드러내도록 조정하는 것이다. '지속가능한 경제후생지표'와 '순진보수지수'가 좋은 예이다. 둘째는 후생을 나타내는 예상수명, 범죄율, 자살률, 소득분배의 불평등 등 객관적 자료를 이용하는 것이다. UN 개발계획(UNDP)이 작성하는 인간개발지수(HDI)가 그 예이다. 셋째는 사람들의 주관적인 행복 정도를 직접 설문조사를 통해서 측정하는 것이다. [53]

(2) 행복의 경제학

행복의 경제학에서 널리 알려진 명제는 1974년에 제시된 '이스터린의 모순'(*Easterlin paradox*)이다. 한 나라 안에서는 부자가 빈자보다 더 행복하나, 국가들 간에서나 또는 한 나라 안에서도 시간의 경과에 따라서는 소득과 행복 사이에 별로 상관관계가 없다는 것이다.

예를 들면, 부국 국민이 중위소득국 국민보다 평균적으로 더 행복하지 않다. 홍콩과 덴마크는 물가수준을 참작한 구매력 평가(PPP)로 계산할 때 1인당 소득수준이 비슷하나 홍콩의 만족도는 10점 만점에 5.3인 데 비해 덴마크는 8이다. 한 나라 안에서도, 시간의 경과에 따라서 국민소득이 증가하더라도 행복은 절대소득보다는 상대소득 수준에 더 의존하므로 소득과 행복은 서로 상관관계가 약하다.

〈그림 2-3〉에서와 같이, GDP 이외에 더 긴 예상수명, 더 많은 여가 및 낮은 소득분배 불평등도 등을 참작하면 프랑스와 독일의 행복 또는 후생지수(*well-being index*)는 미국과 거의 비슷한 수준인 것으로 나타났다. 이는 일반적으로 유럽인들이 돈으로 행복을 살 수 없다고 생각하는 것과 맥을 같이한다. 한국은 미국과 비교할 때 1인당 GDP보다 후생지수가 훨씬 더 낮다.

미국의 제너럴소셜서베이(General Social Survey)와 갤럽(Gallup), 유럽의 유로바로미터(Eurobarometer) 그리고 영국정부도 행복에 대한 '주관적인' 서베이조사를 하고 있다. 이들은 첫째로 '당신의 인생을 전체로 평가할 때 어떻게 느끼는가'를 묻는데, 이로부터 세계행복지수를 산출할 수 있다. 두 번째 유형의 질문은 어제 기분이 어떠했는가를 '행복'(*happy*), '만족'(*contented*), '화남'(*angry*), '분노'(*anxious*)

가운데 하나로 표시하도록 하는 것인데, 이는 감정적 행복을 측정하는 데 사용한다. 첫 번째 질문의 결과를 보면, 중국인과 일본인에 비해 영국인이 더 행복하게 느끼는 것으로 나타났다.

또한 경제학자인 블랜치플라워(David Blanchflower)와 오스월드(Andrew Oswald)가 2008년 72개국을 대상으로 한 조사 결과를 보면, 행복도는 47세에 이를 때까지는 계속해서 감소하다가 그 후에는 증가하는 U자형을 띠는 것으로 나타났다. 여기서 질문 문항은 '요즘 기분

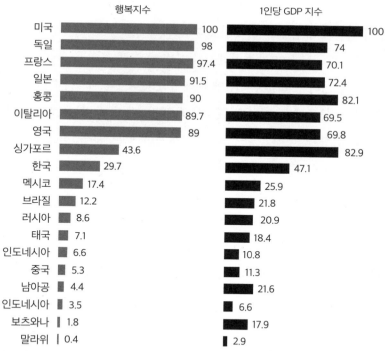

〈그림 2-3〉 행복과 1인당 GDP

	행복지수	1인당 GDP 지수
미국	100	100
독일	98	74
프랑스	97.4	70.1
일본	91.5	72.4
홍콩	90	82.1
이탈리아	89.7	69.5
영국	89	69.8
싱가포르	43.6	82.9
한국	29.7	47.1
멕시코	17.4	25.9
브라질	12.2	21.8
러시아	8.6	20.9
태국	7.1	18.4
인도네시아	6.6	10.8
중국	5.3	11.3
남아공	4.4	21.6
인도네시아	3.5	6.6
보츠와나	1.8	17.9
말라위	0.4	2.9

자료: "Nations seek success beyond GDP", *The Wall Street Journal*, 2011. 1. 10.

이 어떠한가?'이며, 답은 '매우 행복', '행복한 편', '행복하지 않다' 등
이었다. 중년위기 (*midlife crisis*) 라는 말은 1965년에 처음 사용되었는
데, 47세가 최저점인 것은 이때쯤 사람들이 목표 달성에 집착하는 데
도 연유하는 것 같다. **54**

우리 모두는 행복해지길 원한다. 과연 행복은 어디에서 찾아야 하
는가? 최근의 심리학 및 경제학 연구가 가르치는 핵심은 '행복은 우리
가 원하는 것을 갖는 게 아니라 우리가 이미 가진 가족, 친구 등과 더
많은 시간을 보내며 서로 관심을 기울이는 것'이라는 점이다. 또한 물
건을 새로 사는 것보다는 휴가, 공연 관람, 여행 등 행복을 증대시키
는 '경험'에 더 많은 시간을 쓰는 것이 바람직하다. 아울러, 애써서 번
돈이 복권에 당첨돼서 딴 상금보다 더 값지다.

최근 OECD는 〈세계가치관조사〉 (*World Value Survey*) 에 기초하여
주관적 후생의 주요 결정요인에 대해서 분석하였다. 그 결과를 보면,
주관적 행복은 소득 이외에 건강상태, 취업 여부, 사회적 관계 등에
상당한 영향을 받는다. 또한 이 연구로부터 얻은 생활만족도 순위는
인간개발지수(HDI), 더 나은 생활지수(Better Life Index) 등과 높은
상관관계를 갖는 것으로 나타났다.

〈표 2-2〉에서 ①은 OECD의 〈세계가치관조사〉가 '예상한' 국가별
만족도 순위이다. ②는 〈세계가치관조사〉 자료에 기초한 '실제' 국가
별 생활만족도 순위이다. ③은 국가별 HDI 순위이며, ④는 국가별
더 나은 생활지수 순위이다. 여기서 우리는 ①의 분석결과가 ②, ③,
④와 상관관계가 높음을 알 수 있다. 후생 수준은 북유럽 국가들에서
제일 높으며, 한국은 낮은 편에 속한다.

〈표 2-2〉 국가별 후생수준 순위

	①	②	③	④
1	아이슬란드	덴마크	노르웨이	호주
2	노르웨이	스위스	아일랜드	캐나다
3	덴마크	아이슬란드	독일	스웨덴
4	네덜란드	아일랜드	호주	뉴질랜드
5	스위스	오스트리아	아이슬란드	노르웨이
6	벨기에	핀란드	스웨덴	덴마크
7	룩셈부르크	스웨덴	네덜란드	미국
8	포르투갈	캐나다	프랑스	스위스
9	이탈리아	룩셈부르크	스위스	핀란드
10	이스라엘	노르웨이	룩셈부르크	네덜란드
11	일본	뉴질랜드	일본	룩셈부르크
12	아일랜드	네덜란드	핀란드	아이슬란드
13	스웨덴	미국	미국	영국
14	핀란드	오스트리아	스페인	오스트리아
15	호주	영국	캐나다	아일랜드
16	영국	벨기에	오스트리아	독일
17	슬로베니아	독일	벨기에	벨기에
18	캐나다	이탈리아	영국	프랑스
19	체코	포르투갈	이탈리아	일본
20	터키	이스라엘	뉴질랜드	이스라엘
21	독일	슬로베니아	덴마크	슬로베니아
22	미국	프랑스	그리스	스페인
23	오스트리아	체코	한국	체코
24	슬로바키아	그리스	이스라엘	이탈리아
25	프랑스	일본	슬로베니아	폴란드
26	한국	폴란드	포르투갈	한국
27	뉴질랜드	터키	체코	그리스
28	폴란드	슬로바키아	에스토니아	슬로바키아
29	그리스	헝가리	슬로바키아	헝가리
30	에스토니아	스페인	폴란드	포르투갈
31	스페인	한국	헝가리	에스토니아
32	헝가리	에스토니아	터키	터키

자료: "Exploring determinants of subjective wellbeing in OECD countries: Evidence from the World Value Survey", OECD, Paris, 2011.

여론조사기관인 입소스(Ipsos)는 2011년 24개국 성인 1만 9천 명을 대상으로 주관적 행복도를 조사하였다. 문항은 '매우 행복'(*very happy*), '행복한 편'(*rather happy*), '매우 행복하지는 않음'(*not very happy*), '전혀 행복하지 않음'(*not happy at all*) 등으로 나뉘었다. 물론 주관적 행복의 개념은 사람별로 다를 것이다. 따라서 여기서 나타난 '행복의 수준'을 갤럽 조사에서의 '후생'(*well-being*), 〈세계가치관조사〉에서의 '생활만족도'와 서로 비교하기는 어렵다. 그러나 이 조사에서도 한국은 매우 행복하다고 답한 사람의 비율이 제일 낮은 것으로 나타났다.

〈그림 2-4〉를 보면, 인도네시아, 인도, 멕시코, 브라질 등 인구가 많고 성장률이 높은 나라에서 '매우 행복'하다고 답변한 사람들의 비율이 높았다. 또한 행복의 정도는 소득증가와 더불어 상승하다가 1인당 소득이 2만 5천 달러 내외에 이르면서 그 상관관계가 약해진다.

한국의 경제행복도를 측정한 연구결과를 보면, 2003~2010년 기간 경제성장률과 경제행복지수 간의 괴리는 상당히 큰 것으로 나타났다. 즉, 경제성장 자체가 국민의 행복을 증진하지는 않는다는 것이다. 행복지수를 높이려면 지속적인 경제성장과 더불어 교육, 건강, 고용증대, 소득분배 개선 등이 중요한 것으로 나타났다. 한편, 한국의 행복지수가 가장 낮았던 때는 카드사태 직후인 2004년 3분기로 나타났다. [55]

〈세계가치관조사〉와 같은 주관적 행복도 조사에 기초한 분석결과는 설문조사에 주로 의존하므로 자의적이기 마련이다. 따라서 소비, 소득, 분배, 안전(*security*) 등을 고려하여 행복도를 종합적으로 나타

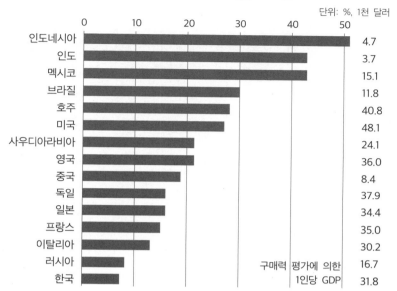

〈그림 2-4〉 '매우 행복'한 비율: 2011년

단위: %, 1천 달러

인도네시아		4.7
인도		3.7
멕시코		15.1
브라질		11.8
호주		40.8
미국		48.1
사우디아라비아		24.1
영국		36.0
중국		8.4
독일		37.9
일본		34.4
프랑스		35.0
이탈리아		30.2
러시아	구매력 평가에 의한	16.7
한국	1인당 GDP	31.8

자료: "Measures of well-being", *The Economist*, 2012. 2. 25.

내는 단일지표를 만들기도 하였다. 1996~2009년 한국의 경제행복도 지수 추이를 보면, 최근까지도 외환위기 이전의 경제행복도 수준을 회복하지 못하고 있다. 이는 특히 외환위기로 소득양극화 경향이 확대되고 비정규직 근로자가 증가하여 분배가 나빠진 데 연유한다.

경제행복도 지수를 높이기 위해서는 소득증가와 더불어 소비의 지속적인 확대가 필요한데, 소비증대는 총수요 증가를 통해서 다시 국민소득을 증대시키는 선순환 구조를 형성한다. 외환위기 이후 중위소득의 50~150%에 해당하는 중산층 비율이 1997년의 70.7%에서 2009년에는 63.4%로 급락하였고, 비정규직 근로자 급증으로 고용

불안도 심화되어 분배가 악화되었다. 저소득층의 중산층 진입을 위해서는 교육, 훈련 및 일자리 창출이 필요하다. 또한 경제안정의 걸림돌인 노후, 주거, 교육, 고용의 '4대 불안' 해결도 경제행복도 개선에 도움이 될 것으로 보인다. **56**

2장 핵심사항

— 제일 중요한 문제를 제일 중요하게 다루는 것은 중요하다. 영국의 고전
학파가 당대에 주된 과제인 경제발전 문제를 가장 중요시했던 것처럼,
오늘날의 발전도상국에서도 경제발전은 최대의 당면과제이며, 당연히
경제학도 경제발전 문제를 집중적으로 다루어야만 한다. 즉, 발전도상
국의 입장에서 보면 경제학은 경제발전론이라고 할 수 있다.

— 한국경제가 당면한 주요 과제는 저출산·고령화, 취약한 고용구조, 높
은 주거비·교육비 및 과도한 가계부채, 양극화 경향 및 높은 대외의존
도 등이다.

— 앞으로도 미국, 유로존, 일본 등 주요 선진국에서는 수요부족에 기인한
저성장이 예상된다. 생산성 향상과 구조개혁을 통해서 잠재성장률을 높
이는 것만이 한국경제가 저성장의 늪에서 벗어날 수 있는 정도(正道)인
동시에 유일한 해결책이라고 할 수 있다. 경제성장에 지름길은 없으며,
정도를 따르는 것만이 근본적 처방이다.

— 2008년 미국발 세계금융위기를 겪으면서, 주류 경제학은 사전에 위기
를 전혀 예상하지 못하였으며 그 원인과 대책도 제대로 제시하지 못하였
다. 즉, 경제주체들이 완전한 정보를 가지고 합리적으로 행동한다고 전
제함으로써 이론적인 정교함은 갖추었으나 현실과는 유리된 모형을 만
든 것이다.

— 지난 30여 년 동안 주요 선진국들의 소득분배 불평등도는 상당한 정도로 악화되었다. 오바마 미국 전 대통령은 2012년 대선 당시 주요 국가의제 (*national agenda*)로 소득분배의 불평등을 제기하였다.

— 남한과 북한 및 통일 이전 동독과 서독의 엄청난 격차는 민주주의 시장 경제와 공산주의 계획경제의 '제도' 차이에 연유하는 것이다. 민주주의 시장경제는 상당한 결점을 지니고 있으나 현재 인류가 가진 유일하게 작 동하는 자원배분기구라고 할 수 있다. 주요 선진국들에서 소득분배의 불평등에 대한 불만이 늘어나고 있으나, 이는 시장경제 자체에 대한 비 판은 아니다.

— 자본주의체제는 오랫동안 계속해서 일자리를 창출해 내고 중산층 소득 증대를 통해서 내수 기반을 확충함으로써 지속적인 경제성장을 가능케 하였다. 그러나 최근 선진국들의 경제성장률은 낮으며 EU의 경우 고용 창출도 부진한데, 이러한 현상은 앞으로도 상당 기간 지속될 것으로 보 인다.

— GDP 또는 1인당 GDP는 한 나라의 경제실적을 나타내는 대표적 지표로 생각되며, 후생의 대(代) 변수로 간주되기도 한다. 그러나 후생 또는 행 복은 소득 이외에 건강상태, 주거, 고용, 교육, 안전, 여가, 소득분배 불평등도, 환경오염, 사회적 관계 등에 의해서도 영향을 받는다. 국제 비교 결과, 한국은 소득수준은 높으나 행복도나 후생수준은 낮은 것으 로 나타난다.

— 한 개인의 소득이 일정한 수준을 넘어서면 소득이 늘어나도 행복은 크게 증가하지 않는다. 즉, 1인당 GDP와 행복 사이에는 연관성이 높지 않은 것이다. '이스터린의 모순'에 따르면 한 나라 안에서는 부자가 빈자보다 더 행복하지만, 국가들 간에서나, 한 나라 안에서도 시간의 경과에 따라서는 소득과 행복 사이에 별로 관계가 없다.

1. 경제성장과 형평의 증진

1) 경제성장

(1) 잠재성장률의 둔화 추세

한국경제는 1960년대부터 1980년대까지 근 30년 동안 급속한 성장을 지속하는 가운데 비교적 공평한 분배를 유지하였다.[1] 1990년대 초 세계은행(IBRD)은 '동아시아의 기적'을 성취한 나라들로 제 2차 세계대전 이전에 선진국이 된 일본, 1960년대 초 이후 급속한 경제성장을 이뤄 흔히 아시아의 네 호랑이로 불린 한국, 대만, 홍콩, 싱가포르와 그 후 성장 대열에 참여한 인도네시아, 태국, 말레이시아의 이른바 MIT 국가들을 꼽았다.

　성장(*growth*)과 형평(*equity*)을 동시에 이룩한 동아시아 경제의 주요한 특징을 보면, 물가가 안정되어 인플레이션율이 낮고, 정부재정도 건실하여 국민경제 전체로 '거시경제적 균형'(*macroeconomic equilibrium*)을 유지하였다. 또한 교육 등 인간자본에 대한 투자를 중요시하였으며, 경제 운용에서 시장기구를 주로 활용하는 친(親)시장적 접근을 하였다. 개방경제체제를 채택한 것도 주요한 특징이다.

이에 비해서 남미 여러 나라들은 오랫동안 높은 인플레이션율, 재정적자 및 심각한 국제수지 적자 등 거시경제적 불균형을 나타냈다. 이에 더해 1970년대의 두 차례 석유파동 및 세계적 고금리로 인해 1982년 멕시코를 시작으로 외채에 대한 지불유예(*moratorium*) 선언이 잇따르면서 남미 여러 나라들은 심각한 외채위기에 휩싸였다.

외채위기를 극복하기 위해서 남미 국가들은 1980년대에 정책개혁(*policy reform*)을 뜻하는 이른바 구조조정 및 안정화(Structural Adjustment and Stabilization: SAS) 조치를 시행하였다. 당시 세계은행과 IMF는 특히 민영화, 규제완화, 대외개방정책 등을 강조하였는데, 이를 미국이 주도하였으므로 '워싱턴 합의'라고도 불렀다.

남미 여러 나라들이 채택한 SAS 조치는 1990년대 이후에도 큰 틀은 그대로 지속되어 거시경제적인 균형 회복에 상당히 기여하였다. 이에 따라서 물가안정, 국제수지 개선 및 정부재정의 건전성이 제고되었다. 아울러 세계적으로 가장 심했던 소득분배 불평등도 다소 개선되면서 중산층이 늘어나고 빈곤인구가 축소되었으며, 정치도 이념적인 성향 대신 실용적이고 중도적으로 바뀌어 갔다.

2000년대 초반부터는 원자재 가격 상승으로 중남미가 빠른 경제성장을 하자, 오히려 정경유착과 부정부패가 심해지고 재정도 방만하게 운영되었으며, 경제개혁, 체질개선 및 사회개혁도 더디게 진행되었다. 그 후 원유를 비롯한 원자재 가격이 하락세를 보이자 남미는 다시 국제수지 적자, 내수 침체 및 고물가에 시달렸다. 여기에 그동안 선진국의 양적완화로 남미에 유입된 해외자본이 중국경제의 둔화와 미국의 금리인상에 대한 기대감으로 급속하게 유출되면서 주가는 하락하고 환율은 급락하는 등 금융시장이 불안정해졌다. 그러나 2017년 3월 이후에는 다시 원자재 가격이 상승하고 세계경제가 호전되면서 남미경제도 상승세로 돌아섰다.

1960년대 초 도약(take-off), 산업혁명 또는 공업화를 시작하여 거의 한 세대 동안 흔히 '한강의 기적'이라고 불리는 고도성장을 성취한 한국경제는 1990년대에 들어오면서 잠재성장률이 둔화되기 시작하였다. '잠재성장률'이란 인플레이션을 초래하지 않으면서 한 국민경제가 지닌 모든 생산요소를 활용하여 달성할 수 있는 최고의 경제성장률을 뜻하는데, 평균성장률을 그 근사치로 보기도 한다.

1981~1990년 한국의 연평균 GDP 성장률은 8.6%로 고도성장을 달성하였다. 그러나 이른바 IMF 사태를 포함하는 1991~2000년에는 성장률이 6.4%로 상당히 둔화되었고, 이어서 2001~2010년에는 4.5%로 더욱 감소하였다. 잠재성장률은 2011~2020년에는 3.6%, 2021~2030년에는 2.7%로 더욱 떨어질 것으로 예상된다. 또한 2031~2040년에는 1.9%, 2041~2050년에는 1.4%, 2051~2060년에는 1.0%로 성장률은 계속해서 감소할 것으로 보인다. [2]

1990년대 이후 잠재성장률이 계속 하락한 것은 우선 저출산으로 노동투입량(L) 증가율이 감소한 데 연유한다. 저출산은 과다한 자녀

양육(보육)비 및 교육비, 고용, 소득 및 주거의 불안정 그리고 일과 가정의 양립이 어려운 데 주로 기인한다. 특히 2017년 이후에는 15∼64세의 생산가능인구도 감소할 것으로 예상된다.

또한 평균수명 상승으로 노인인구 비중이 늘면서 투자의 재원이 되는 저축률이 하락하여 자본투입량(K) 증가율도 떨어졌다. 따라서 경제성장의 원천을 밝히는 생산함수의 윤곽에 기초한 성장회계(*growth accounting*)에 의하면, $Y = F(L, K, T)$에서 L과 K의 투입량이 감소하면 GDP인 Y의 증가율도 떨어질 수밖에 없다.

따라서 앞으로는 기술진보 또는 생산성 향상을 나타내는 T의 증대가 경제성장률에 주요한 영향을 미치게 될 것이다. 생산성 향상을 위해서는 제조업 부문에 비해서 생산성이 훨씬 낮은 서비스산업의 생산성을 증대시켜야 한다. 또한 대기업과 생산성 격차가 큰 중소기업의 생산성을 증대시키는 노력도 필수적이다.

이 밖에 상품시장에서 친(親)시장적인 규제개혁 및 경쟁정책 강화도 필요하다. 또한 노동시장의 문제 중 하나인 정규직과 비정규직 근로자 간의 차별은 전체 고용의 10%에 불과한 대기업에서 주로 발생한다. 이보다 현실적으로 훨씬 더 중요한 문제는 대기업과 중소기업 간의 임금격차를 줄이는 것이다. 현재 중소기업에서는 정규직이라도 임금이 낮고 사회보험 가입률도 낮은 반면, 대기업의 경우 비정규직이라도 임금과 사회보험 가입률이 모두 높은 것이 현실이다.

1990년대 이후에는 잠재성장률이 둔화된 이외에 소득분배도 악화되고, 빈곤도 확산되었다. 흔히 1997년 외환위기 이후 취해진 신자유주의적 경제개혁이 분배를 악화시킨 주요 요인으로 지적되지만,

선진국에서는 이미 오래전부터 소득분배가 악화되기 시작하였다.

제 2장 3절에서 지적한 것처럼, 미국에서는 이미 1970년대 말 이후부터 소득분배의 불평등이 심화되기 시작하였다. 이러한 소득분배 악화의 주요 요인들로는 세계화의 진전, 자본집약적인 기술변화, 규제완화 및 조세의 소득재분배 기능 약화 등을 들 수 있다.

한국의 경우에도 세계화 추세로 중국 등 임금이 싼 국가로 공장의 해외이전이 일어났으며, 자동화 등의 기술변화도 비숙련 노동자들의 일자리를 줄였다. 이러한 변화로 인해 미국에서도 최상층은 혜택을 보지만 중산층은 장기간 '임금정체'로 오히려 손해를 입고 있으며, 세계화의 혜택도 주로 공장이 이전된 임금이 싼 발전도상국들의 근로자가 차지하였다고 본다.

소득분배도 악화돼서 한국경제의 경우 1992년 처분가능소득 기준 지니계수는 0.245로 비교적 공평한 편이었으나 2009년에는 0.295로 0.05나 급증하였다. 중위소득의 50% 미만을 버는 사람들의 비율인 '상대빈곤율'도 같은 기간에 6.5%에서 13.1%로 2배나 급증하였다.

(2) 한국경제의 역동성 감퇴

몇 해 전까지만 해도 '역동적인 한국'(Dynamic Korea)은 흔한 구호로서 서울 광화문 정부종합청사에 큰 현수막이 걸려 있기도 하였다. 한국인은 성품이 신바람이 나면 더 열심히 일을 하는 것 같다.

한 세대 동안 총수요의 주요 구성부분인 소비, 투자, 수출 등은 모두 높은 증가율을 보여서 GDP 성장률도 높았으며, 인플레이션율은 낮아서 물가안정을 유지하였다. 또한 기업가들은 왕성한 투자의욕을 보였다. 그러나 1990년대 이후, 특히 지난 5년여의 기간 동안 경제성장률은 3% 안팎의 저성장 기조를 보이고 있다.

IMF에 따르면, 2017년의 예상 경제성장률은 한국과 미국이 각각 2.7%와 2.3%로 별로 차이가 없다. 그러나 경제성장단계를 생각하면 한국의 경제성장률은 너무 낮은 편이다. 이에 따라 소득은 별로 늘지 않으면서 교육·주거비 부담만 늘어나 가계의 소비여력이 없어지자 소비가 침체되고 시장경기는 바닥이다.

소비자 물가지수로 측정한 인플레이션율도 2017년 7월 1.9%의 낮은 상승률을 보이고 있다. 3년 만기 국고채 금리도 1.75%의 낮은 수준에 머물러 있다. 한국의 주력산업인 철강, 조선, 해운 등은 심각한 불황의 늪에 빠져 있으며, 현대·삼성·대우조선은 2015년에 무려 8조 원의 적자를 냈다.

기업이 한 해 동안 번 영업이익을 지불해야 할 이자비용으로 나눈 비율을 이자보상배율이라고 하는데, 1 미만이면 잠재적인 부실기업으로 간주한다. 또한 3년 연속으로 이자보상배율이 1 미만이면 '좀비기업' 또는 '한계기업'으로 규정하는데, 이들은 은행의 금융지원으로 간신히 생명을 이어간다. 한국은행 〈금융안정 보고서〉에 따르면 그 수가 2014년에 3,295개에 달하였다.

일본은 1990년대 초 이후 20여 년 동안 흔히 '잃어버린 20년'(lost decades)으로 불리는 장기침체로 큰 고통을 겪었다. 경제에 주는 충격을 피한다는 구실로 정부와 은행권이 좀비기업을 정리하지 못하고 미루면서 금융지원을 계속한 것이 장기침체를 조기에 종식시키지 못한 주요 요인으로 지목되었다. 그 결과 2002년 8월에는 일본 시중은행들의 부실채권비율이 무려 8. 4%까지 올라가기도 하였다.

한국의 수출도 2015년 처음으로 −8. 0%의 증가율을 보였으며, 수입 증가율도 불경기로 인한 내수 위축으로 −16. 9%를 기록하였다. 또한 기업들이 마땅한 투자 기회를 찾지 못하면서 사내유보이윤은 급속하게 늘어났으나 설비투자 증가율은 2. 7%에 불과하였다. 고도성장기와 다르게 기업은 왕성한 투자의욕을 상실한 듯 보인다.

그러나 한국경제는 수출주도형 경제로서, 세계무역의 중심국(hub)이므로 제일 먼저 세계교역의 장래 동향을 예고한다. 2017년 2월 한국의 수출은 전년 동기 대비 20%나 급증하였다. 2008년 미국발 세계금융위기 이후 세계경제는 2010년에 일시적으로 회복 기미를 나타냈으나 그 무렵 발생한 유럽 국채위기로 다시 침체국면으로 되돌아갔다. 따라서 세계금융위기가 발발한 후 근 10년 만에 처음으로 선진국들(미국, 유로, 일본 등)과 발전도상국들이 거의 모두 동시에 성장세를 보인 것이다. 2013~2015년 기간 중 원유 등 원자재 가격의 급락으로 심한 경기침체를 겪은 브라질, 러시아 등도 원자재 가격이 안정되면서 회복세를 나타내고 있다.

라인하트와 로고프가 과거 100건의 주요 금융위기를 분석한 결과 평균적으로 8년의 길고 고통스러운 기간이 지나야 위기 이전의 소득 수준을 회복한다는 사실을 발견하였는데, 이번에도 그런 것 같다. 또한 금융위기의 해결책도 금융기관의 부채를 조속히 해결하고, 저이자율・국채매입 등 팽창적인 금융정책을 집행하며, 재정정책을 신중하게 완화할 필요가 있다는 점에서 동일하다.

세계경제에 오랜만에 봄이 왔다. 3 IMF는 2017년 4월 발표한 〈세계경제전망〉(*World Economic Outlook 2017*)에서 세계경제의 2017년 예상 성장률을 미세한 정도지만 3.5%로 상향조정하였으며, 세계무역 신장률도 4%로 예상하였다. 지난 2016년에는 2001년 이후 처음으로 세계무역 신장률이 세계경제 성장률보다 낮았다.

선진국들 중에는 미국의 경제성장률이 2017년에 2.3%로 가장 높을 것으로 예상되며, 완전고용상태에 접근해서 임금상승률도 2.8%에 달할 것으로 예상한다. 이는 생산성 증가율인 1%와 인플레이션율인 2%를 더한 수준과 비슷하다. 중국은 6.6%의 경제성장률을 예상하며, 일본의 예상치는 1.2%이다. 세계경제가 거의 모두 동반성장하는 가운데서도 중동, 사하라사막 이남 아프리카, 남미 및 카리브해 지역은 악화되고 있다.

세계경제가 전반적으로 호전되는 가운데서도 변동 폭이 큰 식품과 에너지 가격을 제외한 '핵심'(*core*) 인플레이션율은 아직도 모든 선진국들에서 중앙은행들의 목표치인 2%에 미달하고 있다. 이 정도는 핵심 인플레이션율이 상승해야 정상적인 경기회복이 가능한데, 미국이 1.7%로 이에 가장 접근하나 유럽은 1% 이하에서 고착되어 있고, 임금상승률도 2016년 1.3%에 머물렀다. 현재 미국, 일본, 독일 및 영국의 노동시장은 실업률이 크게 떨어졌으며 특히 미국은 완전고용 수준이다. 그러나 미국, 유로존 및 일본은 금융완화정책을 너무 빨리 종식시키지 않도록 조심할 필요가 있다.

세계금융위기 이후 선·후진국에서 모두 생산성 증가율이 둔화된 것도 우려할 만하다. 소득분배의 불평등이 확대되는 점도 그렇다. 중국의 국내부채가 이미 과도한데도 불구하고, 금융권의 국내신용 증가율이 매우 높은 것은 금융안정을 저해할 수 있다. 유로존의 경제는 국가별로 생산성이 서로 다른데도 단일 통화인 유로를 채택하고 있어서 생기는 국제수지 불균형 문제가 해결해야 할 주요한 과제이다.

정치적으로는 미국의 트럼프 대통령 당선, 브렉시트 및 유럽 국가들의 선거결과가 보이듯이, 정치·경제적 현실에 대한 일반인들의 불만과 분노에 기초해서 극우의 포퓰리즘과 보호무역주의가 확산되고 있다. 즉, 제2차 세계대전이 종식된 후 70여 년간 지속되어 온 자유주의적 가치에 토대를 둔 세계 정치·경제 질서가 위협받고 있다. 또한 보호무역주의에 기초한 미·중 간의 무역전쟁 가능성도 세계 평화와 번영에 위협이 될 수 있다.

한편 한국의 가계부채는 2016년 말 현재 1,300조 원에 근접하였다. 한국 가계부채의 처분가능소득 대비 비율을 국제 간 비교가 가능한 자금순환통계 기준으로 보면 2014년 말 현재 163%로 OECD 회원국 평균인 137%보다 훨씬 더 높다.

가계부채 중에도 자영업자의 대출총액은 2016년 말 무려 520조 원으로 추정되었다. 통계청의 〈2017년 2월 고용동향〉에 따르면 한국의 자영업자 수는 거의 552만 명인데, 이들 대부분이 생계형이어서 창업 후 10년간 생존비율은 6명 중 1명꼴인 16.4%에 불과하다. 즉, 영세 자영업자들이 너무 많아서 과당경쟁이 벌어지고 있다.

한편 2016년 2월 청년층(15~29세) 실업률은 12.5%까지 치솟았다. 노인빈곤율도 2014년 47.2%로 OECD 회원국 중 제일 높다. 여기서 노인빈곤율은 중위소득의 50% 미만 소득을 얻는 노인들의 비중인 상대빈곤율이다. 부끄럽기 짝이 없으나, 자살률도 OECD 회원국 가운데 몇 년째 계속해서 제일 높다. 또한 세계 전체로 볼 때 1인당 국민소득수준은 상대적으로 높은 편이나, 국민들이 느끼는 행복도는 매우 낮다.

아울러 급속한 고령화 때문에 사회복지지출은 빠르게 증가할 것이다. 현재 한국 사회복지지출의 GDP 대비 비율은 다른 OECD 회원국에 비해서 상당히 낮은 편이다. 그러나 고령화로 사회복지지출 증가율은 매우 빨라서, 시간이 경과할수록 GDP 대비 비율도 빠르게 상승할 것이다. 그런데 일본 재정적자의 상당 부분은 노령화에 따른 연금과 건강보험 지출 증대에 기인한다. 장기적으로 한국에서도 연금, 건강보험의 지출 증가는 재정건전성을 위협하는 가장 중요한 요인이 될 것이다.

청년층은 취업하는 데 고용의 안정성과 평판을 매우 중요시하여 대기업, 공기업, 공무원, 전문직 등을 선호하는 경향이 뚜렷하다. 외환위기를 겪으면서 부모세대의 대량 해고를 보고 지극히 위험기피적으로 직장(업)을 선택하게 된 것 같다. 벤처 창업 등 위험이 뒤따르는 일을 지극히 꺼려한다. 미국이나 중국의 대학교육을 받은 젊은 층이 벤처나 스타트업 창업에 적극적으로 나서는 행태와는 크게 차이가 난다. 중국은 매년 약 700만 명이 대학을 졸업하는데, 2~3%인 21만 명 이상이 창업을 한다고 한다. 우리처럼 기업생태계가 대기업집단 위주로 형성되면 국민경제의 활력은 떨어지게 마련이다. 특히 주목할 점은 2010년 이후 미국과 영국에서 새로운 일자리의 60% 이상을 벤처기업들이 만들어 냈다는 것이다. 이는 청년실업 및 일자리 문제를 해결하는 최선의 방법은 벤처 창업임을 가르쳐 준다. **4**

우리는 흔히 한국경제의 현재 상황을 20여 년 전인 1990년대 초 일본이 장기침체에 진입하기 시작한 시기와 비교하면서 유사한 점이 있는지 살펴본다. 경제의 역동성이 저하되었다는 측면에서 보면 양국의 경제가 20여 년의 시차를 두고 비슷하게 움직인다.

일본경제는 1980년대 중엽까지만 해도 세계의 부러움을 살 정도로 순항하였다. 성장률도 4~5%대로 안정적인 성장세를 보였다. 미국을 비롯해서 주요 선진국들은 일본경제에서 무언가 배우려고 노력하는 것이 당시의 일반적인 경향이었다. 그러나 문제의 발단은 일본이 계속해서 거대한 경상수지 흑자를 내는 반면 미국은 거대한 대일(對日) 적자를 지속하자, 1985년 9월 '플라자 합의'에 의해서 달러화 대비 엔화 가치를 합의 이전의 1달러 대 240엔(円)에서 1988년에는 120엔대로 약 100%나 절상한 것이다. 당시 미국이 일본의 팔을 비틀었다는 지적도 있지만, 힘의 정치가 경제를 압도한 대표적 사례이다. 시장논리보다 정치경제(political economy)가 국가 간에도 중요함을 나타내는 좋은 예이다.

인위적으로 엔화 가치를 급상승시키자 일본의 수출이 급감하였는데, 이에 따른 경기둔화를 막기 위해서 일본은 팽창적인 통화정책을 쓰게 되었다. 그 결과 1980년대 말부터 부동산 가격과 주가 등의 급상승을 비롯하여 엄청난 자산 거품이 형성되었다. 1990년대 초에 이러한 자산 거품이 붕괴되자 극심한 경기침체가 뒤따랐으며, 디플레이션이 시작되었다. 현재도 일본경제는 그 전의 역동성을 회복하지 못하고 있다.

20여 년 전 일본경제와 현재의 한국경제 사이의 가장 유사한 점은 인구구조 면에서 저출산·고령화이다. 즉, 시차를 두고 양국에서는 저출산·고령화가 경제의 역동성을 떨어뜨리는 주요 요인이 되었다. 인구증가율 감소는 노동투입량 증가율을 저하시켜 잠재성장률을 떨어뜨리게 된다.

또한 고령화는 투자, 소비, 경상수지, 이자율, 부동산 가격 등 주요한 거시경제 변수에 상당한 영향을 미친다.[5] 즉, 청년층이 줄고 노년층이 늘어나면 소비와 투자가 줄고 저축은 늘어나며, 경상수지 흑자도 늘어나고 이자율은 떨어진다. 주택을 처분하려고 하므로 부동산 가격도 하락한다.

그러나 주요한 차이점은 1980년대 말 일본에 형성되었던 거대한 부동산 거품이 한국에 발생할 가능성은 낮다는 점이다. 따라서 일본처럼 부동산 가격이나 거품이 급속하게 꺼지면서 가격이 폭락하고 그 여파로 금융위기가 일어날 가능성은 낮다.

일본은 인플레이션율이 급속하게 떨어져서 1990년대 초 이후 물가수준이 떨어지는 디플레이션에 진입하였으나, 한국의 인플레이션율은 완만한 하락세를 보이고 있다. 2017년 인플레이션율은 2%대에 머물고 있어서 안정적이다.

일본은 20여 년 동안의 경기침체기에 경기부양을 위해서 공공사업 확대와 사회복지지출 증대 등을 단행함으로써 재정지출을 계속해서 팽창시켰다. 그러나 재정수입은 경기침체, 디플레이션으로 인한 명목 GDP 성장률 감소 및 몇 차례의 감세정책으로 정체상태에 머물렀다. 그 결과 1990년에 GDP의 60%였던 정부부채는 불과 20여 년 만인 2011년에는 200%로 급증하였다.

일본과의 비교에서 발견되는 점은 한국경제의 역동성을 저하시키는 주된 요인은 저출산·고령화와 생산성 향상의 제약이라는 것이다. 그러나 출산율을 높이는 것은 지극히 어려우며, 프랑스의 사례에서 보듯이 GDP의 4% 정도를 매년 지속적으로 장기간 투입해야 성과를 낼 수 있다. 박근혜 정부가 '저출산 억제 3개년계획'을 세운 것을 보면 시야를 지극히 단기적인 기간으로 한정하였는데, 이 문제는 어떤 정권 차원을 넘어서 30년 계획을 세워 지속적으로 추진해야 마땅하다.

저성장 기조를 탈피하려면 생산성 향상과 이를 위한 구조개혁에 초점을 맞추어야 한다. 장기적으로 경제성장과 더불어서 잠재성장률이 감소하는 것은 자연스러운 현상이다. 그러나 상품·서비스시장에서 경쟁친화적인 개혁을 서두르며, 노동시장에서의 왜곡을 바로잡는 구조개혁을 추진할 수만 있다면 우리의 성장단계로 보아 4% 정도의 잠재성장률도 목표치로 추구할 수 있을 것이다.

(3) 중진국의 덫

세계 속의 한국경제의 위상을 살펴보기 위해서 경상시장가격 기준으로 2015년 주요국들의 GDP를 크기 순서로 나열해 보면 1위는 미국으로 약 18조 달러이다. 다음으로는 2위 중국 11.4조 달러, 3위 일본 4.1조 달러, 4위 독일 3.4조 달러, 5위 영국 2.9조 달러, 6위 프랑스 2.4조 달러, 7위 인도 2.2조 달러, 8위 이탈리아 1.8조 달러, 9위 브라질 1.8조 달러, 10위 캐나다 1.6조 달러 순이며, 한국은 11위로 1.4조 달러로 추정된다.

즉, 한국은 국토 면적이나 인구 규모로 볼 때 10위권 국가들과는 비교할 수 없을 정도로 작으나 GDP 규모로는 세계 11위로 도약하였다. 상품의 수출·입을 합한 무역 규모도 중국, 미국, 독일, 일본 및 중계무역이 발달한 네덜란드에 이어서 세계 6위의 무역대국이다. 이는 세계에서 가장 가난한 나라였던 한국이 해방 후 남북분단의 질곡과 전쟁의 폐허 위에서 70여 년 만에 성취한 '기적'으로 세계적으로 널리 평가받고 있다. 그 뒤안길에는 부정적인 부분도 적지 않으나 전체로 보면 한국인의 탁월함을 그대로 드러낸 것으로, 온 국민들은 이에 대해서 자긍심을 가질 만하다.

이제 주요국의 2015년 1인당 GDP를 경상가격과 구매력 평가 기준의 둘로 나누어 표시해 보면 〈표 3-1〉과 같다. 이를 보면, 미국의 1인당 GDP는 당시의 시장가격을 뜻하는 경상가격과, 물가수준을 참작한 구매력 평가(Purchasing Power Parity: PPP) 기준으로 측정한 값이 동일하다. 선진국에서는 대체로 두 평가기준에 의한 1인당 GDP 규모가 거의 비슷하다. 그러나 물가가 상대적으로 싼 싱가포르, 대만, 홍콩, 한국 등은 PPP로 추정한 1인당 GDP가 명목 또는 경상가격 기준 GDP보다 훨씬 더 크다. 특히 대만은 양자 간의 차이가 2배 이상이나 된다.

여기서 물가가 싸다는 것은 물가의 '절대적 수준'이 낮다는 뜻이다. 일반적으로 발전도상국들의 경우에는 선진국들에 비해서 물가가 싸며, 특히 농수산 식품과 서비스(용역) 가격이 싸다. 일본의 경우 디플레이션에 처해 있으므로 물가수준은 높지만 물가상승률은 지극히 낮거나 마이너스이다. PPP로 평가하면 한국과 일본의 1인당 GDP는

<표 3-1> 2015년 주요국의 1인당 GDP

단위: 천 달러

나라	경상가격 기준	구매력 평가 기준
미국	56	56
싱가포르	53	85
덴마크	51	45
스웨덴	49	47
네덜란드	44	49
영국	44	41
홍콩	42	57
독일	41	47
프랑스	38	41
일본	32	38
이탈리아	30	36
한국	28	37
대만	22	47

자료: www.imf.org.

거의 동일하다.

전문가들은 경상가격보다 PPP 기준 1인당 GDP를 한 나라의 후생 수준을 나타내는 데 더 적절한 지표로 생각한다. 그런데 1990년부터 2015년까지 한국의 경상가격 기준 1인당 GDP의 성장 추이를 보면, 1993년까지는 1인당 GDP가 1만 달러에 도달하지 못하였다. 한국의 1인당 GDP가 1만 달러대에 진입한 것은 1994년 이후이며, 2005년까지 1만 달러대에 머물렀다. 그리고 2006년부터 2015년까지는 2만 달러대에 머물러 있었다. 그러나 일본의 경우에는 2만 달러를 돌파한 후 3만 달러대로 진입하는 데 4년밖에 걸리지 않았고, 독일도 6년이 소요되었다. 다른 선진국들에 비해서 한국은 '중진국 함정'에 너무 오래 머물러 있었다.

어떤 변수가 2배로 증가하는 데 걸리는 시간(*doubling time*)을 계산하는 간편한 방법은 72/x 인데, 여기서 x 는 증가율이다. 예를 들어 1인당 GDP 성장률이 각각 3%와 4%라면, 1인당 GDP가 2배로 증가하는 데 걸리는 기간은 각각 24년과 18년이다. 이는 매년 1%의 적은 경제성장률 차이가 장기적으로 매우 큰 차이를 초래함을 보여 준다. 우리가 생산성 향상과 구조개혁을 통해서 한국의 잠재성장률 목표치를 4%로 높여야 한다고 생각하는 이유이다.

(4) 한국인의 저력

앞에서 1960년대 초 이후 한 세대 동안 고도성장을 달성하면서 형평을 유지하여 '한강의 기적'을 이룩한 한국경제의 성장률이 1990년대 이후 둔화되는 추세이며, 분배의 불평등도도 증대됨을 지적하였다. 물론 경제성장과 더불어 자본축적이 증대되면 자본의 한계효율은 떨어지므로 자연히 경제성장률도 둔화되게 마련이다. 그러나 한국의 경우 저출산·고령화가 빠르게 진행되고, 제조업과 서비스산업, 대기업과 중소기업 간 생산성 격차가 좁혀지지 않고 있으며, 경제개혁도 부진하여 성장률의 둔화 속도가 빠르고 중진국 함정에 너무 오래 머물러 있다.

더구나 2010년대에 들어와서는 내수와 수출이 모두 부진하고, 기업가들은 막대한 사내유보이윤에도 불구하고 마땅한 투자 기회를 찾지 못하고 있으며, 과거의 왕성한 투자의욕도 사라져서 경제성장률 3%대 안팎의 저성장 기조를 나타내고 있다. 그 결과로 한국경제는 역동성을 잃어버린 것처럼 보인다. 또한 주력산업들이 불황의 늪에 빠진 가운데 영업이익으로 이자비용도 충당할 수 없는 좀비기업들이 크게 늘어났다. 이에 1990년대 초 이후 장기침체기에 진입해서 아직도 온전하게 헤어나지 못하는 일본경제를 20여 년의 시차를 두고 한국이 쫓아가는 것이 아닌가 하는 우려를 낳고 있다.

막대한 가계부채 및 자영업자들의 과도한 채무, 높은 청년실업률, OECD 회원국 중 제일 높은 노인빈곤율과 자살률 그리고 국민소득수준에 비해서 매우 낮은 행복도 등은 한국경제의 장래를 우울하게 내다보게 한다. 또한 외환위기 당시 해고의 급격한 증대로 뼈아픈 고통을 당한 부모세대의 경험을 보고 직장 선택에 있어서 지극히 위험기피적이 된 청년층은 신생 벤처기업, 즉 스타트업 창업이 활발한 미국·중국 청년층과 대조를 이룬다.

여러 경제지표로 볼 때 근자에 한국경제가 어려움에 처한 것은 사실이다. 그러나 미국발 세계금융위기 이후 많은 나라들이 선·후진국을 막론하고 동시에 경기침체를 경험하였다. 따라서 대외의존도가 높은 한국에게는 부정적 영향을 미칠 수밖에 없다. 외환위기 때는 세계경제가 상승국면에 있었으므로 한국이 비교적 단기간에 위기를 극복할 수 있었던 것과는 대비된다.

세계의 모든 국가들은 예외 없이 각국마다 크고 작은 특유의 문제점들을 가지고 있게 마련이다. 이에 우리는 지나친 비관론에 빠지지 않도록 유의해야 한다. 비관론만이 계속되다 보면 이는 '자기실현적인 예언'이 될 위험이 있기 때문이다. 블레어 영국 전 총리가 지적한 대로 국가 전체적으로 '조심성 있는 낙관론'을 유지하는 것이 바람직하다. 각계의 여론 주도층, 특히 언론이 과도한 비관론에 사회 전체가 빠져들지 않도록 유의할 필요가 있다.

과거 우리는 한국경제에 대한 평가에서 국내·외 시각이 판이하게 다른 경우를 자주 보았다. 외부 시각은 한국경제를 높게 평가하는 데 비해서, 우리 스스로는 지나칠 정도로 한국을 폄하하면서 비관적인 견해를 가진 것이다. 이는 국내에서 여·야 간, 노사 간, 계층 간, 지역 간, 이념 간에 밤낮으로 대립과 갈등을 빚으면서 소모전을 일삼은 상황의 부작용일 수도 있다.

우리는 우리끼리의 소모전에 너무 많은 국력을 소모한다. 국내 문제에 함몰되어 있어서 미·중·러·일 등 주변국들이 어떻게 하는가에 대해서는 소홀히 여긴다. 현재 트럼프, 시진핑, 푸틴, 아베는 정도의 차이는 있으나 스트롱맨들로서, 모두가 강력한 리더십을 발휘한다. 따라서 나라 전체로 볼 때 눈을 밖으로 돌리는 것이 필수적이다.

중국인들은 중국의 장래를 낙관적으로 내다보는 비율이 지극히 높은 반면에 한국은 그 비율이 매우 낮다. 경제가 국민들의 심리적 성향에 의해서 상당한 영향을 받는다면 이는 결국 자기실현적 예언으로 변할 수 있다.

우리는 남북분단의 질곡 아래서도 해방 후 70여 년 만에 경제규모로 세계 11위, 무역액으로 6위에 달하는 경제기적을 달성한 '위대한' 국민이다. 그 무한한 가능성과 저력을 결코 과소평가해서는 안 된다. 한국에 문제가 있다면 각계의 지도층이 문제이지 국민들은 세계 1등 국민이다. 필자는 이러한 국민들의 무한한 역량을 한군데로 결집시키는 훌륭한 정치 지도력만 있다면 한국은 무엇이든 성취할 수 있다고 생각한다.

한국이 21세기 세계 경제성장의 진원지가 될 동북아에 위치한 것도 큰 이점이다. 존스톤 OECD 전 사무총장의 지적대로, 지난 70여 년 동안 우리가 축적한 능력과 지리적 이점을 생각하면 한국은 "적절한 때에 적절한 장소에 위치해 있다"고 할 수 있다.[6] 중국의 급속한 경제성장도 한국에 대한 위협이라기보다는 소중한 기회이므로 적극적으로 활용하려는 자세가 필요하다.

한국의 저력은 높은 교육수준을 가진 우수한 인적자원, 훌륭한 과학기술 인력 및 R&D 인프라의 구비 등에서 잘 드러난다. 또한 우리나라는 중화학공업과 정보통신기술(ICT) 산업이 동시에 발달한 세계에서 몇 안 되는 나라 중 하나이다. 이는 전자, 통신, 자동차, 철강, 조선 등에서 삼성전자, 현대자동차 등 세계 초일류 기업들이 출현했다는 사실로 입증된다. 사회간접자본도 비교적 충실하게 갖추어져 있다. 비근한 예로, 2012년 현재 세계 주요 도시의 지하철 총연장을 보면 서울은 327킬로미터로서 베이징 422킬로미터, 상하이 423킬로미터, 런던 402킬로미터, 뉴욕 368킬로미터에 이어서 5번째로 길다.[7]

그러나 최근 중국의 이른바 신(新) 4대 발명, 즉 고속철도의 급속한 확장, 현금-신용카드를 한꺼번에 뛰어넘은 모바일 결제수단인 알리페이, 공유경제(*sharing economy*)의 상징인 공유자전거, 막대한 규모의 전자상거래 등은 약진하는 중국경제를 그대로 드러낸다. 또한 디지털혁명, 이른바 4차 산업혁명의 5개 분야인 인공지능(Artificial Intelligence: AI), 사물인터넷(Internet of Things: IoT), 빅데이터·클라우드, 3D프린팅 및 지능형 로봇에 있어서 한국은 IoT를 제외하고는 한·미·중·일·유럽의 기술경쟁력 비교에서 최하위이다. 미국은 기술 수준이 월등하게 높고, 중국은 기술진보의 속도가 매우 빠르다. 즉, 과거 제조업 시대에는 한국이 앞섰으나, 이제 디지털혁명 시대에는 중국이 훨씬 앞서 나가고 있다. [8]

앞으로 대도시들은 그 중요성이 점점 더 커질 것으로 보인다. 현재에도 세계 최대 도시인 도쿄나 뉴욕의 경제규모는 캐나다, 스페인, 터키와 비슷하다. 그 다음 도시인 로스앤젤레스, 서울-인천, 런던, 파리는 필리핀이나 콜롬비아보다 경제규모가 더 크다. 서울-인천은 한국 GDP의 47%를 점유하며, 로테르담과 암스테르담은 네덜란드 GDP의 40%를 만들어 낸다. 도쿄도 일본 GDP의 34%를 점유하며, 런던은 영국 GDP의 32%를 차지한다. [9] 세계 경제환경이 급변하고 기술발달이 급속하게 일어나더라도, 그동안 한국이 축적한 방대한 인적·물적 자본은 이에 충분히 대응할 수 있는 능력을 우리에게 줄 것이라는 자신감과 확신이 필요하다.

2) 성장과 형평

성장과 형평은 경제학에서 오래된 논의 대상이다. 하나의 예를 들면, 성장과 소득분배에 대한 쿠즈네츠(Simon Kuznets)의 역(逆) U자형 가설(*inverted U hypothesis*)이 있다. 소득분배 불평등도는 성장 초기 단계에는 증가하지만 일정한 소득수준을 지나면 감소하기 시작한다는 것이다. 이 가설은 선진국들의 장기에 걸친 실제 성장경험에 기초해서 수립된 것이다.

그런데 발전도상국들에 대한 실증적 증거를 보면, 일정한 소득수준을 지나서 소득분배 불평등도가 증가 또는 감소하는가는 한 나라의 소득수준보다는 그 나라가 택한 경제정책의 성격에 달려 있다. 예를 들어, 아시아의 네 호랑이 국가들은 유교의 평등사상 등의 영향으로 불평등에 대한 인내 수준(*tolerance level for inequality*)이 남미 국가들에 비해서 훨씬 낮아 경제정책도 영향을 받게 마련이라, 그 결과로 소득분배도 남미 국가들에 비해서 상당히 양호한 편이다.

아시아의 네 나라들이 보여 주는 점은 성장과 형평 간에는 장기적으로 상충관계가 없을 수도 있다는 것이다. 즉, 적절한 경제정책을 쓰면 성장과 형평을 동시에 달성할 수도 있다. 그러나 소득분배 불평등도가 과도하게 높으면 사회적 불만이 높아지고 정치적 불안정이 증대되어 지속적인 성장에 걸림돌로 작용할 수 있다.

불평등도가 매우 높아서 처분가능소득의 지니계수가 0.6으로 세계에서 제일 높은 남아프리카, 0.5의 남미, 0.42의 중국 등이 그러하다. 중국도 1980년대에는 0.3이었다. 세계은행은 지니계수가 0.4를 넘으면 심각한 소득불평등으로 간주한다. 미국도 0.39로 높은 편이며, 선진국 평균은 0.31이고, 스칸디나비아 국가들은 0.25로 제일 낮다. 한편 2012년 재산(*wealth*) 분배를 보면, 중국(미국)의 최상위 1%는 국가 총재산의 33%(42%)를 점유하고 있다. [10]

제2차 세계대전이 끝난 후 한동안은 발전도상국들에서 경제성장이 일어나면 그 과실이 모든 계층에게 널리 확산될 것(*trickle down*)이라는 낙관론이 지배하였다. 그러나 이미 1960년대 말에 이르면, 아시아의 기적을 이룬 몇 나라들을 제외한 많은 발전도상국들의 경우 급속한 경제성장에도 불구하고 고용증대는 부진하였으며, 절대빈곤도 그대로 남았고, 소득분배도 별로 개선되지 못하였다. 그 결과로 경제성장이 빈곤, 고용, 분배 문제를 해결할 수 있다는 단순한 생각은 도전을 받게 되었다.

예를 들어 인도의 경우, 1990년대 초 이후 상당한 경제성장의 결과 전체 13억 명의 인구 가운데 3억 명은 중산층으로 올라섰으나 8억 명은 빈곤 상태에 그대로 머물러 있다. 노벨상 수상자인 센(A. K. Sen)은 양적인 '경제성장'은 일어났으나 국민 대다수의 생활수준이 향상되는 질적인 '경제발전'은 일어나지 못했다고 비판하였다. 향후 인도의 주요한 정책과제는 경제정책을 쇄신하여 성장의 과실이 국민 대다수의 건강, 영양, 교육 등을 개선시키는 포용적 성장(inclusive growth)이 일어나도록 하는 것이다.

(1) 소득분배와 경제성장

제 2장 3절 2)의 (1) "소득분배 불평등의 심화"에서 본 바와 같이, 미국을 비롯한 주요 선진국들에서는 1970년대 말 이후 30여 년 동안 세계화, 기술진보, 규제완화 및 조세의 소득재분배 기능 약화 등으로 소득분배 불평등도가 빠르게 상승하였다.

미국 연방준비제도(US Fed)에 의하면, 2013년에 최상위 3% 소득계층은 국민소득의 무려 30.5%를 차지하였다. 그 다음 7% 소득계층은 국민소득의 16.8%를 점유하였다. 따라서 미 국민의 하위 90%가 국민소득의 약 50%를 나누어 가진 셈이다. 최상위 10% 계층에 비해서 상대적으로 소비성향이 높은 나머지 90% 국민들의 분배 몫이

작으므로 소비는 줄어들 수밖에 없고, 따라서 2008년 세계금융위기 이후 거의 10년 동안이나 경기회복이 지연되었다. 소득분배의 불평등이 경제성장을 저해함을 보여 주는 예이다. 11

소득분배가 악화되고 중산층이 위축되면 유효수요 또는 국내수요 (내수)는 감소한다. 즉, 최상층의 수요만으로는 충분한 내수를 창출할 수 없으므로, 경제성장은 둔화되고 임금상승도 따라서 제한될 수밖에 없다. 이는 곧 소득분배의 과도한 불평등으로 경제성장이 제약받게 됨을 뜻한다. 미국 하버드대학 래리 서머스 교수가 지적한 '장기정체'(secular stagnation) 현상도 소득분배 악화에 의해서 초래된 것이다. 소득분배 악화는 수요부족을 초래하였으며, 이는 경제성장을 제약하여 장기정체를 가져온 것이다.

OECD 보고서 〈소득불평등: 부자와 빈자의 격차〉에 따르면, 대부분의 회원국들에서 1980년대 이후 처분가능소득 기준 소득분배 불평등이 확대되어, 상위 10% 소득계층의 하위 10% 소득계층 대비 소득 배(倍) 율은 25년 전에는 7배였던 것이 현재는 9.6배로 증가하였다. 지니계수도 같은 기간 0.03포인트나 늘어난 0.315가 돼서 10% 정도 증가하였다. 그 결과로 GDP 성장은 8.5% 정도 감소하였다고 OECD는 추정하였다.

〈표 3-2〉는 한국의 주요 소득분배지표들의 최근 추이를 보여 준다. 이는 전체 가구를 대상으로 추계한 것으로, 1인 가구와 농·어가 가구를 모두 포함한다. 또한 전체 가구의 '균등화 처분가능소득'을 기준으로 산출한 것인데, 이는 가구당 소득을 가구원 수를 참작해서 개인소득으로 조정한 것이다. '가계동향조사'에서 소득은 가구당 소득인

<표 3-2> 주요 소득분배지표의 추이: 2006~2014년, 전체 가구

	2006	2007	2008	2009	2010	2011	2012	2013	2014
지니계수	0.306	0.312	0.314	0.314	0.310	0.311	0.307	0.302	0.302
소득 5분위 배율	5.38	5.60	5.71	5.75	5.66	5.73	5.54	5.43	5.41
상대빈곤율(%)	14.3	14.8	15.2	15.3	14.9	15.2	14.6	14.6	14.4

데, 소득분배지표를 작성할 때는 가구당 소득을 개인소득으로 조정한 균등화 소득을 사용한다.

여기서 처분가능소득은 세후 소득(*after-tax income*) 을 가리키는데, 이는 '시장소득'에 '공적이전소득'을 더하고, 여기서 '공적비소비지출'을 빼서 구한다. 처분가능소득은 소비지출이 가능한 소득이므로 소득분배에 대한 분석에서 많이 사용한다. 시장소득은 세금 납부 전의 소득으로, 근로소득, 사업소득, 재산소득 및 사적이전소득을 모두 더한 것이다.

소득 5분위 배율은 최상위 20% 소득계층의 총처분가능소득 중의 점유율을 최하위 20% 계층의 점유율로 나눈 것이다. 상대빈곤율은 중위소득의 50% 미만을 버는 계층이 전체 인구에서 차지하는 비율을 가리킨다.

<표 3-2>가 나타내는 전체 가구에 대한 지니계수, 소득 5분위 배율 및 상대빈곤율은 2006년 이후에 대해서만 산출하였다. 그러나 가구원 2인 이상을 포함하는 도시가구에 대해서는 이들 세 가지 주요한 소득분배지표가 1990년 이후부터 추정되었다. 여기서는 도시의 1인 가구 및 농가는 포함되지 않는다. <표 3-3>이 그 결과를 보여 준다.

<표 3-2>와 <표 3-3>을 사용해서 첫째로 지니계수의 추이를 살펴

<표 3-3> 주요 소득분배지표의 추이: 1990~2005년, 도시가구

	1990	1991	1992	1993	1994	1995	1996	1997
지니계수	0.266	0.259	0.254	0.256	0.255	0.259	0.266	0.264
소득 5분위 배율	3.93	3.77	3.71	3.84	3.76	3.85	4.01	3.97
상대빈곤율(%)	7.8	7.2	7.4	8.2	7.9	8.3	9.1	8.7
	1998	1999	2000	2001	2002	2003	2004	2005
지니계수	0.293	0.298	0.279	0.290	0.293	0.283	0.293	0.298
소득 5분위 배율	4.78	4.93	4.40	4.66	4.77	4.66	4.94	5.17
상대빈곤율(%)	11.4	12.2	10.4	11.3	11.1	12.1	12.8	13.6

보자. 우선 1990년 이후 도시가구에 대해서 보면, 외환위기 이후 상당히 증가한 후 그대로 머물러 있다. 전체 가구를 대상으로 한 2006~2014년의 지니계수는 세계금융위기가 발생한 2008년 이후 다소 늘어났으나 그 후 감소세로 전환되어, 전 기간을 통해서 보면 별로 변화가 없다.

소득 5분위 배율도 외환위기 이후 상당한 정도로 늘어났으며, 그후에도 증가세를 계속하다가 세계금융위기 후 다시 상승한 후 최근에는 다소 감소세를 보였다. 상대빈곤율은 외환위기 이후 큰 폭으로 상승한 후 그 후에도 증가세를 지속하여 높은 수준에 머물러 있다.

요약하면, 대표적인 소득분배지표인 지니계수의 추이는 외환위기 이후 크게 상승한 후 대체로 그 수준에 머물러 있다. 소득 5분위 배율도 비록 최근에 다소 감소세를 보이지만, 1997년 외환위기와 2008년 세계금융위기를 거치면서 두 차례 큰 폭으로 증가하였다. 상대빈곤율도 외환위기 후 큰 폭으로 상승한 후 증가세를 지속하여 현재 높은 수준이다. 외환위기와 세계금융위기로 한국의 소득불평등 관련 모든 지표가 크게 악화된 것이다.

이제 최상위 10% 소득계층의 국민소득 점유율을 살펴보면, 1995년에는 29%였으나 2013년에는 무려 45%로 늘어나 아시아 국가들 중에서 최고에 달하였다. 앞에서 소득분배가 불평등한 미국의 경우 2013년 최상위 10% 소득계층의 분배 몫이 47.3%라고 하였는데, 거의 이 수준에 근접한 것이다. 앞의 표들에서 보듯이 한국은 지니계수가 다소 상승했으나 지수 자체로는 다른 나라와 비교할 때 아직은 크게 문제가 되지 않는다. 그러나 이는 최상위 10% 소득계층의 분배 몫이 16%나 급증한 것과는 상반되는 결과이다. 즉, 대표적인 소득분배지표인 지니계수를 가지고는 소득분배의 불평등 정도를 가늠하기가 쉽지 않으나, 최상위 10% 소득계층의 분배 몫은 한국의 소득분배 불평등도가 매우 높다는 것을 나타낸다. 이는 우려되는 현상인데, 심한 소득분배 불평등이 경제성장을 저해한다는 데 대해서는 전문가들 사이에 상당한 합의가 이루어져 있기 때문이다. [12]

물론 지난 30여 년 동안 세계 전체로 볼 때 대부분의 선진국과 중진국들에서 소득분배가 악화된 것이 사실이다. 세계 인구의 절반이 사는 아시아 전체의 평균 지니계수도 정부의 이전지출과 조세부과를 제외하면 1990년의 0.36에서 2013년에는 0.40으로 증가하였다. 같은 기간 중국은 0.33에서 0.53으로 늘어났으며, 인도도 0.45에서 0.51로 늘어났다. 한국도 앞의 표들에서 보듯이 다소 상승하기는 했지만 대체로 공평한 것으로 나타났으나, 이는 최상위 10% 소득계층의 분배 몫이 현격하게 증가한 것과는 상반된다. 일본은 지니계수가 0.27에서 0.31로 증가하여 아시아에서 가장 낮으며, 최상위 10% 계층 분배 몫의 증가 폭도 한국은 16% 포인트나 급증하였으나 일본은 7%

상승에 그쳤다.

지난 30여 년 동안 세계화와 기술변화 등으로 많은 선진국들과 발전도상국들의 소득분배는 상당히 악화되었다. 근자에는 미국발 세계 금융위기 이후 선·후진국들의 경기회복이 오래 지연된 데 대해서, 소득분배 악화와 중산층 축소에 따른 내수 부족을 주요 요인으로 들기도 한다.

한국의 소득분배가 불평등한 주요 요인으로는 노동시장의 이중구조로 말미암아 임금이 낮고 고용상태가 불안정한 비정규직 근로자가 많은 것을 들 수 있다. 2015년 한국의 취업자 수는 약 2,600만 명인데, 이 중 상용근로자는 약 1,260만 명으로 거의 절반인 48.5%를 차지한다. 임시·일용직 근로자는 약 660만 명으로 25.6%이며, 나머지인 25.9%를 차지하는 자영업자는 약 670만 명이다. 자영업자는 대부분이 생계형으로 소득이 매우 낮다. 즉, 총취업자의 약 절반이 상용근로자이며, 임시·일용직 근로자와 자영업자가 각각 4분의 1씩을 차지한다.

정규직·비정규직 근로자 간의 현격한 임금격차, 저소득·생계형 자영업자의 포화상태 이외에 고령화 추세까지 더해져서 소득분배 불평등도를 증대시킨다. 또한 여성근로자의 남성에 비해서 낮은 보수 및 경제활동 참가율 차이 등 각종 차별적 대우도 소득분배에 부정적인 영향을 미친다.

경제·사회정책은 소득분배에 지대한 영향을 끼칠 수 있다. 우선 저소득층에 대한 교육, 건강 및 금융 서비스 제공 등에 있어서 기회의 평등을 추구하는 포용적 성장을 목표로 하는 것이 중요하다. 빈곤층에 대해서 아동의 등교를 조건으로 현금지원을 하는 것은 브라질 등에서 이미 성공적인 결과를 가져왔다.

정부 재정정책의 소득재분배 효과를 증대시키는 것도 소득분배의 개선을 위해서 필요하다. 조세 측면에 있어서는 법인세와 소득세의 누진세율을 높이는 것이 주요한 수단이다. 아울러 복잡다기한 조세 우대 및 감면 제도를 정비해서 조세의 효율성과 공평성을 증대시키는 것도 필요하다. 정부지출에서는 저소득층을 목표집단으로 해서 교육, 건강 증진 및 사회안전망 확충을 위한 지출 증대가 필요하다.

(2) 복지의 확충

① 건실한 사회안전망의 구축

2009년 경기도 교육감 선거에서 처음으로 무상급식 제안이 나온 후, 2012년 말 대선을 계기로 한국에서는 복지확충을 가리키는 '경제민주화'에 대한 논의가 봇물을 이루었다. 정도의 차이는 있으나 여·야가 공통으로 이를 경제 관련 주요 선거공약으로 제시하였다.

그 배경으로는 국민들이 보기에 외환위기와 미국발 세계금융위기를 겪으면서 양극화가 심화되고 빈곤층도 늘어났으며, 정규직과 비정규직 근로자 간에 임금수준과 고용안정성에서 현격한 차이가 존재하고, 자영업자들의 어려움은 여전하며, 가계부채는 빠르게 증가하였고, 청년실업도 늘어났기 때문이다. 또한 경제민주화에는 활력 넘치는 기업생태계를 조성하기 위해서 대기업과 중소(견) 기업 및 벤처 기업·스타트업 간의 바람직한 관계에 대한 내용도 포함되었는데,

이 내용은 이 장 3절의 4) "건강한 기업생태계 조성"에서 다루기로 한다. 여기서는 먼저 복지확충에 대해서 살펴보자.

2013년 정부의 복지지출 예산은 처음으로 약 100조 원에 달했고, 전체 예산에서 점유하는 비중도 약 3분의 1 수준인 29.4%였다. 정부의 복지지출은 2000년의 GDP 대비 5% 미만에서 2010년에는 9.2%로 빠르게 증가하였으나 OECD 회원국 평균인 22.0%의 절반도 안 된다. 복지지출 등 정부의 각종 지출을 위한 재원을 뒷받침하는 조세부담의 GDP 대비 비율도 2010년에 19.3%인 데 반해 OECD 평균은 26.4%였다.

문재인 정부는 2018년 정부예산을 427조 원 규모로 편성하였는데, 이 중 복지지출은 140조 원으로, 약 1/3 수준인 32.8%이다. 2018년 복지지출의 GDP 대비 비율은, 한국은행이 2018년의 GDP 성장률 추정치만을 2.9%로 발표하였고 절대규모는 미리 추정하지 않으므로 현재로서는 산출할 수 없다. 그러나 복지지출 증가율이 빨라지고 있으므로 GDP 대비 복지지출 비율은 10%를 넘어설 것이다. 한편 조세부담률은 현재도 2007년의 19.6%와 비슷한 수준을 유지하고 있다.

세계에서 가장 높은 수준의 복지국가는 스웨덴, 덴마크, 노르웨이, 핀란드 등 북유럽 국가들이다. 스웨덴의 경우를 보면, 1993년 정부지출이 GDP의 무려 67%나 되었으나, 이 해에 겪은 금융위기를 계기로 더 이상 고(高) 조세-고정부지출은 지속이 불가능하였으므로 경제개혁을 통해서 2011년에는 49%까지 급속하게 떨어뜨렸다.

정부부채도 1993년의 GDP 대비 70%에서 2010년에는 37%로 대폭 감축하였고, 연간 재정적자도 같은 기간 11% 적자에서 0.3% 흑자로 전환되었다. 소득세 최고한계세율도 1983년의 무려 84%에서 57%로 27%나 인하하였으며, 법인세율도 22%로 내렸다. 스웨덴의 2010년 GDP 대비 복지지출은 일본의 22.4%나 영국의 23.7%보다는 상당히 높은 28.3%이다. 그러나 독일도 27.1%로 비슷한 수준이다. 13

이들 국가와는 달리 한국은 저(低)부담-저복지 체계를 가지고 있다. 조세부담률은 1990년의 17.8%에서 크게 증가하지 않았고, 현재도 OECD 평균에 비해 상당히 낮다. 그 결과로 GDP 대비 복지지출 수준도 OECD 평균에 크게 미달한다. 복지지출 수준이 낮으므로 이를 늘려야 한다는 주장이 제기되는 논거다. 그러나 현실적으로 볼 때, 복지를 늘리려면 세율도 올려야만 한다. 또한 조세부담률이 아닌 '국민부담률'(= 조세부담률 + 사회보장부담)을 비교해 보면 한국과 OECD 회원국들 간의 격차는 상당한 정도로 축소된다.

국민연금, 건강보험, 기초(노령)연금, 국민기초생활보장금, 고용보험, 산업재해보상보험(산재보험) 및 장기요양보험 등 7대 공적 연금·보험의 지출은 2010년 GDP 대비 8.0%였다. 그러나 통계청의 인구전망에 따르면, 저출산·고령화로 2017년 이후에는 생산가능인구(15~64세)가 줄어들기 시작할 것이다. 반면에 이들이 부양해야 하는 아동 및 노인인구비율(총부양률)은 2016년에 36.3%에 달한 후 더 빨리 늘어날 것이다. 생산가능인구 대비 65세 이상 노인의 비율을 나타내는 노년부양비(老年扶養比)도 2010년에는 15.0%였으나 2050년에는 무려 72.0%까지 높아질 전망이다. 총인구도 2030년 이후에는 감소하기 시작할 것이다.

심각한 저출산으로 2017년 이후 생산가능인구가 감소되어 경제성장률은 둔화되고, 급속한 고령화로 보건지출 등은 빠른 속도로 늘어나 추가적인 복지지출 증대 없이도 총복지지출은 머지않아 GDP 대비 20% 수준에 도달할 것이다. 현재도 GDP 대비 복지지출의 비중은 낮으나 이미 그 증가율은 OECD 회원국 중 제일 높다. 복지지출의 특징은 한번 늘려 놓으면 다시 되돌리기가 현실적으로 어렵다는 점이다. '복지 포퓰리즘'에 빠져 재정위기를 겪는 남유럽의 이탈리아, 스페인, 그리스, 포르투갈 등이 대표적인 예이다. 이들을 포함한 지중해 모델 국가들의 특징은 경제성장보다 복지를 중시한다는 점이다. 이 경우 복지제도는 지속가능하지 못하다. **14**

정부는 그동안 지원이 꼭 필요한 취약계층을 중심으로 사회안전망 (*social safety net*) 을 확충하는 '선택적 복지'를 추구해 왔다. 그래야만 취약계층에게 복지지원을 집중할 수 있으며, 재정부담을 완화시켜 지속가능한 복지를 추진할 수 있기 때문이다. 그래서 2007년 기초노령연금을 지급할 때도 그 대상을 하위 70% 소득계층에게만 국한하였다. 대학생 등록금 경감혜택도 소득 7분위 계층 이하의 학생들에게만 주었다.

그러나 2012년 말 대선을 계기로 여·야 정치권 모두 중산층도 포함하는 '보편적 복지'를 시행하자는 주장을 쏟아 냈다. 예를 들어 기초(노령)연금을 보면, 65세 이상 노인의 40% 이상이 빈곤층에 속하고, 이로 인한 노인 자살이 늘어나는 현실에서 기초(노령)연금을 인상하는 것은 불가피하다. 그러나 모든 노인에게 월 20만 원을 지급한다는 원래의 계획은 지속가능성이 낮다. 따라서 국민연금이 없는 하위 70% 소득계층에 속하는 전체 노인인구 중 약 절반에 해당하는 300만 명에게만 20만 원을 지급하기로 수정하였다. 그리고 나머지 절반인 313만 명의 노인들에게는 소득과 국민연금 가입기간에 따라 축소해서 지급하도록 하였다. 문재인 정부는 2018년 9월부터 기초연금을 20만 원에서 25만 원으로 인상할 계획인데, 이를 위한 소요예산은 향후 5년간 약 21조 원에 달한다.[15]

어린이집을 이용하는 영유아 '보육료'도 2013년부터는 무상보육 대상을 만 0~5세 아동 모두로 확대하고, 하루 12시간 종일제 기준으로 전액 무료로 지원하였다. 이때 영유아 모(母)의 취업 여부나 소득수준은 전혀 고려하지 않았는데, 이러한 식의 무상보육은 OECD 회원국 가운데서 처음이다. 그 결과 어린이집에 등록하는 영유아 비율은 크게 증가하였다.[16]

물론 조기교육일수록 투자수익률이 높고, 보육료 지원이 일과 가정의 양립을 쉽게 해서 출산율을 높이며, 아동 모의 경제활동 참가를 촉진하는 등 여러 장점이 있다. 그러나 취약계층 아동에 대한 지원도 제대로 못 하는 현실에서 영유아 보육에 대한 보편적 무상지원은 보육투자의 효율성과 형평성의 양 측면에서 문제가 있다. 바람직한 것은 취업모를 위주로 하며, 보편적 지원보다는 취약계층 영유아에 대한 지원에 초점을 맞추는 것이다.

한편, '양육수당'은 종전에는 만 0~5세 아동을 어린이집, 유치원 등을 이용한 시설 보육을 하지 않고 가정에서 양육하는 하위 15% 소득가구의 영아에 한정해서 지급하였으나, 2013년부터는 소득수준과 상관없이, 가정양육수당을 영유아의 나이별로 월 10~20만 원씩 차

등지급하게 되었다. 즉, 보편적인 무상양육으로 바꾼 것이다. 나아가 문재인 정부는 0~5세 아동을 둔 모든 가정에게 10만 원을 지급하는 '아동수당'을 신설하였는데, 2018년에만 소요예산이 약 1조 1천억 원이다.

'반값 등록금' 공약도 불필요한 재정지출을 일으키며, 과잉교육을 부추길 우려마저 있다. 따라서 저소득층 학생에게 지원을 집중해야 한다. 대학생 초과공급으로 인해서 대학졸업자 실업률이 지극히 높은 상황을 참작할 때 먼저 대학의 구조조정이 선행되어야 한다. 즉, 노동시장에서 고졸자와 대졸자에 대한 수급의 불균형을 고려할 때 반값 등록금은 오히려 청년실업을 증대시킬 위험성마저 있다.

취약계층에 대한 복지지출을 확대하는 것은 한국의 경제발전단계나 GDP 대비 복지지출의 낮은 비중을 고려할 때 바람직하다. 그러나 저부담·저복지 체제임을 참작할 때, 예를 들어 북유럽이나 유럽대륙 국가들의 수준으로 단기간에 복지를 확대하는 것은 지속가능하지 않다. 2010년 현재 OECD 평균인 GDP 대비 22.0% 정도의 복지지출을 단계적으로 도달해야 할 중기 목표로 설정할 수 있을 것이다.

가장 중요한 전제는 '건전재정'을 지속하는 것이다. 2017년 말 기준 한국의 국가채무는 약 682조 원으로 추정되는데, 이는 같은 해 GDP 대비 39.7%로 다른 나라에 비해 건실한 편이다. 2014년 기준 독일의 국가채무는 74.7%이며 일본은 246.4%이다. 또한 2015년 OECD 회원국 평균은 115.5%이다.

그러나 우리는 저출산·노령화의 빠른 진전으로 향후 건강보험, 국민연금 등 복지수요가 급증할 전망이다. 현재 590만 명인 65세 이상 고령인구가 2040년에는 1,650만 명으로 급증하여 총인구의 32%에 달할 것으로 예상된다. 이에 따른 복지수요 급증은 불을 보듯 훤하다. 이 밖에 엄청난 통일비용의 준비도 필요하다. 독일이나 스위스처럼 강력한 '재정준칙'을 만들어 재정적자 누적으로 국가채무가 남유럽같이 눈덩이처럼 불어나 빚더미 위에 앉게 되는 사태를 사전에 차단해야만 한다.

복지확충에서 중요한 원칙은 중산층을 대상으로 하는 보편적 복지를 지양하고, 취약계층을 중심으로 견실한 사회안전망을 구축하는 것이다. 1990년대 이후 독일, 네덜란드, 핀란드 등이 취한 개혁도 바로 이러한 방향에서 추진되었다. 어떤 고소득 국가라도 경제 활력을 떨어뜨리지 않으면서 중산층에게까지 복지시혜를 주는 정책은 지속가능하지 않다.

그동안 한국의 사회보장제도는 지속적으로 확대되었다. 공공부조로는 국민기초생활보장제도(2000년), 기초노령연금(2008년) 및 근로장려세제(2008년)의 도입이 있었다. 사회보험으로는 산업재해보상보험(1964년), 건강보험(1977년), 국민연금(1985년), 고용보험(1995년) 및 장기요양보험(2008년)이 있으며, 그 대상범위도 꾸준히 확대되었다.

그러나 사회보험의 현실을 보면 사회적 보호가 절실한 계층의 가입률이 매우 저조하다. 국민연금은 가입대상자가 약 1,900만 명인데, 이 가운데 약 500만 명이 연금보험료를 내지 못하는 '납부예외자'이다. 이들 중 80% 정도는 경제적 어려움으로 포기한 사람들이다. 또한 100만 명은 보험료를 내다가 못 내게 된 '장기체납자'여서 도합 약

600만 명이 제외되어 있다.[17] 2011년 현재 총취업자 중 연금가입자의 비율은 87%이다.

건강보험도 217만 명이 장기체납으로 급여제한 상태에 놓여 있다. 고용보험과 산재보험은 취업자만을 대상으로 하나 그중에서도 산재보험은 257만 명, 고용보험은 657만 명이 적용을 받지 못한다. 이들은 주로 영세사업장 근로자, 비정규직 및 일용직 근로자들이다. 2010년 고용보험에 가입한 사람은 총취업자의 43%에 불과하였으며, 산재보험 가입자도 60% 수준에 그쳤다. 더구나 건강보험료도 못 내는 사람이 국민연금에 들 여유가 없을 것이다. 국민연금 보험료를 못 내는 사람의 3분의 1이 건강보험료도 못 내서 혜택을 받지 못한다.

이와 같이 사회보험의 혜택이 주로 형편이 비교적 나은 중간계층 이상에 집중되어 있어 그 역할이 부실하므로 공공부조라도 제대로 효과를 내야 하나 미흡한 것이 현실이다. 그런데 총복지지출의 절반가량은 건강보험을 통한 보건지출이 차지한다. 따라서 나머지 반을 다른 종류의 복지지출에 쓰고 있다.

② 적극적 노동시장정책

소득이 최저생계비에도 미치지 못하는 '빈곤층'을 지원하기 위한 국민기초생활보장제도는 2012년 소요예산이 약 9조 원이었다. 기초노령연금에는 약 4조 원이 소요되었으며 65세 이상 노인의 70%를 지원하였으나, 400만 명이나 되는 분들에게 너무 적은 돈(월 1인 94,600원, 부부 151,400원)을 제공하였다.

2000년 기존의 '생활보호제도'를 '기초생활보장제도'로 바꿀 때, 근로능력 유무와 상관없이 모든 사람에게 일정 수준의 소득을 보장한 것은 근로유인을 억제하는 부작용을 초래하였다. 모든 이에게 보장한 최저생계비가 노동시장에서 받을 수 있는 저소득층의 임금수준보다 높아서 일할 인센티브를 저해한 것이다.

2011년 최저임금은 주 40시간 근로에 월 90만 원 정도였으나 4인 가구의 최저생계비는 이를 훨씬 초과하는 144만 원 수준이었다. 시장소득이 최저생계비 미만인 가구의 비중은 전체 가구의 17.6%나 되는데, 실제로 '수급요건'을 충족시켜서 기초생활보장 수급을 받는 가구는 5.5%였다. 인구 기준으로는 최저생계비 미만의 절대빈곤층이 약 500만 명으로 추산되나 2010년 실제 수급자는 146만 명에 불과하였다.

2016년 12월 말 현재 기초생활수급자는 2010년과 비슷한 수준으로, 총인구의 3.2%인 163만 명이었다. 한편 비수급 빈곤층은 93만 명이었는데, 2020년에는 이를 33만 명으로 감축하려고 한다. 문재인 정부는 기초생활수급자를 2020년까지 총인구의 4.8%인 252만 명으로 확대할 계획이다. 소요 예산지출은 약 43조 3천억 원이다. 현재 기초생활보장을 받으려면 소득이 하위 70%에 속하고 노인·중증장애인을 포함하는 가구여야 하며, 부양의무자가 없어야 한다. 현재 '비수급자'가 많은 이유는 특히 부양의무자 조건 때문인데, 실제는 부양의무자의 도움을 못 받아 어렵게 살고 있으나 자격요건이 까다로워서 기초생활보장을 받을 수 없는 이가 많아 '빈곤의 사각지대'가 크다. 앞으로는 부양의무자 기준을 단계적으로 폐지하려고 한다.

기초생활수급자 가운데 79.5%인 116만 명은 근로무능력자이며,

근로능력자는 약 30만 명에 불과하다. 그러나 근로능력 판정을 위한 자료가 되는 병·의원의 진단서 내용에 대해서 사회복지 전담 공무원들이 믿는 비율은 50%도 채 안 된다. 또한 기초생활보장 수급자에게만 각종 지원이 집중되므로 수급자들은 수급자격을 잃지 않으려고 근로를 하지 않거나 근로행위를 숨기려는 유인이 강하다. 탈(脫)빈곤 유인이 약해서 '빈곤의 함정'에 그대로 머물러 있으려는 동기가 강한 것이다.

바람직한 방향은 기초생활보장제도의 목적을 근로무능력자 보호로 한정하는 것이다. 나아가 근로능력 보유 수급자, 비수급 빈곤층 및 최저생계비의 120% 이하를 버는 '차(次)상위계층' 등 모든 취약계층을 대상으로 한 자립지원을 지향하는 적극적 노동시장정책(Active Labor Market Policy: ALMP)을 펼쳐야 한다.

박근혜 정부는 차상위계층 기준을 중위소득의 50% 이하로 확대하였다. [18] 이때 차상위계층은 2010년의 72만 가구 165만 명에서 2014년에는 151만 가구 296만 명으로 늘어나며, 여기에 추가로 소요되는 재원은 연간 약 1조 원 정도이다. 지금까지는 기초생활보장 수급자에게만 각종 혜택이 주어졌고, 차상위계층에게는 아무런 지원도 없었다. 그 결과 차상위계층이 되는 것보다 차라리 기초수급자로 그대로 남아 있는 편이 유리해 탈빈곤 유인도 없었다.

이제 절대소득에 상관없이 중위소득의 50% 이하를 모두 '상대빈곤층'으로 규정하면 기초수급자와 차상위계층의 구분이 사실상 사라지게 된다. 다만 기초수급자가 받는 7가지 급여(생계, 주거, 교육, 의료, 해산, 장례, 자활 급여) 가운데 현금급여인 생계급여는 기초수급자에게만 지원되며, 차상위계층에게는 나머지 6가지 급여 중에서 필요한 급여만 맞춤형으로 지원된다.

취약계층을 위한 '공공부조' 개편의 바람직한 방향은 장애인과 노인 등 근로무능력자에게만 기초생활보장 혜택을 드리고, 그 밖의 취약계층은 적극적 노동시장정책(ALMP)을 통해서 일자리를 찾게 함으로써 자립 기반을 마련하도록 유도하는 것이다.

한편 2012년 중앙정부의 재정지원에 의한 일자리 창출 예산은 무려 9조 5천억 원이었으나, 정부는 이를 산하 16개 부처, 6개 청에서 168개 사업을 각각 독립적으로 벌이는 방식으로 집행하였다. 그 결과로 이들 사업들은 서로 분리되어 체계적으로 진행되지 못하였고, 임기응변적이고 단기 성과를 얻는 데만 치중하여, 항구적인 일자리 창출을 통한 자립기반 구축에는 별로 효과를 보지 못했다. 이러한 아까운 정부예산의 방만하기 짝이 없는 지출방식은 반드시 시정되어야 한다.

공공부조는 선진국에서도 일정 수준의 소득을 보장하여 빈곤층을 보호하는 것이 빈곤의 만성화를 초래하는 등 부작용이 많았으므로, 1990년대 이후에는 탈빈곤을 목표로 일자리를 통한 자립기반 조성을 주된 목표로 삼는 방향으로 바뀌었다. 복지제도 자체도 돈을 나눠 주는 복지보다 '일하는 복지'를 강조하는 쪽으로 변하였다. 대표적인 예가 북유럽 국가들이다.

③ 자긍심, 자립, 자율, 자유

'가난한 사람들을 위한 은행가'로 불리는 방글라데시의 유누스는 그라민은행(시골은행이라는 뜻)을 세우고 '소액금융'(*micro finance*)을 육성해서 큰 성공을 거두었다. 한국에서는 '미소금융'이라고 부르는 소액 금융은 시혜성 지원과는 다르며, 자활 의지가 강하고 창업 아이디어는 있으나 낮은 신용도로 말미암아 제도권 금융기관에서는 대출을 받지 못하는 저소득층을 대상으로 소액의 금융을 제공한다. 유누스의 선도로 소액금융은 세계적으로 널리 확산되었으며, 그는 이 공로를 인정받아 노벨상을 수상하기도 하였다. [19]

그의 출발점은 이 세상에 쓸모없는 사람은 아무도 없으며, 누구나 자신만의 무한한 능력을 지녔다는 것이다. 따라서 사람은 누구나 자신의 삶의 경영인이 될 수 있다. 인간의 존엄성은 스스로 삶을 꾸려나갈 수 있는 능력에 기초하며, 삶이란 자신의 문제를 스스로 해결해 나가는 것이다. 그는 한 가족의 가난은 남편과 아내 둘 모두의 책임이라고 지적하였다. 그런데 저신용 저소득층의 생활 의지 및 능력은 매우 높다. 유누스는 이러한 극빈자들의 살아남으려는 강한 의지가 무엇보다도 중요한 대출의 담보라고 보았다. 또한 자선은 가난한 사람의 자립 의지를 말살해 버린다고 하였다.

이와 관련하여 미국의 강인한 개척정신과 자유와 책임을 강조하는 문화는 높이 평가해야 한다. 미국인들은 자기 운명에 대한 책임은 자신에게 있다고 믿는다. 그리고 유럽인들이 자신의 운명을 스스로 책임지는 의식이 부족하다고 비판한다. 미국인들은 강인하고 효율적이며 독립심 강한 개인의 전형이 미국에서 만들어졌다고 믿는다.

한 개인이나 가정의 긍지와 자긍심은 자신의 경제 또는 가계(家計)를 남에게 의존하지 않고 스스로 독립적이고 자율적으로 운영해 나가고, 그 결과 경제적으로 자립할 때 지켜 낼 수 있다. 이때 비로소 경제적으로 '자유인'이 될 수 있다. 모든 개인과 가정이 이처럼 투철한 자긍심, 자립 의지를 가지고 가계를 경영할 때 나라 전체도 경제적으로 자립할 수 있고 돈에서 자유로울 수 있다.

2. 경제발전모형

세계 여러 나라들은 경제체제를 운용하는 방식이 서로 다르며 내용도 다양하다. 예를 들면 중국은 이미 구매력 평가(PPP) 기준으로 세계 1위의 GDP를 가진 경제대국이다. 1978년 덩샤오핑의 개혁·개방정책 시작 후 거의 40년이 되어 간다. 중국은 그동안 고도성장을 달성한 것은 물론 무려 4억 명의 빈곤인구를 절대빈곤 상태에서 해방시켰다. 중국은 '인권'을 서방세계가 정의하는 바와는 달리 굶주림에서의 해방으로 규정한다. 바로 여기서 체제의 정당성을 찾는 것이다.

중국은 경제 운용에서 시장기구를 적극 활용한다. 방대한 내수를 기초로 알리바바, 텐센트 등 세계적인 글로벌 기술기업들도 배출하였다. 그러나 아직도 국가소유기업(State-Owned Enterprise: SOE)의 비중이 국민경제 전체의 2분의 1이나 된다. 또한 일당독재체제로서 공산당의 의사결정 권한이 막강해서 경제의 각 부문에 상당한 영향력을 행사한다.

그러나 여기서는 주로 민주주의·시장경제체제를 운영하는 선진국들의 경제발전모형에 대해서 살펴보려고 한다. 주요 선진국들을 대상으로 하면 크게 앵글로-색슨 모형과 유럽대륙 모형의 두 부류로 나눌 수 있다. 편의상 북유럽 모형을 따로 분리해서 설명하지만, 이는 넓게는 유럽대륙 모형에 속하는 것으로 볼 수 있다.

1) 앵글로-색슨 모형

세계의 주요 선진국들은 민주주의, 시장경제라는 큰 제도적 윤곽은 같더라도 자신만의 독특한 경제발전모형을 가지고 있다. 이는 역사적 소산인 동시에 그 나라 특유의 문화적 배경도 반영한다. 시기에 따라서는 어떤 나라의 경제발전모형이 특히 세계적으로 부러움을 사기도 하고 각광도 받는다. 그러나 칭송의 대상이 되던 경제발전모형도 여건이 변화함에 따라서 질타의 대상이 되기도 한다. 경제발전모형은 대내·외 여건 변화에 따라서 부단히 개혁을 지속해야 하는 유기체와 같고, 어느 시대에나 똑같은 모형이 최고의 상태를 유지하기는 어렵기 때문이다.

이렇게 볼 때, 흡사 유행처럼 어떤 시기에 특히 각광받는 경제발전모형들이 있었으나, 이를 문화적 토양이 다른 나라에 그대로 적용한다고 해서 성공할 것이라고는 할 수 없다. 우리 스스로 다른 나라의 여러 경험을 참작하면서 한국에 적합한 경제발전모형을 스스로 구축해 나가는 것이 바람직한 길이다.

미국, 영국, 아일랜드 등이 중심이 되는 앵글로-색슨(AS) 모형은 복지보다는 경제성장에 중점을 두며, 저소득층을 위해서는 최저 수준의 생계보호만 제공한다. 이들 나라들에서는 1980년대부터 2008년 세계금융위기 이전까지의 기간에 규제완화, 금융자율화, 세계화 등을 주창하면서 이른바 신(新)자유주의를 선도하였다. 그 결과 특히 미국과 영국에서는 금융자본이 과잉 팽창하고 소득분배가 불평등해졌으며, 미국발 세계금융위기로 세계경제 전체를 극심한 경기침체의 소용돌이에 10년 동안이나 빠뜨렸다. 따라서 최근에는 AS 모형에 대한 비판이 제기되었다.

그러나 적어도 1990년대 이후 세계금융위기 이전까지 AS 모형, 특히 미국경제는 빠른 성장, 낮은 실업률 및 낮은 인플레이션율 등으로 다른 나라들의 부러움을 샀다. AS 모형은 '주주자본주의'를 특징으로 한다. 또한 효율적인 노동시장을 가졌기에 노동자를 해고하기가 쉬우나, 이번 세계금융위기 중에는 과도할 정도로 해고를 단행하였다. 반면에 일자리 창출에서는 뛰어나다. 증권시장이 중심적인 역할을 담당하고 있으나, 시계가 단기에 머물러 있어서 기업 CEO들이 단기 이익과 실적을 지나치게 강조한다.

AS 모형은 끊임없이 경제성장을 강조하며 혁신을 중요시하고 위험부담을 감수한다. 19세기 말 테일러(Fredrick W. Taylor)의 '과학적 관리'를 제일 먼저 채택한 미국은 20세기 내내 효율성(*efficiency*)을 끊임없이 강조하였다. **20** 계몽주의사상을 그대로 받아들여서 과학·기술의 지속적 진보에 대한 굳건한 믿음을 가지고 있으며, '무엇이든 할 수 있다'는 낙관적 생각을 지니고 있다. 아메리칸 드림은 미국인들에게는 주로 물질적인 부의 축적을 뜻한다. 정부 역할도 사유재산의 보호에 중점을 둔다. 기본적으로 AS 모형은 개인의 자유와 자율을 강조하며, 이에 뒤따르는 책임을 중요시한다.

2) 유럽대륙 모형

유럽대륙 모형은 규제된 시장경제(*regulated market economy*)인데, 이는 유럽인들이 자본주의 시장경제에 대해서 가진 양면적 생각(*ambivalence*)을 그대로 반영한다. 유럽인들은 또한 자유나 자율보다 사회구성원 간의 연대의식과 형평을 중시하고, 소득의 재분배나 시장에 대한 개입을 정부의 중요한 역할로 생각한다. 주주만이 아니라 근로자, 소비자 등의 이해도 함께 고려하는 이해관계자 자본주의(*stakeholder capitalism*)이다.

유럽대륙 모형은 또한 규제와 간섭이 심하여 경직된 노동시장과 재화시장을 가지고 있고, 사회보장이 후하므로 조세부담률도 높다. 지속가능한 발전을 강조하고 지구 환경보존에 대한 인류의 책임을 중시한다. 또한 유럽인들은 위험기피적이고 조심성이 많으며 안전의식이 매우 높다. 미국인들이 과도한 소비습관을 가져 자원을 남용하고 저축률이 낮으며 부채가 높은 반면, 유럽인들은 소비행위에서 절제가 습관화돼서 저축률이 상대적으로 높다.

'기회의 땅'이라고 하던 미국에서 최근에는 소득분배 불평등도가 매우 높으며, 빈곤인구도 유럽보다 훨씬 많다. 미국인들은 자신을 순수한 자본주의자이며 자본주의 최후의 보루라고 생각하지만, 어떤 나라나 마찬가지로 개선할 점이 많다. 유럽인들도 미국인들처럼 개인의 책임의식을 고양하는 것이 바람직하며, 미국인들은 지구 전체의 지속가능한 발전에 대한 책임의식을 갖는 것이 필요하다. 아울러 미국의 초·중등 교육은 개선할 여지가 매우 크며, 사회간접자본의 유지·보수가 미흡한 것도 문제이다.

(1) 사회적 시장경제의 개혁

독일과 프랑스는 EU 전체 GDP의 거의 절반을 차지한다. EU의 기관차 역할을 하는 독일의 경우를 보면, 제2차 세계대전에서 패망한 후 에르하르트(Ludwig Erhard)의 자유시장경제정책 추진으로 많은 나라들이 부러워하는 전후 서독의 '경제기적'을 이룩하였다. 경제성장률은 높았고, 노사관계는 안정되었으며, 실업률도 낮았고, 세계에서 가장 존경받는 중앙은행(Bundesbank)이 있어서 물가상승률은 거의 0에 가까웠으며, 강한 마르크화 가치를 유지하였다. 그 후에는 사회적 시장경제(*social market economy*)를 이룩하여 복지혜택도 폭넓게 시행하였다.

그러나 1990년대에 들어서는 독일, 프랑스 등 유럽대륙 국가들이 저성장, 고실업 현상을 나타내기 시작하였다. 1980년대에는 영국이 '유럽의 병자'라는 얘기를 들었으나, 1990년대에 들어서는 상황이 바뀌어 독일이 똑같은 비난을 받기에 이르렀다. 반면에 영국은 독일에 비해서 경제성장률이 훨씬 높고 실업률은 낮았다.

이에 대해서 특히 미국·영국의 경제전문가들은 불경기에도 근로자 해고가 어려운 경직된 노동시장, 영업시간까지 정해 주는 과도한 상품시장 규제, 높은 조세부담률, 과도한 복지비용 등 이른바 유럽경화증(*eurosclerosis*)을 주요 요인으로 들었다.

그리하여 1993~2002년의 10년 동안 종전에 유럽의 병자로 불리던 영국의 GDP 성장률은 연평균 2.9%였으나 전후 경제기적을 이룬 독일은 1. 3%에 불과하였다. 실업률도 독일과 프랑스 모두 2003년에 9. 4%로 매우 높았다. 특히 독일의 경우에는 1990년 동ㆍ서독 재통일 후 동독을 재건하는 과정에서 무려 1조 5천억 유로(약 2, 244조 원)의 막대한 통일비용을 부담한 것도 경제를 어렵게 만든 주요 요인이었다.

이제 2000년대에 들어서 독일과 프랑스는 각각 '의제 2010'(Agenda 2010)과 '의제 2006'으로 불리는 경제개혁을 추진하기 시작하였다. 이들 개혁 프로그램은 연금, 의료보장 및 노동시장의 개혁에 초점을 맞추었으며, 그 내용도 서로 비슷했다.

연금개혁을 보면, 양국 모두 근로자들에게 더 오래 일하도록 함으로써 연금재정 부담을 줄이려고 하였다. 독일의 경우 종전에는 연금이 총평균소득의 48%에 달하였으나, 이를 40%로 줄이고 은퇴연령도 65세에서 67세로 늘렸다. 의료보험과 관련하여, 양국 모두 의료수준은 최고이나 의료비가 상승하는 문제에 직면해 있었다. 이를 완화하기 위해서 독일은 개인의 의료비 부담을 늘리려고 하였다.

노동시장 개혁의 목표는 양국 모두 유연성을 높이는 데 두었다. 독일은 소기업에서는 노동자를 더 쉽게 해고할 수 있도록 바꾸었다. 실업수당도 삭감하였고, 구직자가 자신의 마음에 흡족하지 않더라도 일자리를 택하도록 유도하였다. 2003년 슈뢰더 총리 시절 하르츠 (Haartz) 개혁으로 불리는 노동시장 개혁은 재취업 교육을 받지 않으면 실업수당을 삭감하는 등의 조치를 취하도록 하였는데, 이는 종전의 실업자에 대한 소득보전 중심의 정책에서 '일하는 복지'로 전환하는 중요한 계기가 되었다.

독일의 저성장·고실업은 2005년까지 계속되었다. 2005년 GDP 성장률은 0.8%에 그쳤고 실업률도 11.2%나 되었으며, 정부재정도 악화되었다. 그러나 2006~2012년 기간 중 독일의 연평균 GDP 성장률은 2.7%로 유로존 평균인 1.6%보다 훨씬 높았다. 특히 2008년 세계금융위기 직후 독일경제는 크게 위축되었으나 곧 왕성한 회복세를 나타냄으로써 찬사를 받게 되었다. 이제 다시 세계는 독일의 경제 발전모형에 주목하기 시작하였다.[21]

(2) 독일경제

독일경제는 역사적 전통에 기초한 여러 가지 특징을 지녔는데, 이는 다른 나라들이 쉽사리 배울 수 없는 것들이다. 첫째는 독일 제조업의 허리를 이루는 367만 개의 중소기업인 미텔슈탄트(*Mittelstand*)들로, 전체 기업의 99.6%를 차지한다. 이들 중에는 높은 기술력을 지녀 남들이 쉽게 모방할 수 없는 고급 기계를 만들며 강한 국제경쟁력으로 세계시장 점유율 1~3위를 차지하는 이른바 '히든 챔피언'(*hidden champion*)들이 1,350개나 된다.

특히 독일 제조업에는 세계시장 점유율 1위인 품목이 무려 852개나 되는데, 이는 프랑스와 영국의 8~10배나 된다. 영국과 프랑스가 독일에서 무언가 배우려고 열심인 것은 당연하다. 경쟁자가 많은 소비재를 파는 것이 아니라 남들이 모방할 수 없는 생산재(자본재)를 파는 것이다. 결국 이들이 독일 경제성장의 원동력인 생산재 수출증대를 가능하게 하였으며, 그 결과로 독일의 경상수지 흑자 폭은 중국을 제치고 세계 1위를 차지하였다.

이들은 상당히 다변화되어 있어서 좁은 니치(niche) 시장에서는 일종의 과점자들이므로 경쟁자들도 아주 적다. 또한 가족 등 소수 창업자들이 적은 자본금으로도 설립할 수 있는 유한기업(Gesellschaft mit beschränkter Haftung: GmbH) 들이어서, 주주들이 강한 권한을 행사하는 주식회사(AktienGesellschaft: AG) 처럼 단기 실적에 구애받지 않고 장기적으로 연구 및 개발활동을 할 수 있다. 그리하여 중소기업의 총매출액 대비 R&D 투자 비율은 3.6% 로서 대기업의 3.1% 보다 높으며, 특히 히든 챔피언들은 총매출의 5%를 R&D에 투자한다.

최근 독일 산업정책의 특징을 보면, 1990년 재통일 이후 경제침체로 세계 최고의 경쟁력을 지닌 화학, 약품, 기계·장비, 자동차 산업에서 일본을 포함한 동아시아 국가에 추월당했을 때, 영국처럼 경쟁력을 잃은 산업을 신산업으로 대체하거나, 첨단산업을 육성하는 정책을 선택하지 않았다. 대신 고임금은 되돌릴 수 없으므로 생산성을 높이기 위해 노동력의 질을 높이는 데 집중하였다. 특히 2000년대 들어서는 그동안 사용하지 않던 전략산업 육성정책을 처음 선택했는데, 그 내용도 새롭게 신산업을 육성하는 것이 아니라 정보통신기술(ICT) 과의 융합을 통해 기존의 경쟁력을 지닌 산업을 고도화하는 것이었다. 제조업 4.0(Industry 4.0) 이라고 부르는 이 정책은 제조업에 사물인터넷(IoT) 등을 도입하는 것을 뜻한다.

독일경제의 두 번째 특징은 직업교육의 이중제도(dual system) 로, 교실(학교) 에서의 교육과 실제(기업) 현장실습을 결합한 것이다. 이미 1880년대에 시작된 이 제도 덕분에 높은 기술을 필요로 하는 숙련노동자를 충분히 공급할 수 있었다. 독일 고교생의 약 절반이 344개

직종에서 이중적인 직업교육을 받는다. 회사와의 계약을 통해서 회사에서는 실습을 하고, 학교에서는 이론을 배우는 이중(二重) 직업교육은 청년실업률을 획기적으로 낮추었으며, 기업들은 이러한 과정을 통해 숙련공을 제대로 확보할 수 있었다.[22] 2012년 독일의 실업률은 5.3%로서 1990년 재통일 이후 가장 낮은 반면에 프랑스의 실업률은 10.6%인 것이 이를 잘 나타낸다.

셋째로, 독일경제는 특히 미국과 비교할 때 고용안정성이 높다. 이번 세계금융위기를 계기로 불경기의 심도와 실업률 간의 관계는 무너진 것 같다.[23] 독일을 비롯한 프랑스, 영국 등은 세계금융위기 이후 경기침체가 다른 나라들에 비해서 심했으나 실업 수준은 큰 영향을 받지 않았다. 반면에 미국은 경기침체의 정도는 심하지 않았으나 기업들의 과도한 해고로 실업률은 크게 높아졌다. 그리하여 흡사 1980년대 유럽처럼 미국의 실업은 장기화해서 실업자 중 40%는 6개월 이상 실업상태에 빠진 장기실업자들이다. 사실 일반 국민들에게는 제일 중요한 것이 '일자리'이므로 이러한 차이의 중요성은 매우 크다.

지금까지 경제학에서는 유연한 노동시장이 최선의 정책이라는 견해가 지배하였다. 그러나 이는 경제가 완전고용 수준에 있을 때만 성립할 수 있다. 세계금융위기 이후의 경험은 미국에 비해서 독일 등 유럽 주요 국가들처럼 정부가 적극적인 정책을 펼쳐서 경기침체의 고통을 노사가 함께 분담하는 것이 더 바람직함을 보여 준다.

2009년 독일은 단축근로제도(Kurzarbeit)를 도입하였다. 근로자들도 적극 지지한 이 제도는 경기침체 시 기업은 해고를 하지 않는 대신 한시적으로 근로시간을 줄여 고용을 유지하고, 정부는 기업에 보조금을 줘서 삭감된 임금의 60%를 보전해 주는 방식이다. 따라서 경기 침체가 심했는데도 내수는 크게 위축되지 않아 경기가 빠르게 회복될 수 있었다.

또한 2002~2005년 추진된 슈뢰더 총리의 노동시장 개혁 덕분에 계약노동자(contract workers)도 무기한 고용할 수 있게 되었다. 그 결과 2010년에 43만 6천 개의 새로운 일자리가 창출되었는데, 이 중 절반을 넘는 25만 명이 계약노동자들이었다. 결국 독일과 미국의 중요한 차이는 미국은 시계(視界)가 짧아서 불황이 오면 근로자를 즉각 과도하게 해고하는 반면에, 독일 기업들은 다소의 과잉노동력을 그대로 보유하면서 다시 경기가 좋아질 때까지 기다리는 장기적 관점을 가진 점이다. **24**

네 번째는 앞의 특징과 관련된 것으로, 노사공동의사결정제도, 즉 근로자도 회사의 '운영이사회'에 경영진과 같이 참여하여 공동으로 의사결정을 하는 제도이다. 또한 운영이사회(managing board)는 별도의 '감독이사회'(supervisory board)에 대하여 책임을 지는데, 그 구성원은 은행가, 해당 분야 전문 과학·기술자 등이다. 이러한 2중 이사회를 지닌 회사 지배구조는 이미 1884년에 법제화되었다.

노사공동의사결정제도는 노동조합과 경영진이 연대의식을 갖도록 해서, 2000년대에 노동조합은 임금인상을 스스로 자제해서 기업의 국제경쟁력을 높일 수 있게 하였다. 공공부문 노조도 지난 10년 동안 임금임상을 하지 않았는데, 해고하지 않는 대신 2011년까지 임금을 동결하겠다는 협정을 10년 전 경영진과 맺었기 때문이다.

독일 노사는 굳건한 '신뢰'에 기초한 사회적 협력자(social partners)

로서 국민경제의 발전이라는 공동의 선(善)을 구현하기 위하여 협동하는 것이 체질화되어 있다. 이는 독일 이외에 네덜란드와 북유럽의 스웨덴, 핀란드, 덴마크, 노르웨이 등에서도 일반화된 현상이다. 믿음이나 신뢰는 모든 것의 기초가 된다.

다섯째로, 독일정부의 재정적자는 2011년 기준 GDP 대비 1.1%로서 프랑스의 5.7%와 영국의 8.6%에 비해서 월등히 낮다. 이는 독일 총리 메르켈이 연금 수령 연령을 65세에서 67세로 늘리고, 헌법을 고쳐서 주정부와 연방정부가 모두 구조적 재정적자를 거의 0%로 줄이도록 법제화했기 때문이다. GDP 대비 정부부채 비율도 81.5%로서 선진국 평균인 103.5%보다 훨씬 낮다. 가계도 건실해서, 순저축률이 2009년 11.3%로 선진국들 중 가장 높다. 반면에 신용카드 사용률은 2010년 전체 소비의 6.8%에 불과하여 세계 최저 수준이며, 거의 전부는 캐시카드이다. [25]

제2차 세계대전이 끝난 후 서독의 경제실적은 '라인강의 기적'으로 불릴 정도로 뛰어났다. 그러나 재통일 이후인 1990년대에 들어오면서 독일의 사회적 시장경제는 유럽경화증을 보이기 시작하였다. 이 때 독일은 '유럽의 병자'라는 조롱을 받았다. 이에 대응해서 슈뢰더 총리는 그 후 선거에서 정권을 잃으면서도 '의제 2010'으로 불리는 노동시장 개혁을 추진하였다. 덕분에 독일의 경제실적은 2000년대 후반부터 크게 개선되기 시작하였다. 특히 2008년 세계금융위기로 초기에는 큰 타격을 입었으나 곧바로 강한 회복세를 나타낸 독일경제는 세계 각국의 부러움을 샀다.

앞에서 지적한 대로 독일경제의 강점은 강한 국제경쟁력을 지닌 미텔슈탄트들이 기계류 등 자본재(*capital goods*) 수출을 주도함으로써 경제성장의 원동력으로 작용한다는 것이다. 직업교육의 이중제도도 특히 독일의 청년실업률을 낮추는 중요 요인으로서 여러 나라들이 배우려고 한다. 또한 앵글로-색슨 모형에 비해서 고용안정성도 높다. 세계금융위기 중에는 단축근로제도와 계약노동자 활용 등 정부의 적극적 노동시장정책으로 미국에 비해서 과도한 해고를 하지 않아도 되었다. 아울러 '노사공동의사결정제도'는 노사가 상호 신뢰를 기초로 해서 연대의식을 갖고 사회적 협력자로 자리 매김함으로써 안정적인 노사관계의 조성을 가능하게 하였다. 또한 건전재정의 유지와 높은 가계저축률도 중요한 강점이다.

독일의 경제발전모형을 살펴보면 각국 모형은 그 나라의 특유한 문화와 역사의 산물이어서 다른 나라들이 모방하기 쉽지 않다는 점을 발견할 수 있다. 그러나 어떤 나라든지 대내외 여건 변화에 따라 부단히 개혁을 지속해야만 바람직한 경제실적을 낼 수 있음은 분명하다.

그러나 최근에는 독일이 미국을 비롯한 여러 나라들과의 교역에서 막대한 흑자를 내는 것이 비판의 대상이 되고 있다. 특히 2016년 독일의 대 미국 무역수지 흑자는 무려 3천억 달러에 이르렀다. 이는 중국의 대 미국 무역수지 흑자 2천억 달러를 훨씬 초과하는 것이다.

EU 내에서도 독일에 비해서 국제경쟁력이 낮은 이탈리아, 그리스 및 스페인 등이 대 독일 무역수지 적자를 내는 것과 관련하여 이들 국가들로부터 신랄한 비판에 직면하였다. 무역수지 흑자국인 독일은 국민소득이 증가하고 일자리도 늘어나지만, 반대로 적자국은 성장률이 떨어지고 일자리도 줄어들기 때문이다.

또한 독일의 경우 GDP에서 소비가 차지하는 비율이 2016년 54%로서 미국의 69%나 영국의 65%에 비해서 훨씬 낮은 수준에 머물러 있다. 국산이나 외국산 제품에 대한 독일인들의 소비가 늘면 지출이 늘어나 무역수지 흑자 폭도 감소할 것이나, 검약한 소비생활을 지속함으로써 다른 나라들의 경제성장률, 고용창출률 및 무역수지에 부정적 영향을 끼치게 된다. 즉, 독일의 높은 저축률과 이에 따른 무역수지 흑자는 다른 나라들에게는 성장을 둔화하고, 일자리 창출을 저해하고, 무역수지를 적자로 만드는 것이다.

이 밖에 독일은 2015~2016년 무려 120만 명의 이민자를 수용한 후 대전환의 과정을 겪고 있다. 전보다 더 개방되고, 복잡해지고, 분화되고, 현대화되고 있는 것이다. 이는 지금까지의 균질하고 통합되었던 독일과는 크게 다른 모습이다. **26**

유럽대륙의 사회적 시장경제를 대표하는 국가로 독일 이외에 프랑스가 있다. 프랑스는 노동생산성이 높고, 〈포춘〉(*Fortune*) 500대 기업에 유럽 국가들 가운데 가장 많은 대기업들이 포함되어 있으며, 서비스산업과 첨단제조업이 강하다. 그러나 2011년 정부지출이 GDP의 무려 56%로서 유로존 국가 중 제일 높고, 심지어는 스웨덴보다도 높다. 실업률도 지난 30년 동안 7% 아래로 떨어지지 않았다. 독일과는 대조적으로 수출이 정체 상태에 있고, 경상수지 적자 폭도 유로존 국가 중 제일 크다. 전에는 개혁의 진도도 느렸으며, 프랑스 사람들은 세계화를 성장의 원천이 아닌 위협으로 생각하였다. **27** 그러나 2017년 취임한 젊은 마크롱 대통령의 과감한 노동개혁으로 강성노조 세력이 위축되고 파리에서의 노조시위도 크게 줄어드는 등 청신호가 켜졌다.

(3) 더치 모형

1980년대와 1990년대에는 네덜란드의 간척지 모형(*polder model*) 또는 대서양 중간 모형(*mid-Atlantic model*)이라고도 불리는 더치 모형이 각광을 받았다. 앞에서 본 대로 유럽대륙 모형은 1990년대에 저성장과 고실업으로 어려웠다. 흔히 경직적 노동시장, 과도한 규제 및 복지지출이 주요 요인으로 지적되었다. 반면에 미국은 고성장, 저실업을 나타냈으며, 유연한 노동시장과 왕성한 혁신활동이 강점이었다. 한편 네덜란드는 복지국가의 골격은 그대로 유지하면서도 고성장, 저실업, 낮은 인플레이션율 및 정부재정 흑자를 나타냈다. **28**

1980년대 후반과 1990년대 네덜란드의 경제실적이 좋았던 배경에는 바세나르(Wassenaar) 협약이 있었다. 1982년 네덜란드 노사 대표는 헤이그 교외에 있는 바세나르에서 협약을 체결하였고 후에 정부도 이를 추인했는데, 그 내용은 노동조합은 임금인상을 자제하며 중앙에서의 임금협상 대신 분권화된 임금협상을 하고, 사용자 측은 직장의 안정성을 보장하는 것이다. 또한 정부도 조세부담을 경감시키고 건전한 재정을 유지하였다. 즉, 노사가 서로 협의하면서 사회적 협력자로 자리매김한 것이 네덜란드의 성공 열쇠인 것이다.

이미 제2차 세계대전이 끝난 후 네덜란드 노사 대표가 서로 협의하면서 합의를 이룩하는 기구가 설립되었고, 1950년에는 정부가 각계의 신망 있는 인사들로 '사회경제위원회'(SEC)를 구성하였다. SEC는 자문기구이지만 여기서 제시한 정책은 정부도 무시할 수 없었고, 노사도 이를 참작해서 서로 협의하는 전통을 세우게 만들었다.

결국 세상에서 제일 중요한 것은 동서고금을 막론하고 믿음, 신뢰이다. 공자가 《논어》(論語)에서 나라를 다스리는 데 제일 중요한 것으로 외적의 침입을 막는 국방, 국민을 굶지 않도록 하는 경제보다도 신뢰와 믿음을 꼽은 것은 탁월한 통찰력이다. 한국에서 제일 부족한 것도 다른 무엇보다 우리들 사이의 신뢰와 믿음이다.

후쿠야마는 《역사의 종언》(The End of History and the Last Man)에서 헤겔이나 마르크스류(流)의 역사, 즉 이데올로기적인 역사는 끝났다고 선언하였다. 자유민주주의·시장경제체제만이 살아남았으며 가장 이상적인 체제라고 본 것이다. 이 책이 출판되기 바로 전해인 1991년에는 소련이 붕괴되었다. 후쿠야마 교수는 후속 저서 《신뢰》(Trust: The Social Virtues and the Creation of Prosperity)에서 자유민주주의체제가 역동적인 생명력을 유지하려면 윤리·도덕·협동심 등 사회적 자본(social capital)이 바탕이 되어야 하고, 그 기초가 바로 신뢰라고 주장하였다. 또한 한 사회의 신뢰 수준에 따라서 사회적 자본의 크기가 정해진다.

그는 중국, 프랑스, 이탈리아는 가족주의에 바탕을 둔 저신뢰 사회라고 생각하였으며, 미국, 독일, 일본은 친족관계에 기반을 두지 않은 고신뢰 사회로 간주하였다. 한국은 대기업 중심의 산업구조를 가졌다는 측면에서는 고신뢰 사회와 비슷하나, 가족주의 성향이 강해서 특수한 성격의 저신뢰 사회로 분류하였다.

네덜란드는 조세율을 삭감하고 사회보장 관련 지출을 줄여 GDP 대비 정부지출 비중이 1985년 66%에서 1999년에는 50%로 급감하였다. 29 즉, 더치 모형은 1980년대 후반의 친(親)시장적인 개혁을 통해서 유럽대륙 모형에서 앵글로-색슨 모형 쪽으로 이동하였다. 이 점이 우리가 대서양 중간 모형이라고 부르는 이유이다. 유럽대륙 모형과 앵글로-색슨 모형의 중간 어딘가에 있는 것이다.

네덜란드는 노동시장도 상당한 정도로 개혁해서 일정한 시간만 일하는 근로자, 일정 기간 계약직으로 일하는 근로자 등 다양한 형태의 고용이 늘어남으로써 노동시장의 유연성이 크게 높아졌다. 2008년 세계금융위기 당시 미국에 비해 실업이 크게 늘어나지 않은 독일과 네덜란드의 사례를 눈여겨봐야 한다. 또한 실업자가 다시 취업하도록 유도하는 정책을 쓴 것도 참고할 필요가 있다.

여기서 한때 세계적으로 각광을 받은 일본의 경제발전모형에 대해서 간략하게 살펴보자. 1960년대와 1970년대에는 세계적으로 '일본의 기적'이라는 말이 널리 회자되었다. 또한 국제경쟁력을 높이기 위해서는 일본경제의 주요한 특징인 종신고용, 철저한 품질관리, 투자 증대를 위한 정부·은행·기업의 긴밀한 관계 등을 배워야 한다는 목소리가 높았다. 1980년대 후반에는 많은 미국인들이 일본에 추격당할 수 있다는 두려움을 가졌다. 30

그러나 1985년의 플라자 합의로 엔(円) 화 가치가 초강세를 보였으며, 이로 인해서 수출이 크게 감소하였다. 불경기를 막으려 금리를 큰 폭으로 인하하였는데, 그 결과 부동산 대출이 급증하고 땅값, 집값, 주식값이 폭등하면서 자산 거품이 일어났다. 1980년대 말 일본은 금리인상을 통해서 이러한 거품을 빼려고 하였지만, 그 결과 일본경제는 향후 20여 년 동안 자산가치 하락에 따른 디플레이션과 부실채권으로 인한 은행 부실화로 경제가 거의 성장하지 못하는 '잃어버린 20년'을 겪었다.

3) 북유럽 모형

최근에는 경제성장과 복지 둘 다 잘하는 북유럽 모형이 각광을 받고 있다. 북유럽은 스웨덴과 노르웨이로 구성된 '스칸디나비아반도'와 덴마크, 핀란드, 아이슬란드를 포함한다. 북유럽은 행복도나 국제경쟁력, 양성평등의 국제비교에서 항상 수위를 차지하며, 태어나서 살기에 제일 좋은 곳으로 꼽힌다.

충분한 영유아 보육서비스로 여성의 경제활동 참가율이 높아서 전체 고용률도 유럽에서 제일 높다. 정부기관과 기업에 대한 신뢰도 서방 국가들 가운데서 으뜸이다. 북유럽은 평등, 신뢰, 상호협력의 세 가지 원칙에 기초해 있다.

북유럽 국가들은 1970년대부터 1980년대까지의 20여 년 동안 높은 세금과 높은 정부지출로 특징지어진다. 예를 들어 스웨덴의 GDP 대비 정부지출은 1993년에 67%나 되었다. [31] 그러나 1980년대에 금융자율화가 추진되면서 생긴 부동산 거품이 1990년대 초 붕괴되자 금융위기가 발생하였고, 이를 해결하는 과정에서 재정도 크게 악화되었다. 위기 이전에는 흑자를 기록하였던 스웨덴과 핀란드의 1993년 재정적자 폭은 GDP 대비 각각 11.2%와 8.2%나 되었으며, 이러한 재정적자는 1991년부터 1997년까지 지속되었다. 스웨덴은 1970년에는 세계에서 4번째 부국이었으나 1993년에는 14번째로 떨어졌다.

결국 북유럽의 고부담-고복지 체제는 지속가능하지 않은 것으로 드러났으므로 1990년대 초반부터 상당한 고통이 뒤따르는 재정개혁과 복지개혁을 추진하였다. 최우선 정책인 재정개혁을 보면, 스웨덴은 1990년대 중반부터 재정흑자를 GDP 대비 2% 이상 유지하는 엄격한 '재정준칙'을 도입하였다. [32] GDP 대비 정부지출의 비중도 2011년에는 49%까지 떨어졌다. 조세율도 대폭 삭감하여 1983년 이후 최고 한계세율이 84%나 되던 것을 57%로 대폭 삭감하였고, 법인세율도 현재는 22%로 미국보다 낮다. 그 결과 현재 북유럽 국가들의 재정은 다른 선진국들에 비해서 상당히 건실한 편이다.

세계금융위기 이후인 2010년 재정적자의 GDP 대비 비중을 보면, OECD 평균이 -7.7%인 데 비해서 스웨덴은 -0.1%에 불과하였고 핀란드도 -2.8%에 머물렀다. 정부부채의 GDP 대비 규모도 OECD 평균이 97.9%인 데 비해서 스웨덴은 그 절반인 49.1%에 머물렀고 핀란드도 57.6%에 불과하다.

건전재정을 유지하려면 경제성장의 촉진이 필수적이다. 그러나 유럽 재정위기로 저성장이 장기화되면서 북유럽 국가도 영향을 받았고, 이 때문에 세수(稅收)가 감소하였다. 또한 인구고령화 탓에 연금, 의료보험 등 재정부담은 더욱 늘어났다. 해결책은 경제활성화로 경제성장을 촉진하는 것밖에 없으므로 북유럽 국가들은 법인세, 소득세 인하 등 감세정책과 공공부문 민영화 등을 추진하였다.

다음으로 복지개혁을 보면, 현재도 북유럽 국가들은 세계에서 가장 후한 복지제도를 갖추고 있으나, 실업수당을 줄이고 연금지급을 삭감하는 등 개혁조치를 취하였다. 그 결과 북유럽은 '복지천국'에서 '일하는 복지국가'로 전환되었다. 즉, 복지제도 개혁을 노동시장 개혁과 연계해서 추진한 것이다.

스웨덴은 아울러 인구고령화로 인한 재정부담을 완화하기 위해서 퇴직연령을 상향조정하는 등 연금개혁을 추진하였다. 또한 복지 의존을 줄이고 근로유인을 촉진하는 노동시장 정책을 폈다. 실업수당 지급에 노동시장 참여를 의무화하는 전제조건을 부과한다든가, 병가수당이나 실업수당을 기업이 더욱 철저히 관리하도록 하였다.

덴마크는 유럽 국가 중 가장 신축적인 노동시장을 가졌기에 미국처럼 기업이 근로자를 쉽게 해고할 수 있으나, 정부가 충분한 실업수당을 지급하며 직장 찾기를 적극 돕는다. 이를 '유연안전성'(flexicurity)이라고 부르는데, 이는 노동시장의 유연성(flexibility)과 복지제도의 안전성(security)을 결합한 것이다.

북유럽 모형의 주요한 특징은 경제성장 동력 확충에 상당한 역점을 둔다는 점이다. 즉, 복지 수준만 높은 것이 아니라 동시에 국제경쟁력도 매우 높다. 북유럽 국가들은 글로벌 기업들을 상당수 보유하고 있다. 덴마크의 글로벌 기업들로는 보청기의 오티콘(Oticon), 해운의 머스크(Maersk), 음료의 칼스버그(Carlsberg) 등이 있다. 스웨덴에는 채굴장비와 공작기계 분야의 샌드빅(Sandvik)과 아틀라스 코프코(Atlas Copco), 소매업 분야의 IKEA와 H&M, 최근 중국 화웨이(Huawei)의 심각한 도전에 직면한 통신장비 회사 에릭슨(Ericsson)등이 있다. 핀란드에는 엘리베이터의 콘(Kone)이 있으며, 노키아는 한때 이동전화 분야를 지배했으나 근자에는 어려움에 처해 있다. 그러나 〈앵그리 버드〉(Angry Birds)를 만든 로비오(Rovio)도 있다. 노르웨이도 원유와 어업 분야에서 세계적인 국가이다.

이와 같이 국제경쟁력이 강한 제조업은 북유럽의 주된 성장동력 역할을 담당하고 있다. 인적자원도 우수하며 R&D 투자도 다른 선진국들보다 높다. 그러나 미국 캘리포니아주의 대기업 100개 가운데 39개가 1970년 이후에 생긴 기업인 반면, 이러한 신생 대기업이 덴마크에는 3개뿐이며 스웨덴도 2개뿐이다. 즉, 북유럽 국가들에는 제조업 성장을 주도하는 글로벌 기업들이 상당수 있으나, 신생기업들의 생성은 활발하지 못하다.

이에 북유럽 국가들은 기업가정신 고취와 벤처기업 활성화에 상당한 노력을 기울였다. 또한 혁신 클러스터를 중심으로 대학-기업-정부가 서로 협력하는 지역혁신체제를 ICT, 바이오, 헬스케어 등의 분야에서 조성하였다. 유럽 최대의 ICT 클러스터인 스웨덴의 시스타 사이언스 시티와 핀란드의 울루 사이언스 파크가 대표적인 예이다. 웁살라-스톡홀름 생명공학 벨트인 바이오리전(Bioregion)은 생명공학에 관한 연구, 생산 및 상업화를 한 번에 수행할 수 있는 스웨덴 바이오산업의 요충지이다.

또한 스웨덴 정부는 R&D 투자를 확대하였고, 핀란드 정부는 신생기업에 대한 투자자인 엔젤(angel) 투자를 장려하기 위해서 지원을 늘리는 동시에 세제혜택도 부여하고 있다. 핀란드의 리눅스(Linux)가 오픈소스 컴퓨터 운영체계를 만든 데서 보듯이 이들의 독창성과 창의성은 두드러진다.

개인의 창의, 자율을 소중히 여기는 북유럽의 특징은 여러 국제경쟁력 지표에서 그대로 드러난다. 2011년 세계경제포럼이 139개국을 대상으로 발표한 국제경쟁력 순위를 보면 스웨덴은 2위, 핀란드는 7위, 덴마크는 9위를 차지하였다. 그러나 아직도 정부부문이 민간부문에 비해 너무 크며 조세율도 높고 복지혜택도 지나친 측면이 있다.

한국경제의 관점에서 제일 부러운 것은 상호 신뢰를 바탕으로 한 사회적 합의 관행이 정착되어 있다는 점이다. 즉, 신뢰라는 가장 소중한 '사회적 자본'이 충분히 축적되어 있다. 정부도 투명하며 사회전반에 부정부패가 적고 분배의 불평등도 낮은 것이 신뢰기반을 구축하는 데 크게 기여하였다.

그러나 최근 들어서는 북유럽 모형도 문제점을 드러내고 있다. 제일 큰 문제는 생산성 증가율이 낮아지는 것으로, 노르웨이·핀란드·덴마크는 1980년대에 2~3%의 생산성 증가율을 나타냈으나 지난 10년 동안에는 연평균 1%로 떨어졌다. 또한 북유럽의 특징인 소득분배의 공평도도 떨어지고 있다. 33

북유럽 모형은 경제성장에 중점을 두는 동시에 높은 수준의 복지를 제공한다. 한편 독일·프랑스 외에도 오스트리아, 벨기에, 룩셈부르크, 네덜란드 등을 포함하는 유럽대륙 모형은 경제성장을 강조하는 동시에 실업급여 등 사회보험을 중심으로 복지를 제공한다.

이탈리아, 스페인, 그리스, 포르투갈 등을 포함하는 지중해 모형은 경제성장보다 복지를 더 중시하여 복지제도가 관대하다. 이탈리아도 스웨덴과 비슷한 시기인 1990년대 초 금융위기와 재정위기를 동시에 경험하였다. 즉, 1992년에 정치적 혼란과 국가채무 누적으로 리라화(貨)에 대한 투기적 공격이 일어났으며, 1993년에는 GDP 대비 재정적자가 10.1%나 되었다. 그러나 스웨덴이 대담한 재정개혁을 실시한 반면에, 이탈리아는 강력한 정치적 리더십의 부재로 포퓰리즘에서 헤어나지 못함으로써 결국은 최근의 세계금융위기를 당하여 또다시 위기에 봉착하였다.

4) 한국의 바람직한 경제발전모형

앞에서 우리는 앵글로-색슨 모형, 유럽대륙 모형, 북유럽 모형의 주요한 특징에 관해서 살펴보았다. 각 모형들은 특유의 장단점을 지니고 있어서 어떤 모형이 다른 것보다 우월하다고 말하기는 어렵다. 2장에서 살펴본 동아시아 경제발전모형도 남미의 경제발전모형과 비교되면서 한때 '동아시아의 경제기적'을 가져왔다고 칭송이 자자하였다. 그러나 1990년대 말 외환위기를 당하여 하루아침에 정실 자본주의(crony capitalism)라는 혹독한 비난을 받았다.

여러 나라들의 경험이 보여 주는 것은 대내외 여건 변화에 맞추어 스스로 개혁을 일상적으로 추진해야만 지속적인 성장이 가능하다는 사실이다. 세상은 하루가 다르게 변화하는데 늘 하던 대로 동일한 방식으로 경제를 운영하면 난관에 봉착한다. 이미 공자가 2,500년 전에 《논어》에서 강조한 "매일매일 새로워진다"(日日新又日新)는 지적은 그때나 지금이나 맞는 명제다. 개인, 기업, 학교, 은행, 병원, 노조, 정부 등 모두에게 해당된다.

이제 바람직한 한국경제 발전모형이 갖추어야 할 몇 가지 기초적인 요소들을 꼽아 보기로 한다. 첫째는 환경보존, 지속가능한 발전 등에 유의하면서도 지속적인 경제성장의 중요성을 재확인하는 것이다. 이를 위해서 개인의 자유와 창의성 존중, R&D 활동 강화 등 혁신 촉진 정책 수행, 강한 국제경쟁력을 갖춘 중견기업 육성을 통한 수출 촉진, 높은 저축률, 교육개혁, 개방경제체제의 유지·강화, 건전재정의 지속, 건실한 금융·재정정책 집행 등이 필요하다.

둘째로, 소득보전 중심의 복지에서 일하는 복지로의 방향전환이 필요하다. 노동이 가능하지 않은 빈곤층에 대한 복지증진에 노력을 집중하는 동시에 선택적 복지를 지향해야 하며, 보편적 복지의 환상에서 탈피하는 것이 필요하다.

셋째로, 여건의 변화에 따라서 지속적인 구조 개혁을 상시화할 수 있는 강력한 정치적 지도력이 필수적이다. 저출산·노령화의 진전과 더불어 연금, 건강보험의 개혁도 일상화되어야 한다. 이를 뒷받침할 수 있도록 북유럽과 유럽대륙에서처럼 사회의 신뢰기반을 굳건하게 구축해야 한다. 투명한 사회와 부정·부패 없는 공정한 사회를 이룩해야 하며, 노·사·정이 '사회적 협력자'로서 공동의 선(善)을 이루기 위하여 협약도 맺을 수 있어야 한다.

넷째로, 앵글로-색슨 모형에서처럼 지나치게 단기 이익과 실적에 치중하고 좁은 의미의 주주 이익만을 우선시함으로써, 과도한 해고를 하며 경기변동의 진폭을 키우고 고용안정에 어려움을 겪는 현상을 적극적인 노동정책을 통해서 완화할 수 있어야 한다. 아울러 학력별 노동시장에서의 심각한 수급 불균형 현상을 해결하기 위해서 독일의 직업교육제도를 참고할 필요가 있다.

다섯째로, 활력 있는 기업생태계 조성이 필수적이다. 종래의 대기업집단 중심의 기업생태계는 중견기업, 강소기업, 벤처기업의 성장을 저해함으로써 한국경제 전반의 혁신역량을 억제하는 결과를 초래하였다. 앞으로는 폐쇄적, 수직적인 기업생태계를 개방적, 수평적, 협력적인 생태계로 전환해야 한다. 대기업집단의 사회적 책임 가운데 가장 중요한 것은 이러한 건강한 기업생태계 조성을 선도함으로써 한국경제 전체의 혁신역량을 향상시키는 것이다. 우리만의 특장점을 살릴 수 있는 한국의 경제발전모형을 구축하는 노력은 상시적, 지속적으로 추진되어야 한다.

3. 성장잠재력의 확충

1) 혁신주도형 경제

미국이 끊임없는 경제성장을 강조하는 데 비하여, EU 헌법은 지속가능한 발전과 환경보존을 강조한다. 개발과 보존은 서로 대립적인 목표이나, 이 둘을 조화롭게 균형을 맞추어 추구하는 것이 바람직하다. 그러나 경제성장은 일자리를 창출하고 세수(稅收) 증대를 초래하므로 복지확충을 위해서도 매우 중요하다. 따라서 경제성장은 모든 나라의 경제정책의 주요한 목표이다.

앞의 1절에서 본 것처럼 한국경제는 1960~1980년대의 한 세대 동안 고도성장을 실현하였으나, 1990년대 이후에는 잠재성장률이 계속해서 하락하고 있다. 여기서 '잠재성장률'이란 어떤 국민경제가 물가상승을 초래하지 않으면서 성장할 수 있는 최고 성장률을 뜻한다. 이는 평균성장률 또는 추세성장률과 비슷한 개념이다.

한 나라의 경제성장과 더불어 추세성장률이 점차로 감소하는 것은 자연스러운 현상이라고 볼 수 있다. 즉, 한 나라의 경제가 성장 초기 단계를 지나 성숙해질수록 성장률은 점점 떨어지기 마련이다. 다음과 같은 한 나라 전체의 생산함수(*production function*)를 가정해 보자.

$$Y = F (L, K, T)$$

여기서 Y는 GDP, L은 노동투입량, K는 자본투입량 그리고 T는 기술진보[또는 동의어(同義語)인 생산성 향상, 효율 증대]를 나타낸다. Y는 산출물(*output*)이며, L, K, T는 투입물(*input*)이다. 즉, 생산요소 또는 투입물을 사용해서 산출물을 생산하는 것을 나타낸 것이 생산함수이다.

위의 생산함수를 보면 Y의 증가, 즉 경제성장은 3가지 요인에 의해서 초래된다. L의 증가, 즉 더 많은 노동자를 사용하든지, K의 증가, 즉 더 많은 자본재(*capital goods*) 또는 기계를 사용하든지, 또는 L과 K의 투입량이 가만히 있더라도 기술이 발달한다면(같은 뜻인 효율이나 생산성이 향상되면) Y는 증가한다. 이처럼 경제성장의 원천(*sources of economic growth*)이 L, K, T에서 각각 얼마나 나왔는지를 추정하는 것을 성장회계(*growth accounting*)라고 부른다.

L에 대해서 보면, 우리나라의 합계출산율은 2017년 1.05%로, 인구대체 출산율인 2.1%보다 너무 낮다. 따라서 15세 이상 64세 이하 생산가능인구는 2017년부터 감소할 것으로 전망된다. 즉, L의 투입량이 점점 더 줄어들 것이다.

아울러 평균수명이 연장되면서 고령화가 급속도로 진행되어 저축률도 점점 떨어질 것이다. 가계, 기업, 정부의 총저축률은 2011년에 31.7%나 되어 OECD 회원국 중 두 번째로 높다. 그러나 가계저축률은 3.4%에 불과해서 OECD 회원국 평균인 6.9%의 절반에도 못 미친다. 저축(S)은 투자(I)를 위한 재원인데, 저축이 낮으면 투자도 낮아지고 이는 자본축적을 늦추게 된다.

앞으로 노동투입량 L은 저출산·고령화로 그 증가율이 감소할 수밖에 없다. 또한 K, 즉 자본축적도 경제성장과 더불어 계속 증대되면서 자본의 한계생산성은 낮아질 수밖에 없다. 이는 곧 어떤 국가도 고도성장을 지속할 수는 없으며, 국민소득이 높아질수록 경제성장률은 둔화될 것이라는 점을 가리킨다. L과 K의 투입이 모두 감소하므로 앞으로 경제성장의 원천은 기술진보, 또는 같은 뜻인 효율증대, 생산성 향상에서 주로 나와야만 한다. 동일한 L과 K를 투입하면서도 Y를 더 많이 산출할 수 있는 기술진보(효율증대, 생산성 향상)가 앞으로 필수적인 성장 요인이 된다.

1970~2010년 기간 중 국민소득 성장률의 약 절반 정도인 52.6%는 요소투입 증가에서 초래되었다.[34] 이 가운데 32.3%는 노동투입 증대에 기인하는데, 이는 주로 취업자 수 증가에서 비롯되었다. 나머지 20.3%가 자본투입 증가에서 비롯되었는데, 이는 주로 고정투자 증가에서 비롯되었다. 한편 기술진보(효율증대, 생산성 향상)의 기여도는 47.4%로 거의 절반 정도이다. 중요한 비중을 차지하는 것은 '규모의 경제' 효과로 19.4%이며, (총요소) 생산성 증가가 23.7% 등이다.

그러나 앞으로는 L, K 등 전통적인 생산요소(*traditional inputs*)의 투입 증가에 의한 경제성장(*input-driven growth*) 또는 외연(外延)적인 성장(*extensive growth*)에는 한계가 있으므로, 기술진보(효율증대, 생산성 향상) 또는 혁신주도형 성장(*innovation-led growth*) 또는 내포(內包)적 성장(*intensive growth*)으로 전환해야만 한다.

이는 곧 땀에 의한 성장에서 영감 또는 아이디어에 의한 성장으로 바꿔야만 하는 것을 뜻한다. 이제는 열심히 일만 해서는 부족하고 세계 경쟁에서 머리로 승부해야 할 때가 온 것이다. 한 나라의 경제성장단계가 높아질수록 이러한 상황에 필연적으로 봉착하게 된다.

생산함수의 윤곽을 사용해서 살펴보면, L과 K의 투입 증가율은 한 나라가 성숙해지면서 감소하기 마련이므로 만일 T의 증가율이 일정하다면 Y의 증가율인 경제성장률은 점점 감소하기 마련이다.

2001~2011년 우리나라의 연평균 경제성장률은 4%였으나 2011~2015년에는 '추세성장률' 3.6%에 훨씬 못 미치는 약 2%에 그쳤다. 이는 2008년 미국발 세계금융위기와 2011년 유럽 재정위기로 인해서 세계경제가 침체된 데 주로 연유한다. 특히 글로벌 금융위기 이후인 2008~2014년 한국의 연평균 경제성장률은 추세성장률 3.6%에 못 미치는 3.17%에 머물렀다. 2015년 이후 뚜렷해진 중국경제의 성장률 둔화 추세와 원자재 가격 하락 등에 따른 신흥국들의 경기둔화로 앞으로도 한국의 GDP 성장률은 계속해서 하락할 것이다.

그러나 주요 선진국들과 신흥국들이 저성장 기조를 보인다고 해도 한국의 경제성장단계로 볼 때 이는 지나치게 낮은 성장률이다. IMF에 따르면 미국(한국) 같은 선진국도 2014년 2.6%(3.3%) 성장한 데 이어서 2015년과 2016년에 각각 2.9%(2.8%)와 1.5%(2.8%) 정도 성장하였고 2017년에는 2.2%(3.0%), 2018년에는 4.0%(3.0%) 성장할 것으로 예상하고 있음을 볼 때 그렇다. 일자리 창출, 세수 증대,

복지확충 재원 마련을 위해서도 한국경제는 4% 정도의 경제성장률 목표치를 설정하고 이를 달성하는 데 모든 정책적 노력을 집중해야 할 것이다.

2) 고용률의 제고

생산함수의 윤곽을 사용해서 볼 때, 잠재성장률을 높이려면 우선 노동투입량을 늘려야 한다. 그런데 종전에는 경제정책의 주된 목표를 경제성장률로 삼았으나, 박근혜 정부는 이를 취업자를 생산가능인구로 나눈 '고용률'로 바꾸고, 2017년까지 70%로 끌어올릴 것을 목표로 세웠다. 2015년 현재 OECD 기준 생산가능인구인 15세 이상 64세 이하의 고용률은 65.7%로서 OECD 평균 70%보다 낮다. 또한 지금까지는 중심이 되는 고용지표도 고용률이 아니라 생산가능인구에서 비경제활동인구를 뺀 경제활동인구로 실업자 수를 나눈 '실업률'로 삼아 왔는데, 이는 노동시장의 현실을 제대로 반영하지 못하였다.

최근 10년 동안의 고용탄력도, 즉 취업자 수 증가율을 경제성장률로 나눈 값을 보면, 경제성장률이 1% 상승할 때 취업자 수는 7~9만 명 정도가 증가하며 세수는 2조 원가량 늘어났다. 따라서 4%의 경제성장률을 달성하더라도 약 30~40만 개의 일자리를 만들어 낼 수 있을 뿐이다. 고용률을 70% 수준으로 높이려면 5년 동안 추가로 약 200만 개의 일자리를 새로 창출하여야 한다.

그런데 선진국의 경험을 보면 고용률 70%는 고용-성장-복지의 선순환을 가능케 하는 고용 수준으로 간주된다. 즉, 생산가능인구 10명 가운데 7명 정도가 일을 하고 세금을 내야 성장과 복지가 선순환을 이룰 수 있다는 뜻이다.

국제노동기구(ILO)는 '취업자'를 조사대상 1주일 동안에 수입이 있는 일을 1시간 이상 한 자로 규정한다. 반면에 '실업자'는 지난 4주간 적극적으로 구직활동을 한 사람들 중에서 지난 1주일 동안에 일을 하지 않았으나, 일자리가 주어지면 일을 할 수 있는 사람이다.

2015년 5월의 공식적 실업률은 3.8%로, 이는 ILO가 국제비교를 위해 천거하는 고용지표이지만 체감실업률과는 상당한 차이가 있다. 때문에 이른바 '고용보조지표' 또는 '노동력 저수준 활용지표'(labor underutilization indicator)를 사용하기도 한다. 이는 일하고 싶은 욕구가 충족되지 못한 노동력을 포착하기 위한 것이다. 예를 들면 취업자 중에서 실제 취업시간이 36시간 미만이면서, 추가 취업을 희망하고 추가 취업이 가능한 자 등을 포함시키는 것이다. 흔히 사용하는 고용보조지표 3에 따르면 체감실업률은 11%나 된다.

고용보조지표 이외에 '취업애로계층'을 추정하기도 한다. 취업애로계층은 실업자는 물론이고, 불완전 취업자, 비경제활동인구 중에서 취업 의사와 능력이 있는 사람을 포함하며, 이들은 모두 취업에 어려움을 겪는 계층이다. 35

2013년의 취업애로계층 구성을 보면 실업자 약 81만 명, 취업 의사와 능력이 있는 비경제활동인구 약 45만 명 그리고 불완전 취업자 32만 명 등 모두 158만 명이다. 취업애로계층 가운데 청년층의 비중이 28.7%로 제일 크며, 그 수는 약 45만 명이다.

불완전 취업자란 ILO 기준에 따르면 취업자로 분류되나 실제 취업

시간은 36시간 미만이며 추가 취업을 희망하고 추가 취업이 가능한 자들로, '시간 관련 추가취업 가능자'로 부르기도 한다. 또한 비경제 활동인구 중에는 지난 4주간 구직활동을 하지 않아서 ILO 기준으로는 비경제활동인구로 분류되나, 일할 능력도 있고 실제로 취업도 바라고 있으나 현재는 구직을 포기한 구직 단념자, 즉 실망실업자(*discouraged workers*) 또는 잠재구직자도 포함된다. **36**

한편, 통계청이 발표하는 〈2018년 3월 고용동향〉에 따르면 실업률은 4.5%로서 17년 만에 최고치를 기록하였으며, 실업자 수는 126만 명으로 세 달 연속 100만 명 수준을 넘었다. 특히 청년층(15~29세) 실업률은 11.6%나 되었다.

노동투입량을 늘리려면 우선 선진국에 비해서 매우 낮은 여성 고용률을 높여야만 한다. 2015년 5월 통계청 기준 15세 이상 전체 고용률은 60.9%인데, 이 중 여성 고용률은 50.6%, 남성 고용률은 71.8%로 남성 고용률이 여성보다 20% 이상 높다. 여성 고용률을 높이려면 일·가정 양립이 가능한 사회적 여건을 조성해야 하며, 자녀 양육비와 과다한 교육비를 크게 완화할 수 있는 획기적 조치가 있어야 한다. 이는 저출산의 덫에서 빠져나오기 위해서도 필요한 일이다.

OECD 기준 15~64세 고용률은 2000년~2015년 5월 중 61.5%에서 66.1%로 개선되었다. 그러나 통계청 기준 청년층(15~29세) 고용률은 같은 기간 43.4%에서 41.7%로 오히려 감소하였다. 여기서 발견할 수 있는 것은 고용정책의 핵심 대상은 청년층이고, 청년 고용의 핵심은 니트족이라는 점이다.

니트(Not in Employment, Education and Training: NEET) 족이란

청년층 가운데 취업, 교육 및 직업훈련에 참여하지 않은 사람들을 뜻한다. 이들 중 과반수는 취업 의사를 가진 것으로 추정된다. 니트족은 2014년 기준 163만 명으로 청년층 생산가능인구의 17%를 점유한다. 따라서 니트족을 취업자로 전환하는 것이 청년고용을 높이기 위한 핵심 정책과제이다.

한국의 고용구조를 살펴보면, 2015년 5월 총취업자 수는 2,619만 명이다. 이 중 임금근로자는 73.7%인 1,929만 명이다. 비임금근로자는 자영업자와 무급 가족종사자들로 구성되는데, 각각 570만 명과 120만 명, 총 690만 명으로 26.3%를 차지한다. 임금근로자 가운데 상용근로자는 1,252만 명으로 총취업자의 47.8%를 점유하며, 임시근로자는 506만 명으로 19%, 일용근로자는 171만 명으로 6.5%를 점유한다. **37**

2015년 5월 산업별 취업자 구성을 살펴보면, 농림어업 부문에 153만 명이 취업해 있어서 총취업자의 5.9%를 점유한다. 제조업 부문 취업자는 446만 명으로, 그 비중은 17.0%이다. 서비스산업 취업자는 2,019만 명으로, 총취업자 2,619만 명의 대부분인 77.1%가 서비스산업에서 일하고 있다.

총취업자의 4분의 3 이상이 종사하는 서비스산업 중 고용비중이 높은 주요 업종을 보면, 도매 및 소매업에서 378만 명이 일하고, 총취업자에서 차지하는 비중은 14.4%나 된다. 숙박 및 음식점업 취업자는 218만 명이며, 비중은 8.3%이다. 이어서 건설업 취업자가 186만 명으로, 비중은 7.1%이다. 또한 교육사회복지 서비스업에서 179만 명이 일하고, 총취업자에서의 비중은 6.8%이다.

기업규모별로 고용비중을 보면, 300인 미만을 고용하는 중소기업이 전체 고용에서 점유하는 비중은 91.8%로 거의 절대적이며, 300인 이상을 고용하는 대기업이 차지하는 비중은 8.2%이다. 중소기업 가운데 1~4인을 고용하는 영세기업에는 거의 1천만 명인 959만 명이 취업해 있어서 전체 취업자 2,424만 명 중 무려 39.6%나 된다. 5~299인을 고용하는 중소기업 취업자는 1,266만 명으로 52.2%를 차지하며, 300인 이상의 대기업 취업자는 199만 명으로 8.2%이다.

생산되는 부가가치 10억 원당 일자리 창출 인원을 나타내는 '취업유발계수'를 보면, 2010년 기준 서비스산업 16.8명, 제조업 9.3명, 건설업 13.7명, 농림어업 37.3명이며 전 산업 평균은 12.9명으로, 취업유발계수는 서비스산업이 제조업에 비해 훨씬 높다.

일자리 나누기(*job sharing*)도 고용증대의 주요 수단이 될 수 있다. 2014년 현재 한국의 근로시간은 OECD 회원국 평균치인 1,900시간보다 300시간이나 더 긴 연간 약 2,200시간이다. 2015년 노·사·정 협약은 2020년까지 근로시간을 1,800시간으로 감축하는 것을 목표로 채택하기도 하였다.

문재인 정부는 2018년 7월부터 300인 이상 고용 기업과 공공기관을 대상으로 근로시간을 현행 주당 68시간에서 52시간(평일 40시간+연장근로 12시간)으로 단축하였다. 그러나 주요 선진국들은 근로시간 단축과 탄력근무제를 동시에 시행함으로써 근로자 보호와 노동유연성을 같이 추구하고 있다. 즉, 근로시간 단축과 함께 6개월~1년 단위의 탄력근무제를 업종별 근로 특성에 따라서 시행하고 있다. 좋은 예로, 벤처·IT 업체처럼 필요에 따라 집중적인 몰입근무가 필요할 때가 있다. 그러나 현재 우리는 3개월 단위의 매우 경직적인 탄력근무제를 채택하고 있다. 이는 결국 국제경쟁력의 저해를 초래하므로, 탄력근무제의 기한을 6개월~1년으로 늘려야 한다.

고용증대를 위해서는 총고용에서 차지하는 비중이 매우 높은 중소기업과 서비스산업의 경쟁력 강화가 필요하다. 아울러 수입 의존도가 높은 부품·소재 분야 중소기업을 적극 육성해야 한다. 제조업 부문의 중간투입재 국산화 비율은 1995년 73.0%, 2000년 71.4%, 2005년 71.3% 그리고 2010년 68.7%로 오히려 뒷걸음치고 있다. 중간재 국산화 비율을 높이면 고용을 증대하는 이외에 부가가치율 증대, 무역수지 개선, 산업연관효과의 국외 유출 감소 등의 효과를 누릴 수 있다. 또한 국제경쟁력 있는 부품·소재를 생산하는 중소기업 육성은 이들이 중견기업으로 성장할 수 있는 계기도 제공할 것이다.

3) 투자의 활성화

생산함수의 윤곽을 사용해서 볼 때, 잠재성장률을 높이기 위해서는 둘째로 투자(I)를 증대시켜야 한다. 인과관계를 보면 다음과 같다.

$$S\uparrow \rightarrow I\uparrow \rightarrow K\uparrow \rightarrow Y\uparrow$$

즉, 저축(S)을 증대시키면 저축은 투자(I)를 위한 재원이므로 투자가 늘고, 투자가 늘면 그 결과 자본축적이 증대되므로 K (*capital stock*)가 증가하는데, 이는 GDP(Y)의 증가를 초래하게 된다.

고정투자, 즉 '국민계정'의 총고정자본형성 (*gross fixed capital forma-tion*) 은 설비투자와 건설투자를 합한 것인데, 그 연평균 증가율을 10년 단위로 보면 1980년대 12.8%, 1990년대 5.2% 그리고 2000년대 (2000~2009년) 에는 2.8%로 급속히 감소하였다가 2010~2016년에는 3.3%로 다소 높아졌다. 고정투자/GDP는 2005~2010년 기간에 28.8%로 OECD 평균 21.7%보다 높았다. 이 중에서 설비투자/GDP는 9.4% (OECD 평균 7.7%) 였고, 건설투자/GDP는 17.7% (OECD 평균 12.5%) 였다. 2011~2016년 기간 국내총투자율 (고정투자/GDP) 은 30.0%였다.

한국의 해외직접투자는 2000년대 이후 빠른 속도로 증가하였다. 즉, 1991~2000년 기간 331억 달러였던 것이 2001~2010년에는 1,090억 달러로 3.3배나 증가하였다. 다시 2010~2016년에는 2,500억 달러로 급증하였다. 해외직접투자의 급속한 증대는 국내 설비투자와 고용에는 부정적인 영향을 미치게 된다. 2011년 해외직접투자의 GDP 대비 비율은 4.1%에 달했다.

반면에 한국에 대한 외국인 직접투자 (FDI) 는 2000년 150억 달러에서 2003년에는 60억 달러로 크게 감소하였다가 2000년대 중반 이후에는 100~130억 달러 수준에서 정체되었다. 2011~2016년 기간에는 모두 1,057억 달러의 외국인 직접투자가 들어와서 연평균 176억 달러로 다소 증가하였다.[38] 이에 따라 2000년대 중반 이후 FDI의 GDP 대비 비율은 매우 저조한 1%대 초반에 머물러 있다.

기업의 투자의욕도 상당한 영향을 미친다. 장래에 대한 높은 불확실성, 반기업정서 확산, 과도한 기업규제는 투자의욕을 저해할 것이다. 특히 최근에는 뚜렷한 신성장산업이 보이지 않는 것도 투자를 망설이는 주요한 요인이라고 생각된다. 기업의 잘못된 행태는 개선되어야 하나, 기업투자가 경제성장과 일자리 창출에 필수적이라는 것은 결코 잊지 말아야 한다. 젊은 층이 극도로 위험을 회피하고 안정을 추구하는 경향이 일반화되어 있으며, 기업가정신이 전에 비해 상당히 쇠퇴한 것은 중요한 문제이다.

사회의 전반적 분위기가 위험부담을 꺼리고 안정 위주로 나아가며, 지금의 대기업 CEO들에게서 1960년대에 기업을 창업할 때처럼 왕성한 기업가정신을 찾아보기 힘든 것도 잠재성장률을 감퇴시키는 주요한 요인이다. 교육 부문에서도, 특히 1997년 외환위기 이후 부모세대의 갑작스런 실업에 따른 고통을 겪으면서, 대학에서 법학과 의학을 공부하려는 학생들이 늘어나는 현상이 분명하게 나타났다. 또한 공무원시험 응시 비율이 상상을 초월하는 수준으로 높아진 것은 안정지향 세태를 잘 나타낸다. 이른바 공무원시험을 준비하는 '공시족'은 최근 엄청난 수에 달한다.

이스라엘은 1993년 국영 벤처캐피털인 '요즈마'를 설립해서 장래성 있는 벤처기업들이 쉽게 자금을 조달할 수 있게 하였는데, 이를 계기로 벤처기업에 대한 투자가 대폭 증가하였다. 싱가포르의 국부펀드인 테마섹도 신생기업 발굴과 신기술 개발을 촉진하기 위해서 적극적으로 벤처기업들을 발굴해서 투자하였다.

중국에서는 매년 약 700만 명의 대학생들이 졸업하는데, 그중 상당수가 창업에 나선다고 한다. 또한 스웨덴에서는 대학졸업생의 거의 4분의 3이 창업을 하는 등 한국과 달리 젊은 층의 창업열기가 대단

한 편이다. 또한 미국, 영국 등에서는 2010년 이후 새로운 일자리의
60%가 벤처기업 등 소규모 기술 창업에서 나온다고 한다. 한국도 창
의적이고 역동적인 신생기업들이 지속적으로 생성될 수 있도록 투자
인프라를 개선할 필요가 있다.

4) 건강한 기업생태계 조성

한국경제는 특히 1970년대 이후부터 이른바 재벌, 즉 '대기업집단'이
고도성장을 주도하였다. 탁월한 비전을 가진 창업자들의 기업가정신
과 불굴의 의지와 도전정신 그리고 성실하고 부지런한 근로자들의 피
와 땀이 정부 주도의 산업정책을 기초로 하여 한강의 기적을 달성하
였다.

경제성장 초기단계에서 내수의 규모가 작을 때, 예를 들어 자동차
산업에 여러 기업이 진입하면 '규모의 경제'의 이득을 누릴 수가 없
다. 이때 '유치산업보호론'이 가르치는 대로 관세 및 각종 비관세장벽
(Non-Tariff Barriers: NTBs)으로 국내산업을 보호하는 동안 국내기
업의 기술과 생산성이 향상되면, 후에는 보호장벽을 철폐해도 외국
기업들과 충분히 경쟁할 수 있게 되고 세계시장에 수출도 할 수 있다.
삼성전자, 현대자동차 등을 비롯한 유수한 한국기업들이 세계 일류
글로벌 기업으로 도약한 과정이다.

그런데 대기업들은 핵심역량을 보유한 분야에 능력을 집중하기보
다 비관련 분야로 사업 다각화를 추진함으로써 국제경쟁력이 저하되
었다. 또한 협소한 국내시장 규모로 말미암아 여러 산업부문에서 대

기업집단이 시장지배력을 가지게 되어 독과점적 시장 구조가 초래되었다.

아울러 대기업과 중소기업 간에는 수직적이고 폐쇄적인 기업생태계가 형성되었다. 즉, 중소·벤처기업들의 60~70%가 대기업과의 기업 간 거래에 치중함으로써 혁신활동을 통하여 스스로 국제경쟁력을 높이는 일을 소홀히 한 것이다. 그 결과로 중소·벤처기업들의 기술발달이 부진해서 독일의 강소기업 같은 글로벌 경쟁력을 갖출 수가 없었다. 이는 현재 한국경제가 지닌 가장 중요한 구조적 취약점이다. 중소·벤처기업들이 글로벌 강소기업으로 발돋움할 때, 한국의 기업생태계는 비로소 건강한 상태를 가질 수 있다.

그동안 대기업들은 관리, 효율을 중시하는 기업경영으로 후발국인 한국이 선진국을 따라잡는(catch up) 데 크게 기여하였다. 표준화된 생산기술로 대량생산을 하고, 원가를 절감하며 효율을 극대화하는 데 성공한 것이다.

한국의 대표적 글로벌 기업인 삼성전자는 선진국을 따라잡는 것을 넘어서 2017년 2/4분기에 영업이익 14조 원(121억 달러)을 달성해서 세계의 비(非) 금융기업들 가운데 1등을 차지하는 역사적 기록을 수립하였다. 당기 매출도 60조 원에 달하였다. 이는 반도체 기억소자에서는 인텔을 능가함을 뜻하며, 총이익에서는 애플을 따돌린 것이다. 삼성전자의 이익은 미국의 4대 기술기업인 페이스북, 아마존, 넷플릭스 및 구글 등 이른바 FANG의 이익을 모두 합한 111.5억 달러보다도 많다. [39]

그러나 전기자동차, 무인자동차, 인공지능(AI), 로봇, 사물인터넷(IoT), 빅데이터, 3D프린팅, 바이오, 신소재, 재생가능에너지 등 새로운 미래산업이 등장하는 기술혁신의 대전환기를 맞이하여 기업들은 새로운 혁신을 지속적으로 추진해야만 살아남을 수 있다.

그런데 한국의 기업문화는 새로운 디지털혁명 또는 이른바 4차 산업혁명 시대에 기업의 성패를 좌우할 창의와 혁신을 촉진하는 것과는 거리가 있다. 한국사회 각 분야 조직문화의 일반적 특징인 보수화, 관료화, 경직화 및 폐쇄적인 문화를 대기업도 그대로 지니고 있다. 이는 외부의 귀중한 혁신 원천을 활용할 기회를 놓치게 할 수 있다. 또한 수직적, 하향식 경영방식은 기업 내부 구성원들 간의 의사소통을 어렵게 만들어 구성원들의 자율성과 창의성을 저해한다. 이러한 낙후한 조직문화는 대기업만의 문제가 아니며, 한국사회 각 분야에 보편화되어 있다. 예를 들면, 금융기관이나 공기업들은 오히려 대기업보다 더 비효율적인 측면이 있다. **40**

대기업집단의 지배구조와 관련해서 문제가 되는 것은 소유경영자가 기업을 사유물처럼 생각하고 기업 내에서 거의 통제받지 않는 의사결정 권한을 행사하는 것이다. 대기업집단이 한국경제에서 점유하는 중요성을 고려하면, 과도하게 집중된 의사결정 권한으로 바람직하지 않은 결정을 내리는 경우, 그 비용은 매우 클 수 있다. 전문경영인이 자유롭게 직언할 수 있는 조직문화가 필수적이다. 선도적인 대기업집단들이 하는 것처럼, 전문경영인에게 상당한 정도의 책임과 권한을 이양하는 것이 바람직하다.

자본주의 시장경제체제와 공산주의 계획경제체제 사이의 가장 중요한 차이는 의사결정 권한의 분산 정도이다. 시장경제체제에서는 경제 문제에 관한 의사결정 권한이 기업, 가계 등 수많은 경제주체에 널리 분산되어 있다. 이에 반해서 계획경제체제에서는 소수의 경제계획 담당자들이 자원배분을 좌우한다. 즉, 중앙집권적인 의사결정 방식을 택한다. 1991년 구 소련 경제의 붕괴에서 보듯이, 이는 지극히 위험한 방식이며 결국 작동조차 못 한다는 사실이 드러났다.

대기업 지배구조와 관련해서 '가족기업'에 대한 논의도 활발하다. 한국경제에서는 대기업, 중소기업을 막론하고 가족기업이 대부분이다. 반면 미국과 유럽에서는 20세기에 걸쳐서 가족기업은 쇠퇴하고, 전문경영인이 경영하는 기업들이 주를 이룰 것으로 예상하였다. 그러나 21세기에 들어오면서 가족기업이 오히려 성장세를 보여, 〈포춘〉 500대 기업 중 가족기업이 차지하는 비중은 2005년의 15%에서 2014년에는 19%로 증가하였다. 이는 주로 가족기업 형태가 흔한 발전도상국들에서 이들의 성장세가 빨랐기 때문이다.

미국에서도 〈포춘〉 500대 기업 중 가족기업의 비중이 15%나 되고, 유럽은 상장된 대기업의 40%가 가족기업이다. 세계 최대 기업인 미국 소매업체 월마트, 독일 자동차업체 폭스바겐과 BMW, 삼성, 미국 자동차업체 포드 등이 대표적인 예이다.

발전도상국의 경우 매출액 1조 원 이상 기업들을 대상으로 하면 동남아는 85%가 가족기업이며, 남미는 75%, 인도는 67%, 중동은 65%가 가족기업이다. 중국은 40%로 그 비중이 상대적으로 낮은데, 이는 대기업들 가운데 국가소유기업(State-Owned Enterprise: SOE)이 다수 있기 때문이다.

전문경영인이 경영하는 상장회사에 비해서 가족기업이 지니는 강점으로 흔히 지적되는 것은, 단기이익을 극대화하길 바라는 전문경영인에 비해서 가족기업은 장기적인 목표를 추구할 수 있다는 것이다. 이 밖에 독특한 기업문화, 근로자에 대한 동기부여, CEO의 지도력 등에서도 강점을 가지고 있다.

선진국인 미국이나 유럽에서는 가족기업이든 전문경영인 주도의 상장회사이든 각각 특유의 장점을 보유하고 있어서 어떤 형태의 기업이 더 우월하다고 일률적으로 말하기는 어렵다. 그러나 발전도상국의 경우에는 정실자본주의 등의 영향이 있는 가운데서도 한국의 삼성, 인도의 타타(Tata) 등이 가족기업이면서도 전문경영자들의 능력을 십분 활용한 탁월한 경영으로 세계적 수준의 글로벌 기업으로 성장한 본보기로 꼽힌다. 41

한국경제의 성장잠재력을 크게 확충할 수 있는 바람직한 방향은 종래의 폐쇄적, 수직적 '기업생태계' 대신에 개방적, 수평적, 협력적 기업생태계를 지향하는 것이다. 선도적인 대기업집단의 사회적 책임 가운데 가장 중요한 것이 바로 이러한 건강한 기업생태계 조성을 선도하는 것이라고 할 수 있다.

예를 들면, 기존의 기업생태계에서 대기업집단은 외부 협력업체를 위계조직의 맨 아래 두는 수직적·폐쇄적 생태계를 유지하였다. 그러나 애플이 자신이 속한 기업생태계의 구성부분인 협력업체·고객·앱 개발자 등과 개방적·수평적·협력적 관계를 구축하여 강한 네트워크로 조직화한 점은 우리 기업들에게 시사하는 바가 크다.

또한 혁신활동 면에서도 기업 내부의 기술개발 노력만을 강조하던 데서 벗어나서 대학·연구소·고객·기업 등 다양한 외부 경제주체들과 전략적으로 제휴하고 공동개발을 추진하는 등 개방형 혁신(*open innovation*)을 지향해 나가야만 한다. 국내・외 관련 기업들의 인수합병(M&A)도 필요하다. 삼성이 2015년 이후 해외기업 M&A에 나서기 시작한 것은 바람직한 변화로 보인다. 그동안 특히 중국에 비해서 해외에서의 M&A가 부진한 한국기업들에 대한 우려가 있었던 것을 생각하면 긍정적인 방향전환으로 볼 수 있다. 그러나 최근 대규모 투자를 결정할 수 있는 소유경영자의 활동 제약으로 해외 M&A를 제대로 하지 못하고 있는 것 같다.

문명사적 대전환기에 처하여 한국의 기업가들은 미국의 구글, 아마존, 테슬라나 중국의 알리바바, 텐센트 등의 창업기업가들과 다르게 도전정신이 미흡하다는 지적도 있다. 급속한 혁신이 기업과 국가의 운명을 좌우하는 시대에 기업가정신의 침체는 우려할 만하다. 또한 대기업집단의 2, 3세 소유경영자들이 수성에만 급급하다는 비판도 있다. 심지어는 자질이 의심되는 3세가 국민의 지탄을 받는 행태를 보이기도 한다.

그러나 긍정적 변화도 일어나고 있다. 한국의 대표적 대기업집단인 삼성은 재벌에 대한 주요한 비난 요인이 되었던 비관련 사업분야로의 다각화, 이른바 문어발식 확장을 지양하고자 기존 계열사들의 과감한 매각 조치를 단행하였다. 삼성테크윈, 삼성종합화학, 삼성토탈 등을 2014년 11월 한화에 매각하였으며, 1년쯤 뒤에는 삼성정밀화학, 삼성SP화학, 삼성SDI 케미컬 사업부문을 롯데에 매각하였다. 비관련 사업을 매각하고 핵심역량을 가진 것으로 판단하는 전자, 금융, 바이오 등의 분야에 선택과 집중을 하는 것은 국제경쟁력 제고에 도움이 될 것으로 보인다. 또한 대기업집단은 오랫동안 부동산투기를 한다는 국민들의 비난을 받아 왔다. 그러나 근자에 삼성이 삼성생명 본관 등을 연이어 매각한 점이 사회에 던지는 상징적 의미는 적지 않다고 본다.

5) 성장의 열쇠는 생산성 향상

경제성장의 세 번째 원천은 기술진보(효율증대 또는 생산성 향상)이다. 생산성(*productivity*)이란 노동자 1인당·1시간당 산출액(*output per man-hour*)이다. 즉, 노동자 한 사람이 한 시간 동안 생산해 낸 부가가치(*value added*)를 뜻한다. 생산성이 높은 나라일수록 산출액은 커지므로 자연히 소득도 높아지고 생활수준도 향상된다.

또한 생산성 증가율이 높을수록 소득 증가율도 높아지므로 자연히 GDP 성장률도 높아지게 된다. 따라서 높은 소득수준과 생활수준을 달성하고 빠른 경제성장률을 성취하기 위해서는 생산성을 향상시키는 것이 그 요체가 된다. 장기적으로 경제정책이 생산성 향상에 초점을 맞추는 것은 바로 이 때문이다.

한국경제의 생산성 향상의 장애요인으로는 첫째로 서비스산업과 중소기업의 낮은 생산성을 들 수 있다. 서비스산업은 제조업과 달리 치열한 국제경쟁에 노출되어 있지 않다. 그동안 제조업의 생산성은 급속하게 향상되었으나 서비스산업의 생산성 향상은 더뎠다. 서비스 산업 중에도 특히 도·소매, 음식·숙박업 등 전통 서비스업과, 사회·개인서비스업은 1인당 부가가치 또는 생산성은 매우 낮지만 고용비중은 전체 서비스산업의 50%나 된다.

금융·보험·부동산·사업서비스 등 생산성이 높은 서비스산업과 운수·보관·통신, 공공행정·국방, 보건·사회사업, 교육 등 중간 정도의 생산성을 지닌 서비스산업에 대해서는 규제개혁을 통해서 시장경쟁을 촉진해야 한다. 특히 성장잠재력이 높은 의료·보건, 교육, 금융, 관광 등의 서비스산업은 과감한 규제개혁을 통해서 적극 육성하여 생산성 높은 양질의 일자리를 많이 창출할 수 있어야 한다. 그러나 저생산성 서비스부문은 구조조정을 촉진하는 동시에, 그 과정에서 경쟁에 탈락하는 사람들을 위한 사회안전망 강화가 필요하다.

둘째로, 대기업과 중소기업 간의 생산성 격차도 점점 확대되었고 이에 따라서 임금격차도 크게 벌어졌다. 한국에는 약 300만 개의 기업이 존재하는데, 이 가운데 96%가 종업원이 50명 미만인 영세기업이다. 즉, 영세기업이 거의 100%인 것이다. 특히 직원 수가 1~4명인 초영세 사업체에서 일하는 취업자 수가 2012년 5월 현재 약 1천만 명이나 된다. 또한 앞에서 본 것처럼 자영업자와 무급 가족종사자들도 총취업자의 거의 3분의 1로, OECD 회원국 가운데 제일 많다.

경쟁력 있는 중소기업들이 경쟁력 없는 중소기업들을 흡수하여 규모를 키우고 중견기업으로 성장하도록 해야 한다. 특히 국제경쟁력이 있는 중소기업을 육성하는 것이 시급한 과제이다. 반면에 생산성이 지극히 낮은 영세기업은 직접 지원하기보다는 종사자에 대해서 사회안전망으로 보호하면서 새로운 일자리를 찾아서 취업할 수 있도록 유도해야 한다. 보호·지원 중심의 중소기업 육성정책은 지난 40년 동안 경험한 것처럼 성과를 낼 수 없다.

근자에 한국의 잠재성장률이 떨어진 주요 요인은 생산성 향상 부진인데, 제조업·서비스산업 간의 생산성 격차 확대 및 저생산성 서비스산업 부문의 비대함, 대기업·중소기업 간의 생산성 격차 확대 및 영세업체의 과다한 비중 등이 이를 초래하였다. 그동안 제조업-수출 위주의 성장정책으로 서비스산업·중소기업과 내수 중심의 성장을 소홀히 하여 소득증가는 더뎌졌고 일자리 없는 성장이 일어난 것이다. 이런 측면에서 우리 경제는 전환점에 처해 있으며, 지속적인 경제성장을 이룩하려면 이를 해결해야만 한다.

특히 한국 서비스산업은 명목 GDP에서 차지하는 비중이 60% 수준에 머물러서, 제조업 강국인 독일의 70%나 미국의 80%와 비교해서 상당한 격차가 있다. 또한 한국 서비스산업의 생산성은 제조업에 비해서 2분의 1 수준으로 OECD 회원국들 가운데 최하위에 머물러 있고, 서비스 관련 규제는 제조업 대비 10배 정도나 심해서, 향후에는 서비스산업 발전을 적극적으로 촉진할 필요가 있다.

생산성 향상을 위해서는 상품시장과 노동시장의 유연성을 높이기 위한 구조적 개혁도 시급하다. 상품시장에서 경쟁이 촉진되어 경쟁력 없는 기업은 끊임없이 도태되고 경쟁력 있는 기업은 규모를 키울 수 있을 때, 즉 슘페터(Joseph A. Schumpeter)가 말한 "창조적 파괴"(*creative destruction*)가 끊임없이 지속될 때 생산성은 높아진다. 그러나 2000년대 이후 여러 산업분야에서 독과점화가 고착 또는 심화되었음에도 독과점 규제는 제대로 행해지지 못하였다. 시장경쟁 촉진 이외에도 대외개방 확대, 규제개혁, 민영화 추진 등이 바람직하며, 지원·보호 중심의 기업정책은 지양해야 한다.

노동시장에서는 비정규직 근로자의 차별금지도 중요하나, 무엇보다도 정규직 근로자의 높은 임금, 과도한 고용안정성 등 과잉보호에 따른 노동시장의 이중구조를 완화하는 것이 급선무다. 북유럽과 유럽대륙 국가들에서 보는 것처럼 신뢰 기반 위에 노·사·정 간의 대타협을 통해서 정규직 근로자에 대한 각 방면의 과보호를 줄이고, 비정규직에 대한 각종 차별적 대우를 완화하며, 생산직 근로자의 과도한 근로시간을 단계적으로 줄여 나감으로써 일자리 나누기를 시도하는 것이 바람직하다.

한국의 노조활동도 이제는 소수 대기업 정규직 근로자들만의 이익을 도모하는 편협한 이기주의에서 벗어나 동료 근로자들과의 연대의식을 고양하며, 국민경제 전체의 지속적인 성장·발전을 지향하는 대의(大義)를 추구하는 방향으로의 일대 전환이 요청된다.

연구 및 개발의 효율성 증대도 시급하다. 2014년 기준 R&D(Research & Development) 지출의 GDP 대비 비율은 4.3%로 세계에서 제일 높다. 그러나 R&D의 생산성은 지극히 낮다. 앞으로는 R&D의 규모를 높이는 것보다 생산성을 증대시키는 데 더 많은 노력을 기울여야만 할 것이다.

공공부문은 기초연구(basic research)에 집중하고 민간부문은 개발(development)을 주로 맡는 역할 분담도 필요하다. 그러나 현실은 공공부문 개발을 위한 지출이 44%나 되며, 응용연구(applied research)와 기초연구(basic research)에 각각 28%씩을 쓰고 있다. R&D 지출의 외부효과는 기초연구가 가장 크며 응용연구가 다음이고 개발은 제일 효과가 낮으므로, 현재의 공공부문 R&D 지출 행태는 민간부문의

R&D를 오히려 위축시킬 수 있다.

또한 R&D의 주체인 기업, 대학, 정부출연 연구소가 서로 협력하지 않고 높은 벽을 세워 놓고 따로따로 R&D 활동을 하는 것도 오랫동안 지적되어 온 문제이다. 이는 일본의 경우도 비슷하다. 재원이든 인력이든 제한된 것이 현실이고, 특히 한국은 선진국에 비하여 R&D 재원과 인력의 절대적 규모가 적으므로, 이를 모아서 상호 협력하면서 효율적으로 R&D 활동을 전개할 필요가 절실하다. 즉, 기관 사이에 높게 쌓인 벽을 허물고 상호 간에 긴밀하게 소통하고 협력해야만 한다.

6) 제도개혁

앞에서는 잠재성장률을 4% 수준까지 높이기 위해서는 생산성 향상(기술진보, 효율증대)을 성취해야 하는데, 그 주요 방책에는 어떤 것들이 있는지 살펴보았다. 그러나 넓게 보면 생산성 향상은 정치, 경제, 사회, 문화의 모든 영역에서 한 나라를 움직이는 운영체계 또는 소프트웨어인 제도적 인프라(*institutional infrastructure*)를 쇄신함으로써, 사회 전체의 능력(*social capability*)이 증대될 때 얻을 수 있다. 즉, 경제적 요인만이 아니라 정치, 행정, 사법, 언론, 교육, 문화 등 모든 비경제적 분야의 획기적인 제도개혁이 요청된다.

아주 기초적인 수준에서 본다면 기본으로 돌아가는(*back to basics*) 노력이 필수적이다. 모든 제도개혁은 여기서부터 시작해야 한다. 그 중에서도 사회 구성원들 간, 국민과 정부 간의 믿음과 '신뢰'는 한 국가가 제대로 설 수 있는 초석이라고 할 수 있다.

공자가 《논어》에서 지적하였듯이, 한 나라가 제대로 서려면 제일 중요한 것은 서로 간의 믿음과 신뢰이다. 이는 비단 2,500년 전의 문제가 아니며, 정보화사회인 현대사회에는 더욱 그렇다. 한국사회가 신뢰와 믿음을 회복하고, 정직(正直)이 구성원들의 생활목표가 되어야 우리는 비로소 선진사회를 구축하기 위한 초석을 깐 셈이 된다.

1997년 외환위기의 근본 원인도 경제 각 부문에 도사린 잘못된 관행들을 오랫동안 잘 알고 있으면서도 우리 스스로 개혁하지 못한 데 있다. 결국 외세의 압력에 의하여 단번에 고치는 과정에서 엄청난 실업과 도산 등 미증유의 국민적 고통을 겪은 것이다. 즉, 한국은 국가 전체로 '자율'과 '자치'에 실패하였다.

개혁과 구조조정은 외환위기를 극복하기 위하여 단 한 번만 하는 것이 아니다. 끊임없이 변하는 세상에서는 앞으로도 우리 스스로 상시적이고 지속적으로 해나가야만 한다. 즉, 국제경쟁의 제일선에 있는 기업은 물론이고 정부, 공공기관, 금융기관, 학교, 노조, 언론, 법조계 등 모든 조직이 급변하는 대내·외 환경에 맞추어 스스로 개혁, 구조조정, 혁신 및 변화를 체질화할 수 있어야 한다.

최근 한국경제에는 저성장과 저물가 기조가 고착화되고 있다. 주요 선진국 경제의 저성장 기조 및 중국경제의 성장률 감소 등 대외요인이 그 중요한 이유이다. 그러나 근본적인 원인은 한국의 노동, 공공부문, 금융, 교육 등 이른바 '4대 개혁'이 이해관계자들 사이의 대립과 갈등으로 조금도 진전을 보지 못하는 데 있다. 20년 전에 이 때문에 외환위기를 경험하고서도 우리는 전혀 교훈을 얻지 못하고 똑같은 실수를 반복하는 것이다. 스스로 지속적으로 경제개혁을 할 수 있어야만 한국은 비로소 선진국이 될 수 있다.

정부의 적정한 수준의 규제는 바람직하다. 이는 분야별로 다른데, 예를 들면 각종 안전 관련 규제는 대폭 강화해서 세월호, 제천·밀양 화재사고 등이 결코 되풀이돼서는 안 된다. 반면에 디지털혁명 또는 이른바 4차 산업혁명에 속하는 신(新) 산업의 경우에는 과도한 규제가 새로운 혁신을 저해하게 된다.

중국은 신산업에 대한 느슨한 규제로 이들 분야에서 급속한 성장세로 한국을 앞지르고 있다. 예를 들면, 세계 상업용 드론 시장에서 압도적으로 점유율 1위를 차지하는 DJI가 좋은 보기이다. 디디추싱(Didi Chuxing)은 승차 공유시장에서 약진하고 있다.

문재인 정부는 2018년 1월 신제품과 신기술은 시장 출시를 우선 허용하고 필요한 때 사후 규제하는 방식으로 전환할 계획이다. 규제방식도 당국이 열거한 것만 할 수 있는 포지티브(positive) 규제에서 이제는 네거티브(negative) 규제로 전환할 계획이다. 즉, 열거한 것을 제외한 다른 모든 것을 할 수 있는 것이다. 또한 규제 샌드박스(sand box)를 설정해서 신기술에 대해서는 기존 규제를 면제하는 방식도 채택할 예정이다. 이러한 규제방식의 전환은 혁신성장을 크게 촉진할 수 있다.

일자리 창출을 위해서 정부가 추경을 편성하여 재정지출을 증대하는 전통적인 재정정책만으로는 청년실업을 해결하거나 저성장의 벽을 깨뜨릴 수 없다. 구조개혁만이 유일한 돌파구이며 해결책인 것이다. 정부가 직업 돈을 써서 어떤 정책목표를 달성하는 것보다 제도개혁을 통해서 목표를 달성하는 것이 근원적인 처방이다.

선진국이 된다는 것은 경제 분야에 국한된 노력만으로는 불가능하다. 한 나라의 모든 분야에서 제도적 인프라가 지속적으로 개선되어 사회적 능력이 제고될 때 비로소 선진국이 될 수가 있다. 200여 년 전 영국의 고전학파 이후 현재에 이르기까지 좋은 '제도' 또는 '공정한' 게임의 법칙(*fair rules of the game*)이 한 국가의 성패를 결정하는 주요 요인이라는 데 많은 이들이 동의한다. 즉, 제도가 중요하다(*Institutions matter.*)는 점을 명심할 필요가 있다. 공정한 게임의 법칙만 잘 수립되어 있으면 모든 경제주체들은 이에 맞추어 바람직한 방향으로 움직이게 된다.

정부는 자유롭고 공정한 시장경제의 창달을 위해서 공정한 게임의 법칙을 설정하고 이를 엄정하게 집행하는 역할을 충실하게 수행해야 한다. 예를 들어 대기업이 중소 협력업체에 대해서 부당하게 원가인하를 요구한다든가, 인력을 빼내 간다든가, 특허를 정당한 대가를 지불하지 않고 빼앗는다든가 하는 등 공정거래 질서를 위협하는 불공정 행위에는 엄정하게 대처해야 한다.

반면에 우리가 경계해야 할 것은 사회적으로 반(反) 대기업 정서가 확산되는 것이다. 기업은 혁신과 투자의 주체이고, 일자리를 창출하며, 수출을 통해서 외환보유고를 증대시킴으로써 대외환경의 급격한 변화에 대비할 수 있도록 한다. 즉, 기업은 국부를 창출하는 원천이며 국가의 귀한 자산인 것이다. 여기에 국민 대부분의 공감대가 형성되는 것이 필수적이다.

김대중 정부는 한국을 동아시아에서 '가장 기업하기 좋은 나라'로 만들겠다는 목표를 제시하였다. 노무현 정부도 한국을 '동북아 경제의 중심'으로 만들겠다는 비전을 밝혔다. 지정학적으로 한국은 미국, 중국, 일본, 러시아 등 열강의 각축장이었는데, 역설적으로 이를 물리칠 수 있는 길은 한국을 세계 모든 국가들이 기업활동을 자유롭게 마음 놓고 할 수 있는 나라로 만드는 것이다. 그리하여 어떤 한두 나라가 지나친 영향력을 행사할 수 없도록 하는 것이다.

한국의 세계 1등 글로벌 기업들은 치열한 국제경쟁에서 승리함으로써 탁월한 능력을 입증하였다. 이는 곧 정치, 행정, 국회, 교육, 문화, 언론, 노조, 법조계 등 한국사회의 다른 분야가 글로벌 기업들로부터 효율성, 투명성, 반부패 문화 등 배울 것이 적지 않음을 뜻한다. 똑같은 한국 사람들로 구성되었으므로, 글로벌 기업들이 그 수월성을 입증할 수 있었다면, 다른 분야에서도 세계 1등이 될 수 있다는 각오가 필요하다. 필자는 항상 국가발전의 원동력인 대학은 교육·연구·봉사에서 세계최고대학으로의 도약을 위해서 온 힘을 쏟아야 한다고 생각하였다. 대기업집단에 대해서 잘못한 것은 시정하도록 비판해야 하나, 배울 것도 적지 않다는 균형 잡힌 인식이 절실하게 필요하다. **42**

3장 핵심사항

— 한국경제는 1990년대 이후 현재까지 성장이 계속해서 둔화되고 있고, 소득분배는 악화되었으며, 빈곤도 늘어나고 있다. 이는 세계화, 기술발달 및 경제자유화 등 전 세계적인 추세와 더불어, 국내에서는 저출산·고령화가 급속하게 진전된 데 연유한다.

— 우리 경제 특유의 역동성도 저하되어 저성장·저물가 기조가 고착화되어 가고 있다. 높은 청년실업률, 주력산업에서의 부실기업 증가, 과도한 가계부채, 높은 노인빈곤율과 자살률 및 낮은 행복도 등이 현실이다. 청년층은 위험기피적이고 안정 위주이며, 이는 기업가들도 비슷하다.

— 한국경제는 2015년 말 현재 GDP 규모로는 세계 11위이며, 무역 규모로는 6위이다. 해방 후 남북분단의 질곡 아래서 달성한 기적은 한국 국민의 탁월함을 잘 드러낸다. 경제 전문가들이 주로 사용하는 구매력 평가(PPP) 기준으로는 한국과 일본의 1인당 GDP가 동일하다. 그러나 한국은 독일, 일본 등 선진국에 비해서 '중진국 함정'에 너무 오래 머물러 있다.

— 1970년대 말엽 이후 30여 년 동안 세계화, 기술발달, 규제완화 등으로 주요 선진국들의 소득분배 불평등도는 상승하였다. 소득분배가 악화되고 중산층이 위축되면서 국내수요도 감소하여 경제성장이 둔화되는 경향이 있다.

— 대표적 소득분배지표인 지니계수의 추이를 보면, 외환위기 이후 상당한 정도로 상승한 후 최근까지도 그 수준에 머물러 있다. 2014년 기준 0.302로, 이는 OECD 회원국 가운데서는 비교적 양호한 편이다.

— 그러나 최상위 10% 소득계층의 소득점유율은 1995년의 29%에서 2013년에는 무려 45%로 급증하여, 선진국들 중에서 소득분배가 제일 불평등한 미국의 47%에 거의 접근하고 있다는 연구결과도 있다.

— 한국의 소득분배가 불평등한 주요 원인은 제조업·서비스산업 및 대기업·중소기업 간의 현격한 생산성·소득 격차, 정규직·비정규직 근로자 간의 상당한 임금격차, 여성의 낮은 경제활동 참가율 및 소득, 청년층 고용의 미스매치, 포화상태의 저소득·생계형 자영업자 등이다.

— 한국은 조세부담률이 낮으며 이에 따라서 복지지출도 낮은 저부담-저복지 체제이다. 그러나 저출산·노령화의 빠른 진전으로 복지지출은 시간이 경과하면서 자연히 급속하게 증가할 것이다.

— 2015년 현재 한국의 국가채무는 GDP 대비 약 38%로서 OECD 회원국 평균인 115%에 비해서 매우 양호한 편이나, 노령화의 급진전 등을 고려할 때 앞으로도 '건전재정'의 원칙에 충실해야 한다.

— 복지확충에 있어서 중요한 원칙은 근자에 북유럽 국가들의 복지개혁이 추구하는 것처럼 중산층을 대상으로 하는 보편적 복지를 지양하고, 취약계층을 중심으로 견실한 사회안전망을 구축하는 데 최우선순위를 두

는 것이다. 세계 어떤 고소득 국가도 경제의 활력을 떨어뜨리지 않으면서 중산층에게까지 복지혜택을 주는 것은 지속가능하지 않다.

— 취약계층을 위한 공공부조 개편의 바람직한 방향은 장애인, 노인 등 근로무능력자에게만 기초생활보장 혜택을 주고, 이 밖의 취약계층을 위해서는 적극적 노동시장정책(ALMP)을 통해서 일자리를 찾아 스스로 자립할 수 있도록 하는 것이다.

— 세계 주요 선진국들은 민주주의와 시장경제라는 큰 제도적 윤곽은 동일하나, 저마다의 독특한 특성을 가지고 있다. 미국, 영국 등의 앵글로-색슨 모형은 개인의 자유와 이에 따르는 책임을 강조하며, 혁신, 생산성, 효율 및 경제성장을 특히 강조한다. 반면에 복지는 상대적으로 경시하며, 저소득층을 위해서는 최저 수준의 생계보호만 제공한다.

— 유럽대륙 모형은 '사회적 시장경제'로서, 형평의 증진과 사회구성원들 간의 연대(*solidarity*) 의식을 강조하며, 조세부담률이 높고 사회보장이 너그러운 편이다. 지구 환경보존에 대한 의식이 강하여 지속가능한 발전을 중시해서, 소비를 미덕으로 생각하고 경제성장에 높은 우선순위를 두는 앵글로-색슨 모형과 대비된다.

— 특히 독일경제는 유럽대륙의 기관차로서, 강력한 국제경쟁력을 지닌 강소기업인 미텔슈탄트, 직업교육과 학교교육의 병행, 높은 고용안정성 및 노사공동의사결정제도 등이 주요한 특징이다.

─ 독일, 네덜란드 및 북유럽의 스웨덴, 핀란드, 덴마크, 노르웨이 등은 모두 노·사·정이 '신뢰'(trust)라는 사회적 자본(social capital)에 기초해서 국민경제 발전이라는 공동의 선(善)을 성취하기 위하여 서로 협력하는 가운데 노동개혁 등을 성공적으로 추진하였다.

─ 북유럽 국가들은 행복도, 국제경쟁력, 양성평등 및 제일 부러운 출생지 등의 국제평가에서 늘 수위에 있다. 즉, 성장과 복지를 잘 조화시키고 있는 것이다. 1970년대부터 1980년대까지는 높은 세금과 높은 복지지출이 이들의 주요한 특징이었다. 그러나 1990년대 초 부동산 거품이 붕괴되면서 금융위기에 직면하였는데, 이때 고부담-고복지 체제는 지속가능하지 않다는 것이 드러나, 상당한 고통이 뒤따랐으나 노동 및 복지개혁을 추진하기에 이르렀다. 이를 계기로 북유럽 국가들은 '복지천국'에서 '일하는 복지국가'로 전환되었다.

─ 주요 선진국들의 경제발전모형을 비교하면서 얻는 교훈은, 여건 변화와 더불어 구조개혁을 상시화할 수 있는 강력한 정치적 지도력이 필수적이라는 것이다. 이를 뒷받침할 수 있도록 신뢰라는 사회적 자본을 축적해야 한다.

─ 한국경제의 성장잠재력을 확충하기 위해서는 요소투입 증대에 의존하는 성장에서 탈피하여 혁신주도형 성장을 추구해야만 한다.

─ 한국의 OECD 기준 15~64세 고용률은 2015년 5월 현재 66.1%인데, 이는 OECD 평균인 70%보다 낮다. 성장잠재력 확충을 위해 고용률을

높이려면 제일 먼저 50.6%에 불과한 여성 고용률을 높여야 한다. 이를 위해서 일·가정 양립이 가능한 사회적 여건을 조성해야 하며, 과다한 자녀 양육비와 교육비를 줄일 수 있는 조치가 필요하다.

— 통계청 기준 청년층(15∼29세) 고용률은 41.7%에 불과하다. 이를 높이기 위해서는 특히 니트족을 취업자로 전환시킬 수 있어야 한다. 아울러 고용률을 높이기 위해서는 총고용에서 차지하는 비중이 매우 높은 중소기업과 서비스산업의 경쟁력을 제고하는 것이 급선무이다.

— 투자 활성화도 성장잠재력 확충에 기여한다. 그러나 기업가들의 투자의욕은 근자에 상당한 정도로 침체돼 있다. 장래에 대한 불확실성이 높고, 뚜렷한 신성장산업도 분명하지 않으며, 과도한 기업규제도 투자를 억제한다. 대학졸업생들도 안정 위주여서 미국, 중국, 유럽 등에 비해서 기술기업의 창업활동이 부진하다. 한국의 해외직접투자는 급속하게 증가하고 있으나, 외국인 국내투자(FDI)는 부진하다.

— 문재인 정부는 디지털혁명 또는 이른바 4차 산업혁명 진행에 따른 신산업에서의 기술혁신을 촉진하기 위해서 당국이 열거한 것만 할 수 있는 포지티브 규제에서 열거한 것만 제외하고는 다른 모든 것을 할 수 있는 네거티브 규제로 규제방식을 전환할 계획이다.

— 대기업 중심의 기업생태계는 중견기업, 강소기업, 벤처기업 성장을 어렵게 하였다. 즉, 글로벌 경쟁력을 가진 중규모 기업의 출현이 부진한데, 이는 한국경제가 지닌 가장 중요한 구조적 취약점이다.

— 대기업도 한국사회 각 분야의 조직문화의 특성인 보수화, 관료화, 경직화 및 폐쇄성을 그대로 지니고 있다. 또한 수직적, 하향식 경영방식은 기업 내부 구성원들 간의 의사소통을 어렵게 만들어 구성원의 자율성과 창의성을 저해함으로써 창의와 혁신을 억누른다.

— 대기업의 지배구조와 관련된 문제는 소유경영자가 기업을 사유물로 생각하고 통제받지 않는 의사결정 권한을 행사하는 것이다. 바람직한 방향은, 몇몇 선도적 대기업집단에서 하고 있는 것처럼, 전문경영인에게 상당한 정도의 책임과 권한을 이양하는 것이다.

— 종래의 폐쇄적, 수직적 기업생태계를 지양하고, 개방적, 수평적, 협력적 기업생태계를 새롭게 구축해야만 한다. 선도적 대기업집단의 가장 중요한 사회적 책임 가운데 하나는 한국경제의 건강한 기업생태계 조성에 앞장서는 것이다.

— 혁신활동도 기업 내부의 자체적 기술개발만을 중시하던 데서 탈피해야 한다. 대학, 연구소, 고객 등 다양한 외부의 기술혁신 주체와 제휴하고 공동개발을 하는 등 이른바 '개방형 혁신'을 추진해야만 한다.

1. '민본'과 중산층

1) 중산층과 민주주의

제 1장 1절 "민본경제 생각할 때"에서 필자는 한 나라의 경제가 얼마나 잘 운용되는가를 판단하는 제일 적당한 기준은 "당대에 사는 국민들이 얼마나 편안하게 경제생활을 하는가"라고 하였다. 예를 들면, 일자리, 주거, 건강보험, 교육 및 금융 등 주요한 경제생활에서 국민들이 얼마나 만족하는가 하는 점이 기준이 되는 것이다. 아울러 지난 반세기 동안은 부국(富國)에 초점을 맞추었다면, 이제는 부민(富民)을 중시할 때가 되었다고 하였다.

춘추전국시대 사상가인 맹자(孟子)는 '소강'(小康)을 "홀아비, 과부, 고아 등도 각자 설 자리를 차지하는 상태"로 표현하였다. 즉, 불우한 상황에 처한 사람들도 기본적인 생활을 유지하는 데 문제가 없는 사회상을 뜻한다. 현재 시진핑의 중국은 공산당 창당(1921년) 100주년인 2022년까지 이 '소강'을 성취하는 것을 목표로 삼고 있다. 일찍이 2002년 당시 장쩌민(江澤民) 국가주석은 16차 당대회에서 이 목표를 세웠는데, 이는 의식주를 걱정하지 않는 물질적으로 안락한 사회 또는 비교적 잘사는 중산층 사회를 뜻한다.

맹자는 또한 "백성들은 일정한 생업(재산)을 가지면 바른 마음을 가지고 살아가지만 그렇지 못한 사람은 바른 마음을 견지하기 어렵다"(無恒産 無恒心)고 하였다. 그리고 "바른 마음을 가질 수 없게 되면 방탕하고 편벽되며 부정하고 허황되어 잘못을 저지르게 된다. 그들이 죄를 범한 이후에 법으로 그들을 처벌하는 것은 곧 죄지은 백성을 그물질하듯 싹 쓸어 잡아 가두는 것과 같다(罔民). 높은 자리에 앉아서 백성을 그물질하고서도 왕도정치를 해낼 수 있는 어진 사람(仁人)은 없다"고 하면서, "현명한 군주는 백성의 생업(재산)을 관장할 때, 반드시 위로는 부모를 섬기기에 충분하도록 하고, 아래로는 처자를 먹여 살리기에 충분하도록 하며, 풍년에는 1년 내내 배부르게 하고 흉년에는 죽는 것에서 벗어나도록 해야 한다"고 하였다. 1

민본경제의 형태는 2,300여 년 전과 물론 크게 다르다. 그러나 그 참뜻은 비슷하다고 해도 지나치지 않다. 즉, 국민들의 편안한 경제생활이 목표인 것이다. 소득수준은 서로 다르겠으나 돈에 속박되지 않는, 돈으로부터 자유로운 국민이 대다수를 차지할 때 그 나라는 물질적으로 행복한 나라라고 볼 수 있다.

대체로 최하위 20% 소득계층은 빈곤층으로서, '일하는 복지'정책을 지향하더라도 정부의 적극적 노동시장정책 등을 통한 지원이 필요한 계층이다. 최상위 20% 소득계층은 정책적 관심대상 밖에 둘 수 있다. 하위 20%에서 50%까지의 서민층과 50%에서 80%까지의 중상위층을 합해서 광의의 중산층으로 규정할 수 있다. 따라서 최하위 20% 소득계층을 제외한 서민층과 중상위층 및 최상위 소득계층 등 도합 80% 정도의 국민들이 나름대로 편안한 경제생활을 영위한다면 우리는 만족할 만한 수준으로 볼 수 있다.

아울러 어떤 소득계층에 속해 있든지 공평한 기회가 보장되어 계층 간 상향이동 가능성이 충분해야만 한다. 즉, 현실적으로 볼 때 80% 정도의 국민들이 경제적 자유를 누리며, 모든 소득계층에 걸쳐서 상향이동의 가능성이 보장될 때 우리는 민본경제를 달성한 것이며, 동시에 민주주의의 토대가 견고하게 자리 잡았다고 볼 수 있다.

그렇다면 현재 한국의 모습은 어떠한가? 통계청의 〈2015년 사회조사〉 결과에 따르면, 자신을 중산층이라고 답한 경우는 53.0%에 불과하였다. 또한 앞으로 자녀들의 사회·경제적 지위가 자신보다 더 높아질 것이라고 응답한 비율은 31.0%로 상향이동 가능성이 낮다고 생각하였다. 그러나 1990년대 초에는 자신을 중산층으로 생각하는 사람들이 80%에 가까웠다. 일자리, 주거, 건강보험, 교육 기회 및 금융 등 주요한 경제생활 측면에서 볼 때에도 상당수 국민들이 경제적으로 불안정한 상태에 있어서 국민 대다수가 편안한 경제생활을 한다고 할 수 없는 실정이다.

2) 계층분류

우리 주위에는 경제적으로 어려운 사람들이 많다. 1997년의 이른바 'IMF 사태' 이후 급증한 비정규직 근로자는 2016년 3월 말 현재 약 616만 명에 달하는데, 이 안에는 근로빈곤층(working poor)이 다수 포함되어 있다. 또한 통계청 기준인 고용주 1인·자영업자 이외에, OECD 기준을 따라서 무급 가족종사자까지 포함하면 자영업자는 2016년 말 현재 약 670만 명이나 된다. 그런데 이들 가운데 상당수의 평균소득은 기초생활수급자와 비슷한 수준이다.

또한 제 3장에서 본 바와 같이, 25~29세의 청년층 생산가능인구 중 근로, 교육 및 직업훈련에 참가하지 않는 인구(니트족) 비중이 2014년 말 현재 17%나 된다. 때문에 ILO 기준에 따른 공식 실업률은 오랫동안 3%대에 머물러서 2017년 9월에도 3.4%였으나, 실제로 느끼는 체감실업률은 훨씬 높다.

노동부가 개발한 '취업애로층'은 공식적으로 발표하는 실업자 이외에 구직 단념자, 취업준비자, '쉬었음'이라고 응답한 자, 18시간 미만 취업자 중 추가취업 희망자 등을 모두 합한 것인데, 이 취업애로층은 2009년 8월 무려 332만 명에 달하였다.[2] 그러나 공식적인 실업자 수는 2010년 92만 명에 불과하였다.

은행 접근성을 보면, 시중은행, 즉 제 1금융권에 접근하기 어려운 신용등급 7~10등급에 속한 저(低)신용자를 '금융소외자'라고 규정할 때, 2012년 5월 기준 이러한 금융소외자는 662만 명으로, 전체 금융서비스 이용자의 16.3%에 달한다. 특히 제 2금융권에도 접근하기가 어려워서 불법 사채시장으로 내몰려 온갖 불법 추심행위에 시달리는 사람들은 2011년 말 현재 무려 600만 명으로 추정된다.

　주거생활 면에서도, 중산층 이상의 주거사정은 상당히 호전되었으나 서민과 저소득층의 주거불안은 여전하다. 통계청의 2015년 〈인구주택 총조사〉에 따르면 서울의 자가보유율은 42.1%에 불과하며, 나머지 57.9%는 전·월세에 살고 있다.

　전체 국민들 가운데 과연 어느 정도의 사람들이 경제적으로 어려운가를 추정한 연구는 찾아보기 힘들다. 1990년경 〈매일경제〉가 당시 재무부 국장의 말을 인용해서 1,000만~1,500만 국민이 힘든 경제생활을 하고 있다고 보도한 바 있다. 한편 명지대 이종훈 교수는 〈매일경제〉(2010. 3. 8)에 비정규직 500만 명, 영세 자영업자 300만 명, 취업애로계층 200만 명 등 약 1천만 명의 살림살이가 어려움을 겪고 있다고 보았다. 문제는 1997년 외환위기, 2003년 카드사태 및 2008년 미국발 세계금융위기를 겪으면서 어려운 국민들의 수가 계속 늘어났다는 점이다.

　계층을 분류하는 데 절대적 기준이란 있을 수 없다. 흔히 소득을 기준으로 상류층, 중산층, 저소득층으로 나누기도 한다. 영국은 상류계급, 중산계급, 노동자계급으로 분류한다. 또는 최하위 10% 소득계층을 절대빈곤층, 최하위 10% 이상 20% 미만 소득계층을 상대빈곤층, 최하위 20% 이상 50% 미만을 서민층, 그 이상을 중상위층으로 분류하기도 한다.3 또는 소득계층 10분위 중 1~3분위를 저소득층, 4~7분위를 중산층 그리고 8~10분위를 상류층으로 분류할 수도 있다.

소득계층을 나누는 다른 분류는 OECD 기준으로, 한 나라 중위소득(median income)의 50% 미만을 버는 계층을 빈곤층으로 간주하고, 50~150%를 중산층, 150% 이상을 상류층으로 분류한다. 이 기준에 따르면, 2013년 중위소득의 150%는 연간 급여가 5,500만 원에 달하였다. 또한 2015년 전체 가구를 대상으로 처분가능소득 기준 중위소득의 50~150%인 중산층 비중은 67.4%였다. **4**

이제 2015년 현재 월 소득이 중위소득의 50~150%, 즉 도시 2인 가족 기준으로는 월 소득 152만 원~456만 원 계층을 중간(산) 층이라고 보면, 약 3,200만 명, 전체의 72.6%가 여기에 속한다. 이들은 교(보)육, 주거, 노후, 의료 등이 불안해서 자녀를 키우고 부모를 모시기가 부담스럽다.

한편 '차(次) 상위층'은 월 소득이 최저생계비의 120% 미만인 계층으로, 이는 4인 가족 기준 173만 원에 해당한다. 이들은 약 170만 명에 달하며, 소득은 적은데 부양가족이 있다고 하여 정부의 지원을 받지 못한다.

기초생활보장 수급자는 4인 가족 기준 144만 원의 '최저생계비'를 지원받는데, 그 수는 157만 명이다. 기초생활보장 수급자가 빈곤으로부터 벗어나기 위해서는 일을 하는 것이 무엇보다도 중요하다. 따라서 이들이 일을 할 경우 인센티브를 주어야 하나, 현행 제도는 오히려 소득이 조금만 늘어도 기초생활과 관련한 모든 지원을 끊는 문제점이 있다.

2. 절대(상대) 빈곤

1) 주요국의 절대(상대)빈곤 추이

절대빈곤(*absolute poverty*)이란 인간의 기본적 욕구(*basic human needs*)에 대해서 어떤 최저 수준을 설정하였을 때, 소득이 이 기본적 욕구도 충족하지 못할 정도로 낮은 것을 뜻한다. 절대빈곤을 측정하려면 절대빈곤선을 설정하고 그 아래에 속하는 사람을 절대빈곤인구로 간주하게 된다. 한국정부가 매년 공식적으로 발표하는 '최저생계비'는 절대적 개념의 빈곤선이며, 미국 연방정부가 발표하는 '빈곤선'도 마찬가지이다.

그러나 절대빈곤선을 설정하는 것은 자의적이기 마련이며, 더구나 세계적으로 동일한 절대빈곤선을 긋기는 어렵다. 빈곤이란 주어진 시간과 장소에서 다른 사람들에 비해서 가난함을 뜻하는 일종의 상대적 개념이기 때문이다. 예를 들어, 미국은 다른 나라에 비하여 부유하지만 그 안에도 빈곤층은 상당수 존재한다.

국제연합(UN)은 1990년 당시 65억 명의 세계 인구 중 편의상 하루 소득이 1달러 미만인 약 10억 명의 극빈층(*the bottom billion*)[5]에 초점을 맞추고, 이들의 수를 2015년까지 반으로 줄이는 2000년대 경제발전목표[6](Millennium Development Goal: MDG)를 제시하였다.

2008년 세계금융위기 이전에는 역사상 처음으로 1980년 이후 빈곤인구가 계속해서 줄고 있었는데, 바로 이 문제를 해결하는 것이 세계가 당면한 첫 번째 경제발전 문제이며, 이는 세계 공공재(*global public goods*) 라고 보았다. 1980년 당시 세계 인구의 반은 하루 소득이 2달러 미만이었다. 또한 800만 명이 매년 너무 가난해서 죽어 갔다. 즉, 매일 2만 명 이상이 극빈 때문에 목숨을 잃은 것이다.

근자에 많은 발전도상국들이 높은 경제성장률을 달성함으로써 수많은 사람들이 빈곤에서 해방되었으며, 그중 많은 사람들은 나아가 중산층으로까지 진입하였다. 그동안의 물가상승을 참작해서 하루 소득이 1.25달러 미만인 사람들을 극빈자로 정의하였을 때, 그 비율은 1990년의 43%에서 2008년에는 22%로 급감하였다. 중국에서만 무려 5억 명 이상이 극빈상태에서 해방되었다. [7]

그 결과 1990년부터 2015년 사이에 극빈자 수를 절반으로 줄이겠다는 UN의 MDG는 2010년에 이미 달성되었다. 이를 뒷받침한 주요 요인으로는 세계 전체 교역량에서 발전도상국들이 차지하는 비중이 1980년에서 2010년 사이에 25%에서 47%로 거의 두 배나 급증한 것을 들 수 있다. 이는 또한 세계 전체의 경제성장을 촉진하는 데도 크게 기여하였다. 이 밖에도 많은 발전도상국들이 거시경제균형의 달성을 위해서 적절한 통화·재정 정책을 시행하고, 대외개방 정책을 확대하며, 사회간접자본 시설을 확충하고, 교육과 건강에 대한 투자를 확충하는 등 건실한 정책기조를 유지한 것도 큰 도움이 되었다.

다시 그동안의 물가상승을 참작해서 현재 세계은행은 하루에 1.90달러 미만으로 생활하는 사람들을 극빈자로 규정하고 있다. 이 기준에 의하면 1990년에는 세계 인구의 37%인 19억 명이 극빈상태에 있었는데, 2015년에 그 수는 9.6%, 약 7억 명으로 급감하였다. [8] 따라서 UN의 MDG를 달성한 것은 물론이고 지난 25년 동안 무려 12억 명이 극빈상태에서 벗어났는데, 이는 세계경제사에서 가장 밝은 측면이라고 볼 수 있다.

세계은행은 2030년까지는 세계 전체가 빈곤 상태에서 완전히 탈피할 수 있을 것으로 예측하고 있다. 이처럼 4반세기 만에 빈곤율이 급감한 것은 주로 중국의 급속한 경제성장에 연유하며, 인도의 경제성장도 크게 기여하였다. 인도네시아와 베트남 등 동남아시아의 경제성장도 빈곤인구 경감에 기여하였다.

그러나 빈곤인구의 80%가 사는 사하라사막 이남 아프리카와 남아시아 경제의 향방이 앞으로 15년 후 빈곤을 완전하게 제거할 수 있을지 여부를 결정할 것이다. 특히 사하라사막 이남 아프리카에는 세계 극빈인구의 절반이 산다. 앞에서 본대로 긍정적인 측면은 이 지역의 정치 지배구조나 경제운용이 최근에 크게 개선되었다는 것이다.

MDG의 시효가 2015년 만료되었으므로 UN은 이를 대체할 지속가능발전목표(Sustainable Development Goals: SDG)를 같은 해에 2030년을 목표연도로 채택하였다. 빈곤제거, 건강증진, 교육확대 등 모두 17개 분야의 목표가 설정되었는데, 이는 MDG의 8개보다 2배 정도나 증가한 것이다. 더구나 세부목표로 169개를 나열하여서 SDG 전체로 볼 때 우선순위를 설정하기 어려운 취약점을 가지고 있다. 9

이처럼 빈곤은 절대적으로 볼 수도 있고 상대적으로 파악할 수도 있다. 즉, 국민들의 기본적 의식주를 충족한다는 측면에서 본다면 절대적 빈곤 개념을 상정하는 것이 되며, 분배악화나 빈부격차 등을 염두에 두는 경우에는 상대적 빈곤(relative poverty) 개념이 더욱 중요해진다.

그런데 OECD는 중위 가구소득의 40%를 빈곤선으로 설정하였으며, 세계은행(IBRD)은 발전도상국의 경우에는 평균 가구소득의 3분의 1 그리고 선진국은 2분의 1을 빈곤선으로 규정하는데, 이들은 모두 상대적 빈곤 개념을 사용하는 것이다. 한국은 외환위기 이후 절대빈곤인구 증가와 소득분배 악화를 동시에 겪고 있으므로, 빈곤의 개념도 절대적 및 상대적으로 규정하여 이 두 추계치들을 서로 비교해 보는 것이 바람직할 것이다.

빈곤을 측정할 때 또 하나의 문제는 개인을 기준으로 할 것인가, 가구를 기준으로 할 것인가의 측정단위(*measurement unit*) 문제이다. 한국의 경우 빈곤층의 가구원 규모는 작으므로 가구를 단위로 빈곤율을 측정하면 개인을 기준으로 할 때보다 빈곤율이 높아진다. 그러나 빈곤율은 흔히 전체 인구에 대한 빈곤인구 비율을 뜻하므로 개인 단위로 측정하는 것이 바람직하며, 가구 단위로 조사가 이루어졌으면 이를 개인 단위로 환산해야 한다.

2) 한국의 절대(상대)빈곤

휴전 후인 1954년 한국의 빈곤율은 무려 68.8%나 되었다. 그 후 한국개발연구원(KDI)이 최저생계비에 기초하여 추계한 절대빈곤율은 1965년에 40.9%였지만 이후 급속한 경제성장에 힘입어 1981년에는 9.8%로 급락하였다. 경제발전이 절대빈곤 감축에 크게 기여한 것이다. **10**

절대빈곤율 등 빈곤 관련 통계는 연구자마다 기준이 서로 달라서 대표적 통계를 작성하지는 못하고 있다. 11 정부의 공식적인 '최저생계비' 발표도 2000년 이후부터이므로 그 전에는 추정에 의존할 수밖에 없다. 예를 들어서, 2016년의 4인 가족 기준 최저생계비는 월 176만 원으로 책정되었다. 전형적인 추계의 예로서 '경상소득' 기준 최저생계비를 빈곤선으로 설정하면, 외환위기 이전인 1996년에는 빈곤율이 3.09%에 불과하였다.

농·어가를 제외하고 1인 가구도 포함한 모든 도시가구를 대상으로 할 때, 정부 발표 최저생계비 이하의 소득을 버는 절대빈곤율은 2015년 시장소득(처분가능소득) 기준으로 11.8%(7.1%)였다. 같은 해 중위소득 50% 미만의 상대빈곤율은 17.1%(11.8%)였다. 12

이제 〈2010년 빈곤실태조사〉 결과를 이용해서 빈곤층 현황을 예시적으로 설명해 보자. 〈표 4-1〉이 이를 보여 준다. '빈곤층'은 1. 기초수급자와 2. 차상위계층을 합한 개념이다. 차상위계층은 '소득인정액'(소득평가액 + 재산의 소득환산액)이 최저생계비 이하이지만, 부양의무자인 부모나 자녀가 돈을 번다든가 자동차나 집이 있는 등 소득 및 재산 기준이 엄격해서 수급자가 되지 못하고 기초수급대상에서 제외된 비(非)수급 빈곤층과, 소득인정액이 최저생계비의 100~120%에 달하는 계층을 합한 것이다. 인구수를 기준으로 빈곤층은 기초수급자 3.2%, 비수급 빈곤층 2.4% 및 최저생계비의 100~120%를 버는 계층 1.4%를 합한 7.0%에 달하며, 가구 수로는 10.8%에 이른다.

〈표 4-1〉을 보면, 2010년의 빈곤층 규모는 인구수로는 전체 인구의 7%인 340만 명에 달하고, 가구 수로는 전체 가구의 10.8%인 190

〈표 4-1〉 2010년 빈곤층 규모

단위: 만 명, 만 가구

구분		인구수	%	가구 수	%
총계		340	7.0	190	10.8
1. 기초수급자		155	3.2	88	5.0
2. 차상위계층	① 비수급 빈곤층	117	2.4	66	3.8
	② 최저생계비 100~120%	68	1.4	36	2.0
소계 (① + ②)		185	3.8	102	5.8

자료: 한국보건사회연구원, 〈2010년 빈곤실태조사〉, 2011.

만 가구에 이른다. 인구수보다 가구 수로 볼 때 비중이 더 높은 이유는 1인 가구 비중이 전체 가구를 대상으로 할 경우에는 24%이지만, 기초수급자 가구와 차상위계층 가구를 대상으로 할 경우에는 각각 60.7%와 60%로 훨씬 더 높기 때문이다.

특히 심각한 문제는 1~2인으로 구성된 빈곤가구가 60대 이상 고령층에 집중된 점이다. 즉, 빈곤층에 속하는 1인 가구의 72%와 2인 가구의 68%가 60대 이상으로, 노인빈곤의 심각성을 볼 수 있다. 한편 처분가능소득이 중위소득의 50% 미만인 가구 비율인 '상대빈곤율'은 2010년에 14.9%에 달하였다.

이제 빈곤층 가구의 특성을 가구원 수 이외에 근로능력 및 취업, 건강상태의 측면에서 살펴보자. 근로능력자가 있는 가구 수의 비중은 전체 가구 중에서는 80%이나, 기초수급자 가구와 차상위계층 가구의 경우에는 각각 절반 정도인 약 44%에 불과하였다. 취업자가 있는 가구도 전체 가구 중에서는 71.5%이나, 기초수급자 가구 중에서는 22.7%, 차상위계층 가구의 경우는 23.6%에 불과하였다.

건강상태의 측면에서 보면, 만성질환자가 있는 가구는 전체 가구

<표 4-2> 2010년 빈곤층의 소득구성

단위: 천 원

		① 시장소득	② 공적이전소득	③ 경상소득 (③ = ① + ②)
기초수급자		367	508	875
차상위계층	비수급 빈곤층	388	130	518
	최저생계비 100~120%	719	120	839

자료: 한국보건사회연구원, <2010년 빈곤실태조사>, 2011.

중에서는 22. 4%이나, 기초수급자 가구 중에서는 63. 8%, 차상위계층 가구의 경우는 58. 3%나 되었다. 의료비가 부담이 된다는 가구 비율도 전체 가구 중에서는 33. 1%이나, 기초수급자 가구 중에서는 45. 5% 그리고 차상위계층 가구의 경우는 52. 7%로 절반을 넘었다.

<표 4-2>는 기초수급자와 차상위계층 가구의 소득구성을 보여 준다. 여기서 경상소득(current income)은 시장소득에 공적이전소득을 더한 값이다. 이 표에서 공적이전소득으로 인해 기초수급자와 차상위계층 간에 소득역전현상이 일어나고 있음을 볼 수 있다. [13] 즉, 시장소득만으로는 차상위계층의 소득이 기초수급자보다 크나, 여기에 공적이전소득을 더한 경상소득은 기초수급자가 차상위계층보다 더 크다.

빈곤층 가구의 욕구를 주거, 교육, 금융 및 에너지 사용의 관점에서 살펴보자. 여기서 '주거빈곤'은 국토부 최저 주거기준에 미달하거나, 주택임차료가 월 소득의 20%를 초과하여 주거비 과부담을 겪는 가구로 규정한다. 2010년 주거빈곤가구 비율은 전체 가구의 23. 8%이나, 기초수급자 가구 중에서는 58. 3% 그리고 차상위계층 가구 중에서는 무려 78. 5%나 된다.

주거점유 형태를 보면, 기초수급자의 경우 자가나 전세 거주 비율이 낮고 월세의 비중이 매우 높아서 주거불안이 크다. 월세의 비중을 보면, 전체 가구 중에서는 18.3%이나, 기초수급자 중에서는 56.3%나 되며, 차상위계층의 경우에도 27%에 이른다. 공공임대주택 등 주거복지서비스의 수혜 경험을 보면, 전체 가구 중에서는 3.5%에 그쳤으나 기초수급자 가구의 경우는 20.4%로 가장 높고, 차상위계층도 9.4%에 이른다.

교육을 보면, 초·중·고생 공교육비 지출 면에서는 소득계층에 따라서 큰 차이가 없으나, 기초수급자의 경우 사교육비 지출이 매우 낮다. 대학생의 경우, 교육비가 월 소득의 20%를 넘는 교육비 과부담 가구 비율이 전체 가구 중에서는 38.4%이나, 기초수급자 가구 중에서는 무려 89%이며, 차상위계층의 경우도 59.5%나 된다.

금융서비스의 경우, 신용불량을 경험한 비율이 전체 가구 중에서는 5.1%이나, 기초수급자 중에서는 17.4%이며, 차상위계층의 경우도 9.1%에 이른다. 에너지 사용 면에서는, 경제사정으로 적정 수준 이하의 난방을 자주 경험한 가구의 비율이 전체 가구 중에서는 3.5%이나, 기초수급자 가구 중에서는 13.3%, 차상위계층 가구의 경우도 9.8%에 달한다.

2000년대에 들어와서는 빈곤이 극복되지 않고 장기화하는 경향도 나타나고 있다. 즉, 중위소득의 50%에 미달하는 빈곤현상을 3회 이상 경험한 빈곤가구의 비율이 전체 가구의 27.4%나 된다. 빈곤의 핵심 원인은 실업으로, 3회 이상 빈곤을 경험한 가구주의 55.9%가 미취업 상태에 있다. [14]

《2014년 한국복지패널 기초분석보고서》의 빈곤경험에 대한 분석에 따르면, 전년도에 이어 빈곤 상태를 그대로 유지한 비율은 2010년 71.2%에서 2011년 73.5%, 2012년 69.1%, 2013년 76.7% 그리고 2014년 77.4%로 증가세를 보였다. 반면에 비(非) 빈곤 상태를 그대로 유지한 비율은 92%대에서 비교적 일정하다.

빈곤율은 빈곤 지속기간과 빈곤탈출률에 의해서 결정되는데, 한국에서 중위소득의 50% 미만 비율인 빈곤율이 1990년대 말부터 증가하기 시작해서 2014년에는 총가구의 13.5%에 달한 것은 빈곤탈출률 감소가 크게 작용한 것 같다.

OECD의 정의에 따르면 빈곤층은 가구소득이 중위소득의 절반 이하인 계층인데, 국제 비교를 위해서 처분가능소득 기준으로 보면 한국의 빈곤층 비중은 2008년에 15%이다. OECD 회원국 평균은 12%이며 미국은 17%, 일본도 15%이다. 일본의 빈곤선을 중위 가구소득의 50% 수준에 그었을 때 4인 가족 기준 2만 2천 달러가 되며, 이는 미국과 비슷한 수준이다. 이때 일본 총인구의 6분의 1인 약 2천만 명이 빈곤층이다.

일본은 전통적으로 스스로를 범죄도 없고 계층갈등도 없고 도시쇠락도 없는 중산층 국가로 믿어 왔다. 따라서 '빈곤'이라는 개념도 생소하다. 1980년대 말 일본은 전 국민이 중산층인 '1억 총(總) 중류사회'가 되었다고 자랑하였다. 또한 스스로를 중산층이라고 생각하는 국민이 80~90%에 달하였다. 일본 정부는 1998년 이후 빈곤에 관한 통계도 발표하지 않는다.

그러나 1991년 버블붕괴로 일본사회의 양극화가 진행되었다. 그 결과 자신이 중산층이라는 답한 비율은 2007년에 30%대로 급락하였다. 일본에서도 빈곤층의 존재는 엄연한 현실이며, 빈곤층의 80%가 근로빈곤층(*working poor*)이고, 어린이의 7분의 1이 빈곤 상태에 처해 있다.

한편 미국정부가 스스로 정한 '빈곤선'을 적용하면, 2010년 미국 빈곤인구는 4,500만 명에 이르며, 빈곤율은 15.1%에 달한다. 4인 가족 기준 빈곤선은 연 소득 22,314달러이다. 미국은 1960년대에도 '빈곤과의 전쟁'을 선포한 적이 있다. 2010년 현재 미국 어린이의 5분의 1이 넘는 22%가 빈곤 상태에 처해 있으며, 의료보험이 없는 사람도 5천만 명이나 된다. 여기서의 빈곤율은 식권(*food stamp*) 지급이나 근로빈곤층을 위한 현금이전인 '근로장려세제'(Earned Income Tax Credit: EITC) 등은 참작하기 이전의 수치이다.

그러나 오바마 케어(Obama Care, 공식 명칭으로는 Affordable Health Care)라고 부르는 의료보험 개혁으로 의료보험이 없는 인구는 종전의 4,400만 명에서 2,800만 명으로 상당히 감소한 것으로 추정된다.[15] 최근에는 트럼프 행정부가 오바마 케어를 철폐하려고 시도함으로써 미국 의료보험의 앞날은 불투명한 상황이다.

식권 지급은 최근에 '추가적 영양지원계획'(Supplemental Nutrition Assistance Programme: SNAP)으로 명칭이 바뀌었는데, 그 대상자는 2010년 현재 전체 인구의 4분의 1에 이르는 5,900만 명이다. 등록자는 4,410만 명으로 SNAP 50년 역사상 최고 수준이다. SNAP에 의한 수당은 한 달 치 식비인 130달러이다. 자격은 빈곤선 이하에 속한 사람으로서 2천 달러 이상의 유동자산이나 집이 없는 경우이다. 즉, 세

계금융위기로 미국의 수많은 중산층이 SNAP의 혜택을 받을 수밖에 없는 처지로 내몰린 것이다. [16]

미국에서는 앞으로도 10년 동안은 현재의 빈곤율이 그대로 지속될 전망이다. 그러나 빈곤 문제보다도 주택 가격 하락과 연금 가치 축소로 인한 중산층의 타격이 더 중요한 현안이 되고 있다. 즉, "월가를 점령하라"는 구호를 외치는 시위도 빈곤보다는 소득분배의 불평등에 대한 중산층의 좌절감이 표출된 것이다.

한국의 빈곤층이 1997년 외환위기, 2003년 카드사태 및 2008년 미국발 세계금융위기를 거치면서 계속 증가한 것은 중산층 위축의 결과로 볼 수 있다. 1996~2006년 기간 중 빈곤층 비중은 11.2%에서 20.1%로 급증한 반면에 '중산층' 비중은 55.4%에서 43.7%로 크게 감소하였다. 2008년 세계금융위기 이후에도 '중산층' 비중이 2006년 60.8%에서 2009년 58.7%로 감소하였으나, 2015년에는 60.6%로 다소 증가하였다.

이 과정에서 우리 사회의 전통적 저소득층 또는 빈곤층인 독거노인, 소년소녀가장 이외에, 일하면서도 가난한 근로빈곤층이 새로운 빈곤층으로 등장하였다. 평균소득의 60% 이하를 받는 사람을 '근로빈곤층'으로 규정하면, 이들은 총취업자의 20%, 300만 명 내외로 추정된다.

이처럼 근로빈곤층은 절대소득이 아니라 상대소득 수준으로 결정되는데, 1997년 외환위기 당시 대폭 증가한 이후 현재는 개선되고 있으나 아직도 외환위기 이전 수준으로 감소하지는 못하였다. 이들은 열심히 일해도 적자 인생을 벗어나지 못하며, 자녀 교육도 제대로 시키지 못하고 아파도 병원 가기가 부담스러운 희망 없는 상태에 놓여 있다.

더욱 문제가 되는 것은 가난의 대물림 현상이다. 이는 한국 경제발전의 원동력인 '근면신화'도 무너뜨릴 수 있으므로 심각한 문제이다. 이전과 달리 아무리 열심히 일해도 자신을 향상시킬 수 있는 기회가 없다면 장래에 대한 소박한 꿈이나 희망마저 가질 수 없게 될 것이다.

통계청, 금감원, 한국은행이 진행한 〈2014년 가계금융·복지조사〉(패널)에 기초한 보건사회연구원의 《2014년 한국복지패널 기초 분석보고서》는 한국에서 시간 경과에 따라 어떤 개인 또는 가구가 소득분포에서 얼마나 쉽게 상대적 위치를 변화시킬 수 있는가를 나타내는 '생애에 걸친 이동성'(lifetime mobility) 정도를 보여 준다.

이 보고서에 따르면, 중위소득의 50% 미만인 저소득층에서 중위소득의 50~150%인 중간소득층 및 중위소득의 150% 이상인 고소득층으로 이동한 비율은 2010년 28.8%에서 2011년 26.5%, 2012년 30.9%, 2013년 23.3% 그리고 2014년 22.6%로 하락세를 보이고 있다. 반면에 고소득층이 계속 고소득층으로 남을 확률은 같은 기간에 75.9%, 74.5%, 84.5%, 75.2% 및 77.3%로 증가세를 보이고 있다.[17]

경제적 지위 간 이동성(economic mobility)에는 한 개인 또는 가구의 생애에 걸친 이동성 이외에, 통계자료나 분석연구는 드물지만 세대 간 이동성(intergenerational mobility)도 있다. 〈표 4-3〉은 주요국들의 1990년대와 2000년대 초반기 자료를 사용해서 얻은 부친 소득에 대한 자식 소득의 세대 간 탄력도를 나타낸다.

<표 4-3> 부자(父子) 소득의 세대 간 탄력도

영국	미국	프랑스	독일	스웨덴	캐나다	핀란드	노르웨이	덴마크
0.5	0.47	0.41	0.32	0.27	0.19	0.18	0.17	0.15

여기서 세대 간 탄력도는 부친의 소득 증가율을 자식의 소득 증가
율로 나눈 것이다. 따라서 탄력도의 값이 클수록 부친의 소득이 높을
때 자식의 소득도 높다. 즉, 세대 간 이동성이 낮은 것이다. 예상하
는 대로 북유럽 국가들의 세대 간 이동성이 영국, 미국이나 유럽대륙
국가에 비해서 높다는 사실을 알 수 있다. [18]

3. 소득분배

1) 주요국의 소득분배

제 2장 1절 및 3절에서 지적한 바와 같이, 선진국의 소득불평등은 이
미 1970년대 말부터 확대되기 시작하였다. 또한 미국에서는 1980년
대 중엽부터 중산층 소멸에 대한 논의가 시작되었다. UN은 1990년
대 초부터 20 대 80의 문제를 제기하였다.

소득불평등이 확대된 이유로는 세계화, 급속한 기술발달, 중국의
부상 및 금융자율화, 규제완화 등을 들 수 있다. 특히 2011년에는 "월
가를 점령하라"고 외치는 시위대가 '99 대 1'의 슬로건을 제시하였으
며, 이는 곧 세계적으로 확산되었다.

우리나라는 1997년 외환위기 이후 소득분배를 나타내는 모든 지표가 악화되었다. 이에 따라 전통적 빈곤층인 독거노인, 소년소녀가장 이외에 열심히 일하더라도 빈곤상태를 벗어날 수 없는 신(新) 빈곤층 또는 근로빈곤층이 빠르게 늘고 있다. 그 결과로 중간소득계층의 비율은 줄어들고 저소득층과 고소득층 비율은 늘어나는 이른바 양극화 현상이 진행되었다. 물론 중간층이 폭넓게 존재하므로 양극화라는 표현은 현실을 상당히 과장하는 것이다.

구미 국가들 중에는 미국의 소득분배가 제일 불평등하다. **19** 1980 ~2005년 기간에 소득증가분의 80%가 최상위 1% 계층에게 귀속되었다. 미국의 소득분배 불평등도가 급속하게 악화된 주요 원인으로는 공화당 정부 집권 이후 고소득층에 대한 소득세 감면정책을 시행한 것을 들 수 있다. 초특급 부자를 지칭하는 슈퍼 리치(*super-rich*)와 나머지 국민들 간의 격차는 대공황 전을 제외하면 최근이 가장 크다. 또한 미국의 최상위 1% 소득계층의 부(富, *wealth*) 또는 재산은 하위 90% 소득계층보다 더 많다. 예를 들면, 2005년 빌 게이츠의 재산은 460억 달러이며, 워런 버핏의 재산은 440억 달러에 달했다. 반면에 미국 전체 인구 가운데 최하위 40% 계층의 재산을 모두 합하여도 950억 달러로 이와 비슷한 수준이었다.

가구당 연간소득이 200만 달러를 웃도는 최상위 0.1% 소득계층 가구가 전체 가구소득에서 점유하는 비율도 2002년 7.3%에서 2007년 12.3%로 급증하였다. 또한 미국 최상위 0.01% 소득계층 가구(1만 5천 가구)가 국민소득에서 점유하는 비중은 1974년 1%에서 2007년에는 6%로 급속히 늘어났다.

OECD 34개 회원국을 대상으로 최상위 10% 소득계층의 2010년 평균소득을 최하위 10% 소득계층의 평균소득으로 나누어 보면 약 9배이다. 즉, 최상위 10%의 소득이 최하위 10%보다 평균적으로 9배 많다. 특히 미국과 영국이 불평등하고, 덴마크·독일·스웨덴은 전통적으로 평등한 편이었는데, 2000년대에 들어와서는 이들도 불평등도가 늘어나서 1980년의 5배에서 최근에는 6배로 늘어났다. 그러나 프랑스, 일본, 스페인 등에서는 최상위층 소득이 저소득층보다 빠르게 증가하지 않아, 낮은 수준의 소득분배 불평등도가 유지되었다.

2008년 주요국의 지니계수를 보면, 일본 0.249, 독일 0.283, 프랑스 0.327, 한국 0.341, 영국 0.36, 미국 0.408, 중국 0.5, 브라질 0.55 등이다.[20] 미국의 지니계수는 1970~2008년 기간에 0.39에서 0.41로 크게 늘어났다. 지니계수는 완전평등 상태인 0에서 완전불평등 상태인 1 사이의 값을 가지므로, 수치가 커질수록 소득분배 불평등도는 커진다.

흔히 지니계수가 0.4를 초과하면 소득분배 불평등도가 높아서 사회의 불안정을 초래할 우려가 있다고 본다. 중국도 1978년 덩샤오핑의 개혁·개방 이전에는 지니계수가 0.2~0.27 수준이었지만, 근자에는 최상위 10% 계층이 전체 자산(부)의 80%를 소유하고 있다.

전통적으로 미국 사람들은 미국이 기회가 평등한 사회로서, 누구에게나 성공할 기회를 준다고 믿어 왔다. 세계금융위기가 극심했던 2009년 초에도 미국인의 71%가 열심히 노력하고 개인적 능력이 있다면 성공할 수 있다고 믿었다.[21] 그들은 미국이 가장 공평한 사회는 아니며 그렇게 되기를 바라지도 않지만, 적어도 자신의 신분상승은 가능하다고 믿었다. 그러나 실제로 미국에서 계층 간 상향이동은 상당히 어렵고, 그 어려운 정도는 스웨덴이나 덴마크는 물론이고 영국보다도 더하다. 하류층이나 상류층에서 태어난 아이들은 자라서도 그 자리에 그대로 있을 확률이 높다.

최하위 20% 계층에서 태어난 사람이 어른이 되어서도 해당 계층에 그대로 머무는 비율은 미국이 42%인 데 비해서 덴마크는 25%, 영국은 30%이다. 최하위 20% 계층에 속해 있다가 최상위 20% 계층으로 진입하는 비율 또한 미국은 8%이나 영국은 12%, 덴마크는 14%이다.

상위 20% 계층에서 태어난 미국인의 62%가 성인이 되어서도 상위 40% 계층에 그대로 있으며, 하위 20% 계층의 경우 65%가 하위 40% 계층에 그대로 머물러 있다. 하위 10% 계층에서 자란 어린이가 어른이 되어서도 해당 계층에 그대로 머무는 비율은 캐나다는 16%인 반면 미국은 22%이다. 또한 상위 10% 계층에서 자란 어린이가 어른이 되어서도 해당 계층에 그대로 머무는 비율은 미국이 26%인 반면 캐나다는 18%이다. 즉, 가정환경은 다른 나라보다 미국에서 더 중요한 것이다.

미국의 계층 간 고착성은 특히 최상층과 최하층에서 크다. 중위 20% 계층에서 자란 어린이 중에는 36%가 상향이동하였으며, 23%는 그대로 머물렀고, 41%는 하향이동하였다. 미국과 영국이 계층 간 이동 가능성이 제일 낮고, 스웨덴·독일·프랑스가 중간이며, 캐나다·노르웨이·핀란드·덴마크의 경우 상대적으로 이동 가능성이 높다.

그 배경에는 유럽에 비해서 오래된 미국의 인종차별 역사가 도사리고 있다. 빈곤층 자녀는 흔히 홀어머니와 살며 가난하고, 학교는 중퇴했고, 범죄 가능성도 높고 수감률도 매우 높으며, 사회 안전망도 취약한 편이다. 그러나 빈곤층 젊은이도 고교를 마치고, 직장을 갖고, 결혼 전에 출산을 하지 않는다면 중산층이 될 수 있다. 이 세 가지를 많은 젊은이들이 못 하므로 미국은 기회가 공평한 사회가 되지 못한다.

소득계층 간 상향이동을 위해서는 교육이 특히 중요하다. 그중에서도 빈곤층 어린이를 위한 조기교육이 필수적이다. 이를 위해서 아들 부시 대통령 시절 연방정부 차원에서 〈아동낙오방지법〉(No Child Left Behind Act)을 만들었고, 주별로는 성과기준(*performance criteria*)을 택해서 교육의 질을 향상시키고자 하였다. 동시에 좋은 교사를 채용·유지하고, 기본 인성을 가르치며, 학교 간 경쟁을 장려하였다. 그러나 이러한 조치는 다른 나라에서도 그렇지만 교직원 노조의 심한 반대에 직면하곤 하였다.

또한 저소득층이 직장을 계속 다니도록 유도하기 위해서는 '근로장려세제'를 확대하고 '직업교육'을 강화하는 것도 필요하다. 이와 같이 개인의 노력에 대해서 보상하는 정책들을 실시하면 미국은 '기회의 사회'로 좀더 가까이 접근할 수 있을 것이다.

일반적으로 소득분배 불평등도가 증가하면 계층 간 상향이동이 어려워지며, 사회적 불만이 증가하고 정치적 불안정성이 늘어나 세계화와 자유무역에 반대하는 반세계화와 보호주의 경향이 확산된다. 미국의 트럼프 대통령 당선, 영국의 브렉시트 및 EU의 극우 포퓰리즘 대두가 이를 보여 준다.

영국의 저명한 의학자인 윌킨슨(Richard Wilkinson)과 피케트(Kate Pickett)에 의하면, 극심한 소득분배 불평등은 경제적으로만이 아니라 정신적으로도 인간을 피폐하게 만든다고 한다. 그 결과 높은 정신질환율, 유아사망률, 비만율, 고교중퇴자 비율, 범죄율, 마약사용률, 10대 임신율 및 심장병 발병률 등을 초래한다.

인간은 사회적 동물이므로 불평등도가 높은 사회에서는 하위계층에 속한 사람들이 여러 병적 증상에 시달린다. 예를 들어 영국 공무원 사회에 대한 장기간에 걸친 연구결과에 따르면, 공무원 가운데 낮은 지위를 지닌 수위, 배달부 등은 심장질환, 자살, 암 등으로 사망할 확률이 훨씬 높은 것으로 나타났다. 또한 사람들은 일자리를 잃거나 경제적으로 어려움에 처하면 체중이 늘어난다. 미국인들에 대한 12년 동안의 통계자료를 분석한 결과, 소득이 하락하면 평균적으로 약 2.5킬로그램이나 체중이 늘어났다.

나아가서 심한 불평등은 사회적 신뢰와 공동체의식을 무너뜨리며 사회를 분열시킨다. 특히 소득분포상의 하위계층에 속한 사람들은 상당한 스트레스를 받게 된다. 그 결과로 인간의 정신을 파괴하여 불안감, 초조함 등을 유발하게 된다.

물론 인간의 능력은 서로 다르므로 어떤 사회든지 부자와 가난한 사람들이 있게 마련이다. 그러나 윌킨슨와 피케트는 선진국들에 대한 치밀한 실증적 연구에 기초하여 소득분배가 불평등한 나라 사람들은 평등한 국가들과 비교해서 더 심한 정신적, 육체적 질환에 시달린다는 것을 보여 주었다. 특히 오늘날의 미국처럼 불평등이나 양극화 현상이 극심할 필요는 없다고 주장하였다. 대조적으로 독일과 일본은 지극히 현대적이고 효율적인 자본주의체제를 이룩하였으나 소득분배 불평등도는 미국에 비해서 훨씬 낮으며, 그 결과 사회적 문제도 상대적으로 적다는 점을 지적하였다.

2) 한국의 소득분배

1980년대 중엽에 이르면 대부분의 OECD 회원국에서 지니계수로 측정된 소득분배의 불균등도가 높아졌다.[22] 이에 따라 소득분배의 불평등에 대한 연구가 활발히 진행되었다. 미국에서도 1980년대 중반에 들어오면서 중산층의 축소 현상이 두드러져서[23] 소득양극화 현상에 대해서도 관심을 쏟게 되었다.

소득분배의 불평등을 측정하는 지니계수는 구성원 모두가 소득을 똑같이 갖는 균등한 소득분배와 실제의 분위별 소득분배 간에 얼마나 차이가 나는지의 정도를 잰다. 이에 비해 소득양극화지수는 중간소득층이 줄어들면서 소득분배가 양극단으로 쏠리는 현상을 측정한다. 울프슨(M. Wolfson), 에스테반과 레이(J. M. Esteban & D. Ray)의 양극화지수가 대표적이다.[24]

한국은 1997년 외환위기 이전에는 소득분배 불평등도가 비교적 양호하고 소득양극화도 두드러지지 않았다. 그러나 외환위기를 겪으면서 소득분배 불평등도가 늘어나고 소득양극화도 상당히 심화되었다. 그 후 다시 2008년 세계금융위기를 겪으면서 두 지표는 더욱 악화되었다.

<표 4-4> 지니계수의 추이

	1990	1995	1998	2000	2005	2009	2010	2012	2014	2015
시장소득	0.266	0.259	0.293	0.279	0.298	0.320	0.315	0.310	0.308	0.305
처분가능소득	0.256	0.251	0.285	0.266	0.281	0.295	0.289	0.285	0.277	0.269

자료: 조윤제 등, "한국의 경제성장과 사회지표의 변화", 〈금융경제연구〉, 한국은행, 2012. 1.

<표 4-5> 5분위 배율: 처분가능소득 기준

	1990	1995	1998	2000	2005	2009	2010	2012	2014	2015
5분위 배율	3.72	3.68	4.55	4.05	4.55	4.97	4.82	4.67	4.42	4.20

자료: 〈표 4-4〉와 같음.

먼저 소득불평등을 나타내는 지니계수 추이를 보자. 〈표 4-4〉는 도시의 가구원 수 2인 이상 가계를 대상으로 한 것이다. 여기서 시장 소득은 근로·사업·재산·사적이전소득을 모두 합한 것이고, 처분 가능소득은 시장소득에서 조세는 빼고 공적이전소득은 더한 것으로, 처분가능소득 지니계수가 소득불평등의 정도를 더 잘 나타낸다.

상위 20% 소득계층의 평균소득을 하위 20%의 그것으로 나눈 5분 위 배(倍) 율을 보면 〈표 4-5〉와 같다. 이들 표에서 발견하는 것은 지 니계수나 5분위 배율 모두 1997년 외환위기, 2003년 카드사태 및 2008년 세계금융위기처럼 경제 전반에 영향을 미치는 큰 충격이 있을 때 악화되었다는 점이다. 이후 지니계수와 5분위 배율 모두 다시 안 정되기는 하였으나, 그 이전 상태로 회복하는 데는 많은 시간이 필요 하였다.

이제 OECD 주요국의 지니계수를 2011년 시장소득 기준으로 비교 해 보자. 일본, 스웨덴, 덴마크가 모두 0.25로 소득분배 불평등도가

<표 4-6> 소득구간별 비중

단위: %

	1990	1995	1998	2000	2005	2009	2010	2015
하위층 (중위소득 50% 미만)	7.1	7.7	10.9	9.2	11.9	13.1	12.5	10.4
중산층 (중위소득 50~150%)	75.4	75.3	69.6	71.7	69.2	66.9	67.5	72.6
상위층 (중위소득 150%~)	17.5	16.9	19.5	19.0	18.9	20.0	20.0	17.0

* 2003년 이후에는 〈가계동향조사〉가 전국 가구의 소득분배 통계도 같이 발표한다.

제일 낮다. 독일은 0.28이며 네덜란드는 0.31이다. 한국은 0.32이고 프랑스는 0.33, 스페인은 0.347, 영국과 이탈리아가 0.36 그리고 미국이 0.41로 제일 불평등한 편이다. 즉, 지니계수로 보면 한국의 소득분배 불평등도는 비교적 양호한 편이라고 볼 수 있다.

한편 통계청 〈가계동향조사〉 자료를 이용하여 1990년 이후 가계의 처분가능소득 분포를 살펴보면 〈표 4-6〉과 같다. 표에서 중위소득 50% 미만의 하위층이 차지하는 비중은 상대빈곤율을 나타내는데, 1990년 7.1%에서 2010년에는 12.5로 크게 늘어났다. 중산(간)층의 비중은 1990년의 75.4%에서 2010년에는 67.5%로 급속히 줄어들었다. 특히 외환위기, 카드사태 및 세계금융위기 이후 그러했다. 이는 소득의 양극화 경향이 발생하고 있음을 나타내는 것이다.

통계청의 〈가계동향조사〉는 가계에 대한 설문조사에 기초한다. 그러나 국세청 자료로 종합소득세 상위 20%와 하위 20%의 5분위 배율을 보면 1998년 17.7배에서 2009년에는 45.4배로 급증하였다. 이는 곧 〈가계동향조사〉에 기초한 지니계수나 5분위 배율이 소득불평등 정도를 크게 과소평가할 수 있음을 나타낸다.

〈표 4-7〉 상위 1% 소득계층의 소득점유율

연도	1998년	1999년	2001년	2003년	2005년	2008년	2010년
소득점유율(%)	6.97	7.82	8.80	9.42	10.19	11.68	11.50

한편 최근 연구에서는 소득세 자료를 활용하여 상위 1%의 소득집중도를 계산하였다. [25] 소득세 자료는 2010년 종합소득세 대상인 약 379만 명과 근로소득세 대상 약 924만 명에 대한 것으로, 보다 정확한 소득분배 분석이 가능하다. 〈가계동향조사〉에 의한 분석에서는 상위소득자의 응답회피 등 고소득자의 누락으로 인해서 소득분배가 현실보다 양호하게 나타날 수 있기 때문이다.

이 연구결과에 따르면 한국의 상위 1% 소득계층의 소득집중도는 외환위기 이후 빠르게 상승해서 1998년 6. 97%이던 것이 2010년에는 11. 50%를 기록하였다. 이러한 결과는 미국의 17. 42%, 영국의 13. 88%보다는 낮으나, 일본의 9. 2%와 프랑스의 8. 94%보다는 높다. 〈표 4-7〉이 이를 보여 준다.

또한 통계청·금융감독원·한국은행이 실시한 〈2010년 가계금융조사결과〉를 보면 한국 순(純) 자산의 지니계수는 0. 63으로 처분가능소득의 지니계수보다 훨씬 높다. 주요국을 보면, 스웨덴이 0. 89로 제일 높고, 다음으로는 미국 0. 84, 캐나다 0. 75, 핀란드 0. 68, 영국 0. 66, 이탈리아 0. 61 등의 순이었다. 상위 10% 계층의 순자산 점유율은 이탈리아가 42%, 핀란드와 영국이 각각 45%, 한국은 47%, 그리고 스웨덴 58%, 캐나다 53%, 미국 71% 순이었다.

소득양극화 정도를 2011년 OECD 주요국에 대해서 울프손 지수를 사용해서 보면 한국은 0.3478이었다. 제일 양극화 정도가 낮은 나라는 0.2442를 기록한 스웨덴이며, 다음으로는 프랑스 0.2507, 스페인 0.2894, 영국 0.3038, 독일 0.3168, 이탈리아 0.3214, 일본 0.3250, 덴마크 0.3445 순이었다. 미국은 0.5000으로 소득양극화 정도가 제일 높았다. BRICS 국가의 울프손 지수를 보면, 브라질은 0.5230, 중국은 0.5073으로 미국보다 더 높았고, 러시아는 0.4386, 인도는 0.3691로 미국보다 낮았다.

최근 한국의 양극화에 관한 연구결과들을 보면, 양극화를 심화시키는 정도가 제일 높은 것은 소득항목별로는 부동산소득이었다. 그 후 부동산 가격 상승세가 둔화되면서 금융소득이 이를 대체하고 있다. 그 다음은 이전소득이다. 따라서 부동산 가격 안정과 이전소득의 중요한 부분인 상속세의 철저한 과세가 필요하다.

지금까지 살펴본 바에 따라 한국을 다른 나라와 비교해 보면, 소득분배의 불평등 정도는 상대적으로 양호한 편이지만 소득양극화가 높은 수준으로, OECD 주요 국가 중 미국을 제외하면 한국의 소득양극화가 제일 심해서 중산층이 위축되고 있는 것을 볼 수 있다. 그러나 소득분배의 불평등과 소득양극화는 실제로 그 차이가 크지 않으므로 구별할 필요가 없다는 주장도 있다.[26] 또한 소득분배의 불평등 문제의 핵심은 빈곤이라는 주장도 있다.[27]

4. 빈곤 및 분배정책

1) 사회안전망

한국에서도 빈곤이 늘어나고 소득분배가 악화되기 시작한 것은 1997년 외환위기 이전인 1990년대 초부터이다. 1997년 외환위기 이후의 신자유주의 경제개혁도 주요한 원인이지만, 그 이전부터 시작된 탈(脫)공업화와 서비스화로 집약되는 한국경제의 구조적 변화가 이미 그 시작이었다. [28]

한국은 1960~1980년대의 30년 동안은 급속한 공업화로 제조업 부문의 고용비중이 크게 증가하여 일자리와 소득이 창출되고 중산층이 두터워져서 경제성장과 소득분배가 선순환을 이루고 있었다. 그리하여 1980년대까지 한국은 성장과 형평을 동시에 달성한 모범적인 국가로 평가되었다. 그러나 1990년경부터 공업 부문의 고용비중이 빠르게 떨어지기 시작한다.

미국에서도 제2차 세계대전이 종식된 후 1960년대 말까지의 25년 동안은 흔히 황금기 또는 적정 상황을 뜻하는 골디락스(*goldilocks*)의 상태로, 생산성 향상과 임금상승이 동시에 일어났다. 그러나 1970년대 이후에는 이러한 상황이 끝난다. 1973년부터 2013년까지 40년 동안 일반 노동자의 생산성은 107%나 상승했지만 실질임금은 오히려 13%가 떨어진 것이다. 동시에 주거비, 교육비, 의료비 부담은 크게 늘어났다. [29]

한국경제의 경우, 1990년대 초 이후 치열한 글로벌 경쟁에 직면한 수출 위주의 대기업들은 자동화를 위한 설비투자를 크게 늘려 생산성은 급속하게 증가하였다. 그 결과로 제조업과 서비스산업, 대기업과 내수 위주의 중소기업 사이의 생산성과 임금 격차는 더욱 확대되기 시작하였고, 이에 따라서 분배도 악화되었다.

흔히 분배 문제와 관련해서 정규직과 비정규직 간의 격차를 중요시하지만, 이는 전체 고용의 10%에 불과한 대기업에서 주로 발생하는 문제이다. 더욱 중요한 문제는 대기업과 중소기업 간의 상당한 임금 격차이다. 중소기업에서는 정규직이라도 임금이 낮고 사회보험 가입률도 낮은 반면, 대기업에서는 비정규직이라도 임금과 사회보험 가입률이 높은 것이 현실이다.

빈약한 부존자원과 세계화 확산 추세를 참작할 때 한국경제가 적극적으로 세계경제 질서에 참여하는 것은 바람직하다. 이때 우리는 글로벌 경쟁에서 우위를 점하기 위해 생산성 향상을 위한 지속적 투자가 필수적이다. 그러나 다른 한편으로는 취약계층에 대한 '사회안전망'(social safety net)을 더욱 견실하게 구축해야만 한다.

우리는 제3장 1절 2)의 (2) "복지의 확충"에서 2017년 정부가 편성한 복지지출 예산의 규모 및 GDP 대비 비중을 OECD 평균과 비교한 바 있다. 또한 건강보험, 국민연금, 산재보험, 고용보험, 요양보험 등 사회보험(social insurance)의 혜택이 주로 형편이 나은 계층에 집중되어 있으며 사회적 보호가 절실한 계층은 오히려 가입률이 매우 저조하다는 점을 지적하였다. 즉, 한국의 복지제도는 1970년대 이후 건강보험, 국민연금 등 사회보험을 중심으로 이루어져 왔는데, 주로 공무원, 사립학교 교직원, 대기업 근로자 등 안정된 생활을 누리는 상위 50% 계층이 그 혜택을 보았다. 외환위기를 겪고 나서 2000년대 이후에는 하위 10% '빈곤층'에 대한 '기초생활보장제'가 시행되었다. 그러나 나머지 40%의 '서민층'은 여전히 복지혜택의 사각지대에 놓여 있다.

따라서 정부가 복지지출을 확대해 나가는 것은 한국경제의 발전단계나 OECD 회원국과의 비교에서 보듯이 바람직하다. 그러나 정치권이 무책임하게 주장하듯이 중산층까지 대상으로 하는 보육, 교육, 의료 등에 대한 '보편적 복지'는, 우리보다 소득수준이 월등하게 높은 독일, 네덜란드, 핀란드 등 유럽 주요국들의 최근 개혁방향과는 반대로 나아가는 것이다. 이른바 '선택적 복지'에 기초하여 최우선적으로 취약계층에 초점을 맞춘 사회안전망의 건실한 구축이 필요하다.

예를 들면 보육의 경우, 취약계층 아동을 위한 조기지원도 저조한 상황에서 모든 영유아에 대해 보편적 지원을 하는 것은 효율성과 형평성 측면에서 모두 문제가 있다. 조기교육일수록 투자 수익률이 높다는 사실은 널리 알려져 있다. 따라서 가정에서 충분한 돌봄을 받지 못하는 취약계층 영유아를 대상으로 한 조기교육을 집중적으로 지원하면 투자의 효율성은 크게 높아진다. 계층 간 교육기회의 불평등을 완화한다는 측면에서 취약계층 영유아를 위한 집중적 보육지원이 훨씬 더 바람직하다.

'사회보험'이 취약계층을 제대로 보호하지 못하므로 기초생활보장제도, 기초노령연금, 근로장려세제 등 '공공부조'라도 제대로 작동해야 하지만, 현실은 그렇지 못하다. 2000년 도입된 국민기초생활보장제도에서는 근로능력 유무와 상관없이 '최저생계비' 미만을 버는 절대빈곤층에게 최저생계비를 보장하였는데, 이 최저생계비가 실제로 노동시장에서 저소득층이 버는 '최저임금'보다 높아서 일할 의욕을 상실하게 만들었다. 더구나 수급요건이 까다로워서 실제 수급자는 훨씬 적었다.

2010년 현재 국민기초생활보장에는 연간 약 9조 원이 소요되나 빈곤인구의 3분의 1만 혜택을 본다. 기초노령연금은 연간 4조 원이 소요된다. 65세 이상 노인의 75%인 400만 명이 대상이나 부부의 경우 월 수령액이 14만 원으로 너무 적다. 즉, 공공부조는 재정부담은 크지만 빈곤해소에는 효과가 적다.

보건사회연구원이 2008년 복지패널을 이용해서 분석한 연구에 따르면, 빈곤율을 중위소득의 40% 미만으로 규정하였을 때 사회보험 및 공공부조 등 공적이전지출로 빈곤율이 감소한 폭은 3.6%에 불과하였다. 반면에 다른 나라에서 비슷한 시기의 자료를 사용해서 공적이전지출이 빈곤율을 감축시킨 정도를 보면 영국이 15.7%, 스웨덴이 14.3%, 독일이 10.5%로 한국에 비해서 훨씬 컸다.[30]

바람직한 방향은 기초생활보장제도의 목적을 근로무능력자를 보호하는 것으로 국한하는 것이다. 그리고 근로능력 보유 수급자, 비수급 빈곤층, 최저생계비의 120% 이하를 버는 차상위계층 등 모든 '취약계층'의 취업 가능성을 제고하여 자립지원을 지향하는 방향으로 '적극적 노동시장정책'을 펼쳐야 한다.

유럽 주요 국가들의 공공부조제도도 종전에는 시장경쟁에서 낙오한 사람들을 보호하는 것을 목표로 하였으나, 1990년대 이후에는 노동시장에의 참여를 지원함으로써 경제적 자립을 도모하는 방향으로 전환되었다. 공공부조의 목표가 일정한 소득수준을 보장하는 데서 벗어나, 빈곤 상태에서도 벗어날 수 있도록 취업을 지원하는 쪽으로 방향을 바꾼 것이다.

또한 현재는 기초생활보장 수급자에게만 생계·주거·교육·의료 등 각종 급여혜택이 주어지므로 차상위계층으로 이동하면 오히려 불리해서 탈빈곤 유인이 적다. 따라서 박근혜 정부는 중위소득의 50% 이하를 버는 사람들을 모두 '상대빈곤층'으로 규정하고 각종 급여혜택도 맞춤형으로 지원하기로 하였다.

세계화 확산과 급속한 기술진보는 저숙련 근로자에게 큰 어려움을 주고 있으며, 소득분배 악화 및 빈곤의 주요 원인이다. 그리하여 한국 저소득층의 소득은 최근 급속하게 떨어졌다. 시장소득 기준 가구 소득의 분위별 점유율 가운데 최하위 20% 소득계층의 소득점유율을 1996년, 2010년, 2015년의 3개 년도에 대해 살펴보면 6.3%에서 2.7%로, 다시금 0.5%로 급감하였다.

2) 소득분배의 개선방안

(1) 대기업·중소기업, 제조업·서비스산업 간 생산성 격차 축소

1990년대에 들어오면서 규제완화, 세계화 및 금융자율화 추세는 더욱 가속화되었다. 이에 따라서 글로벌 경쟁이 치열해졌으며, 이에 더해서 중국의 저임금을 활용한 공산품이 밀려들어 오면서 대기업과 중소기업 및 제조업과 서비스산업 간의 생산성 격차도 더욱 확대되었다. 그 결과 소득격차가 벌어지고 빈곤도 늘어나며 소득분배도 악화

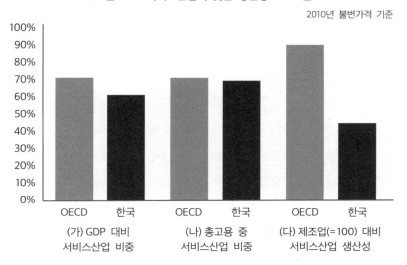

〈그림 4-1〉 서비스산업의 낮은 생산성: 2014년

2010년 불변가격 기준

되었다. 이는 제조업 부문의 수출 위주 대기업과 서비스산업 부문의
내수 위주 중소기업으로 구성된 이중구조를 더욱 심화시켰다.

따라서 빈곤의 증대와 소득분배 악화를 개선하기 위한 가장 중요한
정책과제는 대기업과 중소기업 및 제조업과 서비스산업 간 생산성 격
차를 축소함으로써 소득격차를 줄이는 것이다. 〈그림 4-1〉은 OECD
회원국 평균에 비해 한국 서비스산업의 생산성이 상당히 낮음을 보여
준다. 이 그림에서 (가) 는 GDP 대비 서비스산업 비중으로, OECD
평균은 2014년에 약 70%인 데 비해서 한국은 60% 정도를 점유하고
있다. 그러나 총고용 중 서비스산업 부문의 비중은 (나)에서 나타나
는 바와 같이 약 70% 수준으로 둘이 거의 비슷하다. (다)는 제조업
의 생산성을 100으로 놓았을 때 서비스산업의 생산성으로, OECD
평균은 약 90%이나 한국은 45%에 불과하다.

또한 한국은 중소기업과 대기업 사이의 생산성 격차도 매우 크다. 도·소매업을 예로 들어서 10명 미만(1~9명)을 고용하는 소기업과 250명 이상의 종업원을 보유한 대기업의 생산성을 비교해 보면, 소기업의 노동생산성, 즉 노동자 1인당·시간당(man-hour) 부가가치 산출액은 대기업의 20%를 조금 넘어설 정도로 적다. 이는 OECD 회원국 가운데 최하위이다. 따라서 소득분배 개선을 위해서 추진해야 할 가장 중요한 정책과제는 제조업과 대기업에 비해서 매우 낮은 서비스산업과 중소기업의 생산성을 높이는 것이다. 제5장에서 자세히 보겠으나, 서비스산업의 생산성을 높이려면 규제완화가 시급하다. 이는 특히 금융, 보건, 교육, 관광산업에서 그렇다.

2012년 현재 직원 수가 5명 미만(1~4명)인 영세 사업체에 취업한 근로자 수는 무려 약 1천만 명이나 된다. 또한 자영업자 및 무급 가족 종사자가 2016년 현재 총취업자의 25.5%나 된다. 지난 30년 동안 계속했던 보호나 지원 위주의 중소기업 육성책보다는 경쟁력 있는 중소기업을 육성하는 것이 급선무이다. 생산성이 지극히 낮은 영세기업에 종사하는 근로자는 사회안전망으로 보호하면서 재취업할 수 있는 기회를 제공해야 한다. 즉, 생산성이 낮은 서비스산업과 중소기업의 구조조정을 촉진하는 것이 시급하다.

(2) 정규직·비정규직 근로자 간 임금격차 축소

둘째는 다방면으로 노동시장 개혁을 추진하는 것이다. OECD 주요국의 정규직 근로자를 대상으로 상위 90% 소득계층의 평균 임금소득을 하위 10% 계층의 평균 임금소득으로 나눈 비율을 보면, 2013년 기준으로 한국은 미국 다음으로 높아서 거의 5배에 달한다. 또한 중위(中位, *median*) 임금소득의 3분의 2 미만을 버는 정규직 근로자의 비율이 전체의 4분의 1이나 돼, 미국과 더불어서 OECD 회원국들 가운데 가장 높은 편에 속한다.

소득분배의 불평등을 개선하기 위한 노동시장 개혁에서는 먼저 노동시장 이중구조의 주요한 특징인 정규직과 비정규직 근로자 간의 상당한 임금격차를 축소해야 한다. 그래서 기업들이 비정규직 근로자의 고용을 선호하는 유인을 줄여야 한다. 예를 들면 정규직 근로자에 대한 과보호로 해고가 어려운 것이 하나다. 또한 최저임금은 2015년 중위임금의 50%로서 OECD 평균과 비슷하나 이를 점진적으로 인상해야 한다. 2014년 현재 비정규직 근로자는 총피용자의 3분의 1이나 되는데, 일의 숙련도는 비슷하나 보수가 정규직 근로자의 임금소득에 비해서 38%나 낮다.

또한 비정규직 근로자 가구의 상대빈곤율은 16%나 돼서, 정규직 근로자 가구 5%의 3배 이상이다. 교육비 지출도 비정규직 근로자 가구는 정규직 근로자 가구에 비해서 2분의 1에 불과하다. 한국 노동시장의 이중구조는 OECD 회원국들 가운데서 두드러지게 심하다. 특히 정규직 근로자는 고용의 안정성 측면에서 볼 때 과보호를 받고 있어서 기업들로 하여금 비정규직 근로자를 채용하는 것을 선호하게 만든다. 따라서 노동시장의 이중구조를 완화하기 위해서는 정규직·비정규직 근로자 간의 각종 임금 및 비임금 격차를 축소해야 한다.

⟨표 4-8⟩ 근로형태별 국민연금·건강보험·고용보험 가입률

단위: %

	국민연금	건강보험	고용보험	평균
전체	87.6	87.5	88.5	87.9
정규직 근로자	97.6	97.8	95.4	96.9
비정규직 근로자	48.2	51.2	63.0	54.1

자료: 고용노동부, ⟨고용형태별 노동조건 조사⟩, 2015; OECD, *OECD Economic Surveys Korea 2016*, Paris, May 2016.

(3) 사회안전망의 확충

⟨표 4-8⟩은 3대 사회보험인 국민연금·건강보험·고용보험의 정규직·비정규직 근로자 간 가입률 격차를 나타낸다. 이 표에서 보면 정규직 근로자의 3대 사회보험 가입률은 거의 100%에 근접한 수준인데 비해서, 비정규직 근로자는 평균 54.1%에 불과하다.

한국보건사회연구원 강신욱 박사의 2015년 연구결과를 보면 중위소득의 50% 미만을 빈곤층으로 규정할 때, 5대 소득보장제도(국민연금 등 공적연금, 기초노령연금, 기초생활보장제도, 실업급여, 근로장려세제) 가운데 어느 하나에 의해서도 보호받지 못하는 빈곤층 비율은 약 41%에 달하였다. 즉, 빈곤층은 10명 중 4명은 5대 사회보장제도의 보호를 전혀 받지 못하고 있다. [31] 다만 65세 이상 노인빈곤인구 중에서는 이 비율이 4.4%로 급감해서, 기초(노령)연금에 힘입어 상당한 노인들이 사회보장제도의 틀 안으로 들어온 것으로 나타났다.

빈곤격차를 중위소득의 50%인 빈곤선과 실제 가구소득의 차이로 규정할 때, 빈곤격차를 해소하는 데 기여한 비율을 보면 5대 소득보장제도 가운데 국민연금 등 공적연금이 66.7%로 가장 컸다. 그 다음으로 기초(노령)연금이 17.4%, 기초생활보장제도가 14.8%이며,

실업급여는 2.9% 그리고 근로장려세제(EITC)는 0.9%로 미미하다.

여기서 EITC는 저소득 근로자와 자영업자 가구에 대해서 가구원 구성과 총급여액 등을 참작해서 산정된 근로장려금을 지급함으로써 근로빈곤층의 근로를 장려하고 실질소득을 지원하는 근로연계형 소득지원제도이다. 여기서 저소득 근로자 가구에 대한 근로장려금은 세금환급의 형태로 지급된다. 이 제도는 1975년 미국에서 처음 도입된 후 영국, 프랑스, 캐나다 등도 채택하였으며, 한국은 2008년부터 시행하고 있다.

원래 EITC는 복지제도에 대한 의존도를 줄이고 근로소득층을 늘리겠다는 목표를 가지고 시작된 것으로, 미국의 경우에는 이 제도가 경제활동 참가율을 높인 것으로 나타났다. 그러나 한국의 EITC는 최저생계비 미만을 보충해 주는 국민기초생활보장제도와 서로 충돌하는 측면이 있다. 즉, 수혜계층이 중복되며, 국민기초생활보장제도의 보장급여가 근로장려세제보다 상대적으로 커서 본래 목적을 달성하기가 어렵게 되어 있다. 따라서 국민기초생활보장제도는 근로무능력자를 지원하는 데 주된 목표를 두고, EITC는 근로빈곤층을 지원하는 것을 주된 목표로 삼는 것이 바람직하다.

EITC의 제약점은 2015년 기준 전체 가구의 8%만이 적용대상이라는 점으로, 이는 자격요건이 까다롭기 때문이다. 예를 들어 소유한 주택 가격이 1억 4천만 원 미만이어야 한다. 그러나 EITC에 대한 지출은 GDP의 0.1%에 불과하므로 적용대상을 확대하고, 현재는 평균임금의 33% 미만을 버는 가구에게만 적용하나 이를 배 이상 높여서 68% 정도로 확대한다면 저소득 가구에 상당한 도움을 줄 수 있다.

기초생활보장제도는 절대빈곤가구에 대해서 현금을 비롯해 의료보장·교육 등 현물 지원을 하는 제도인데, 2013년 현재 평균소득의 26% 미만 계층에 대해서만 지원하기 때문에, 지원 정도가 OECD 회원국 중 하위 3분의 1 범주에 머물러 있다. 또한 자격요건이 까다로워서 총인구의 3%만이 수혜자격이 있다.

2015년에 박근혜 정부는 지원기준을 절대빈곤에서 상대빈곤으로 변경하였다. 현금지원의 경우에는 중위소득의 29% 미만 가구에게만 수혜자격이 있으며, 의료서비스는 40%, 주거지원은 43%, 교육지원은 50% 미만 가구에게 자격이 있다. 다른 수혜자격 요건도 완화되었다. 아울러 기초생활보장제도의 지원을 받으면서 근로장려세제 혜택도 받을 수 있게 규정이 개정되어서 빈곤감축에 효과를 낼 수 있다.

고용보험, 근로장려세제, 기초생활보장제도는 근로계층을 지원하기 위한 주요 사회복지 프로그램이다. 이 중 실업수당은 근로자가 직장을 잃기 전 1일 임금의 50%를 지원하는데, 이는 OECD 평균인 70%에 비해서 낮은 수준이다. 또한 지원 기간도 연령에 따라서 6개월에서 8개월까지로 OECD 평균인 2.3년에 비해서 매우 짧다. 특히 앞에서 본 대로 고용보험 수혜자격이 있는 비정규직 근로자는 63%에 불과하므로 3분의 1은 지원을 받을 수 없다.

(4) 여성의 경제활동 참가율 증대

정규직·비정규직 근로자 간 임금격차의 단계적 축소와 더불어 노동시장 개혁에서 추구해야 할 또 하나의 주요한 정책과제는 여성의 경제활동 참가율을 높이는 것이다. 2015년 여성 고용률은 55.7%로

OECD 회원국 중에서 6번째로 낮으며, 남성 고용률 75. 7%에 비해서는 20%나 낮다. 평균 고용률은 65. 7%로 OECD 회원국 평균치인 66. 4%와 비슷하다.

한국의 남성과 여성 고용률은 30세에 이르기까지는 서로 비슷하나, 그 후 여성들이 결혼을 하고 아기를 출산하면서 노동시장에서 이탈하므로 여성 고용률은 하락한다. 그러나 많은 여성들이 다시 노동시장으로 복귀하는 30~40세 구간에서는 다시 여성의 경제활동 참가율이 증가한다. 전 연령계층을 대상으로 한 여성의 경제활동 참가율은 다른 OECD 회원국들에서는 평범한 역(逆)U자 형태를 취하는데, 한국과 일본에서는 독특하게 M자 형태를 가진다.

여성 고용률을 높이기 위해서는 출산 및 육아휴가 확충, 질 높은 보육시설 구비, 일과 가정의 양립(이른바 워라밸, *work-life balance*)이 가능한 직장환경 조성 등이 필요하다. 한국은 2001년부터 3개월의 유급 출산휴가를 의무화하였다. 또한 조기 영유아 보육과 교육에 대한 중앙정부 지원도 2006년에는 각각 GDP의 0. 1%에도 미치지 못하였으나, 2013년에는 각각 0. 3%로 급증하였다.

박근혜 정부는 2013년에 유아 모(母)의 취업 여부나 가계 소득수준과 상관없이 5세 미만의 모든 영유아에게 하루 12시간의 무상보육을 시행하기로 하였는데, 이는 OECD 회원국 중에서도 지극히 후한 제도이며 상당한 예산이 든다. 그 결과 0~2세 영유아의 보육시설 이용 비율은 2006년 11%에서 2013년에는 34%로 급증하였다. OECD 평균 영유아 보육시설 이용 비율은 33%이다.

그러나 0~2세 영유아 모의 고용률은 2013년 35%로, 이들 제도의 시행에도 불구하고 이전에 비해서 별로 늘지 않았다. OECD 평균은 51%로서 한국보다 월등하게 높다. 반면에 영유아 보육시설에 대한 수요는 공급을 훨씬 초과하기에 이르렀다. 그런데 취업모들은 어린 이집에 맡긴 아기를 퇴근 후에 늦게 찾아가므로 보육시설에서는 취업 모보다 비취업모의 아기들을 받는 것을 선호한다.

0~2세는 특히 부모의 애정이 필요한 기간이므로 집에서 양육하는 것이 바람직하다는 것이 전문가들의 견해이다. 한국보다 조건이 훨씬 까다로운 프랑스에서는 0~2세 영유아의 취업모는 1주일에 40시 간을 보육시설에 맡길 수 있으나, 우리와는 달리 소득수준에 따라서 상이한 보육료를 지불해야 한다. 또한 많은 나라의 경우 한국처럼 0 ~5세 영유아에 대해 조건 없이 무상보육을 지원하는 것이 아니라, 영국은 3~4세, 프랑스, 이스라엘, 멕시코, 포르투갈은 3~5세로 지원대상을 한정한다. 하루에 맡길 수 있는 시간도 프랑스, 이스라엘, 멕시코, 포르투갈, 영국 등은 모두 3~5시간으로 한정하고 있다.

이처럼 한국의 0~5세 무상보육은 다른 나라들과 비교할 때 터무니 없이 후한 제도이므로, 2016년부터는 지원대상을 한정하기 시작하여 취업모가 보육시설 이용에 우선권을 갖도록 수정하였다. 그런데 보 육시설은 개선할 여지가 많다. 질적인 측면에서 보면 공적 보육시설 (유치원)이 사적 보육시설(어린이집)보다 좋으므로 공적 시설을 늘리 는 한편, 인증제도를 강화하여 전체적으로 보육원의 질을 높여야만 한다. 이는 어린이집의 경우가 특히 그러하며, 교사들의 처우도 현재 보다는 개선되어야 한다.

일과 가정의 균형을 이룩하는 것도 중요하다. OECD 회원국의

2014년 연평균 근로시간은 1,770시간인 데 반해 한국은 2,124시간으로 멕시코에 이어서 두 번째로 근로시간이 길다. 즉, OECD 평균보다 연간 354시간이나 더 일한다. 긴 근로시간으로 인해 남자들은 하루 평균 45분만 가사를 도우며, 이는 전체 가사시간의 18%에 불과하다.

2015년 노사정위원회에서는 2020년까지 연간 근로시간을 1,800시간으로 감축하는 데 합의하였다. 문재인 정부도 대선 기간 중 공약으로 노동시간을 단축해서 '삶의 질'을 향상시키고 일자리 나누기(job sharing)를 하겠다고 약속하였다. 그러나 산업계는 법정근로시간만 단축하는 것은 기업의 임금부담을 증가시켜서 고용을 축소할 우려도 있다고 본다. 즉, 근로시간을 단축하면서 동시에 주요 선진국들이 시행하는 것처럼 각종 유연한 근무시간제(탄력적 근로시간제, 선택적 근로시간제, 재택근무 등)을 도입해서 근로시간을 보다 효율적으로 활용할 수 있도록 해야만 한다는 것이다.

정부는 2018년 7월부터 법정 최고근로시간 상한을 주당 68시간에서 52시간으로 단축하고, 먼저 300인 이상 대기업부터 시행하였다. 또한 직종별로 계절적인 노동수요가 다르므로 3개월 기간 내에서 탄력적 근로시간제를 허용하였으나, 주요 선진국들처럼 허용 기간을 1년으로 늘릴 필요가 있다.

문재인 정부는 2017년 양극화를 완화하고 취약계층을 돕고자 최저임금 인상률을 지극히 높게 책정하였으며, 2020년까지 최저임금을 시간당 1만 원선까지 높이는 것을 목표로 삼았다. 그러나 이는 역설적으로 아르바이트생 등 돕고자 하는 이들의 일자리를 빼앗는 결과를 초래하였다. 즉, 영세·중소기업이 인건비 상승을 감당할 수 없어서 고용인원을 줄임으로써 의도와는 반대로 실업자 수가 증가하는 결과를 낳았다. 최저임금은 전국, 전 업종 및 모든 기업에 대해서 일률적으로 정하는 것보다 지역별, 업종별, 대상 기업별로 차등화하는 것이 필요하다.

여기서 우리가 얻는 교훈은 신고전학파를 대표하는 앨프리드 마셜(Alfred Marshall)이 지적한 "따뜻한 마음, 냉철한 이성"(warm heart, cool head)의 중요성이다. 취약계층에 대해서는 따뜻한 마음을 지녀야 하나, 이들을 돕기 위해서는 냉철한 이성이 필요한 것이다. 최저임금 정책은 따뜻한 마음은 가졌으나 오히려 돕고자 하는 사람들을 해친 예이다.

성별 임금격차도 2013년에 37%로, OECD 회원국 중에서 제일 크다. OECD의 성별 임금격차는 평균 15% 정도이다. 이는 특히 대학을 졸업한 여성들의 고용률을 OECD 회원국 중에서 최저로 만들어 놓은 요인 가운데 하나다.

2015년 비정규직 근로자의 시간당 소득은 정규직 근로자의 55.7%에 불과하였다. 그런데 여성근로자의 40.2%는 비정규직 근로자인 반면, 남성은 26.5%만이 그러하였다. 이 역시 성별 임금격차를 키운 결과를 초래하였다. 또한 여성근로자의 74%는 서비스산업에 종사하는데, 서비스산업의 임금은 전 산업 평균보다 상당히 낮다. 제조업의 경우는 23%만이 여성 종사자들이다.

아울러 여성의 경우 출산·양육 등으로 휴직 기간이 길어 경영진까지 승진하는 경우가 매우 드물어 2014년 현재 여성임원 비율은 2.1%

에 불과하며, 이는 OECD 회원국 중에서 제일 낮다. 이슬람국가인 말레이시아도 12.8%나 되며, 인도네시아 12.2%, 홍콩 11.1%, 중국 9.2% 및 싱가포르 7.4% 등도 한국보다 훨씬 높다. 그러나 한국 국회의원은 2003년부터 여성 쿼터를 정해 놓았다.

한국과 일본은 모두 저출산·노령화가 가장 중요한 국가과제이다. 2016년 6월 글로벌 기업 토요타는 아이를 키우느라 회사를 그만두는 이른바 경력단절여성('경단녀')을 줄이려 본사 직원의 35%에 이르는 2만 5천 명에 대하여 일주일에 두 시간만 회사에 출근하고 나머지는 집에서 근무하는 재택(在宅) 근무제도를 도입하기로 하였다. 이러한 획기적인 제도 도입은 한국의 글로벌 선도기업들에게도 시사하는 바가 크다.

(5) 청년고용률 증대

청년층(15~29세)에 대한 노동시장에서의 불균형도 중요한 문제이다. 2017년 9월 한국의 고용률은 61.3%이며 OECD 기준인 15~64세의 고용률은 66.9%이다. 한편 청년층 실업률은 2017년 9.9%로 십수 년 만에 가장 높았다. 청년고용률은 외환위기 당시 급감한 후 빠르게 회복되다가 2004년경부터 다시 계속해서 떨어지고 있다. 2014년 한국의 청년고용률은 40.7%로 OECD 회원국 평균 51.2%보다 훨씬 낮으며, 끝에서 6번째이다. 또한 청년층의 18%는 취업, 교육, 직업훈련 중 어느 것도 하지 않는 이른바 니트(NEET) 상태에 있다. 청년고용률을 높이려면 청년에 대한 노동시장에서의 수급 불균형 문제를 풀어야만 한다.

1990년에는 고졸자의 33%만이 대학에 진학하였으나, 2008년에 이 수치는 83%로 급증하였으며, 2016년에는 69.8%로 상당히 떨어졌다. 대학졸업자들은 임금이 높고 고용안정성이 있는 대기업 등에 취업하길 원하나 이러한 곳의 취업 기회는 제한되어 있다. 따라서 청년고용률은 낮아지고 니트족은 증가한다. 반면 중소기업은 사람을 구하기 어려워 외국인 근로자를 채용한다.

즉, 대기업에는 지원자가 몰리나 일자리는 한정된 반면에, 중소기업들은 근로자를 구하기 어려운 수급 불균형(mismatch) 현상이 발생하는 것이다. 2010년 정부조사에 의하면, 중학생 학부모의 6%만이 자녀가 직업고등학교에 진학하는 것을 바랐다. 유교문화의 영향으로 기능인에 대한 사회적 평가는 독일 등 선진국에 비해서 매우 낮다.

노동시장의 이중구조를 개선하기 위한 정책 중 하나가 학업과 일을 같이 하는 마이스터고등학교를 세운 것으로, 2015년 현재 41개의 마이스터고교가 있으며 학생 수는 1만 6천 명이다. 직업고등학교 취업률이 44%인 데 비해서 마이스터고교의 취업률은 90%에 달한다. 아울러 이명박 정부는 2013년에 '일-학습 병행제도'(work-learning dual system)를 도입하였다. 이는 한국식 '도제'(apprentice) 제도로서, 7만 명의 학생 겸 근로자와 1만 개의 회사를 연결하여 추진하였다. 그러나 전체 고교생의 5분의 1만이 직업고등학교를 다니며, 이 중 5.6%만이 마이스터고교에서 일-학습 병행제도를 택하므로, 이를 확대할 필요가 있다.

다른 문제는 근로자의 조기퇴직에 관한 것이다. 기업의 퇴직연령은 58세로 늘었으나 실제 퇴직연령은 53세이다. 그런데 50~64세 연령층의 고용률은 70%나 돼서 OECD 회원국들 가운데 상당히 높은 편이며, 동시에 빈곤율도 15.5%로 매우 높다. 그 이유는 직장에서 퇴직한 후 소득이 낮은 자영업으로 뛰어들거나, 임금이 낮은 임시직으로 일하기 때문이다.

근로자의 82%는 최소한 65세까지 일하고 싶어 하며, 32%는 70세까지 일하기를 바란다. 그러나 한국의 임금체계는 연공급(年功給) 체계(seniority-based wage system)이므로 기업 입장에서는 근로자가 일정한 연령(예를 들어 50대 초)을 넘어서면 생산성에 비해서 임금이 높아 부담이 된다. 따라서 2016년부터 300명 이상을 고용하는 대기업에 대해서는 60세를 정년으로 법제화하였으나, 이 법의 실행을 위해서는 이미 외환위기 이후부터 정부가 장려해 온 '임금피크제'의 도입이 필요하다.

한편, 2011년 현재 65세 이상 인구의 약 50%는 상대빈곤 상태인데, 이는 OECD 평균인 12.6%보다 4배나 더 높은 수준이다. 또한 전체 인구의 빈곤율인 15%보다도 3배나 더 높다. OECD 회원국들의 경우 두 비율은 거의 동일하다. 또한 최저생계비 미만의 소득을 가진 경우를 절대빈곤이라고 보면 노인층의 3분의 1은 이러한 처지에 놓여 있다. 게다가 노인들은 부채도 많다.

높은 수준의 빈곤은 높은 노인 자살률을 가져와서, 2000년에는 인구 10만 명당 35명이던 노인 자살률이 2010년에는 82명으로 급증하였다. 2014년에는 55명 수준으로 떨어졌으나, 아직도 OECD 평균인 22명의 2배를 훨씬 초과한다.

3) 소득분배정책

조세부과나 이전지출 등 정부의 재정정책 수단을 사용해서 소득불평
등을 줄이는 효과는 OECD 회원국 가운데서 한국이 지극히 미약하
다. 〈그림 4-5〉가 이를 보여 준다.

〈그림 4-5〉에서 종축은 조세부과, 이전지출 등 정부의 재정정책
수단이 지니계수로 측정된 불평등도를 얼마나 감축시켰는가를 보여
주는데, 한국은 2.4베이시스 포인트(basis point), 즉 0.024%를 줄이
는데 머물렀다(1베이시스 포인트=0.01%). 재정정책 수단의 효과가
큰 나라는 프랑스, 벨기에, 덴마크 등이며, 작은 나라는 일본, 미국
등이다. 또한 한국의 재정정책은 상대빈곤율을 감축시키는 데도 미
미한 영향을 끼쳤다. 여기서도 프랑스, 룩셈부르크 등이 효과가 컸으
며, 일본, 미국 등은 작은 편이었다.

2014년 한국의 GDP 대비 정부의 사회적 지출(social expenditure)은
10.6%로서, OECD 회원국 평균인 22%의 절반에도 채 미치지 못한
다. 이 비율이 높은 나라는 프랑스, 핀란드, 벨기에, 덴마크 등이며,
낮은 나라는 캐나다, 미국 등이다.

〈그림 4-6〉은 GDP 대비 조세+사회보장출연금의 비율을 보여 주
는데, 한국의 비율은 33%로, OECD 평균인 42%에 비해서 낮은 편
이다. 이 비율이 높은 나라는 덴마크, 핀란드, 노르웨이, 프랑스 등
이며, 낮은 나라는 미국, 일본 등이다. 그러나 주요 선진국과의 격차
는 〈그림 4-5〉에 비해서 〈그림 4-6〉이 훨씬 적은데, 이는 한국의 사
회보장출연금이 상당한 규모에 달하기 때문이다.

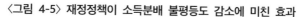

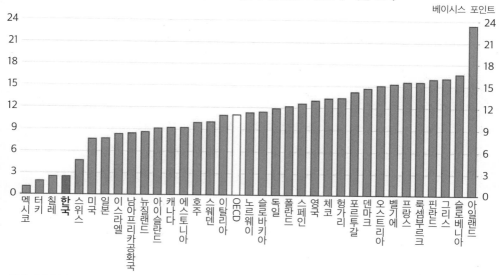

〈그림 4-5〉 재정정책이 소득분배 불평등도 감소에 미친 효과

베이시스 포인트

자료: *OECD Economic Surveys Korea 2016*, Paris: OECD, May 2016.

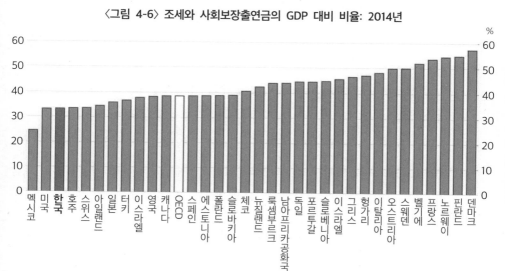

〈그림 4-6〉 조세와 사회보장출연금의 GDP 대비 비율: 2014년

%

자료: 〈그림 4-5〉와 같음.

〈그림 4-5〉는 한국의 조세부과나 이전지출이 소득분배 불평등도나 빈곤율을 감축시키는 데 거의 효과가 없음을 보여 준다. 주요한 이유는 GDP 대비 정부 재정지출이 주요 선진국들에 비해서 상대적으로 적기 때문이다. 즉, 한국은 저부담-저복지 체제이기 때문인데, 재정 건전성을 유지하면서 재정의 재분배 효과를 보려면 세수 확대가 필요하다. 그러나 상당한 규모의 사회보장출연금이 존재하므로 실제 선진국들과의 격차는 〈그림 4-6〉이 보이듯이 축소된다.

　　세수확대 방안으로는 조세감면 축소, 지하경제의 지속적 양성화, 부가가치세 인상 등을 우선 생각해 볼 수 있다. 소득세의 최고세율은 38%로 OECD 평균인 30%보다 높다. 그러나 근로소득공제 등으로 인해 최고세율이 적용되는 과표소득 기준이 OECD 회원국들에 비해서 높으며, 그 결과 실효세율(effective tax rate)은 낮다. 즉, OECD 회원국들은 최고세율을 평균 임금의 3배를 버는 사람들부터 적용하나, 한국은 3.8배부터 적용한다. 또한 개인소득세의 경우 각종 조세감면 제도로 인하여 소득세 면제자 비율이 무려 48%에 달한다.

　　조세구조 면에서도 GDP 대비 간접세의 비중이 높고, 개인소득세의 비중은 2009년 3.6%에 불과하다. 즉, 간접세 중심의 조세구조여서 누진세인 개인소득세의 중요성은 낮다. 개인소득세의 비중은 일본도 5.1%로 낮은 편이며, 프랑스 7.3%, 미국 7.7%, 독일 9.3%, 영국 10.4%, 이탈리아 11.7%, 스웨덴 13.5% 순으로 높다. 2010년 총조세수입에서 개인소득세가 점유한 비중은 한국 17.9%, 미국 24.3%, 일본 25.7%, 영국 31.5%, 프랑스 34.7%, 독일 34.8% 그리고 이탈리아는 42.6%였다.

시장소득 기준 세전 및 세후 지니계수의 차이를 보면 한국은 2005년 0. 02에 불과하다. 그러나 미국과 영국은 각각 0. 11이며, 일본은 0. 12, 프랑스와 스웨덴은 각각 0. 20 그리고 독일은 0. 21로 우리보다 훨씬 크다. 즉, 한국은 조세가 소득재분배에 미치는 영향이 적다.

4장 핵심사항

— 통계청의 2015년 조사에 의하면 자신을 중산층이라고 답한 비율은 53%이며, 앞으로 자녀들의 사회·경제적 지위가 자신보다 더 높아질 것이라고 응답한 비율은 31%였다.

— 세계은행(IBRD)에 따르면, 2015년 현재 하루에 미화 1.90달러 미만으로 생활하는 사람을 극빈자로 규정할 때, 1990년에는 세계 인구의 37%인 19억 명이 극빈 상태에 있었으나 2015년에는 9.6%, 약 7억 명으로 급감하였다.

— OECD는 빈곤층을 가구소득이 중위소득의 절반 이하인 가구로 규정하여 상대빈곤율을 측정하는데, 2015년 도시 전 가구를 대상으로 할 때 시장소득과 처분가능소득 기준 상대빈곤율은 각각 17.1%, 11.8%였다. 한편 최저생계비 이하의 소득을 버는 절대빈곤율은 각각 11.8%, 7.1%였다.

— 선진국들에서는 세계화, 기술발달, 규제완화 등으로 이미 1970년대 말엽부터 소득분배의 불평등이 확대되기 시작하였다.

— 소득분배 불평등도는 일본, 독일, 스웨덴 등이 낮은 편이며, 그 다음이 프랑스, 한국 등이고, 영국, 미국 등은 높다. 특히 브라질, 중국 등은 불평등도가 매우 높아서 사회의 불안정을 초래할 우려마저 있다.

— 한국의 소득분배 불평등도는 1990년대에 들어오면서 증대되기 시작하여, 외환위기를 겪으면서 더욱 악화되었다. 세계적으로 소득분배에 비해서 자산(富) 분배의 불평등도는 더욱 심하며, 한국에 비해서 경제성장의 역사가 긴 선진국의 경우 더욱 불평등하다.

— 빈곤 증대와 소득분배 악화를 개선하기 위해서는 먼저 대기업과 중소기업, 제조업과 서비스산업 간의 생산성 격차를 축소시킴으로써 소득격차를 줄이는 것이 필요하다.

— 한국 노동시장 이중구조의 주요한 특징인 정규직과 비정규직 근로자 간의 임금격차를 축소하는 것도 필요하다. 특히 정규직 근로자에 대한 과도한 보호가 기업들로 하여금 비정규직 근로자 채용을 선호하게 한다는 점을 유의해야 한다. 또한 사회안전망인 국민연금, 건강보험, 고용보험 등 3대 사회보험 가입률에서 정규직·비정규직 간의 큰 격차를 줄여야 한다.

— 성별 경제활동 참가율의 상당한 격차를 줄이기 위해서 여성의 경제활동 참가율을 높여야 한다. 이를 위해서 출산·육아휴가 확충, 질 좋은 보육시설 확충과 함께, 일과 가정의 양립이 가능하도록 직장문화가 개선되어야 한다. 특히 2014년 기준 연평균 근로시간 2,124시간을 OECD 평균인 1,770시간으로 단계적으로 줄여 나가야 한다. 아울러 성별 임금격차 축소도 필요하다. 정부는 2018년 7월부터 법정 최고근로시간 상한을 휴일근로를 포함해서 현행 주당 68시간에서 52시간으로 우선 300명 이상 고용 기업부터 단축하기로 하였다.

— OECD 평균에 비해서 훨씬 낮은 한국의 청년고용률을 높이기 위해서 노동시장에서 청년층에 대한 수급 불균형(*mismatch*) 현상을 해소해야 한다. 현재 시행 중인 마이스터고등학교 및 일-학습 병행제도의 확대가 필요하다.

— 조세부과나 이전지출 등 재정정책을 사용해서 빈곤과 소득불평등을 축소시키는 재분배 효과는 OECD 회원국 가운데 한국이 가장 미약한 편에 속한다. 그 이유는 GDP 대비 정부 조세수입과 이전지출의 비중이 낮기 때문이다. 즉, 한국은 저부담-저복지 체제인 것이다. 그러나 사회보장출연금이 상당한 규모에 달하므로 주요 선진국들과의 격차는 어느 정도 축소된다.

— 향후 저출산·고령화의 급속한 진전과 막대한 통일비용 발생이 예상되므로 재정건전성 유지는 반드시 필요하다. 재정건전성을 유지하면서 재정의 재분배 효과를 추구하려면 세수 확대가 필수적이다. 이를 위해서 조세감면 축소와 지하경제의 지속적 양성화 등을 통해 '조세기반'을 확충해야 한다. 또한 소득세 누진체계를 강화하고, 부가가치세 세율을 높이며, 법인세의 감면 폭을 축소해서 실효세율을 높여야 한다.

일자리 창출 제 5 장

1. 고용의 의의

1) 일자리

우리에게 일자리는 어떤 뜻을 가지는가? 일자리는 소득의 대부분이 임금인 근로자들에게는 삶을 꾸려 나갈 수 있는 재원이 된다. 제 3장에서 본 것처럼 인간의 존엄성은 스스로 삶을 꾸려 나갈 수 있는 능력에 기초하며, 일자리는 바로 이를 위한 수단을 제공한다.

어떤 사람이 빈곤 상태에 처해 있을 때 이로부터 벗어날 수 있는 길은 단기적으로는 일자리를 얻는 것이며, 장기적으로는 교육을 통해서 계층 간 상향이동을 이룩하는 것이다. 따라서 정부가 재정지원을 통해서 복지혜택을 주는 대상은 근로무능력자들로 국한되어야 한다. 즉, '일자리가 최고의 복지'라는 원칙이 견지될 때에만 재정적으로 지속가능한 것이다.

더구나 사람마다 독특한 재능을 지니고 있으므로, 자신이 제일 잘할 수 있는 일자리에 종사함으로써 보람을 느끼고 행복해질 수 있다. 또한 일자리를 통하여 자신만의 특출한 능력이나 가능성을 현실에 구현함으로써, 본인의 보람과 행복은 물론이고 나라 전체로도 경제력과 문화적 역량을 최대화할 수 있는 것이다. 국민 개개인이 자신의 독창성과 창의성을 최대로 발휘할 수 있을 때 국력도 최고조에 달하게 되므로, 인적자원밖에 없는 한국과 같은 나라에서는 모든 제도가 개인의 가능성을 최대로 발휘할 수 있도록 짜여 있어야만 한다. 자유민주주의체제는 개인의 책임을 수반하는 '자유'가 최고의 성과를 낸다 (*Freedom works.*)는 믿음에 기초하는데, 이는 제도적 측면에서 볼 때 한국이 중요한 강점을 갖춘 부분이다.

2) 여러 나라의 경험

전통적으로 경제학에서는 경제성장이 일어나면 일자리 창출과 고용은 자연스럽게 뒤따른다고 생각하였다. 18세기 말엽 이후 일어난 영국의 산업혁명에서도 도시에서 공업화가 진행되면서 고용기회가 새롭게 창출되었고, 이는 농촌에서 도시로의 노동력 이전에 의해서 충족되었다.

선진국들의 역사적 경험에 기초해서 제2차 세계대전이 종식된 후 새롭게 경제성장 대열에 참여한 발전도상국들에서도 공업화가 진전됨에 따라 도시에서 일자리가 창출되고, 이들 일자리는 농촌으로부터의 노동력 이전을 통해 메워질 것으로 예상하였다.

그러나 발전도상국들의 GDP는 1960년대에 연평균 5%대라는 그 이전과 비교해 괄목할 만한 성장을 성취하였지만, 공업 부문은 충분한 일자리를 만들어 내지 못하여 농촌으로부터의 노동력 흡수에 실패하였다. 그 주요한 요인은 공업화 과정에서 주로 선진국의 부존자원 양상에 알맞게 개발된 '자본집약적' 기술을 사용하는 기계나 자본재를 선진국으로부터 그대로 수입해서 생산활동을 하였기 때문이다.

이미 1960년대 말엽이 되면 대부분의 발전도상국들에서 경제성장은 일자리 창출 또는 고용기회 확대에 실패했다는 것이 분명해졌다. 오직 한국, 대만, 홍콩, 싱가포르 등 이른바 네 호랑이들만이 주로 '노동집약적' 경공업 제품 수출을 통한 대외지향적 공업화 전략을 채택해서 고용기회 창출에 성공하였다.

한편 유럽대륙 국가들의 실업률은 전후 부흥기인 1950년대와 1960년대에 미국의 절반 수준에 불과하였다. 그러나 1970년대 중반 이후 10년 동안 경제성장은 둔화되고 실업률이 매우 높아져서 유럽경화증 (Eurosclerosis)에 걸렸다는 말을 들었다. 다시 1980년대 중반 이후 10년 동안은 고용 없는 경제성장을 경험하였다.[1] 그리하여 1990년대 중반에 이르면 유럽대륙 국가들의 실업률은 미국의 거의 2배나 되었다. 1984~2009년 기간에 미국의 실업률은 평균 5.8%인 데 반해 프랑스는 9.5%, 독일은 9.1%였다.

1973~1994년 기간에 미국에서는 도합 3,800만 개의 새로운 일자리가 창출되었지만, 유럽대륙에서는 새로 창출되는 일자리가 거의 없었다. 유럽의 노동비용이 너무 높아서 기업들이 해외로 이전하였

기 때문이다. 그러나 가장 중요한 차이는 노동시장의 경직성이 유럽대륙 국가들에서 미국보다 훨씬 높았다는 것이다.

제3장 2절에서 살펴본 바와 같이, 유럽대륙 국가들은 전통적으로 사회복지국가(social welfare state)를 지향해 왔다. 그 결과 실업보험, 최저임금제 등이 잘 갖추어져 있다. 또한 노동조합 세력이 강하여 해고가 어렵고 생산성은 미국보다 낮으나 임금은 더 높다.

한편 미국경제는 1990년대 이후 빠른 경제성장률, 낮은 실업률 및 낮은 인플레이션율을 보여 2008년 세계금융위기가 발발하기 전까지는 여러 나라들의 부러움을 샀다. 미국은 노동시장의 유연성이 높아서 근로자의 해고가 쉬운 반면에, 일자리 창출에서는 뛰어난 강점을 지니고 있다. 그러나 2008년 이후의 금융위기 중에는 미리 서둘러서 지나칠 정도의 대규모 해고를 단행하였다.

선진국들은 1970년대 2차례의 석유파동으로 경기침체(stagnation)와 인플레이션이 동시에 발생한 이른바 '스태그플레이션'(stagflation)을 겪으면서 높은 실업률이 상당 기간 지속되자, 전통적인 경제성장 위주 정책만으로는 실업문제를 해결할 수 없음을 깨닫게 되었다. 따라서 경제성장 이외에 고용증대도 중요시하게 되었다. 즉, 노동시장의 유연성을 높이고, 과도한 사회보장제도는 근로의욕을 저하시키므로 완화하며, 고용지원 서비스를 강화하는 이른바 '적극적 노동시장 정책'(Active Labor Market Policy: ALMP)을 사용해서 고용을 증대하고자 하였다. 2

한편 1990년대 이후 세계화가 촉진되고 기술발달의 속도가 가속화되면서 선진국에서는 고숙련 근로자에 대한 수요는 증가한 반면, 저숙련 근로자에 대한 수요는 감소하여 이들의 일자리가 축소되기 시작하였다. 예를 들어, 미국의 자동차회사 GM은 공장을 중국으로 대거 이전해서 중국시장을 상대로 현지에서 3만 2천 명의 근로자를 고용하여 생산, 판매하였다. 1970년에는 46만 8천 명을 미국 내에서 고용하였으나 근자에는 고작 5만 2천 명만을 고용하고 있을 뿐이다. 즉, 미국 내 근로자의 일자리가 크게 감소된 것이다. 3

포드(Ford) 도 자동화를 통해서 '노동절약적인'(*labor-saving*), 바꾸어 말하면 '자본을 사용하는'(*capital-using*) 기술을 채택함으로써 노동자의 생산성, 즉 노동자 1인당 산출량을 크게 증대시켰다. 그 결과 10년 전에 비해 포드의 미국 내 고용인원은 절반으로 축소되었다. 이는 기업의 산출량과 이윤은 계속해서 증가하나 고용은 오히려 줄어드는 이른바 '고용 없는 성장'(*jobless growth*) 이 급속하게 진행됨을 단적으로 보여 주는 사례이다.

특히 유럽대륙 국가들에서는 1970년대부터 실업이 중요한 과제여서 이를 해결하기 위해 상당한 노력을 경주하였다. 네덜란드에서는 1960년대와 1970년대에 정부재정 악화, 경제성장률 저하, 실업률 상승, 사회보장기금 고갈 등 경제난국에 직면하였다. 이에 1982년에 바세나르 협약으로 불리는 노・사・정 대타협을 체결하여 어려움을 극복하였다. 이 협약의 핵심은 노동조합은 임금인상을 자제하고, 사용자 측은 직장의 안정성(*job security*) 을 보장하는 것이다. 노동시장의 유연성도 제고하여 파트타임 근로자와 계약직 근로자 등 다양한 형태의 일자리도 생겨났다. 그 결과 실업률이 낮아지고 성장률은 높아졌으며 인플레이션도 완화되고 재정은 건전화했다.

독일에서는 1990년 통일의 후유증으로 2005년까지도 저성장·고실업이 계속되었다. 그러나 2002~2005년 기간에 슈뢰더 총리하에서 '의제 2010'(Agenda 2010)으로 불리는 경제개혁을 추진하였다. 흔히 '하르츠 개혁'으로도 불리는, 노동시장 유연성을 제고하기 위한 개혁이다. 그 결과 계약직 근로자도 무기한 고용할 수 있게 되었다. 그 후 독일경제는 비교적 높은 경제성장과 낮은 실업률을 이루어 낸다. 또한 2009년에는 단축근로제(Kurzarbeit)를 도입하여 기업은 근로시간을 줄이는 대신 고용을 유지하고, 정부는 삭감된 임금의 60%를 기업에 보조금으로 지급하였다.

2008년 미국발 세계금융위기 이후의 상황을 보면, 미국은 불황에 직면하여 너무 많이 해고함으로써 실업률이 크게 높아진 반면, 독일을 비롯한 유럽 주요국들에서는 급격한 경기침체에도 불구하고 실업률에는 별로 영향을 미치지 않아 고용의 안정성을 유지하는 대조적인 모습을 보였다.

그 이유는 유럽의 노동조합들은 이미 1980년대 이후 국민경제 전체의 관점에서 과도한 고용보호 완화에 동의하며 임금인상 요구도 자제하는 방향으로 전환하였기 때문이다. 이는 넓은 의미에서 볼 때 '일자리 나누기'(job sharing)라고 볼 수 있다.[4] 즉, 독일, 프랑스 등은 1980년대부터 근로시간 단축(work sharing)을 통한 일자리 창출을 시행한 것이다.[5]

네덜란드와 마찬가지로 덴마크도 노동시장 유연성이 높아 '시간제 근로자'의 비중이 높지만 임금소득이 상대적으로 안정되어 있으며, 정부당국도 적극적 고용지원 서비스를 제공한다. 실업수당은 해고전 월급의 80%나 되지만 지급기간은 1994년의 7년에서 2010년에는 2년으로 대폭 줄었다. 그러나 '일자리센터'를 전국에 설치해서 직업 알선과 직업훈련 서비스를 강화하였다. 그 결과로 기업이 근로자를 해고하여도 정부가 나서서 적극적으로 일자리를 찾아 주므로 실업자의 3분의 2가 해고된 지 석 달도 안 돼 새로운 일자리를 찾은 것으로 알려졌다. 6

한편 세계적으로 '청년실업'이 심각한 문제로 등장하고 있다. 대부분의 OECD 회원국들의 청년실업률은 전체 실업률의 2배 정도나 된다. 그중에서도 유럽의 청년실업은 특히 심각하다. 2016년 스페인과 그리스의 실업률은 각각 19.6%와 23.5%인데, 15~24세의 청년실업률은 무려 44.5%와 47.4%에 달하였다.

포르투갈과 이탈리아, 프랑스의 실업률은 각각 11.1%, 11.7%, 10.0%로 스페인과 그리스보다는 낮지만, 청년실업률은 27.9%, 37.8%, 24.6%로 전체 실업률의 2배 이상이다. 한편 영국과 미국의 실업률은 각각 4.8%, 4.9%로 아주 낮으나 청년실업률은 그 두 배이상인 13.0%와 10.4%에 달한다. 그래도 유럽 국가들에 비해서는 상당히 낮다. 7

청년실업률이 전체 실업률보다 2배 이상 높게 나타나는 현상은 한국에서도 마찬가지이다. 다만 한국의 청년실업률은 2016년 10.7%로 OECD 평균인 13.0%보다 낮으며, 유로 19개국 평균인 20.9%와 비교해서는 훨씬 더 낮다. 그러나 최근 독일과 일본을 필두로 많은 OECD 회원국에서 전체 실업률과 청년실업률이 모두 줄어드는 데 반해서, 한국은 그대로 있는 것이 우려를 자아낸다.

청년실업은 생애소득의 흐름을 감소시키는 외에 오랫동안 '낙인효과'를 가짐으로써 청년실업을 더욱 증가시키는 요인으로 작용한다. 또한 기업들이 신입사원보다는 경력사원 채용을 선호하는 경향은 대졸자 실업률을 더욱 높이는 요인으로 작용한다. 한국노동연구원의 추정에 따르면 신규 대졸자 실업률은 세계금융위기 직후인 2009년에 무려 36.0%나 되었으며 2011년에도 35.0%에 달했다. **8**

이와 같은 미취업 신규 대졸자들 중 많은 수가 어쩔 수 없이 하향취업하는 것으로 추정된다. 하향취업은 교육·노동시장의 연계 불일치 때문에 일어난다. 과도한 대학진학률로 대학졸업자 공급은 많은 데 비해 학력에 걸맞은 일자리 수, 즉 수요가 따라가지 못하는 것이다.

2012년 대졸 이상 학력자의 하향취업 비율은 10.36%나 되는 것으로 추정되었다. **9** 하향취업 경향이 더 높은 지방 소재의 많은 대학들에서는 이미 학생 모집에 어려움을 겪고 있고, 10년쯤 후에는 전문대의 학생 총원율이 40%대로 떨어질 것으로 예상되기도 한다.

유럽 국가들 가운데 청년실업률이 가장 낮은 국가는 독일, 스위스 등이다. 대표적으로 독일의 경우를 보면 대학진학률은 40%에 불과하며, 나머지 60%는 고등학교에서의 이론 교육과 기업에서의 도제식 직업훈련(vocational training)을 병행해서 받는 이른바 '이중제도' (dual system)가 특징인 고교 졸업으로 만족한다. 독일과 스위스의 2016년 말 청년실업률은 각각 6.7%와 7.5%였다. 반면에 유로존 19개국의 평균 청년실업률은 20.4%나 된다.

학교도 다니지 않고, 일하지도 않으며, 직업훈련도 받지 않는 청년 '니트족' 비율도 2015년 현재 네덜란드와 독일은 각각 7.8%와 8.8%

에 불과하나, EU 19개국 평균은 16.6%에 이른다. 특히 이탈리아는 27.4%, 그리스는 26.1%, 스페인은 22.8%로, 2011년 발생한 유럽 재정위기 때 큰 어려움을 겪은 국가들의 경우 청년 '니트족' 비율이 매우 높다.[10] 청년실업자들의 분노와 좌절감은 매우 커서, 2011년 영국 런던에서 발생한 대규모 시위 참가자의 대다수가 '니트족'에 속하는 것으로 알려졌다.

3) 한국의 경험

한국은 노동집약적인 경공업제품 수출을 통한 대외지향적 공업화 전략의 성공적 추진으로 1970년대 중반에 이르러 이른바 루이스(W. Arthur Lewis)의 '전환점'(*turning point*)을 통과하게 된다.[11] 전환점이란 국민경제가 농업 부문(전통부문)과 공업 부문(현대부문)으로 구성된 '이중구조'를 가지고 있다고 전제할 때, 공업화의 진전으로 농업 부문으로부터 공업 부문으로의 노동이전(*labor transfer*)이 계속되어 농업 부문에 더 이상 과잉노동력이 존재하지 않는 상태를 말한다. 이 때부터는 경제학에서 흔히 전제하는 것처럼 임금이 상승해야 농업 부문에서 공업 부문으로의 노동이동이 가능하게 되어 노동의 공급곡선은 우상향 형태를 취한다.

또한 1970년대 말엽까지는 중동과 국내 건설의 호황으로 노동에 대한 수요가 많았다. 1980년대 중엽 이후에도 3저(低)(저환율, 저유가, 저금리)에 힘입어 물가상승률과 실업률은 낮고, 임금상승률은 높아서 1988년부터 1992년까지 매년 무려 15%를 초과하였다.[12]

1970년대 노동시장은 1차 노동시장인 도시의 현대적 공식부문과 2차 노동시장인 도시의 '비공식부문'(*urban informal sector*)으로 이루어진 이중구조를 형성하였다. 그러나 1980년대 중엽 이후의 노동시장은 성장산업인 대기업 근로자와 사양산업인 중소·영세업체 근로자의 두 부문으로 나뉜 이중구조를 나타냈다.

1987년 6월 민주화항쟁 이후 주로 임금인상을 요구하는 노사갈등이 폭발하여 1987~1989년 기간 중 불법파업의 비율은 50%대로 매우 높았다. 이 기간에 임금인상률은 두 자릿수였고, 대부분의 임금인상 요구가 관철되었다. 임금인상 위주의 노사갈등은 1990년대 중반까지도 이어졌다.

3저 호황기 경기과열의 후유증으로 1990~1992년 기간에는 물가불안, 부동산 가격 폭등 및 국제수지 적자 등 한국경제에 적신호가 켜졌다. 그러나 1995~1996년 기간에는 불법파업 비율은 10%대로 크게 떨어졌다.

이른바 IMF 사태하의 김대중 정부에서는 국난 극복을 위해서 1998년 1월 노사정(勞使政) 위원회가 출범하였고, 2월에는 노·사·정 대타협을 맺었으며 '정리해고제'가 도입되었다. 1998년 현대자동차에서는 정리해고를 통한 구조조정으로 무려 1만 명이 해고되었다. 한편 1999년에는 민노총이 노사정위를 탈퇴하였다.

1990년대 중반 이후의 노사갈등은 임금인상보다는 비정규직 도입 반대 등 고용안정에 중점을 두었다. 외환위기 이후 1998~1999년에는 불법파업 비율이 다시 40%대로 급증하였다. 외환위기 이후 비정규직 근로자가 급증하면서 2000년대 이후에는 노사관계의 주요 현안이 비정규직 근로자 문제로 바뀌었다.

통계청이 2016년 3월 실시한 〈경제활동인구조사 부가조사〉에 의하면 비정규직 근로자 수는 839만 명으로 전체 임금근로자의 43.6%를 차지한다. 이들의 월 평균 임금은 정규직의 48.6%, 시간당 임금은 54.7%이며, 사회안전망의 혜택도 제대로 못 받고 늘 고용 불안에 시달린다. 또한 비정규직의 76.6%는 종업원 30인 미만 영세중소기업에서 일하며, 종업원 300인 이상 대기업의 비정규직은 전체 비정규직의 4%에 불과하다. 13

1990년대에 접어들면서 세계화 확산과 특히 중국경제의 부상으로 한국경제는 섬유, 신발 등 노동집약적 경공업 부문에서 국제경쟁력을 상실하여 수많은 기업들이 도산하였다. 이에 대응해서 대기업들은 기술고도화 전략을 구사하여 큰 성공을 거두었으나, 중소기업과의 격차는 오히려 더 크게 확대되었다.

통계청의 〈광공업통계 조사보고서〉에 기초해서 지난 20년 동안 제조업 부문의 사업체 규모별 고용비중 추이를 보면, 500인 이상을 고용하는 대기업의 고용비중은 감소하고, 20~499인을 고용하는 중간계층 기업들의 비중은 일정하였던 반면, 5~9인 및 10~19인을 고용하는 '영세기업'의 고용비중은 오히려 증가하였다. 14

이는 대기업들이 가격경쟁력을 높이려 20~499인을 고용하는 중간계층 기업들에 일부 생산과정을 이전하면, 이들은 이를 다시 임금이 더 낮은 하위계층 영세기업들에 이전하는 대기업과 중소기업 간의 수직적 분업체계 확대를 반영하는 것일 수도 있다. 그 결과로 영세기업에서는 저임금근로자에 대한 초과수요가 늘 존재하여 만성적 노동력

부족을 겪고, 이를 메우기 위해서 외국인 근로자 유입도 이루어졌다.

통계청에 따르면 2015년에 1~4인 규모의 영세 제조업체 수는 총 제조업체 수의 80.7%를 점유하였고, 고용비중은 26.8%였다. 그러나 이들 영세업체가 총제조업체 수와 고용에서 차지하는 비중은 2010년 각각 64.9%와 13.2%에 불과하였다. 즉, 지난 5년 동안 그 비중이 크게 증가한 것이다. 최근 중소 제조업체에서 창출되는 일자리가 바로 이들 영세 제조업체에서 생겨나는, 질이 낮은 일자리임을 알 수 있다.

이처럼 대기업과 중소기업 간의 수직적 분업체계가 확대되는 현실에서 중요한 정책적 과제는 부당한 하도급 거래를 억제하기 위해서 정부당국의 감시기능을 더욱 강화하는 것이다. 이는 공정거래 질서를 확립하기 위한 첫걸음이다.

세계화의 확산은 또한 한국기업의 '해외직접투자'를 크게 늘렸다. 여기에는 국내의 반(反) 기업 정서, 적대적 노사관계, 과도한 정부규제, 고임금, 고지가(高地價) 등도 작용하였다. 예를 들면 2016년 삼성전자의 휴대폰은 6% 남짓한 양만 국내에서 생산되었을 뿐, 90% 이상이 외국에서 생산되었다. 총 3억 8,700여만 대 중 베트남에서 1억 7,200여만 대, 중국에서 1억 2,850여만 대 등이 생산되었다.

삼성전자의 2015년 총고용인원은 32만 5,600여 명인데, 이 가운데 해외에서 고용한 인력이 70.3%를 차지한다. 해외에서의 생산비중이 계속 늘어남에 따라 고용도 늘어난 것이다. 그러나 국내인력의 47.5%가 R&D 분야에서 일하고 있으므로, 기술·개발·디자인 등 고급 인력에 대한 수요는 국내에서 크게 늘어났다.

현대자동차도 2011년부터 해외생산량이 국내생산량을 초과하기 시작하였다. 그러나 현대자동차의 경우 해외 근로자 수는 2만 3천 명, 국내 근로자는 5만 9천 명으로 국내 근로자가 훨씬 많은데, 이는 생산성이 국내근로자보다 해외근로자가 더 높기 때문이다.

글로벌 금융위기가 발발한 2008년 이후 2016년까지 한국기업의 해외직접투자 총규모는 2,466억 달러에 이른다. 1980년부터 2016년까지 한국기업의 총해외직접투자액인 약 3,441억 달러의 71.1%가 금융위기 이후 9년 동안 투자된 것이다. 이는 곧 국내에서 투자되어 고용을 늘릴 수 있었던 한 해 평균 274억 달러의 자금이 국외로 빠져나갔음을 의미한다. 같은 기간 외국인 직접투자의 국내 유입 규모는 연평균 약 158억 달러에 불과하였다.

결국 투자 여건 악화로 한국기업들은 외국으로 빠져나가고 외국기업들도 투자처를 한국에서 중국이나 동남아로 옮긴 것이다. 그 결과는 기업투자 위축과 경제성장 둔화 및 일자리 창출 축소로 나타났다. 이와 달리 미국은 제조업의 스마트화와 정부의 지원정책으로 2007~2014년 기간 중 약 680개 기업이 미국으로 다시 회귀(reshoring)하였으며, 이에 따라서 일자리도 약 6만 개가 늘어난 것으로 추정된다.

1980년대 말엽까지는 경제성장이 일어나면 고용증대가 뒤따르고, 이어서 소득분배가 개선되는 선(善)순환 구조가 잘 작동하였다. 그러나 1990년대 이후에는 세계화의 급속한 진전, 기술진보의 가속화, 경제의 서비스화가 진행되면서 이러한 성장-고용-분배의 선순환 구조가 약화되었다. 공산품 수출은 오랫동안 우리 경제성장의 원동력이었으며, GDP 가운데 수출이 차지하는 비중은 1990년대 이후에도 큰 폭으로 상승하였다. 그러나 1990년대 이후 수출은 지속적으로 증가해 왔으나 고용증대에는 거의 영향을 미치지 못하였다. 즉, 수출증대가 고용증대로 연결되지 못한 것이다.

아울러 1990년대에 들어와 노동집약적인 경공업 부문의 붕괴는 이부문에 종사하던 노동력을 서비스 부문으로 방출하였다. 그러나 서비스산업은 과도한 규제, 높은 진입장벽, 과당경쟁, 규모의 영세성 등으로 양질의 일자리를 제대로 만들어 내지 못하였다. 특히 서비스 부문에는 생계형 자영업자가 과도하게 존재하였다.

따라서 이제는 그동안 한국이 추구해 온 경제발전모형의 방향을 전환해야 할 시점에 이르렀다. 대기업 중심의 공산품 수출에 주로 의존하던 데서 벗어나, 내수를 주로 충족하는 중소기업과 서비스 부문의 육성도 '동시에' 추진해야 할 것이다. 수출과 내수, 대기업과 중소기업, 제조업과 서비스산업의 균형적인 성장이 바람직한 것이다. 이는 경제성장이 하나의 엔진에만 의존하던 지금까지의 방향에서 벗어나 앞으로는 2개의 엔진 모두를 가동시키는 쌍끌이 경제로 나아가야 함을 뜻한다.

근자에는 공산품 수출이 계속 증가해도 일자리를 창출하지 못하는 '고용 없는 성장'이 발생하므로 일자리 창출은 내수 진작에서 찾을 수밖에 없다. 내수산업의 주축은 서비스산업으로, 서비스 부문은 수출 위주의 공업 부문보다 일자리 창출 효과가 훨씬 더 크다.

세계 1등 공항인 인천공항에서 비행기로 2시간 이내 거리에 있는 동아시아 지역에는 인구 100만 명 이상의 도시가 41개나 있다. 그 배후지역까지 합하면 약 3억 명에 달하는 방대한 규모의 시장이 존재한다. 즉, 동북아시아의 중앙에 위치한 한국의 지리적인 이점이 엄청난 것이다. 따라서 수요의 범위를 국내에만 국한시키기보다 주변국까지 확대해서 이들 모두를 '내수'시장으로 간주해야 할 것이다.

현재 한국 서비스산업의 문제는 생산성, 즉 부가가치가 낮은 영세한 규모의 도·소매, 음식·숙박업의 비중이 다른 나라에 비해서 지나치게 높다는 점이다. 따라서 양질의 일자리를 제공할 수 없다. 또한 이들 분야는 과당경쟁에 직면해 있으므로 구조조정이 필수적이다. 반면에 생산성, 부가가치가 높은 생산자서비스업과 사회서비스업의 비중은 다른 선진국에 비해서 낮은 편이다. 따라서 의료, 관광, 금융, 교육, 사회복지 등 지식집약적인 서비스산업 진흥을 위한 과감한 규제개혁이 필요하다.

한편 중소기업, 특히 중견기업의 경우 협소한 국내시장을 넘어서 세계시장을 상대로 생산, 판매를 하는 기업들의 수가 크게 늘어나야 한다. 특히 독일과 일본처럼 부품·소재를 외국에서 수입하지 않고 국내에서 생산할 수 있다면 양질의 일자리를 더 많이 만들어 낼 수 있을 것이므로 이 분야에 주력할 필요가 있다. 아울러 앞에서 본 대로 1~4인을 고용하는 영세 제조업체 수가 총제조업체 수의 거의 3분의 2나 되는 현실은 구조조정이 시급함을 나타낸다.

2. 노동시장

1) 최근의 고용동향

먼저 통계청의 2017년 4월 주요 고용지표를 중심으로 최근의 고용동향에 대해서 살펴보기로 하자. 〈표 5-1〉이 이를 나타낸다. 여기서 총인구 중 15세 이상 인구는 법적으로 생산에 참여할 수 있는 '생산가능인구'로서 4,369만 7천 명에 이른다. 생산가능인구는 경제활동인구(*economically active population*) 2,775만 1천 명과 비경제활동인구 1,594만 7천 명을 합한 것이다.

한편 경제활동인구는 취업자 2,657만 7천 명과 실업자 117만 4천 명을 합친 것으로, '노동력'(*labor force*)이라고도 부른다. 취업자는 국제노동기구(ILO)의 정의에 따르면 1주일에 1시간 이상 수입이 있는 일에 종사한 자이고, 실업자는 지난 1주 동안 일을 못 했으나 적극적

〈표 5-1〉 주요고용지표: 2017년 4월

15세 이상 인구(천 명): 생산가능인구	43,697
경제활동인구(천 명): 노동력	27,751
경제활동 참가율(%)	69.7
남자(%)	79.8
여자(%)	59.4
비경제활동인구(천 명)	15,947
취업자(천 명)	26,577
고용률(%)	66.6
실업자(천 명)	1,174
실업률(%)	4.2

자료: 통계청, e-나라지표.

으로 구직활동을 한 사람으로 규정된다.

　구직활동을 하지 않고 쉬기만 하면 실업자가 아니라 비경제활동인구 중 '쉬었음'으로 분류된다. 비경제활동인구에는 학생, 가사·육아에 종사하는 주부, 군인 등이 있으나, 취업준비생, '쉬었음'이라고 답한 사람, 구직을 포기한 실망실업자(*discouraged worker*)처럼 실제로는 실업자로 볼 수 있는 사람들도 모두 포함한다.

　경제활동 참가율은 경제활동인구가 생산가능인구 중에서 점유하는 비중인데, 69.7%로서 지난 20년 동안 큰 변동이 없다. 실업률은 실업자 수를 경제활동인구로 나눈 것으로, 4.2%이며 이 또한 오랜 기간 큰 변동이 없다. OECD 회원국들의 평균 실업률은 2016년 말 기준 6.2%이다.

　한국의 2017년 4월 실업률은 4.2%이지만, 잠재 취업가능자인 취업준비자 53만 명, 1주일에 36시간 미만을 일하는 사람들 중 더 많은 시간을 일하고 싶은 '시간 관련 추가취업 가능자' 57만 7천 명, '쉬었음'이라고 응답한 잠재구직자 149만 1천 명을 더해서 얻은 '체감실업률'[15]은 공식 실업률의 거의 3배에 달하는 11.2%나 된다.[16] 미국의 경우에도 우리와 정의는 다르지만 2011년 공식 실업률은 9.1%였으나 체감실업률은 16.5%에 달했다. 즉, 실업률 통계는 실업자를 어떻게 정의하는가에 따라 상당한 차이가 남을 유의해야 한다.

　따라서 ILO 기준의 실업률은 실제 노동시장 상황을 제대로 반영하지 못하므로 '고용률'을 사용하는 것이 바람직하다. 고용률은 취업자 수를 생산가능인구로 나눈 것이다. 15세 이상 취업자를 15세 이상의 생산가능인구로 나눈 통계청 기준(또는 ILO 기준) 고용률은 2017년 4

월 60.8%였고, 15~64세 집단만 대상으로 삼는 OECD 기준으로는 66.6%였다. OECD 회원국의 평균도 2015년 3분기 말 66.2%였다. 지난 10년 동안 한국의 고용률은 늘 63~66% 수준이었다. OECD 주요 국가들의 평균 고용률이 70% 수준인 것처럼, 박근혜 정부도 높은 GDP 성장률보다 고용률 70%를 달성하는 것을 경제정책의 핵심 과제로 삼았다.

심각한 청년고용 문제는 고용 관련 통계로도 확인할 수 있다. 우선 2015년 5월 청년층(15~29세) 고용률은 41.7%에 불과하였다. 전체 실업률은 3.8%였으나 청년실업률은 거의 3배인 9.3%였다. 또한 전체 실업자의 40%가 청년층 실업자로 구성되어 있다. OECD 회원국 전체로 볼 때에도 총실업자의 절반이 청년실업자들이다. 결국, 2008년 세계금융위기 이후 제일 큰 고통을 받는 계층이 청년들인 셈이다. 따라서 청년실업은 현재 세계경제가 당면한 주요 문제이다. 한국은 연령층이 올라갈수록 실업률이 떨어지고, 특히 60세 이상 실업률은 2.2%로 제일 낮다. 또한 2015년 5월의 통계청 기준 여성 고용률은 50.6%, 남성 고용률은 71.8%로서 OECD 회원국들과 비교할 때 남성 고용률은 평균 정도이나 여성 고용률은 상당히 낮다.

OECD 기준은 청년층을 15~24세에 속하는 사람들로 규정하나, 한국은 높은 대학진학률과 군복무기간 등을 고려하여 15~29세에 속하는 이들을 청년층으로 본다. OECD 기준을 적용해도 한국 청년층 고용률은 다른 OECD 회원국에 비해서 낮은 편이다. 〈그림 5-1〉이 이를 보여 준다. 니트족 비율을 보아도 한국 청년층이 OECD 평균치에 비해서 높으며, 특히 대학교육을 받은 젊은 층의 니트족 비율이 상

〈그림 5-1〉 OECD 회원국들의 청년층(15~29세) 고용률

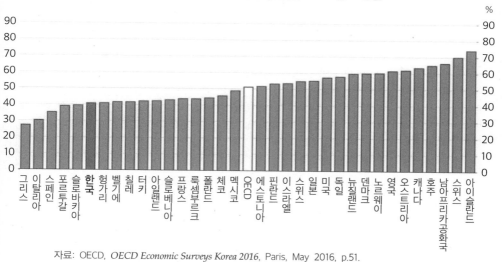

자료: OECD, *OECD Economic Surveys Korea 2016*, Paris, May 2016, p.51.

당히 높다.

한편 공식적인 청년실업자 이외에 비자발적 단기취업자, 취업준비자, '쉬었음'이라고 대답한 사람들을 모두 합하여 '청년 취업애로층'이라고 규정하면, '청년 체감실업률'은 2010년 상반기에 23%로서 청년층의 거의 4분의 1이 사실상 실업상태에 있다. 1997년 외환위기 때는 구조조정(해고)으로 50대 정규직 근로자들이 큰 타격을 입었음에 비해서, 2008년 미국발 세계금융위기의 제일 큰 피해자는 청년층임을 알 수 있다.

2) 고용구조

(1) 종사상 지위별 취업자

이제 한국 노동시장의 구조를 보기 위해서 취업자의 구성을 먼저 종사상 지위별로 살펴보면 〈표 5-2〉와 같다. 이 표에 따르면 총취업자 수는 약 2,619만 명이다. 이 가운데 임금근로자 수는 약 1,929만 명으로 총취업자의 거의 4분의 3을 차지한다. 임금근로자는 상용근로자가 49.7%, 임시근로자가 18.9%, 일용근로자가 6.5%이다. 비임금근로자는 약 690만 명으로 총취업자의 26.4%를 점유한다. 그중 자영업자가 약 570만 명으로 21.8%이며, 자영업자의 가족들인 무급가족종사자(unpaid family worker)가 약 120만 명으로 4.6%이다.

임금근로자의 구성은 근로 형태별로도 살펴볼 수 있다. 2017년 5월 임금근로자는 약 1,928만 명이고, 이 중 정규직 근로자인 상용근로자가 66.7%인 약 1,252만 명, 임시근로자와 일용근로자를 합한

〈표 5-2〉 종사상 지위별 취업자 구성: 2017년 5월

분류	인원(천 명)	구성비(%)
총취업자	26,189	100.0
임금근로자	19,285	73.6
상용근로자	12,517	47.8
임시근로자	5,058	19.3
일용근로자	1,710	6.5
비임금근로자	6,904	26.4
자영업자	5,702	21.8
무급 가족종사자	1,202	4.6

자료: 통계청, 〈2017년 5월 고용동향: 근로형태별 부가조사 결과〉,
국가통계포털(http://kosis.kr).

비정규직 근로자가 25.8%인 677만 명이다.

임금근로자의 근로조건을 살펴보면, 2016년 5인 이상 사업체의 전체 근로자 월평균 임금은 236만 8천 원인데, 상용근로자는 290만 5천 원이고 임시직은 135만 4천 원, 일용직은 121만 원으로 임시직과 일용직 근로자의 임금이 정규직인 상용근로자의 각각 46.6%와 42.7%에 불과하였다.

3대 사회보험 가입률을 보면, 2016년 국민연금 가입률은 정규직이 93.8%인 데 반해 임시직은 21.4%, 일용직은 0.3%에 불과하다. 정규직인 상용근로자와 비정규직인 임시직 및 일용직의 건강보험 가입률은 각각 98.7%, 27.8%, 0.3%이고, 고용보험 가입률도 각각 84.8%, 29.8%, 5.0%로 정규직과 비정규직 간에 현격한 차이가 존재한다.[17]

근로복지의 수혜율을 비교해 보아도 정규직과 비정규직 근로자 간에 2배 이상 차이가 난다. 정규직과 비정규직 각각 상여금 수혜율은 84.4%와 40.7%, 퇴직급여 수혜율은 83.4%와 41.6%, 시간 외 수당 수혜율은 58.3%와 24.0%이며, 유급휴가도 73.8%와 32.6%로 모두 2배 이상의 큰 격차가 존재한다.

비정규직 근로자가 많은 산업을 보면, 사업·개인·공공서비스업의 경우 총근로자의 49.0%가 비정규직이어서 모든 산업 가운데 제일 비중이 높다. 그 다음이 도·소매, 음식·숙박업으로 전체 근로자의 19.9%를 점유하고, 건설업도 11.3%를 차지한다.

비정규직 근로자의 70%는 30인 미만의 종업원을 고용하는 영세 중소기업에서 일하고, 대기업 비정규직은 전체의 5%밖에 안 된다.

외환위기 이후 급속하게 늘어난 비정규직 근로자는 양극화를 심화시키고, 중산층 기반을 상당한 정도로 허물어뜨렸으며, 내수 기반도 크게 약화시켰다.

비정규직 근로자에 대한 임금 및 고용조건의 단계적인 차별철폐는 우리가 해결해야 할 시급한 노동문제의 하나이다. 그러나 단기간에 비정규직을 정규직으로 전환하면 기업의 부담이 늘어나게 된다. 기업들이 비정규직을 선호하는 이유도 정규직 근로자에 대한 과보호로 노동시장이 상당한 경직성을 가지고 있기 때문이다. 정규직 근로자를 과보호하면 외환위기 이후 대기업들이 한 것처럼 정규직 고용은 최소화하고 비정규직 채용을 늘리게 된다. 따라서 전체 노동자의 권익을 향상시키려면 대기업 정규직 노조의 대승적 차원의 양보에 기초한 노·사·정 대타협이 필수적이다. 또한 중·장기에 걸쳐서 단계적으로 정규직·비정규직 근로자 간의 임금격차를 철폐해야 한다. 기업들의 투자가 부진해져 질 좋은 정규직 일자리가 제대로 창출되지 못하면 비정규직 일자리라도 택할 수밖에 없게 되고, 실업자와 퇴직자는 마땅한 일자리가 없으므로 자영업에 뛰어들어 난립 양상을 보이게 된다.

구직활동을 하지 않아서 비경제활동인구로 간주되나, 취업학원에 다니거나 혼자서 취업을 준비하는 사람 및 '쉬었음'이라고 답한 사람들을 모두 합하면 2012년 6월 사실상의 실업자 수는 276만 명이나 된다. 즉, 사실상의 실업자 수 거의 300만 명, 자영업자 수 약 600만 명 그리고 비정규직 근로자 수 약 600만 명이 현재 우리나라 노동시장의 현황이다.

(2) 산업별 취업자

이제 취업자의 산업별 구성에 대해서 살펴보자. 〈표 5-3〉의 2017년 5월 산업별 취업자 구성을 보면, 전체 취업자 가운데 농림어업 부문의 비중은 5.4%로, 약 144만 명이 종사하고 있다. 광공업 부문은 광업의 비중이 미미하므로 제조업 부문이 거의 대부분인데, 전체 취업자의 16.7%를 차지하며, 449만 명이 일하고 있다. 사회간접자본 (Social Overhead Capital: SOC) 및 기타서비스업은 성격이 다른 여러 부문들을 포함하는데, 전체 취업자의 4분의 3이 넘는 77.8%가 여기서 일한다.

'SOC 및 기타서비스업'을 건설업과 서비스산업의 둘로 나누어 보면 그 비중은 각각 7.4%와 70.4%이어서, 서비스산업이 전체 고용의 약 70%를 담당한다. 7.4%를 차지하는 건설업에는 약 200만 명이 종사하고 있다. 한편 도·소매, 음식·숙박업은 전체 취업자의 22.5%인 약 604만 명을 고용하는 가장 큰 부문이다. 그런데 이 부문은 생계형 영세 자영업자가 대부분이다.

서비스산업의 구성은 다양한데, 흔히 금융·보험, 사업서비스(정

〈표 5-3〉 산업별 취업자: 2017년 5월

단위: 천 명, %

총 취업자	농림 어업	광공업		사회간접자본 및 기타서비스업				
			제조업		건설업	도·소매 음식·숙박	전기·운수 통신·금융	사업·개인 공공서비스
26,824	1,438	4,512	4,489	20,875	2,002	6,040	3,019	9,814
(100.0)	(5.4)	(16.8)	(16.7)	(77.8)	(7.4)	(22.5)	(11.3)	(36.6)

자료: 국가통계포털(http://kosis.kr).

보처리, 법무·세무 등) 등을 포함하는 생산자서비스, 도·소매, 운수, 통신 등의 유통서비스, 음식·숙박, 오락문화, 가사서비스 등의 개인서비스 및 공공행정, 교육, 보건·사회복지 등의 사회서비스의 네 부문으로 분류한다. 여기서 생산자서비스(*producers' service*)란 생산활동에서 타 부문의 투입물(*input*)로 사용되는 서비스를 뜻한다.

선진국들은 1990년대 이후 탈공업화 및 서비스화가 빠르게 진행되었다. 특히 정보통신기술(ICT)의 급속한 발달과 더불어 '지식기반경제'로 이행해 갔으며, 그 결과 정보통신, 금융·보험, 사업서비스, 교육, 의료, 문화 등 지식기반 서비스산업이 새로운 성장동력 및 고용창출 산업으로 등장하였다. OECD는 지식기반 서비스산업에 부동산, 운수도 포함시킨다.

이제 취업자(N) 증가율을 실질 GDP(Y) 증가율로 나누어 얻어지는 고용탄력성(e)을 살펴보자. 즉,

$$e = \frac{\dfrac{\triangle N}{N}}{\dfrac{\triangle Y}{Y}}$$

2015년 한국경제의 고용탄력성(e)은 0.51이었는데, 이는 한국경제가 1% 성장할 때 고용은 0.51% 증가한다는 뜻이다. e의 추이를 살펴보면, 2000년 0.48, 2005년 0.34, 2010년 0.21로 계속 떨어져서 '고용 없는 성장'이라는 주장이 제기되기도 하였다. 그러나 2011년 0.47, 2012년 0.78, 2015년 0.51로 높아졌다.[18] 즉, 2000년대에 비

해서 2010년대에는 한국경제의 고용창출력이 증대된 것이다. 다만 2012년 이후 고용탄력성이 계속 감소하고 있는 점은 우려된다.

또한 실질 GDP가 1% 증가할 때 늘어나는 일자리 수를 보면, 세계 금융위기 이전인 2005년의 7만 7천 명에서 이후 지속적으로 낮아져 2010년에는 5만 명이 되었으나, 이후 다시 높아져 2012년에는 19만 명으로 증가하였다. 2014년에는 13만 명으로 2000년대보다는 높지만 추세는 다시금 낮아지고 있다.

이를 산업부문별로 보면, 2007년 제조업의 성장률은 8.4%로 높았으나 일자리 수는 성장률이 1% 증가할 때마다 오히려 5천 명씩 감소하는 이른바 '고용 없는 성장'이 발생하였다. 그러나 2015년에는 성장률은 1.3%로 낮았으나 1% 성장 시 일자리 수는 12만 명으로 크게 증가하였다. 서비스산업의 경우 2007년 성장률은 5.2%이며, 성장률 1% 증가 시 고용은 6만 8천 명이 늘어났다. 2015년에는 성장률은 2.8%로 낮아졌으나, 성장률 1% 증가 시 늘어나는 일자리 수는 8만 9천 개로 크게 증가하였다. 즉, 제조업과 서비스산업 모두 최근 저성장 기조로 돌아섰는데도 일자리 창출능력은 상당히 증대되었다.

1990년대 이후 전 세계적 현상인 서비스화, 즉 국민소득(GDP)에서 서비스산업이 차지하는 비중이 빠르게 증가하는 현상은 한국경제에서도 나타났다. [19] GDP에서 서비스산업의 부가가치가 차지하는 비중은 OECD 회원국들의 경우 평균적으로 1970년의 55.8%에서 2010년에는 74.4%로 상승하였다. 한국도 같은 기간 44.7%에서 58.2%로 늘어났다.

이와 같이 서비스화가 진전될수록 소득불균등은 증대되었다. 즉,

공업화가 활발하게 진행된 1980년대까지는 소득분배가 개선되다가 서비스화가 진행된 1990년대 이후에는 악화되기 시작하였다. 특히 1990년대 말엽 외환위기 이후에는 악화 정도가 더욱 심화되었다.

구(舊) 계열로 전국에 대해서 산출된 지니계수를 보면, 1980년 0. 398, 1985년 0. 345, 1988년 0. 336, 1993년 0. 310으로 하락세가 지속되었다. 그러나 1990년 이후 2인 이상 도시가계를 대상으로 처분가능소득 기준으로 산출된 신(新) 계열의 지니계수를 보면 1992년 0. 245, 2009년 0. 294로 상승하다가 이후 감소 국면으로 전환되어 2016년에는 0. 279로 떨어졌다. 여기서 처분가능소득이란 근로소득, 사업소득, 재산소득, 사적이전소득을 합한 '시장소득'에, 공적이전소득을 더하고 공적 비(非) 소비 지출을 뺌으로써 소득불평등 완화를 위한 정부의 정책 효과까지 반영한 소득이다.

소득불평등을 나타내는 또 다른 지표인 '소득 5분위 배율', 즉 상위 20% 소득계층의 소득을 하위 20% 계층의 것으로 나눈 배율도 1992년 3. 72배, 2009년 4. 97배로 높아졌다. 그 후에는 2011년 4. 82배, 2016년 4. 46배로 낮아지고 있으나 아직도 1990년대보다는 높은 수준이다. 한편 '중위소득'의 50% 미만을 버는 소득계층의 인구비중을 나타내는 '상대빈곤율'을 보면, 1991년에는 7. 1%로 낮았으나 이후 2011년 12. 4%, 2016년 11. 0%로 상당히 증가하였다.

산업구조의 서비스화가 진전될수록 소득불평등이 심화되는 것은 제조업·서비스산업 사이의 생산성 격차 및 이에 따른 임금격차에 연유한다. 한국의 서비스산업에는 다른 나라에 비해서 특히 영세한 규모의 자영업자 및 무급 가족종사자들이 상당히 많다. 동시에 임금근로자 중 비정규직 근로자의 비중도 높다. 2016년 제조업 부문 임금근로자 중 비정규직 근로자의 비중은 14.0%이나, 서비스산업은 이보다 2배 이상 높은 37.3%나 되었다.[20]

1990년대 후반까지도 서비스산업의 노동생산성은 제조업보다 높았으나, 이후 제조업의 노동생산성은 급속하게 증가한 반면에 서비스산업은 완만한 상승세를 보임으로써 두 부문 사이의 생산성 격차는 크게 벌어졌다. 주요 선진국의 경우에는 제조업과 서비스산업의 노동생산성이 비슷하나, 한국의 경우 2014년 서비스산업 생산성은 제조업의 52.9%로 대략 절반이다.[21] 또한 제조업의 노동생산성은 주요 선진국과 비교해 뒤지지 않으나, 서비스산업의 노동생산성은 국내 제조업과의 격차도 크고 타국과 비교할 때도 상대적으로 낮다.

더구나 제조업 부문에 비해서 서비스산업은 그 안에서 업종별로 속성이 크게 다르며 업종 간 생산성 격차도 매우 크다. 특히 도·소매, 음식·숙박업의 생산성은 상당히 낮다. 따라서 서비스산업 전체의 노동생산성 향상이 필요하며, 서비스산업 내에서도 생산성 및 임금 격차가 축소되어야 할 것이다. 상대적으로 생산성이 높은 업종인 금융·보험, 정보·통신업 등은 적극적인 글로벌화가 필요하다. 생산성은 아직 낮으나 성장률은 높은 사업서비스, 문화·오락, 교육 등은 규제완화 및 시장개방 등을 통해서 생산성을 높여야 한다. 생산성이 상당히 낮은 도·소매, 음식·숙박업은 과당경쟁과 영세규모화를 시정하기 위한 구조조정이 필요하다.

국민경제 전체의 부가가치나 고용에서 서비스산업이 차지하는 비중은 제조업 부문보다 월등히 높다. 특히 고용의 비중은 거의 70%나 되는데, 이는 서비스산업의 생산성이 제조업에 비해서 낮기 때문이다. 따라서 제조업 위주의 경제정책 수립·집행에서 벗어나, 서비스산업에도 최소한 동등한 수준의 관심과 배려가 필요하다.

(3) 기업규모별 취업자와 기업생태계

국민경제의 지속적인 성장과 발전을 위해서 건강한 '기업생태계'의 조성은 참으로 중요하다. 대기업, 중견기업, 중소기업, 벤처기업 등이 각각 핵심역량을 지닌 분야에 집중할 때 나라 전체로 상호보완성을 확보할 수 있고, 함께 성장·발전하여 모두가 이득을 볼 수 있으며, 그 결과로 국민경제 전체가 안정적인 기반 위에서 지속적인 성장과 발전을 성취할 수 있다.

뒤의 6절에서 다루겠지만 지난 30여 년 동안 정의해 온 바와 달리, 2015년 이후부터는 업종별 특성에 따라서 매출액이 400~1,500억 원 이하인 기업을 '중소기업'으로 규정한다. 그리고 중견기업은 매출액이 1,500억 원 이상이지만, 〈독점방지 및 공정거래법〉에 의해서 상호출자 제한을 받는 총자산이 10조 원 이상인 대기업집단에 속하지 않는 기업을 뜻한다.

중소기업중앙회의 "2016 중소기업 위상 지표"를 보면, 2014년 한국의 전체 기업 수는 약 354만 6천 개인데, 이 가운데 중소기업이 99.9%를 차지한다. 고용인원을 보면, 총취업자의 87.9%가 중소기업에 종사한다. 한편 독일과 영국의 중소기업이 전체 고용에서 차지하는 비중은 약 60% 정도이며, 일본과 대만도 75.6%와 78.3% 수준으로 모두 한국에 비해서 낮다.

중소기업들 중에서도 1~4명을 고용하는 소상공인으로 표현되는 영세 중소기업22은 기업 수로는 전체의 86.4%를 차지하나, 고용인 원으로는 약 1천만 명으로 전체의 37.9%에 이른다.23 또한 10인 미만을 고용하는 영세기업(소상공인)에는 총취업자의 거의 절반인 48%가 종사하는 데 반해서 독일은 이 비중이 15%에 불과하다. 기업규모를 종업원 50인으로 확대하면, 한국에서는 총취업자의 71%를 이들 소규모 기업이 고용하나 독일은 34%만 고용한다.

　　100~299인을 고용하는 한국 중기업에서는 2009년 10.9%만이 일하였고, 300인 이상의 대기업에는 14.2%가 취업하였다. 즉, 한국은 주요 선진국에 비해서 특히 중간 규모의 기업이 취약하다. 이는 한국 중소기업의 영세성에서 연유하는 것이다.

　　약 354만 개의 중소기업 중에서도 지금까지 정부의 중소기업 지원 정책이 집중된 것은 제조업 분야의 중소기업 가운데 5인 이상을 고용하는 중소기업이다. 이 중에서 대기업과 협력관계에 있는 기업은 약 15%이며, 매출의 30% 이상을 독자적으로 수출하는 중소기업은 약 10% 정도에 불과하다. 나머지 75%의 중소 제조업체는 내수시장을 대상으로 한다. 그 결과 수출액 가운데 중소기업의 비중은 2005년만 해도 32.4%나 되었으나 2011년에는 18.3%로 급감하였다.

　　중소기업의 수출 비중은 독일이 80%이며 대만도 56%나 된다. 또한 전체 기업 수의 99.6%를 차지하는 독일의 중소기업인 미텔슈탄트(Mittelstand)들은 국민경제의 굳건한 버팀목으로서 GDP의 절반 이상을 생산한다. 이 중에서 세계시장 점유율이 1~3위인 이른바 '히든 챔피언'만도 1,350개나 된다. 이들은 바스프, 바이엘, 지멘스, 다임러 등 독일의 글로벌 기업들과 상호보완관계를 유지하면서 세계 최고의 제조업 경쟁력을 발휘한다. 또한 일본의 2000년대 이후 수출을 주도한 것도 완성품 업체인 대기업이 아니라 조립·가공 부분의 핵심 역량을 가지고 부품·소재 생산에 특화한 중소기업들이었다.

한국의 '중견기업'을 공식적인 정의와는 다르게 종업원 1천 명 이상, 자산 5천억 원 이상인 기업으로 규정하면 그 수가 2010년 말 기준 1,291개에 불과하다. 이는 총기업체 수의 0.04%에 그치는 미미한 비중이다. 즉, 기업규모 면에서 볼 때 허리라고 할 수 있는 중견기업이 너무 적다. 심지어는 중소기업 지위를 벗어나서 중견기업으로 성장하면 중소기업에 주어지는 무려 160여 가지의 각종 중소기업 육성·지원·보호정책을 받을 수 있는 자격을 잃게 되어 중소기업 위치에 그대로 머물러 있으려는 유인마저 작용한다.

독일에서는 연간 매출액이 100~500만 유로, 즉 140~700억 원인 기업을 중견기업으로 규정한다. 이 정도의 매출액 규모는 한국보다 훨씬 낮은 수준이다. 이러한 규정에 의한 독일의 중견기업 수는 전체 360만 개 기업 중 11.8%인 43만 개나 된다. 고용인원도 1,184만 명으로 총취업자의 46%에 달한다. 일본도 연간 매출액이 10억 엔(약 120억 원) 미만인 기업을 중견기업으로 규정하는데, 이 금액도 한국보다 훨씬 낮은 것이다. 일본의 중견기업 수는 전체 기업 수의 3.7%인 66만 개나 된다. 대만도 127만 개의 기업 중 2.2%인 2만 7천 개가 중견기업이다.[24] 한국도 중견기업의 범위를 독일, 일본처럼 더 낮게 규정하고 이들에 대한 정책적 관심과 지원을 증대시키는 것이 바람직하다.

한국의 2010년 말 대기업 수는 3,125개이다. 이는 전체 사업체 수의 0.1%이다. 대기업이 전체 고용에서 점유하는 비중은 1995년의 25.5%에서 2010년에는 13.2%로 급속하게 줄었다. 2010년 자산 5조 원 이상으로 규정되었던 상호출자 제한 대상인 대기업집단은 63개이며, 이에 속한 계열기업은 모두 1,700개 정도이다.

2012년에 매출액이 1조 원을 넘는 기업은 모두 318개였는데, 이 중에서 1970년 이후 창업한 기업들 가운데 대기업집단에 속하지 않는 기업은 휴맥스, NHN, 이랜드, 웅진, 4개뿐이다. 이는 기업생태계가 건강하지 못해서 중소기업 → 중견기업 → 대기업으로 성장할 수 있는 여건이 제대로 갖추어져 있지 않음을 나타낸다.

한편 국세청 자료에 의하면, 한국의 전체 사업자 수는 약 520만 개이다. 이 가운데 개인사업자가 약 480만 개이며 법인기업은 약 40만 개이다. 법인기업 중에서 연간 매출 100억 원 이상의 탄탄한 중소기업은 2만 7천 개이며, 매출 1천억 원 이상의 중견기업은 1,300개이다. 또한 대기업집단의 수는 63개인데, 이에 속한 계열사는 1,700개 정도이다.

즉, 한국의 기업생태계는 불균형이 심하며, 특히 국민경제의 허리 역할을 하는 중견기업이 너무 적고 탄탄한 중소기업도 적다. 중소기업 → 중견기업 → 대기업으로 성장하는 길도 막혀 있으며, 대기업에 의한 경제력 집중은 과도하다. 지속적인 경제성장을 가능케 하는 건전한 기업생태계와는 거리가 먼 것이다. 공정 경쟁질서하에서 치열한 시장경쟁으로 구(舊) 기업이 도태되고 끊임없이 새로운 기업이 시장에 진입하면서 성장의 사다리를 타고 올라가는 바람직한 선순환이 일어나지 못하고 있다.

　건전한 기업생태계를 조성하기 위해서는 경쟁력 있는 중소·중견 기업을 다수 육성하고, 벤처기업 창업을 활성화해야만 한다. 외환위기를 극복하기 위해서 1990년대 말 정부는 벤처 육성책을 내놓았는데, 그 결과 일어난 제1차 벤처 붐이 결국 거품으로 끝나면서 적지 않은 후유증을 남겼다. '무늬뿐인 벤처'가 생기면서 '도덕적 해이'가 상당하였던 것이다.

　거품이 꺼지기 직전인 2001년에 벤처기업 수가 1만 1,392개로 정점에 도달한 후 한때는 7,702개까지 줄어든 적도 있었다. 그 후 호된 시련을 극복하면서 벤처기업들은 꾸준히 성장해서, 연간 매출액 1천억 원 이상으로서 중견기업으로 볼 수 있는 벤처기업 수가 처음 조사를 시작한 2005년에는 68개에 불과했으나 2011년 말에는 381개로 크게 증가하였다.

　중소기업청에 의하면 2010년 말 벤처기업 수는 2만 4,645개로 늘어났다. 그러나 이 가운데 '벤처캐피털'이 투자한 벤처기업은 622개로 전체의 2.5%에 불과하며, 나머지 대부분은 정부지원에 의존하는 벤처라는 분석이 나왔다.[25] 즉, 벤처기업의 90.6%가 정책자금을 받는 것을 목표로 한다. 이는 우리가 1990년대 말엽 제1차 벤처 붐이 꺼지면서 상당한 부작용을 초래한 경험에서 제대로 교훈을 얻지 못하였음을 나타낸다.

3) 학력별 인력수급의 불균형

한국 노동시장의 주요한 특징 가운데 하나는 학력별 노동자에 대한 심각한 수급 불균형 현상이다. 제2장 1절의 3) "전통적인 경제이론과 한국경제의 현실"에서 지적한 것처럼, 대학졸업자는 수요에 비해서 과다 공급되는 반면에, 고교졸업자는 수요에 비해서 과소 공급되고 있는 것이다. 즉, 대졸자는 남아돌고 고졸자는 모자란다.

대학진학률은 다소 수그러들어 2016년에 69.8%까지 떨어졌으나 지금도 독일이나 일본에 비해서는 상당히 높다. 대학진학률이 거의 무모하리만큼 높은 것은 전통적으로 학벌 중시 풍토가 뿌리 깊게 박혀 있어서 대학을 졸업해야 제대로 결혼도 할 수 있고, 높은 소득도 얻을 수 있으며, 사회적으로 인정(*prestige*)도 받을 수 있기 때문이다. 아울러 의사, 변호사, 공무원, 공기업·금융기관·대기업 등 보수가 높고 안정적이며 지위가 높은 직업과 직장을 얻기 위해서는 대학진학이 필수적이라는 인식이 널리 팽배해 있다.

그러나 이러한 직장은 수가 많지 않다. 현재 대기업에 취업하려 재수를 하면서 100군데나 입사원서를 내는 것은 보통이다. 한편 임금근로자의 60%는 종업원 수 1~29인의 영세중소기업에서 일하고 있다. 그러나 대졸자의 입장에서 이러한 일자리는 '좋은 일자리'(*decent job*)가 아니다. 임금수준도 낮고, 고용의 안정성도 낮으며, 사회적으로 인정도 받지 못하기 때문이다.

그 결과 대졸자는 처음부터 좋지 않은 직장에 취업할 경우 자신에 대한 평가가 낮아질 수 있다는 낙인효과를 피하려고, 좋은 직장에 취업할 때까지 계속 미취업 상태에서 '직장 탐색'(job search)을 하며, 직장 탐색 비용을 낮추기 위해 학교를 졸업한 후에도 부모에게 생계를 의지하는 경우가 흔하다. 어떤 일자리를 선택하는가에 따라서 평생에 걸친 기대소득 흐름에 큰 차이가 나며, 사회적 지위도 달라지므로 시간이 걸리더라도 직장을 선택하는 데 신중하게 된다. 또한 중소기업에 취업하려고 할 때 대졸자가 요구하는 최소요구임금 또는 노동력 공급 유보 임금수준(reservation wage)은 중소기업이 실제로 지불하는 임금수준보다 훨씬 더 높다. 실제 임금/유보임금 비율은 2007년 약 75%, 즉 4분의 3 정도였다. [26]

청년실업 문제의 핵심계층인 25~29세 대졸자들이 대학을 졸업한 후 2년 이내에 비정규직을 포함해서 1년 계약 이상의 최소한의 일자리를 구한 비율은 64.2%였다. 이는 시간이 지나면서 기대수준을 하향조정하여 마지못해 열등한 자리라도 취업할 수밖에 없었음을 드러낸다. 반면 청년층의 첫 일자리 근속기간은 2009년 기준 평균 20.3개월로 매우 짧은 편이다. 학력별로 보면 고졸 미만은 19.6개월, 전문대졸은 21.3개월 그리고 대졸 이상은 20.3개월이었다. 즉, 청년층 일반이 높은 이직률을 보이고 있다. 이처럼 '이직률'이 높은 이유로 가장 중요한 것은 근로조건에 대한 불만이다.

대학졸업자 가운데 실업자와 하향취업자를 더한 것을 '과잉 학력자'로 규정하면 그 비율이 42%까지 올라가, [27] 엄청난 인적자원 낭비가 발생하고 있다. 이는 사람이 유일한 자원인 한국에서 심각한 문제이다. 하향취업은 노동시장에서 대졸자에 대한 수급(需給) 불균형으로 발생하는데, 대졸 학력이 구태여 필요하지 않으며 고졸 학력자로서도 충분히 할 수 있는 직분에 대졸자가 취업하는 것을 말한다.

대졸자는 남아도는데도 중소기업은 일할 사람을 구하지 못해 아우성이다. 2012년 상반기에 중소기업의 85%는 한국인 근로자를 구할 수 없어서 외국인 근로자라도 채용하려고 했으나 원하는 수만큼 배정받지 못했다. 이러한 학력별 노동자의 수급 불균형으로 2020년까지 고졸 취업 예상자는 32만 명이 부족한 데 반해서, 전문대졸 이상 실업자는 50만 명이나 될 것으로 예상된다.

현재 많은 지방 소재 대학들은 학생 모집에 어려움을 겪는다. 2020년대 초에는 전문대의 학생 충원율이 40%대로 떨어질 것으로 예상되기도 한다. 따라서 교육 환경이 매우 열악한 30~50개에 달하는 4년제 부실대학을 우선 구조조정하는 것이 필요하다. **28**

현재의 학력별 노동자의 수급 불균형은 기본적으로 교육당국의 대학정원정책 실패에서 비롯되었다. 정부가 앞을 내다보고 '인력수급계획'에 따라 정원을 책정하지 못한 것은 물론이고 오히려 스스로 인력수급 불균형을 가중시킨 실책을 범한 것이다.

대학 정원은 전두환 정부하인 1981년에 2배 이상 한꺼번에 증가하여, 1980년대 후반에 이르면 대졸자 공급은 크게 증가한 반면 생산직 근로자는 부족하게 되었다. 특히 김영삼 정부하인 1995년에 전반적인 자율화 조치의 일환으로 '대학설립 준칙주의'가 채택되면서 정원이 급속하게 증가하였다. 그것도 전문대학이 아니라 일반대학 중심으로 늘어났다.

4년제 대학은 1990년에는 107개에 불과하였으나 2012년에는 189개로 급증하였다. 대학생 수도 1980년에는 약 61만 명이었으나 2012

년에는 324만 명으로 무려 5배 이상으로 증가하였다. 대학졸업자도 1990년에는 전문대학 87,131명과 4년제 대학 165,916명으로, 도합 253,047명이었다. 그러나 2009년에는 전문대학 199,421명과 4년제 대학 279,059명, 도합 478,480명으로 급증하였다. 매년 대학졸업자가 거의 50만 명씩이나 배출되는 것이다. 무모한 대학 정원 증대는 대표적인 '정부실패'(*government failure*) 의 사례이다.

고교졸업생 중 대학진학률도 1980년에는 27.2%였으나 1990년대에 급증해서 2004년에 80%선을 넘어섰고 2008년에는 83.8%로 정점에 달했다. 2011년에는 72.5%로 상당히 누그러졌고, 이러한 추세에 따라 2016년에는 69.8%까지 줄어들었다.

OECD는 '청년층'을 15∼24세 인구로 규정하지만, 통계청은 한국의 고학력화와 군복무 기간 등 특수한 상황을 참작해서 15∼29세로 정의한다. 2006년 한국 청년층의 노동시장 진입연령은 평균 25.0세(대졸자는 26.3세)이나 OECD 평균은 22.9세로 대졸자의 경우에는 약 3년 정도 늦다.

통계청에 따르면 청년층의 고용사정은 매우 나쁘다. 외환위기 발발 직후인 1998년에 청년층 고용률은 41.0%였으나 2016년에도 42.3%에 머물렀다. 2013년에 전체 고용률은 58.4%였고, OECD 기준 15∼64세 고용률은 63.4%였다. 전체 실업률은 3.7%이며 청년층 실업률은 그 2배를 훨씬 넘는 9.8%였다.

외환위기 때는 기업·금융 부문의 급속한 구조조정에 의한 대량 해고로 50대 중간 퇴직자가 가장 큰 타격을 입었다. 그러나 2008년 세계금융위기 이후는 국내수요(내수)의 급속한 위축으로 도·소매, 음식·숙박업, 건설 일용직 근로자 및 자영업자의 대규모 도산 등으로 '취약계층'이 가장 큰 타격을 입었고, 그 결과 '양극화'가 빠르게 진행되었다. 연령층으로는 청년층이 가장 큰 타격을 입었다. 그리하여 세계금융위기 직후인 2008년 12월 청년실업률은 11.2%나 되었다. 즉, 이번 위기의 최대 피해자는 젊은이들이다. 청년실업은 현재 한국뿐만 아니라 선진국 전체의 문제이며, 이들을 가리켜 '잃어버린 세대'라고 부를 정도이다.

통계청 〈경제활동인구조사〉를 이용해서 2011년 공식 청년실업률을 보면 7.6%였다. 그러나 이 수치는 실제로 느끼는 체감실업률과 상당한 차이가 있다. 이를 보완하기 위해서 흔히 '니트족'과 취업애로계층 통계를 보완적으로 쓰기도 한다. 니트족은 취업하지 못하면서 교육이나 직업훈련도 받지 않은 청년층인데, 110만 6천 명으로 청년층 인구의 14.9%를 차지하였다. 대졸자가 다수 포함되어 있으며 청년실업의 핵심계층인 25~29세를 대상으로 니트족 비중을 OECD 회원국들과 비교해 보면, 한국은 2010년 26%로서 4분의 1을 넘어서 OECD 회원국 중 스페인, 이탈리아와 더불어 상당히 높은 편이다.

'취업애로계층'은 공식적 실업자 31만 7천 명, 비경제활동인구에 속해 있으나 취업할 의사와 능력이 있는 11만 1천 명, 주당 36시간 미만을 일하고 있으나 추가적으로 일하길 희망하는 불완전 취업자 6만 3천 명 등을 모두 더한 49만 1천 명인데, 그 비중은 11.3%이다. 이 비율은 취업애로계층을 취업자＋취업애로계층으로 나눈 비율이다.

3. 노동시장 개혁

1) 노동개혁의 의의

제3장 3절의 6) "제도개혁"에서 언급한 바와 같이, 이자율을 낮추는
통화정책이나, 추경을 통해서 재정지출을 늘리는 재정정책을 통해서
는 단기적 효과를 볼 수는 있어도 한국경제가 당면한 저성장의 벽은
결코 넘을 수 없다. '구조개혁'만이 유일한 돌파구이며 해결책인 것이
다. 박근혜 정부에서는 장기적으로 한국경제의 잠재성장률을 높이려
노동·금융·공공·교육개혁 등 이른바 4대 구조개혁을 강조하였다.
이 중에서도 특히 노동시장의 구조개혁을 중시하였는데, 이는 당연
하다. 그러나 어느 하나도 제대로 성과를 보지 못하였다.

돌이켜 보면 한국경제는 1997년 외환위기를 당하여 외부의 압력으
로 재벌·금융·노동개혁을 추진할 수밖에 없었다. 즉, 변화하는 상
황에 맞추어 우리 스스로 미리미리 평상시에 개혁을 하는 '자율', '자
치'에 실패하여, 외세의 압력에 의해서 타의로 개혁을 추진할 수밖에
없는 처지에 놓였다.

이 가운데 재벌과 금융개혁은 상당한 정도로 진행되었다. 노동개
혁 부문에서도 미증유의 경제위기를 극복하는 데 노사가 합의함으로
써 노·사·정 대타협이 이루어졌으며, 정리해고제가 도입되었다.
노무현 정부에서도 일자리 창출이라는 대의명분에 노사가 공감하여
노·사·정 대타협이 이루어졌다. 〈비정규직 보호법〉을 도입하였으
며, 비정규직 근로자를 2년 고용한 후 정규직으로 전환하도록 하였

다. 그러나 선의로 추진한 제도임에도 2년 고용 후 오히려 해고하는 경우가 빈번하여 비정규직 근로자가 상당히 늘어나는 결과가 초래되었다.

OECD의 연구에 의하면 2013년 한국에서는 비정규직으로 3년을 근무한 후 정규직으로 전환되는 비율이 22.4%에 불과하였다. 일본도 24.3%로 비슷하였으나 프랑스는 45.3%, 독일은 60.0%, 영국은 63.4%, 네덜란드는 69.9%, 벨기에는 71.4%로 정규직 전환 비율이 훨씬 높았다. 즉, 우리는 한번 비정규직으로 들어가면 여기서 빠져나오기가 쉽지 않다. 29

노동개혁은 어렵다. 대승적 차원에서 국민경제의 지속적인 성장·발전을 위하여 이해 당사자가 서로 양보하면서 노·사·정 대타협을 이룩하는 것은 쉽지 않다. 특히 노·사·정 간에 신뢰기반이 취약한 우리 사회에서는 갈등과 대립이 심각하며, 입법을 담당한 국회도 진영논리와 포퓰리즘이 지배하고 있다.

그러나 노동시장 개혁 없이는 한국경제의 지속적인 성장·발전이 어렵다. 또한 우리의 바람인 선진국으로의 진입도 거의 불가능하다. 3장과 5장에서 본 네덜란드의 바세나르 협약은 대표적인 성공사례이다. 네덜란드는 경제난국에 직면하자 임금인상을 자제하고 일자리 나누기를 시도하는 노·사·정 대타협을 이룩하여 경제난국을 극복할 수 있었다.

네덜란드 이외에도 독일, 덴마크, 스웨덴 등이 1980년대 이후 지속적인 경제성장, 일자리 창출, 국제경쟁력 유지 및 사회통합을 성취한 배경에는 모두 노동개혁의 성공이 있었다. 즉, 노동개혁은 선진국이 되기 위한 필수 조건이다. 노동개혁에 성공한 주요 선진국들과 한국 사이의 가장 주요한 차이는 '신뢰'기반의 존재 여부이다. 즉, 노·사·정 당사자들 사이의 신뢰와 믿음이 있는가 여부가 노동개혁의 성패를 좌우하였다. 세상에서 제일 중요한 것이 사회구성원들 간의 믿음, 신뢰라는 평범한 사실을 다시금 깨닫게 된다.

국민들의 아까운 세금을 걷어서 정부가 직접 돈을 쓰는 것은 적지 않은 경우에 하책이며, 오히려 제도를 개선하는 것이 상책이다. 즉, 정부가 효율적으로 재정지출을 하는 것은 흔히 생각하는 것만큼 쉽지는 않다. 좋은 예로, 2013년에 무려 11조 원이나 되는 엄청난 재정을 일자리 창출을 위해서 투입한 경우를 들 수 있다. 한국개발연구원 (KDI)에 의하면, 고용률을 높이기 위한 정부의 직접적 재정지출은 주로 공공기관의 인턴이나 비정규직 일자리를 늘리는 데 사용되었다. 그러나 이는 단기적으로는 고용률을 높이는 데 효과가 있었으나, 직업훈련이나 고용서비스 확대처럼 장기적으로 고용증대 효과를 가져오지는 못하였다.

적극적 노동시장정책(ALMP)이란 실업자 또는 비경제활동인구를 대상으로 노동시장 참여를 증대시키기 위해서 정부가 다양한 조치를 취하는 것이다. 그러나 한국처럼 ALMP의 총지출 가운데 정부가 직접 일자리 창출을 위해서 재정지출을 한 비율이 67.3%나 되는 경우는 매우 이례적이다. 이 비율이 일본은 16.9%, 독일은 5.1%, 미국은 4.2%에 불과하였고, OECD 평균도 12.5%에 머물렀다.

따라서 앞으로는 ALMP의 주요한 수단 가운데서도 직업훈련이나 고용서비스 확충처럼 '장기적으로' 고용률을 높이는 데 효과적인 정책들을 중시하는 방향으로 바꿔야 한다. 한국은 단기적인 일자리 창출 효과를 보기 위해서 정부의 직접적 재정지출 비중은 매우 높았으나, ALMP를 위한 총지출 가운데 장기적으로 고용증대 효과가 높은 근로자의 직업훈련 · 능력개발에는 17.2%, 고용서비스 확충에는 26%의 재정을 배분하는 데 그쳤다.

2) 청년층, 중장년층 및 노령층의 고용문제

현재 한국 노동시장을 보면 더 많은 양질의 일자리를 창출하는 것이 최우선 과제이다. 통계청이 발표하는 ILO 기준에 따른 공식적인 실업률은 오랫동안 3~4%대에 그대로 머물러 있다. 실업률의 정의는 종전에는 지난 1주일간의 구직활동을 기준으로 하였다. 즉, 1주일간 열심히 구직활동을 하였으나 일자리를 찾지 못한 사람을 실업자로 규정한 것이다. 그러나 1999년 6월 이후부터는 지난 4주간의 구직활동으로 기준을 변경하였다. 그 결과 1996년 이전과 이후 실업률을 비교하면, 새로운 정의에 따른 실업률이 0.2~0.4%포인트가량 높게 나온다. 그러나 노동력의 저수준 활용(underutilization)을 참작하여 역시 ILO 기준에 따라 작성한 '고용보조지표'에 따르면 체감실업률은 2015년 12월에 10%나 된다.

체감실업률은 노동력의 저수준 활용을 포착하기 위해서 완전 실업자 이외에 불완전 취업자와 실망실업자 등도 포함시킨다. 즉, '일하고 싶은 욕구가 완전히 충족되지 못한 노동력'을 포함하는 것이다. 구체적으로, 실업자 이외에도 취업자 중 36시간 미만을 일한 단기간 근로자로서 추가취업을 희망하며 추가취업이 가능한 '시간 관련 추가취업 가능자' 또는 '불완전 취업자'와, 구직활동을 하지 않았거나 현실적으로 취업이 불가능하여 비경제활동인구로 분류되지만 실제로는 취업이나 구직이 가능한 잠재경제활동인구 또는 '실망실업자'를 포함한다.

연령층별로 고용상황을 보면, 청년층(15~29세)은 양질의 일자리가 부족해서 심각한 취업난을 겪고 있다. 한국은 OECD 회원국 가운데 청년층 고용률이 제일 낮은 편에 속하고 니트족 비율은 높은 편인데, 이는 청년층 노동시장의 수급 불균형에서 비롯된다. 즉, 대졸자는 수요에 비해 공급이 넘쳐서 실업률이 지극히 높은 반면, 고졸자는 초과수요로 중소기업들이 일손을 구할 수가 없는 실정이다.

바로 앞에서 본대로 ILO의 정의에 따른 공식 실업률은 3~4%인 반면, 청년층(15~29세) 실업률은 2015년 6월에 10.2%로 3배나 돼서 모든 연령층들 가운데 제일 높다. 청년층 실업률은 주요 선진국에서도 대체로 전체 평균 실업률의 약 2배나 된다. 2014년 미국의 청년 실업률은 13%이며, 유럽은 22%나 된다. 한국의 젊은 층은 취업난으로 양질의 일자리를 구할 수 없어 소득도 변변치 못하고 따라서 결혼도 미루어 출산도 할 수 없는 실정이다.

한편 40대와 50대의 중장년층은 고용불안에 시달린다. 대기업 정규직 근로자의 임금체계는 근로자의 생산성에 따라서 결정되는 성과급(成果給)이 아니라, 연공급(年功給) 또는 흔히 말하는 '호봉제'로서 연한이 경과하면 자연히 임금이 오르는 체계이다. 일본도 과거에는 한국처럼 임금체계가 호봉제였으나 2000년대 이후에는 직무·성과급으로 전환하였다.

현재는 한국이 세계에서 제일 연공서열을 중시하는 임금체계를 가지고 있다. 그 결과로 근무 연한이 20~30년인 한국 제조업 근로자의 임금수준은 신입사원의 3.13배나 된다. 이에 반하여 일본은 2.41배이고, 독일은 1.91배, 영국은 1.56배 그리고 프랑스는 1.46배에 불과하다. 30

근로자의 생산성은 보통 40대 중반 이후부터 50대를 전후해서 그 증가가 둔화되거나 감소하는 경향이 있다. 따라서 기업에서는 이때부터 근로자를 퇴출시키려는 유인이 생기게 된다. 규정에 따르면 대기업의 의무 퇴직연령은 58세이지만, 실제로는 평균 은퇴연령이 53세인 이유이다.

다가올 100세 시대를 생각하면 너무나 일찍 은퇴하는 것이다. 그 후에 어떻게 경제생활을 꾸려 나갈 것인가를 깊이 생각하고 미리미리 대비(providence)해야만 한다. 즉, 유비무환(有備無患), 거안사위(居安思危)의 자세가 절실하게 요청된다. 주된 일터에서 물러난 후에는 흔히 실패 확률이 매우 높은 자영업에 뛰어들거나, 저임금을 받고 비정규직 근로자로 일할 수밖에 없다. 그리하여 한국 근로자들이 노동시장에서 실제로 은퇴하는 나이는 72세로, OECD 회원국 가운데 근로 연한이 제일 길다. 31

또한 한국 근로자의 평균 근속연수는 5.3년으로, 지극히 단기간에 머문다. OECD에 따르면 노동시장 유연성이 높은 미국의 평균 근속연수도 2014년 기준 한국의 거의 2배에 가까운 9.4년이다. 독일은 이보다 긴 11.5년이다.

<표 5-4> OECD 주요국의 산업재해율: 10만 명당 사망률

단위: 명

	한국	일본	미국	프랑스	스페인	영국	독일
1991	29.0	-	-	7.4	13.4	1.4	4.0
1995	33.7	-	5.0	4.9	10.1	1.1	4.2
2000	26.7	-	4.0	4.4	9.2	0.9	3.0
2005	20.6	-	4.0	2.6	4.5	0.6	2.4
2010	13.6	-	3.5	-	2.3	0.6	1.8
2013	12.5	-	3.3	-	1.7	0.5	-
2014	10.8	1.7	-	-	1.8	-	-

자료: 국가통계포털(http://kosis.kr).

한국 근로자들은 2014년에 연간 2,124시간을 일해서 OECD 회원국 가운데 멕시코에 이어 2번째로 긴 시간을 일한다. 이는 OECD 평균인 1,770시간에 비해서 거의 400시간이나 많은 것이다. 미국은 1,778시간, 일본은 1,735시간 그리고 독일은 1,383시간만 일한다. 장시간 근로는 산재(産災) 사고를 늘리고, 근로자의 능력개발훈련 참여를 어렵게 한다. 또한 일과 가정의 균형(워라밸)을 이루는 것도 어렵게 하여 출산율을 낮춘다. 기업도 근로시간을 효율적으로 관리할 필요가 적어서 노동생산성은 매우 낮은 수준에 머물게 된다.

<표 5-4>는 OECD 주요국들의 10만 명당 사망률로 표시되는 산업재해율을 보여 준다. 한국은 지난 4반세기 동안 산업재해율이 급속하게 감소하였으나 아직도 주요 선진국에 비해서는 상당히 높다. 비교년도는 다소간 차이가 나지만 이들은 산업재해율이 한 자릿수일 뿐만 아니라 영국은 0.5명, 일본은 1.7명 그리고 독일은 1.8명에 불과하다. 모든 일의 최우선이 '사람'임을 상기할 때, 인명경시 풍조의 만연으로 인한 한국의 높은 산업재해율은 실로 부끄러운 일이다. 높은 자

단위: 개소, 명, 억 원, 천 일, 건

	전 산업	광업	제조업	건설업	전기가스수도업	운수·창고통신업
적용 사업장 수	2,187,391	1,107	342,700	329,061	1,817	60,394
적용 근로자 수	17,062,308	11,715	3,967,908	3,249,687	55,445	776,341
재해자 수	90,909	1,235	28,649	23,669	98	4,188
사망	1,850	401	453	486	7	119
부상	81,955	138	25,259	22,417	85	3,775
직업병	6,820	692	2,877	682	4	281
산재보상금 지급액	39,266	3,986	13,124	12,615	118	2,031
근로손실 일수	48,398	4,194	16,544	13,371	123	2,414
재해 건수	90,158	1,151	28,390	23,432	98	4,172

자료: 고용노동부, 〈산업재해 현황분석〉, 2015. 11.; 〈산재보험사업연보〉, 2015. 12.

살률, 교통사고율도 마찬가지로 우리 사회가 얼마나 정상 상태에서 멀리 떨어져 있는가를 여실히 보여 준다.

또한 〈표 5-5〉는 산업별 산업재해 발생현황을 보여 준다. 이에 따르면 2014년의 산업재해로 인한 사망자 수는 1,850명이나 되었는데 건설업, 제조업, 광업 및 운수·창고·통신업 순으로 많다. 특히 광업 부문의 경우 산업재해 적용 근로자 수에 비해서 사망자 수가 월등하게 과다한 것을 볼 수 있다. 산재보상금 지원 총액은 2014년에 무려 3조 9천억 원에 달하였고, 산업재해로 인한 근로손실 일수도 4만 9천여 일이나 되었다. 앞으로 산업현장에서는 안전과 인명제일의 원칙을 다른 무엇보다 최우선으로 해야 한다.

한국 근로자의 연평균 노동시간은 2014년 현재 OECD 회원국 평균치에 비해서 22%나 많다. 반면에 1인·시간당(man-hour) '노동생산성'은 OECD 회원국 평균치의 65%에 그쳐서 35%나 낮다. 따라서

1인·시간당 노동생산성을 선진국 수준으로 높이려면 근로시간을 단축해야 한다. 이때 비로소 근로자들은 저녁이 있는 삶을 향유할 수 있으며, 여성의 경제활동 참가율도 높아지고 출산율도 증가할 것이다.

한국은 그동안 법정 최고근로시간이 휴일근로를 포함해서 주당 68시간이었으나, 2018년 7월부터 주당 52시간으로 단축하였다. 또한 현재 3.4%에 불과한 유연근로제의 활용도 늘리려고 한다. 즉, 3개월 단위로 탄력적 근로시간제와 선택적 근로시간제 등 유연근로제를 운용하는 것을 허용하는 것이다. 그러나 업종에 따라 노동수요의 연중 유형이 서로 다르므로 주요 선진국들처럼 1년 단위로 연장하는 것이 필요하다.

즉, 근로시간 단축과 함께 근로시간 관련 제도의 개선도 중요하다. 선진국들의 경험을 살펴보면 근로시간 단축과 더불어 탄력적 근로시간제, 선택적 근로시간제 및 재택근무 등 여러 가지 유연근로시간제도를 도입하여 근로시간을 보다 효율적으로 활용하였다. OECD 회원국 중에서 최장시간을 일하는 한국은 그동안 근로시간을 효율적으로 관리할 필요를 느끼지 못하여 현재는 각종 유연근로시간제도를 제대로 활용하지 못하고 있다.

구미 선진국들의 경우 유연근로시간제도에서 나오는 자발적 파트타임 또는 시간선택제 일자리가 전체 일자리의 30%를 넘는다. 직장을 가진 여성이 출산을 하면 3개월의 출산휴가가 있으나, 자녀가 초등학교 1, 2학년이 될 때까지 10년 정도는 가정에서 계속 돌보아야 하는데, 이때 필요한 것이 바로 시간선택제 일자리이다. 우리 현실을 보면, 일자리를 가졌다가 육아로 인해 전일제 주부가 된 뒤 다시 일하고 싶어 하는 경력단절여성이 무려 195만 명이나 된다.

유럽은 통상적인 8시간 일자리 이외에 시간선택제 일자리가 있으며 연장이나 야간근로는 적다. 반면에 한국은 주로 8시간 일자리이며, 시간선택제 일자리는 적고 연장·야간근로가 많다. 따라서 개인을 기준으로 고용률을 따지면 한국이 유럽보다 상당히 낮을 수밖에 없다.

한국은 노령층(65세 이상)이 2017년 총인구의 14%를 점유하여 이미 '고령사회'로 진입하였으며, 2025년에는 20%를 초과하여 '초고령사회'로 들어서게 된다. 경제활동인구도 2022년에는 약 2,700만 명으로 정점(頂点)에 도달해서 한국경제의 활력은 더욱 떨어질 것이다. 한국의 노령층은 청장년 시절의 노고에도 불구하고 노후생활이 위험에 처해 있고 상당히 불안정하다. 노인 자살률은 세계 최고이며, 중위소득의 50% 미만을 버는 노인들의 비율인 상대빈곤율은 49.6%로 2015년 기준 OECD 회원국 중 가장 높다.

정리하면, 한국의 청년층은 취업난, 중장년층은 고용불안에 시달리며, 노령층은 지극히 불안한 노후생활을 하고 있다. 전체 연령층에 걸쳐서 질 좋은 일자리 부족으로 어려움에 처해 있는 것이다.

3) 정규직·비정규직 근로자 간의 이중구조

한국의 노동시장은 또한 정규직 근로자와 비정규직 근로자 간의 이중구조를 가지고 있다. 앞의 2절에서 본 바와 같이 2017년 3월 현재 임금근로자 총수는 약 2천만 명인데, 정규직 상용근로자는 약 1,332만 명으로 전체 임금근로자의 66.7%를 점유하며, 임시직과 일용직을 포함한 비정규직 근로자는 665만 명으로 전체 임금근로자의 33.3%를 차지한다. 비정규직 근로자는 1997년 외환위기 당시 생겨나기 시작한 뒤 계속 크게 불어나 이제는 우리 사회의 갈등과 아픔을 상징하기에 이르렀다. 대기업 노조도 조합원의 이익만을 생각할 뿐, 이들 비정규직 근로자들의 처지에는 관심을 두지 않는다.

비정규직 문제 해결을 위해서는 기본적으로 기업들이 정규직 고용을 늘리고 비정규직 채용을 줄일 수 있도록 유인체제를 확립해야 한다. 이때 비로소 정규직·비정규직 간의 격차가 해소될 수 있으며, 선진국들에서 일반화된 것처럼 가사와 직장을 병행하는 비정규직인 시간제 근로 또는 파트타임 근로가 주요한 고용형태가 될 수 있다.

정규직과 비정규직 근로자는 작업 숙련도가 비슷하고 유사한 업무를 수행하나, 정규직 근로자는 임금 및 고용조건에서 각종 우대를 받는 반면, 비정규직은 상당한 차별대우를 받고 있어 사회에서 낙오자라는 인식이 강하다. 2016년 정규(상용)직 근로자의 월 평균 임금은 약 291만 원인 반면, 비정규직 중 임시직은 135만 원으로 정규직의 46.4%, 일용직은 121만 원으로 정규직의 41.6%에 불과하다.[32]

퇴직금이나 시간 외 수당 등 '근로복지'의 수혜 면에서도 정규직은 비정규직 근로자와 차별적인 우대를 받는다. 국민연금과 건강보험을 비롯한 각종 '사회보험' 수혜율에서도 마찬가지이다. 2016년 정규직 근로자의 국민연금 가입률은 93.8%인 반면, 비정규직인 임시직과 일용직은 각각 21.4%, 0.3%로 현격한 격차를 보인다. 건강보험 가입률도 정규직은 98.7로 거의 대부분 가입해 있으나, 비정규직인 임시직과 일용직은 각각 27.8%, 0.3%에 불과하다. 이러한 사정은 고용보험의 경우에도 거의 비슷하다.

또한 OECD의 〈2015년 고용전망〉 보고서에 따르면, 한국은 근속기간이 1년 미만인 단기근로자 비중이 전체 근로자의 30.8%로 회원국들 가운데 제일 높았다. 즉, 근로자 3명 중 1명은 근무기간이 채 1년도 안 되어 고용상태가 매우 불안정하다. 반면 미국은 20.2%, 영국은 16.2%, 독일은 13.4%, 프랑스는 12.5%, 이탈리아는 9.5%로 한국보다 훨씬 낮다. 특히 통계청 기준 청년층인 15~29세의 단기근로자 비중은 무려 70.8%에 달한다. 즉, 청년층 근로자 10명 중 7명이 '단기근로자'여서, 청년층 비정규직 근로자의 고용상태가 매우 불안정함을 볼 수 있다.

또한 중위소득의 3분의 2 이하를 버는 저소득 근로자 비율은 2014년 기준 전체 근로자의 거의 4분의 1에 달하는 24.7%였다. 이는 25.0%로 OECD 회원국 중에서 제일 높은 미국 다음이다. 이처럼 정규직과 비정규직 근로자들 간의 각종 경제·사회적 격차와 차별대우는 한국에서 양극화를 초래하는 주요한 요인이므로 일정한 기간을 설정하여 이를 축소, 철폐하는 것이 바람직하다.

특히 강력한 대기업 노조는 근로자 전체의 연대(solidarity)나 이익추구보다는 해당 기업 노조원의 이익만을 증진하는 것을 주된 목표로 삼아 왔다. 즉, 정규직과 비정규직 근로자 간의 이중구조 및 대기업과 중소기업 간의 이중구조를 확대·심화시켜 한국의 양극화를 증대시키는 부정적 기능을 수행하였다. 이는 대기업 노조가 국민경제 전체의 안정적인 성장·발전보다는 자신들이 몸담은 대기업 노조원만의 후생증진이라는 집단이기주의에 매몰되어 '포용적 성장'을 저해하는 결과를 빚었음을 뜻한다.

문제의 핵심은 전체 근로자의 약 10%에 이르는 조직화된 대기업 노조가 중소·하도급 업체 근로자들에 비해서 과도한 임금과 신분보장 및 복지혜택을 누린다는 것이다. 이들이 과도한 분배 몫을 차지함으로써 중소기업·비정규직·청년들의 어려움이 가중되고 있다. 한국노총·민주노총은 기득권을 지키기 위해서 노사정위 복귀를 거부하고 있으나 대승적 차원에서의 결단이 필요하다. 어떤 세력 집단도 장기적으로 국민의 뜻을 거슬러서는 존립 자체가 위협받을 수 있다. 이는 노조도 마찬가지이다. 국민 위에 군림하려는 오만한 자세는 국가발전에 걸림돌이 되는 것이다.

나아가서는 사회 전체로도 기득권층의 희생과 양보가 뒤따라야만 국민통합을 이루고 체제안보를 유지할 수 있다. 지금처럼 계층 간 대립·갈등이 심화되면 우리 모두가 소중히 여기는 자유민주주의·시장경제체제 자체에 대한 중대한 위협이 될 수 있다.

4) 대기업·중소기업 근로자 간의 이중구조

노동시장의 이중구조는 정규직 근로자와 비정규직 근로자 간의 격차 이외에, 대기업과 중소기업 근로자 간의 각종 격차에 의해서도 초래된다. 1980년대에는 대기업과 중소기업 간 임금격차가 매우 적었다. 그러나 그 후 대기업의 높은 지불능력과 노조의 강력한 교섭력으로 임금격차가 크게 벌어졌다. [33]

	대기업·정규직·유노조	중소기업·비정규직·무노조	평균
근로자 수(천 명)	1,363	4,852	18,397
구성비(%)	(7.4)	(26.4)	(100)
월평균 임금(만 원)	392.0(100.0%)	134.5(34.3%)	223.4
근속연수(년)	13.4	2.3	5.6
국민연금 가입률(%)	99.5	34.2	68.4
건강보험 가입률(%)	99.8	40.9	71.8
퇴직금 적용률(%)	99.6	36.4	68.9
상여금 적용률(%)	99.1	36.6	70.4

자료: 어수봉 등, "노동시장 이중구조 개선을 위한 노사의 역할과 과제", 한국고용노사관계학회, 2014.

선망의 대상이 되는 좋은 일자리는 2014년 현재 약 300만 개 정도이다. 이는 300인 이상을 고용하는 대기업, 금융기관, 공공부문의 정규직 일자리 수이다. 이원덕 전 노동연구원장은 정부가 좋은 일자리 수를 현재의 300만 개에서 2030년까지는 1천만 개로 늘리겠다는 구체적인 목표를 제시해야 한다고 주장하였다. 그는 이렇게 하면 청년실업과 중장년층의 고용불안을 근원적으로 해결할 수 있으며, 노·사·정 대타협도 이러한 대의와 명분 아래서 추구할 때 결실을 맺을 수 있다고 생각한다.

노동시장을 대기업·정규직·유(有)노조 근로자와 중소기업·비정규직·무(無)노조 근로자로 양분하여 보면, 둘 사이에 커다란 격차가 존재하는 이중구조로 특징지어진다. 〈표 5-6〉을 보면 300인 이상을 고용하는 대기업에는 약 136만 명이 취업해 있는데, 이는 전체 임금근로자의 7.4%에 불과하다. 이를 놓고 치열한 입사시험 경쟁이 벌어지는 것이다. 임금격차는 약 3배 이상이나 되고, 근속연수도 6배가까이 차이난다.

국민연금, 건강보험 등 사회보험 가입률을 보면, 대기업 근로자는 거의 100%인 데 비해서, 중소기업 근로자는 30~40%대에 머물러 있다. 퇴직금과 상여금의 적용비율도 대기업은 거의 100%이나 중소기업은 약 36%에 불과하다. 즉, 대기업과 중소기업의 정규직·비정규직 근로자 간에는 현격한 각종 격차가 존재하는 노동시장의 이중구조 현상을 뚜렷하게 볼 수 있다.

고용정책의 최우선 과제를 더 많은 양질의 일자리 창출이라고 보면, 이를 달성하려면 어떻게 해야 하나? 가장 먼저 대기업·정규직·유노조 근로자와 중소기업·비정규직·무노조 근로자 간에 존재하는 임금, 사회보험 가입률, 근로복지 등의 각종 격차를 일정한 기간을 두고 단계적으로 축소, 철폐해야만 한다.

국회는 2013년에 300인 이상을 고용하는 대기업에 대해서는 2016년부터, 300인 미만을 고용하는 중소기업에 대해서는 2017년부터 60세로 정년을 연장하기로 의결하였다. 이때 문제는 50세를 전후로 근로자의 생산성이 감소하기 시작한다는 것이다. 따라서 국회는 정년연장 추진과 동시에, 기업의 부담을 참작하여 임금체계를 단순한 연공급 또는 호봉제에서 성과급제로 바꾸는 일도 추진했어야 한다. 이것이 어려우면 임금피크제라도 먼저 시행했어야만 한다. 그러나 이러한 여건을 조성하지 않고 정년연장을 먼저 시행한 결과로 기업들이 신규채용을 감축함으로써 이른바 '청년고용절벽'이라는 현상을 초래하였다. 청년일자리 창출이 제일 시급한 과제임을 상기하면 이는 중요한 문제이다.

현재 대기업의 80%가 능력·성과급이 아니라 기존의 연공서열을 중시하는 연공급(호봉제) 임금체계를 그대로 가지고 있다. 이는 기업들의 청년층 신규채용을 제약하는 요소이다. 아울러 대기업의 60%는 아직 임금피크제를 도입하지 못하였으며, 313개 공공기관들만이 2015년 말까지 임금피크제를 도입하였다. 노조는 국회에서 법으로 정년이 이미 연장되었으므로, 임금피크제 도입에 강하게 반발하고 있다. 그러나 임금피크제가 중장년 근로자들에게 60세 정년까지의 고용안정을 보장한다면 노조는 이를 오히려 긍정적으로 평가해야 마땅하다.

5) 바람직한 노동개혁의 방향

영국의 브렉시트와 미국의 트럼프 대통령 당선은 서로 비슷한 원인에서 일어난 현상으로 보인다. 바로 오랫동안 제자리걸음을 한 중산층의 소득수준이 그것이다. 이는 세계화와 기술발달로 일자리를 임금이 낮은 발전도상국들에게 빼앗기고, 경제성장의 과실도 최상위 소득계층에게만 주로 돌아간 데 연유한다. 그 결과로 기존의 지배계층, 상류층 또는 정치·사회체제 전반에 대한 일반 국민들의 불신이 널리 확산되었다.

IMF는 오랫동안 '워싱턴 합의'를 성실하게 뒷받침한 국제기구이다. 그러나 최근 IMF는 세계화가 지속되려면 소득분배의 불평등이 완화되어야 한다고 주장하기에 이르렀다. 이는 시장개방, 세계화, 정부규제 철폐 및 금융자율화를 주창하던 과거와는 사뭇 달라진 모습이다.

　시대정신은 포용적인 성장(*inclusive growth*)을 지향해 나아가고 있다. 상류층만 주로 과실을 얻는 경제성장은 지속가능하지 않으며, 성장의 과실이 널리 확산되어야 한다는 것이다. 소득분배의 불평등이 경제성장을 저해한다는 IMF의 연구결과도 이를 뒷받침한다.

　2008년 미국발 세계금융위기 이후 세계경제가 침체상태에 거의 10년이나 머물러 있었던 장기침체(*secular stagnation*) 현상도 결국 수요부족에 기인한다. 즉, 소득분배 불평등의 심화로 경제성장의 과실이 최상위층에 집중되면 수요부족이 뒤따르게 된다. 왜냐하면 지속적인 경제성장은 광범위한 계층의 국민들의 수요가 뒷받침될 때 가능하며, 최상위계층의 소비만으로는 수요부족에 직면하기 때문이다. 소득수준이 낮을수록 소비성향이 높다는 것은 잘 알려져 있다.

　한국 노동시장의 이중구조, 즉 정규직 근로자와 비정규직 근로자 간의 이중구조와 대기업과 중소기업 근로자 간의 이중구조를 일정한 기간을 정하여 단계적으로 철폐해야 한다고 주장하는 것도, 이러한 이중구조가 불공정하고(*unfair*), 차별적이고, 시대정신에 반하고, 지속가능하지도 않으며, 현재 가장 중요한 과제인 양질의 일자리 창출을 저해하기 때문이다.

　정규직 근로자는 같은 업무를 수행하면서도 비정규직 근로자에 비해서 과도하게 높은 임금을 받고, 근로조건도 양호하고, 사회보험 수혜율도 높으며, 과도한 고용보호를 받는다. 따라서 기업은 정규직 근로자 신규채용을 가능한 한 줄이고 비정규직 근로자로 대체하려는 유인을 갖게 되어 청년들을 위한 양질의 일자리 창출이 저해된다.

대기업과 중소기업 근로자 간의 각종 격차도 단계적으로 철폐되어야 한다. 한국과 일본의 대기업과 중소기업 근로자 간 임금격차를 보면 한국은 상대적으로 과도하다. 이는 대기업들이 지불능력이 있고 강력한 노조를 가지고 있는 데 연유한다. 대기업 근로자들이 중소기업에 비해서 과도한 임금을 받으며 고용조건, 사회보험 및 고용보호 등 각 부문에서 우월한 조건을 향유하면 우수인력은 자연히 대기업으로만 몰리게 된다.

현재 노동시장에서 대기업과 중소기업 간에 상당한 정도의 노동력수급 불균형이 발생하는 것도 양자 간의 현격한 고용조건 차이에 연유한다. 대기업이 고용하는 임금근로자는 전체 임금근로자의 7.4%에 불과하지만, 대졸자의 상당수는 대기업 취업을 목표로 하므로 대졸자 실업률이 매우 높은 것은 당연한 귀결이다.

대학에 대한 '초과수요'도 결국 대기업과 중소기업 간의 각종 격차에 기인한다. 즉, 대기업 등에서 양질의 일자리를 구해야 높은 소득은 물론이고 사회적 인정도 받을 수가 있으므로 대학에 진학하려 하는 것인데, 이는 파생수요(derived demand)라고 볼 수 있다. 즉, 대학에 대한 초과수요는 대기업 등 좋은 직장에 대한 수요에서 파생되는 것이다.

대기업·중소기업 간 각종 고용조건의 격차가 축소된다면 대학에 대한 수요도 크게 줄어들 것이고, 이에 따라서 노동시장에서의 수급 불균형도 상당히 감축할 수 있다. 이때 사회 전체로는 학력중심사회에서 능력중심사회로 바뀔 것이다.

독일은 일찍이 초등학교 시절 직업교육과 대학교육 중 하나를 선택해서 진로를 결정한다. 이는 역사적으로 오래전부터 이른바 도제식 (*apprenticeship*) 직업훈련제도를 시행해 온 데 연유한다. 이렇게 되려면 학력보다 능력이 중심이 되는 사회로 변해야만 한다. 또한 같은 일을 한다면 정규직이든 비정규직이든, 또는 대기업이든 중소기업이든 비슷한 근로조건을 제공해야 한다.

산업인력공단 박영범 이사장은 '일-학습 병행제'(*work-study dual system*)를 채택하는 것이 한국이 학벌중심사회에서 능력중심사회로 바뀌는 출발점이 될 수 있다고 본다. 또한 한국의 현실을 참작해서 독일보다는 늦은 고등학교 졸업자나 전문대 재학생을 대상으로 이를 추진할 수 있다. OECD의 2016년 보고서도 이 정책을 제안하였다. 아울러 현재 시행 중인 마이스터고교의 확대도 노동시장의 수급 불균형을 줄일 수 있다.

지금까지 한국의 대기업 정규직 노조는 국민경제 전체의 관점에서 지속적인 성장·발전을 이룩하는 데 기여한다든가, 노동시장에서 가장 시급한 현안인 양질의 일자리 창출을 통해서 심각한 사회문제인 청년실업 해소에 도움을 주는 등의 대의(大義)를 실현하는 데 소홀하였다. 그러나 유럽의 주요 선진국들에서 보는 것처럼 노사가 대의를 성취하기 위해서 서로 양보하여 대타협을 이룩하지 않고서는 국민경제의 지속적인 발전은 결코 기대할 수 없다.

또한 근로자들 간의 연대의식은 참으로 중요하다. 대기업 정규직 노조가 자신들만의 기득권과 이익을 고수하고자 중소기업이나 비정규직 동료 근로자들의 어려움을 헤아리지 못한다면, 우리 사회가 분열·갈등·대립을 끝내고 화해와 통합으로 나아가기는 쉽지 않다.

한국을 둘러싼 미・중・일・러의 최근 동향은 120여 년 전 구한말의 상황과 비교될 정도로 엄중하다. 한국사회는 지역, 이념, 노사, 계층 간 대립・분열・갈등으로 밤낮으로 소모전이 지속되면서 엄청나게 국력을 낭비하고 있다. 이를 극복하고 화해・통합을 이룩하는 것은 통일 선진한국을 성취하기 위해서 반드시 필요한 선결과제이다. 대기업 정규직 노조가 근로자들 간의 연대의식을 발휘해서 어려운 형편에 처해 있는 중소기업 비정규직 근로자를 포용하는 의로운 결단을 내려서 한국사회의 진보에 선도적 역할을 하길 기대한다.

　　대기업 노조뿐만 아니라 사회 일반의 지도층과 기득권층이 자신을 희생하고 대의를 위해서 양보해야만 한국경제의 지속적인 성장・발전이 가능하고 우리가 소중하게 여기는 자유민주주의와 시장경제체제의 지속도 가능할 것이다. 눈앞의 작은 이익만 좇느라 소탐대실하는 우를 범해서는 결코 안 된다.

　　문재인 정부는 일자리 창출에 가장 큰 역점을 두고 있다. 그런데 정부의 의도와는 다르게 2018년 3월 실업률은 4.5%로 17년 만에 최고에 달하였고, 청년실업률도 2018년 3월 11.5%나 되었다. 저숙련 저임금근로자를 돕기 위해 최저임금제도를 시행하는 것은 당연하다. 그러나 2018년 최저임금 인상률은 전년 대비 14.6%나 되었으며, 2020년까지 시간당 최저임금을 1만 원선으로 높이려고 한다. 의도는 선하나 결과적으로 자영업자와 영세기업들은 이를 감당할 수 없어서 아르바이트생 등의 해고를 크게 늘렸고, 이에 따라 저소득 일자리를 상당한 정도로 없앴다. 그 결과 음식・숙박업에서 취업자 수가 상당히 감소하였으며, 자영업자의 54%는 소득이 줄었다고 답하였다. 이는 2018년 4월의 실업률이 높았던 주요 원인이 최저임금의 급격한 인상이라는 것을 뒷받침한다. 정부정책이 돕고자 하는 가장 취약한 계층인 저임금근로자들을 오히려 해치는 결과를 초래한 것이다. 이를 보완하기 위해서 정부재정을 투입하는 것도 순리가 아니다.

한국 근로자의 장시간 근로를 상기할 때 단계적으로 근로시간 단축을 지향하는 것도 바람직한 정책방향이다. 이는 가정과 일의 균형을 회복시켜 출산율에도 긍정적 영향을 미칠 수 있다. 그러나 이 또한 영세·중소기업에는 커다란 부담이 된다. 기업의 부담능력을 참작하면서 추진하는 것이 바람직한 정책방향인 것이다.

비정규직 근로자를 정규직 근로자로 전환하도록 정부가 압력을 행사하는 것도 순리가 아니다. 노동시장의 근본적 개혁은 뒤로 미루고 억압적으로 목표를 달성하려고 하면 부작용만 만들어 내게 된다. 공공부문과 대학 등에서 수많은 비정규직 근로자가 오히려 일자리를 잃게 된 것이 그 결과이다.

일자리를 창출하려고 노력할 때 시장기구를 활용하는 것은 필수적이다. 이때 대부분의 일자리를 창출하는 것은 공공부문이 아니라 민간기업이라는 제일 기초적인 원리에 충실하여 기업이 일자리를 창출하도록 여건을 조성하는 것이 중요하다. 우리 모두가 돕고 싶어 하는 취약계층에 오히려 해를 끼치는 정책들을 결코 되풀이하지 않아야 한다.

4. 포화상태의 자영업

4, 5, 6절에서는 대부분의 취업자들이 일하는 자영업, 서비스산업, 중소·중견·벤처기업에 대해서 차례로 살펴볼 것이다. 2절의 〈표 5-2〉는 종사상 지위별 취업자 구성을 나타낸다. 2017년 5월의 총취업자 중에서 '임금근로자' 비중은 74.5%이며, 개인사업체를 운영하는 자영업자와 무급 가족종사자를 합한 '비임금근로자'는 25.5%를 차지한다. 한국의 비임금근로자 비중은 OECD 회원국의 2010년 평균인 15.9%보다 훨씬 크다. 약 685만 명에 달하는 비임금근로자 가운데 자영업자가 약 568만 명이며, 무급 가족종사자는 약 117만 명이다. 여기에 자영업에 속한 근로자 수까지 더하면 비임금근로자는 1천만 명이 넘는다. 자영업자의 40%는 도·소매, 음식·숙박업 등 영세 서비스업종에 종사한다.

〈표 5-5〉는 자영업자 수와 이의 총취업자에 대한 비중의 추이를 보여 준다. 여기서 발견하는 것은 첫째로, 외환위기를 맞이하여 총취업

〈표 5-5〉 자영업자 추이

단위: 천 명, %

	1997	1998	1999	2000	2001	2002	2003	2004	2005	2006
취업자	21,214	19,938	20,291	21,156	21,572	21,215	21,323	21,430	21,538	23,151
자영업자	5,901	5,616	5,703	5,865	6,051	5,976	6,024	6,072	6,120	6,135
비중(%)	27.8	28.2	28.1	27.7	28.1	28.2	28.3	28.4	28.5	26.5
	2007	2008	2009	2010	2011	2012	2013	2014	2015	2016
취업자	23,433	23,577	23,506	23,829	24,244	24,681	25,067	25,599	25,936	26,235
자영업자	6,049	5,970	5,711	5,592	5,594	5,718	5,651	5,652	5,563	5,570
비중(%)	25.8	25.3	24.3	23.5	23.1	23.2	22.5	22.1	21.4	21.2

자료: 통계청, 〈경제활동인구조사〉, 2017.

자 가운데 자영업 종사자가 차지하는 비중이 크게 늘어났다는 점이다. 이는 당시 기업과 금융 부문의 급격한 구조조정으로 해고된 실업자들 중에서 주로 50대가 자영업에 많이 진출하였기 때문이다.

두 번째는 2008년 세계금융위기를 맞아 내수가 급속히 위축되면서 자영업자들이 큰 타격을 입어 그 비중이 상당히 떨어졌으며, 이후 자영업자 수와 비중 모두 지속적으로 감소하였다는 점이다. 세계금융위기 직전인 2007년의 자영업자 수는 605만 명이었으나 이후 지속적으로 감소하여 2016년에는 557만 명이 되었다. 세계금융위기로 인하여 몰락한 자영업 종사자들이 길거리로 내몰린 것이다. 자영업자 중에서도 동네슈퍼나 식당 주인, 시장 상인처럼 고용원이 없는 영세 자영업자들이 2015년 기준 393만 명이나 되어 전체 등록 자영업자의 82%를 차지한다.

일반적으로 자영업 부문 취업자 비율과 1인당 GDP 간에는 마이너스의 상관관계가 존재한다. 즉, 소득수준이 높을수록 자영업 부문 취업자 비율은 하락한다. 2010년 현재 한국보다 자영업 부문 취업자 비율이 높은 나라는 터키(39.1%), 그리스(35.5%), 멕시코(34.3%)의 3개국뿐이다. **34**

한국을 1인당 소득수준이 비슷한·OECD 회원국과 비교해 보면 2011년 12월 말 기준 전체 자영업 부문 종사자의 3분의 1에 해당하는 230만 명 정도가 과잉인 것으로 추정된다. 이처럼 한국의 경우 자영업주와 그 종사자를 포함하여 총취업자의 거의 30%가 자영업 부문에 종사하고 있어서, 자영업자는 100명 중 30명꼴이다. 반면, 미국의 자영업 부문 종사자는 100명 중 7명에 불과하다.

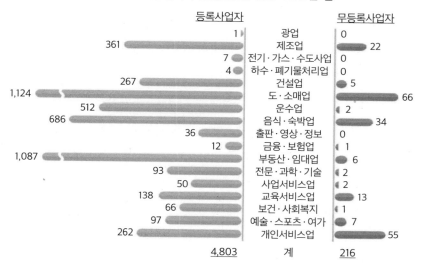

〈그림 5-5〉 자영업자의 산업분류별 분포: 2015년 말

등록사업자		무등록사업자
1	광업	0
361	제조업	22
7	전기·가스·수도사업	0
4	하수·폐기물처리업	0
267	건설업	5
1,124	도·소매업	66
512	운수업	2
686	음식·숙박업	34
36	출판·영상·정보	0
12	금융·보험업	1
1,087	부동산·임대업	6
93	전문·과학·기술	2
50	사업서비스업	2
138	교육서비스업	13
66	보건·사회복지	1
97	예술·스포츠·여가	7
262	개인서비스업	55
4,803	계	216

1997년 외환위기 때는 구조조정으로 실직한 50대들이 대거 자영업에 진입하였다면, 2012년에는 재취업이 어려운 은퇴한 베이비부머세대(1955~1963년생)가 자영업 부문에 상당수 진입하였다. 그리하여 최근 창업자의 60%는 50대 이상이다. 이처럼 한국은 OECD 회원국들과 비교했을 때 자영업 부문 종사자들이 과도하게 많아서 극심한 과당경쟁을 하는 것이 특징이다.

〈그림 5-5〉는 2015년 말 현재 자영업자들의 산업별 분포 현황을 보여 준다. 자영업이 가장 많이 집중된 산업은 등록 및 무등록사업자를 모두 포함할 경우 골목상권과 전통시장 내의 점포들이 중심인 도·소매업, 부동산 중개업소가 중심인 부동산·임대업, 식당과 여관이 중심인 음식·숙박업, 개인택시 운수업이 중심인 운수업 등의 순이다. 이 중에서 도·소매, 음식·숙박업은 등록 및 무등록사업자를 모두

합쳐 총 191만 개, 전체의 38.1%로, 영세 자영업자가 가장 많이 몰려 있다.

산업연구원(KIET)의 분석에 의하면,[35] 2013년 자영업이 가장 많이 분포된 도·소매업의 경우 한국은 인구 천 명당 사업체 수가 18.8개인 데 비해, 미국은 4.7개, 영국은 7.8개, 독일 9.3개, 일본 11.0개, 프랑스 11.5개로 나타나, 한국의 도·소매업 사업체 수가 선진국에 비해 상당히 많음을 알 수 있다. 음식·숙박업의 경우에도 한국은 13.5개인 데 비해, 미국은 2.1개, 영국은 2.7개, 독일은 3.2개, 프랑스는 3.9개, 일본은 5.6개로 나타나, 각국별 문화와 생활습관의 차이를 참작해도 한국의 음식·숙박업 사업체 수는 과다한 편이다.

결국 이들 산업에서는 영세 자영업자들이 제한된 내수시장에서 과잉경쟁을 벌이게 되어 수익률도 상당히 낮을 수밖에 없다. 이러한 의미에서 한국의 자영업은 오래전부터 포화상태에서 상호 간 무한경쟁으로 치달아 고위험·저수익 상태에 빠져 있다.

자영업자들의 창업 동기는 대다수가 '다른 대안이 없어서'이다. 이들의 거의 3분의 2 수준인 64.1%가 창업 경험이 전혀 없고, 준비도 충분하지 않으며, 교육도 제대로 받지 못한 상태로 창업을 한다. 캐나다, 독일, 스웨덴 등의 정부가 사업계획서를 미리 받아서 타당성이 있을 때만 창업을 허가하고 지원금을 제공하는 것과는 크게 다르다.

그 결과 2011년 자영업자들의 월 평균소득은 약 149만 원에 불과한데, 이는 최저생계비를 지원받는 4인 가족 기준 기초생활수급자가 받는 금액과 거의 동일하다. 특히 상시근로자 5인 미만의 사업자(단, 제조·광업·건설·운수업은 10인 미만)로 규정되는 '소상공인'은 전체의

57.6%로 약 41만 4천 명인데, 이들의 월 소득은 100만 원 이하이다. 한편 임금근로자들의 평균 임금은 282만 원으로, 자영업자 소득의 거의 2배에 가깝다.

한국의 하위 20% 소득계층에 속하는 자로서 음식·숙박업, 도·소매업 등 포화상태에 놓인 과당경쟁 업종에서 영세한 규모로 '생계형 자영업' 부문에 종사하는 국민은 약 170만 명으로 추산된다. 2010년 현재 하위 20% 소득계층에 속한 국민은 모두 약 888만 명이다. 그 구성을 보면, 기초생활보장급여 수급자가 155만 명, 최저생계비의 120% 미만 소득을 얻는 '차상위계층'에 속한 국민이 약 473만 명, 소득이 최저생계비의 120% 이상이지만 잠재적 복지수요계층인 국민이 260만 명 등이다. 생계형 자영업 부문 종사자 170만 명은 차상위계층과 잠재적 복지수요계층 가운데 21.5%, 기초생활보장급여 수급자 중 7.3%로 구성되어 있다.

자영업자의 평균 가계부채는 2011년 8,500만 원으로 상용 임금근로자의 5,100만 원보다 훨씬 더 많다. 자영업자의 처분가능소득 대비 금융부채 비율은 159.2%로서, 임시·일용직을 제외한 상용 임금근로자의 78.9%나 일용직의 83.4%보다 훨씬 높다. **36** 자영업자의 은행권 대출액은 약 165조 원이나, 여기에 제2금융권에서 받은 대출까지 포함하면 거의 2배인 약 320조 원이다.

자영업자는 또한 사회보험의 사각지대에 방치되어 있다. 자영업자와 300인 이상 사업장 근로자의 국민연금, 건강보험, 고용보험 가입률을 비교해 보면, 각각 26.6%와 94.9%, 29.3%와 95.8% 그리고 28.2%와 74.8%로서 현격한 차이가 난다.

매년 약 100만 명의 자영업자가 창업하지만 동시에 매년 약 80만 명이 폐업해 창업해도 성공가능성은 매우 낮다. 자영업자의 거의 절반인 47%는 창업 후 3년 안에 폐업하며, 10년 후까지 생존하는 비율은 4분의 1 정도인 24.6%에 불과하다. 즉, 4명 중 3명은 창업 후 10년 이내에 문을 닫는 것이다. 흔히 말하는 대로 '대박을 꿈꾸나 쪽박을 차기 일쑤'인 것이다. 퇴직금에 집까지 날리고 사회안전망의 미비로 빈곤층으로 추락하는 경우가 부지기수다. 동시에 창업과 폐업의 악순환 과정에서 부채는 늘어나게 마련이다.

이처럼 자영업 부문은 과다진입으로 인한 과당경쟁 상태에 있으므로, 기본적인 정책방향은 이 부문에 대한 진입제한이 되어야 한다. 즉, 자영업 창업보다 취업을 유도하여, 매우 높은 임금을 받지는 못하더라도 안정적 일자리를 갖도록 하는 것이 고위험·저수익의 자영업 위기를 막을 수 있는 방책이다.

5. 규제에 묶인 서비스산업

앞의 1절에서 한국의 경제발전모형은 이제 그 방향을 바꿔야 할 단계에 이르렀다고 하였다. 대기업 위주의 공산품 수출에 주로 의존하던 데서 벗어나 국내수요(내수)를 주로 충족하는 중소기업과 서비스 부문의 육성도 본격적으로 추진해야 할 단계에 도달한 것이다. 즉, 수출과 내수, 대기업과 중소기업, 제조업과 서비스산업의 균형적 성장이 필요하다.

특히 공산품 수출의 지속적 증가에도 불구하고 충분한 일자리가 창출되지 못하는 '고용 없는 성장'이 일어나는 것이 근자의 현실이다. 일자리 창출은 내수 진작에서 찾을 수밖에 없고, 내수의 주축은 서비스산업이다. 이제 고용증대는 주로 서비스산업 진흥에 의해서만 달성할 수 있다.

2015년 현재 서비스산업은 GDP의 59.4%를 차지하며, 총고용의 69.7%를 점유하는 가장 중요한 산업이다. 그런데 2절 2)의 (2) "산업별 취업자"에서 본 것처럼, 산업부문별 취업자 증가율 ÷ 경제성장률로 얻어지는 '산업별 고용탄력도'는 2000년대에는 계속 감소하여 '고용 없는 성장'이 일어났으나, 2010년대에 들어와서는 반전되어 고용창출력이 상당히 증가하였다. 특히 제조업보다 서비스산업의 고용창출력은 훨씬 더 큰 것으로 나타났다.

〈그림 4-1〉에서 보듯이 주요 선진국에서는 제조업과 서비스산업의 생산성이 거의 비슷한 데 반해서 한국의 제조업과 서비스산업 간에는 상당한 생산성 격차가 존재하며, 이에 따라 두 부문 간 임금격차도 크다. 구체적으로, 2014년 서비스산업 생산성은 제조업의 49.8%로 절반에 불과하며, 이에 따라 서비스산업 취업자 1인당 피용자 보수도 제조업의 절반 수준도 채 안 된다. 한국 서비스산업의 노동생산성은 OECD 회원국 평균치의 절반도 안 되지만, 제조업의 노동생산성은 OECD 회원국 평균의 거의 90%에 달한다. OECD는 회원국 중에서 서비스산업의 고용과 부가가치 비중이 모두 낮은 국가로 체코, 폴란드, 멕시코와 함께 한국을 들고 있으며, 둘 다 모두 높은 국가로는 미국과 영국을 들고 있다.

1990년대 초 이후 GDP에서 서비스산업이 차지하는 비중과 전체 고용 중 서비스산업이 점유하는 비중이 증가하는 '서비스화(化)'가 진행될수록 소득불평등은 오히려 심화되고 있다. 이는 서비스산업이 '좋은 일자리'를 제대로 창출하지 못한 데 따른 결과다. 보몰(William J. Baumol) 교수가 지적한 대로, 생산성이 상대적으로 높은 제조업 부문에서 방출된 노동력이 생산성이 낮은 서비스산업으로 유입되면서 양 부문 간의 생산성 및 임금격차는 더욱 확대되었다.

특히 영세 자영업자가 많은 음식·숙박업과 도·소매업은 주요 선진국에 비해서 노동생산성이 매우 낮으며 이에 따라서 소득도 낮을 수밖에 없다. 또한 서비스산업 전체로 볼 때 자영업자 비중은 OECD 회원국 중에서 가장 높은 편이다. 이는 1990년대 초 이후 제조업 분야의 일자리가 줄어들면서 여기서 퇴직한 근로자들이 자영업으로 진출하였기 때문이다.

한국은 출산율 하락에 따라서 노동투입량 증가율이 감소하고 있으며, 자본투입량 증가율도 투자여건 악화로 둔화되고 있다. 따라서 경제성장률을 높이기 위해서는 주로 생산성 향상(기술진보, 혁신)에 의존할 수밖에 없다. 생산성 향상을 가로막는 주요한 장애요인은 서비스산업의 낮은 생산성이다. 따라서 서비스산업의 생산성 향상은 전체 한국경제의 생산성 향상과 경제성장률 증대를 위한 필수조건이다. 최근 한국경제의 잠재성장률이 감소하는 것도 주로 서비스산업의 생산성 증가율이 낮은 데 연유한다.

잘 알려진 대로 서비스산업은 속성이 서로 다른 다양한 업종들로 구성되어 있다. 1인당 노동생산성을 기준으로 고(高)·중(中)·저

(低) 부가가치 서비스산업 부문으로 나눌 수 있으며, 고부가가치 부문과 중부가가치 부문에 대해서는 과감한 규제완화를 통해서 시장경쟁을 촉진하는 것이 바람직하다.

먼저 저부가가치 서비스산업은 전통적인 서비스산업으로서, 여기에는 '소비자서비스업'으로 분류되는 음식·숙박업, 도·소매업, 사회 및 개인서비스업이 포함된다. 그런데 제조업 대비 생산성을 보면, 2008년 현재**37** 음식·숙박업은 17.0%, 도·소매업은 34.3%, 사회 및 개인서비스업도 40.8% 수준에 불과하다. 또한 이 부문들이 서비스산업 전체 고용에서 점유하는 비중은 약 50%나 되지만, 서비스산업에 대한 총수요에서 차지하는 비중은 20.4%에 불과하다. 이 부문들은 포화상태인데도 계속 수가 늘어나고 있는데, 편의점 수는 2010년 말 1만 7천 개에서 2016년 말에는 3만 4천 개로 2배로 늘어났다. 개업한 공인중개사도 2012년 말 8만 4천 명에서 2016년 말에는 9만 5천 명으로 늘어났다. **38**

중부가가치 서비스산업에는 '유통서비스업'과 '공공 및 개인서비스업'이 포함된다. 유통서비스업에는 운송, 창고, 통신업 등이 포함되며, 서비스산업 총수요의 14.5%를 차지한다. 운수·보관업의 노동생산성은 제조업 부문 대비 52.8%이나, 통신업은 109.9%로 제조업 부문의 평균 노동생산성보다 높다. 공공 및 개인서비스업에는 '공공행정 및 국방', '의료보건', '교육' 등이 포함되며, 서비스산업에 대한 총수요의 29%를 점유한다. 세분화해 보면, 공공행정 및 국방은 서비스에 대한 총수요의 8.2%, 의료보건은 5.6%, 교육은 6.8%를 차지한다. 제조업 대비 생산성은 공공행정·국방은 112.0%이며,

보건·사회복지는 71,5%, 교육서비스는 54.1%이다.

고부가가치 서비스산업에는 금융·보험, 부동산서비스, 사업서비스 등이 포함되는데, 이들은 모두 생산과정에서 투입물로 쓰이는 '생산자서비스'(*producer service*)로서, 서비스 총수요의 36.1%를 차지한다. 제조업 부문 대비 생산성은 금융·보험이 115.8%로 서비스산업 중에서 제일 높고, 부동산·사업서비스가 80.6%이다. 생산자서비스업에 대한 수요 증가율은 전체 서비스산업 중에서 제일 높아 성장 가능성이 가장 크다.

〈그림 5-6〉은 서비스산업 부문별 제조업 대비 노동생산성을 나타낸다. 서비스산업을 소비자서비스업, 유통서비스업, 생산자서비스업, 공공 및 개인서비스업의 4부문으로 분류했을 때, 모든 부문에서 한국의 노동생산성은 OECD 회원국 가운데 최하위권에 속했다. 서비스산업 전체의 노동생산성은 미국의 46%, 일본의 59% 및 OECD 평균의 63% 수준에 그쳤다.

서비스산업의 저생산성은 경상수지에도 그대로 반영돼서, 상품(무역)수지는 흑자이나 서비스수지는 1990년 이후 계속 적자 상태이다. 2015년 상품수지는 1,203억 달러 흑자였으나 서비스수지는 157억 달러 적자를 기록하였다. 서비스수지 적자의 대부분은 여행(유학·연수 포함)수지 적자 97억 달러, 기타 사업서비스 적자 108억 달러 및 지식재산권 사용료 36억 달러 등에서 비롯되었다. 종합하여, 2015년 상품 및 서비스의 수출입 차이인 경상수지는 1,049억 달러 흑자를 기록하였다.[39]

서비스는 오랫동안 비교역재(*non-traded goods*)로 생각되었으나,

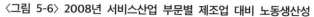

〈그림 5-6〉 2008년 서비스산업 부문별 제조업 대비 노동생산성

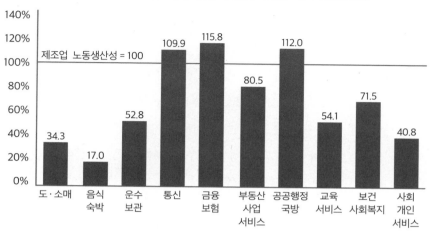

자료: 고영선 외, 《견실한 경제성장과 안정적 사회발전을 위한 정책제언》, KDI 연구보고서,
      2012, 1, 22, 25, 209~247쪽.

2007년 세계 전체의 서비스 수출액은 약 3조 3천억 달러로, 재화 및
서비스 총수출의 20%나 차지하였다. 한국은 그 비율이 2008년에
15.2%였다. 2020년에는 세계 전체의 서비스와 재화 수출액이 거의
비슷할 것으로 예측되었다. 2008년 세계금융위기를 당하여 한국은
상당한 외부충격을 경험하였다. 만일 서비스산업이 발달하여 견실한
내수기반이 구축되었다면 충격의 정도는 훨씬 덜했을 것이다.

  주요국의 경험을 보면, 미국은 1970년대와 1980년대를 통해서 서
비스산업 규제완화를 지속적으로 추진하였다. 그 결과로 특히 생산
자서비스 부문에서 노동생산성이 증가하고 고용창출도 일어났다. 한
편 유럽은 복지정책을 강화하는 과정에서 사회서비스업 고용이 크게
증가하였다. 일본은 제조업 부문 경쟁력 강화에 주력하면서 여기서

방출된 노동력이 유통서비스업에 상당히 유입되었다.

그리하여 미국의 경우 전체 서비스산업 고용 가운데 생산자서비스업 비중이 1960년, 1973년, 1984년에 6.4%, 8.7%, 12.3%로 거의 2배나 증가하였다. 독일에서도 사회서비스업 비중이 같은 년도에 걸쳐서 10.3%, 16.3%, 21.3%로 2배나 급증하였다. 일본에서는 유통서비스업 비중이 역시 같은 년도에 18.5%, 23.3%, 24.9%로 증가하였다. 즉, 나라별로 경제정책의 우선순위에 따라서 서비스산업의 고용비중은 상당히 달랐다. [40]

한국 서비스산업에서 고용비중이 큰 5대 업종을 보면, 가장 큰 업종은 도·소매, 음식·숙박업으로 2017년 현재 전체 서비스산업 고용의 32.3%를 차지한다. 다음은 사회서비스업으로 26.0%를 차지하는데, 구체적으로는 보건·사회복지가 10.2%, 교육이 10.1%, 공공행정이 5.6% 순이다. 이 밖에 사업서비스업은 12.7%, 금융보험업은 4.2% 그리고 통신업은 4.2%이다. 이들 5대 업종은 서비스산업 전체 고용의 4분의 3이 넘는 79.4%를 차지한다. [41]

정부는 서비스산업의 중요성에 착안하여 〈서비스산업발전기본법(안)〉을 19대 국회(2012~2016년)에 제출하였으나 여·야 간의 대립과 갈등으로 말미암아 제대로 논의도 하지 못한 채 회기가 끝나면서 폐기되고 말았다. 여기에는 고부가가치 서비스산업인 보건·의료, 관광·레저, 교육 그리고 방송·통신·콘텐츠 등의 소프트웨어 부문이 포함되었다.

의료산업은 한국의 모든 서비스산업 분야 가운데 가장 국제경쟁력이 있는 분야이다. 국내 제일의 인재가 이 분야로 진학하고 있으며,

의료기술은 세계 제일이라고 하여도 과언이 아니다. 주력 공산품 수출은 성장할 여지가 좁아지고 있으나, 의료수출은 가장 성장 가능성이 높은 분야이다. 예를 들어, 이웃 중국의 최상위 5% 소득계층이 한국에서 진료를 받는다고 하면 그 시장은 실로 방대하다. 이는 질 높은 농산품, 경공업제품의 수출도 마찬가지이다. 이제 내수의 규모를 한국의 5천만 인구로 국한하지 말고 이웃 국가들의 방대한 소비자 수요도 포함해서 생각할 때가 되었다. 2015년에 의료관광객이 30만 명으로 증가하였다고 하지만 태국의 의료관광객은 이미 연간 무려 200만 명이나 된다.

한국의 서비스산업이 제조업처럼 성장하지 못하는 가장 중요한 요인은 정부의 과도한 규제이다. 의료 분야가 대표적인 예이다. 의료보험 수가는 정부당국에 의해서 낮은 수준에서 통제되고 있으며, 의료기관을 개설할 수 있는 자는 의료인, 비영리법인으로 한정되어 있다. 즉, 현대적인 병원을 하나 짓는 데는 수천억 원의 자금이 소요되는데, 민간자본이 병원 건설에 투자를 못 하게 하는 이른바 '투자개방형 의료법인의 설립규제'가 있다. 이는 의료 분야를 복지의 관점에서만 보고 산업의 중요성을 간과하는 것이다. 현대적인 병원을 하나 새로 건설하면 수천 명에게 질 좋은 일자리를 제공할 수 있다.

흔히 의료의 공공성을 저해한다는 주장을 펴기도 하나, 건강보험 제도를 잘 지키면 공공의료의 훼손은 충분히 방지할 수 있다. 의료민영화를 위한 포석이라는 주장도 터무니없어 보인다. 현재 국내 대형 병원들은 수지(收支)를 맞추는 데 어려움을 겪고 있다. 그나마 내국인의 2배에 달하는 진료비를 내는 외국인 환자들과 건강검진센터가 도움을 주고 있다. 따라서 병원을 새로 짓거나 확장할 여력이 없는 실정이다. 외국인 환자 유치를 위한 병원 건립에는 민간자본이 투자할 수 있도록 허용해야 한다.

일부 논자들은 〈서비스산업발전기본법〉에서 의료 분야를 제외하자고 한다. 이는 서비스산업을 발전시키지 말자는 주장과 마찬가지이다. 우리도 사물을 판단하는 기준으로 어떤 이념이나 도그마에 좌우되지 않고 실용적 접근을 택할 때가 되었다. 중국인들처럼 어떤 주장의 옳고 그름을 낡아 빠진 기존 이론이나 이념이 아니라 현실에 기초해서 판단하고 결정을 내릴 수 있어야만 한다. 디지털혁명, 또는 이른바 4차 산업혁명의 신(新) 산업 분야를 비롯해서 여러 산업에서 자본주의 국가인 한국이 사회주의 국가인 중국보다도 더 과도한 정부규제로 말미암아 앞으로 나아가지 못하는 현실이 안타깝다. 한국은 정부가 지나치게 과도한 규제를 해서 각 분야 산업발전을 저해하는 규제공화국이다.

수많은 양질의 일자리를 창출할 수 있으며, 인력이나 기술로도 아시아의 의료 허브(hub)로 충분히 발전할 역량을 갖추고 있는데도 불구하고 의료산업 발전을 반대하는 것은 이해하기 어렵다. 보건·의료 부문 이외에도 관광·교육·금융·콘텐츠 등 고부가가치 서비스산업이 과도한 정부규제와 각종 이익단체의 지나친 반발로 제대로 성장·발전하지 못함으로써 좋은 일자리 창출도 제약을 받고 있다.

6. 중소 · 중견기업 및 벤처기업

1) 중소기업

앞서 2절 2)의 (3) "기업규모별 취업자와 기업생태계"에서는 중소기업, 중견기업, 대기업이 건강한 '기업생태계'를 이루는 것이 한국경제의 지속적이고 안정적인 성장 · 발전을 위해서 필수적인 전제조건이라고 하였다. 2014년 한국의 기업체 총수는 약 354만 5천 개인데, 이 가운데 영세 · 중소기업은 거의 100%인 354만 2천 개를 차지하며, 총취업자에서 점유하는 비중도 87.9%나 된다. 그러나 독일과 영국은 중소기업이 전체 고용에서 차지하는 비중이 60% 수준이며, 일본과 대만도 76% 정도로 우리보다 낮다.

한국 제조업 부문의 부가가치 총액에서 중소기업이 차지하는 비중은 외환위기 후인 2000년의 50.2%에서 금융위기 중인 2008년에는 37.2%로 급락하였으며, 이후 회복세를 보여 2014년에는 51.2%로 증가하였다.[42] 일본도 1996년 이후 10년 동안 제조업체 수가 3분의 1이나 감소해서 2006년에는 54만 개로 크게 줄어들었다. GDP 대비 제조업의 비중도 1970년대에는 35%였으나 2009년에는 18%로 급감했다. 미국은 최근에 9%이다.

그러나 금융이나 서비스산업도 건실한 제조업의 기반 위에서 성장할 수 있다. 2008년 금융위기 당시 미국정부가 GM에 구제금융을 지원한 것도 이를 인식했기 때문이다. 한국과 일본의 경우 중국경제의 급속한 부상으로, 특히 값싼 임금에 기초한 노동집약적 경공업 부문이 경쟁력을 상실한 것이 1990년대 이후 수많은 중소기업이 몰락한 중요한 요인이다.

그런데 한국 총취업자의 약 40%인 1천만 명의 근로자들은 1~4인을 고용하는 영세기업에 취업해 있다. 10인 미만으로 기준을 올리면 거의 절반인 48%가 영세기업에서 일한다. 그러나 독일은 그 비중이 15%에 불과하다. 제조업의 경우, 2014년 기준 1~9인 기업의 고용 비중이 독일은 20.0%, 영국은 13.9%, 일본은 13.1%, 프랑스가 31.0%인 데 비해서 한국은 43.4%나 된다. 50인 미만으로 기준을 확대하면 총취업자의 약 67.9%가 이들 소규모 기업에서 일하는데, 독일은 그 비중이 43.2%에 불과하다. 주요 선진국에 비해서 영세기업 및 소규모 기업이 전체 고용에서 점유하는 비중이 너무 높다.

한국의 전체 중소기업들 가운데 지금까지 정부의 중소기업 지원정책이 집중된 분야는 5인 이상을 고용하는 11만여 개의 중소 제조업체들이다. 이들 가운데 4분의 3은 내수를 충족하는 데 치중해 한국의 총수출액 중 중소기업의 비중은 2011년 18.3%에 불과하다. 독일의 80%, 대만의 56%와 비교하면 너무 낮다. 더 많은 중소 제조업체들이 국제경쟁력을 갖추어 수출을 증대시킴으로써 총수출 대비 중소기업 비중이 최소한 30%는 되어야 한다. 2013년 11월 기준 국내 중소·중견 수출기업 총수는 8만 7,434개인데, 이 가운데 연간 500만 달러 이상을 해외로 파는 수출 강소기업은 3,597개로 4.2%에 불과하였다. [43]

앞의 5절에서 본 바와 같이, 한국의 생산성 향상과 경제성장에 대한 주요 장애요인은 서비스산업의 낮은 생산성이다. 중소기업의 영세성으로 대기업과 중소기업 간에 상당한 생산성 격차가 존재하는 것도 한국경제의 생산성 향상과 경제성장에 주요한 걸림돌이다. 경쟁력이 없는 영세기업은 구조조정을 통해서 시장에서 계속해서 퇴출됨과 동시에, 일자리를 잃은 근로자들은 사회안전망의 확충을 통해서 보호해야 한다. 동시에 경쟁력 있는 중소기업들이 경쟁력 없는 중소기업들을 흡수해서 중견기업으로 성장할 수 있어야 한다.

경쟁력 있는 수많은 중소기업들은 국민경제의 중추로서 필수적인 버팀목이다. 좋은 보기가 독일의 중소기업인 미텔슈탄트이다. 미텔슈탄트를 근로자 500명 이하, 연 매출 5천만 유로 이하 기업으로 규정했을 때, 이들은 독일 전체 기업 수의 99%, 전체 고용의 61%, GDP의 52%를 차지한다. **44**

한국은 지난 30여 년 동안 '중소기업'의 기준(근로자 수, 자본금 규모 및 매출액)을 업종(제조업, 건설업, 출판업, 도·소매업 등)별로 서로 다르게 설정하여 규정하였다. 그러나 2015년부터는 이들 기준을 철폐하고 단순화해서 업종별로 매출액 상한선만 가지고 중소기업을 규정한다. 즉, 5개 업종에 대해서 3년 평균 매출액 상한선을 400억 원에서 1,500억 원까지로 각각 설정하고 그 이하를 중소기업으로 규정하는 것이다.

예를 들면 음식·숙박업은 400억 원, 일부 제조업은 1,500억 원 이하 매출액을 가진 기업들을 중소기업으로 규정하는 것이다. 중소기업을 이렇게 규정하면 '중견기업'은 업종별로 매출액이 400~1,500억 원 이상이나 상호출자를 제한받는 '대기업집단'(재벌)에 속하지 않은 기업으로 정의할 수 있다. 새로 개정된 2016년 정의에 따르면, 대기업집단은 자산규모가 10조 원을 초과하는 것으로, 여기에 속한 기업이 '대기업'으로 규정된다.

기계류, 부품 등 '생산재'(또는 '자본재')를 주로 생산하여 일반 소비자들에게는 널리 알려져 있지 않으나, 한 가지 제품에 집중하고 세계시장에서 1~3위 이내의 점유율을 갖는 탁월한 기술경쟁력을 보유하여 이른바 '히든 챔피언'이라고 불리는 1,350개의 미텔슈탄트들은 독일 수출의 첨병으로서 독일경제를 앞장서서 견인한다. 2012년 현재 한국의 히든 챔피언은 100개 정도로 추정된다. 일본경제의 경우에도 1980년대 엔고(円高)와 1990년대 이후 장기불황을 극복할 수 있었던 원동력은 고유 기술을 살리면서 장기적 관점에서 연구개발(R&D)을 지속한 중소기업들이라고 할 수 있다. 일본은 100년 이상의 역사를 가진 장수 중소기업이 무려 5만여 개나 되는 것으로 알려졌다. 건전한 기업생태계를 구축하는 데 있어서 이러한 국제경쟁력 있는 중소기업의 존재는 필수적이다.

독일, 일본에 비해서 한국의 중소기업은 취약하기 짝이 없는데, 이는 한국경제의 체질을 허약하게 만드는 주요한 요인이다. 한국 중소기업들은 이러한 어려움의 원인으로 대기업을 지목하는 경우가 많다. '납품단가 후려치기'나 '기술·인력 빼가기' 등이 주된 비판 대상이다. 대기업이 하도급업체의 납품단가를 무리하게 깎고, 중소기업이 애써 개발한 기술을 가로채며, 길러 낸 인력을 빼가는 불공정 행위가 근절되지 않는다고 한다.[45] 2009년 공정거래위원회의 실태조사 결과를 보면, 부당하게 납품가격을 깎는 불공정 하도급을 경험한 중소기업 비율이 23.8%에 달하며, 심지어 대기업이 하청 중소기업의 기술을 빼앗거나 유용했다는 응답도 22.1%에 달하였다.

김기문 당시 중소기업중앙회장은 "중소기업이 바라는 것은 아주 소박하다. 중소기업이 정말 고생해서 어렵게 만든 제품에 대해 제값을 받는 일이다. … 중소기업을 무턱대고 도와 달라는 것이 아니라 '공정한 게임의 법칙'을 지켜 달라는 것이다. … 아울러 중소기업도 스스로 혁신을 통해서 글로벌 경쟁력을 갖추어야 한다"고 말한다. 그러나 현실은 "중소기업들이 대기업의 불공정한 납품단가 인하 요구나 비용전가에 대항력이 전혀 없으며, 기술 탈취와 인력 빼가기에도 속수무책으로 무너지고 있다"고 하였다. 현재 대다수 중소기업들은 원자재를 대기업으로부터 구매한 뒤 이를 재가공해서 다시 대기업에 납품하는 방식으로 매출을 올린다. 그러나 원자재 가격이 올라도 대기업은 거꾸로 납품가격을 후려치는 일이 빈번해서 중소기업들은 구매와 판매에서 이중 고통을 겪는다는 것이다.

대기업과 중소기업은 고질적인 갑을(甲乙) 관계를 형성하고 있다. '원가절감'이라는 명목으로 매 분기별로 납품단가를 인하하라는 대기업의 요구에 울며 겨자 먹기로 따를 수밖에 없다. 또한 중소기업들이 독자 개발한 기술로 생산한 제품을 대기업에 납품하면 그 설계도를 넘겨받아서 기술을 착취하는 악덕 대기업도 있다.

이러한 대기업의 횡포나 불공정거래 관행은 반드시 바로잡아야 한다. 특히 공정거래위원회는 공정한 시장경쟁질서 확립을 위해서 엄정하게 대응해야만 한다. 그러나 제일 중요한 것은 대기업이 스스로 중소기업과의 상호보완성을 확보하는 것이 국민경제 전체의 지속적인 발전을 위해서나 대기업 자신의 성장을 위해서도 필수적인 전제조건임을 인식하여 더불어 성장하는 길을 스스로 선택하는 것이다. 대기업이 중소기업을 진정한 동반자로 여길 때 한국경제의 지속적인 성장·발전은 비로소 가능할 것이다.

세계적인 선도기업들은 자신의 국제경쟁력이 자기 회사만이 아니라 협력업체들과의 시너지에서 나온다는 점을 인식하고 있다. 자신과 협력업체들을 포함하는 생태계의 경쟁력이 바로 자신의 진정한 경쟁력인 것이다. 우리 대기업들이 갑의 위치를 즐기는 사이에 외국의 경쟁자들이 한국의 능력 있는 중소기업들을 자신의 협력업체로 포섭해 간다. 이제 우리 대기업들도 자신의 생태계에 참여하는 협력업체들과 협력하면서 그들의 마음과 지지를 얻을 수 있도록 성숙해져야 한다.

그러나 대기업 자신의 인식 전환이나 정부의 감독 강화에 못지않게 중요한 것은 중소기업 스스로 경쟁력을 높이기 위해서 지속적으로 노력하는 것이다. 일본의 대표적 경영학자인 오마에 겐이치는 한국과 달리 일본에서는 대기업이 중소기업의 납품단가를 깎는 일이 드문데, 이는 한국과 일본 중소기업의 기본적 차이인 '기술력' 때문이라고 하였다. 즉, 우리 중소기업은 범용기술을 사용해서 누구나 만들 수 있는 제품을 대기업에 납품하므로 단가(單價) 경쟁을 할 수밖에 없으나, 일본의 중소기업들은 R&D를 통해서 얻은 고유 기술로 제품을 만들므로 대기업들이 함부로 납품가격을 깎을 수 없다는 것이다.

결국 관건은 중소기업 스스로 각고의 R&D 노력을 통해 독자적 기술을 확보해서 협상력을 높이는 것이다. 이를 기초로 국제경쟁력을 강화해서 세계시장을 상대로 생산활동을 할 수 있어야 한다. 그러나 현실은 중소기업의 85%가 내수를 대상으로 하며, 46%가 대기업의 주문을 받아서 납품하므로 중소기업의 협상력은 낮을 수밖에 없고 고질적인 갑을관계에 얽매이게 된다.

한국의 대기업들은 지금도 계열사나 협력업체들과 더불어 부품에서 완제품에 이르기까지 일괄 생산체제를 이루는 '수직 계열화'를 지향함으로써 국제경쟁력을 확보하려고 한다. 그러나 이러한 성공방식은 이제 한계에 달한 것 같다. 자동차산업의 경우, 국내 자동차회사에 납품하는 부품업체의 평균 영업이익률은 2.9%에 불과하다. 그러나 세계적인 부품업체들은 독일의 보쉬(Bosch)처럼 자유롭게 수많은 완성차업체에 납품하는데, 이들의 이익률은 7.5%로 국내 부품업체들과 현격한 차이가 있다. 우리처럼 낮은 이익률로는 중소기업들이 R&D에 투자하기란 쉽지 않다. 과도한 납품단가 인하 요구가 초래한 결과이다. 애플도 2015년 영업이익률이 30.5%나 되었는데, 여기에는 값싸고 질 좋은 부품을 세계 어디에서나 구매하는 글로벌 소싱(*sourcing*)이 큰 몫을 하였다. 이는 중국의 샤오미와 화웨이도 마찬가지이다.

중소기업을 살리는 길은 지금까지의 보호와 지원 위주의 중소기업 정책을 경쟁력 제고 중심으로 전환하는 것이다. 대기업 규제·중소기업 보호의 이분법적 사고방식을 떨쳐 버려야 한다. 중소기업에 대해서는 현재 160여 개의 각종 조세·금융 혜택이 주어진다. 2013년 한 해 동안 중앙정부의 중소기업에 대한 정책자금은 무려 4조 원에 달하였다. '나랏돈 못 먹으면 바보'라는 소리가 나올 정도로 '도덕적 해이'에 빠진 중소기업들도 있다.

지금까지 방만하기 이를 데 없이 시행된 중소기업 지원제도를 대폭 정비할 때가 되었다. 중소기업이면 모두 지원해야 한다는 생각을 버려야 한다. 정책지원만 바라는 경쟁력 없는 중소기업들은 과감한 구조조정이 필요하다. 지금처럼 이미 경쟁력을 상실한 많은 중소기업들을 단순히 연명시키기 위한 지원책은 자원 낭비이다. 예를 들어, 설립 초기에 있는 유망한 중소기업들이 자금이나 기술 면에서 봉착하게 될 일시적 어려움을 타개할 수 있도록 하는 등 정책지원의 대상을 바꿀 필요가 있다. 반면에 생계형 영세업체들에 대해서는 사회안전망 확충을 통해서 보호해야 한다.

돌이켜 보면 1970년대에 대기업 위주의 중화학공업화로 경제력이 집중되고 경제 체질이 약화되자 1980년대에 들어오면서 중소기업을 육성하는 데 역점을 두었다. 1982년에는 처음으로 '중소기업진흥 10개년계획'(1982~1991년)을 수립하였다. 또한 같은 해 중소기업 고유업종제도를 도입하여 대기업의 진입을 제한하였다. 이어서 1983년에는 유망 중소기업 발굴 및 지원을 위해서 매년 1천 개씩 5년간 5천 개의 유망 중소기업체를 발굴하여 자금지원, 기술·경영 지도, 판로 알선 등을 하였다.

또한 대기업과 중소기업 간의 전문·계열화에 초점을 맞추어 중소기업 성장을 촉진하고자 시도하였다. 동시에 〈하도급 거래 공정화에 관한 법률〉을 제정하여 중소기업을 보호하려고 노력하였다. 그러나 1990년대에 들어오면서 중국과의 경쟁이 치열해지고 대외개방이 가속화되자 중소기업 정책의 방향도 종전의 보호 위주에서 경쟁 촉진으로 전환되었으며 고유업종제도도 축소되었다. 2000년대에는 노무현 정부가 중소기업 정책의 기본 방향을 보호·육성 위주에서 경쟁력 강화로 전환하였다. 그리하여 중소기업 경쟁력 제고에 도움이 되지 않는 중소기업 고유업종제도와 단체수의계약제도를 폐지하였다. 또한 정부가 보증해 주는 중소기업에 대한 대출 규모를 대폭 축소하였다.

이명박 정부가 들어선 후 2008년 세계금융위기가 터지자 중소기업 적합업종제도가 다시 도입되었다. '중소기업 적합업종 지정제도'는 중소기업이 중견기업으로 성장하는 것을 가로막는 대표적인 정책이다. 중소기업 적합업종으로 지정된 덕분에 성장한 중소기업이 중견기업으로 성장하면, 바로 이 제도에서 퇴출되기 때문이다. 즉, 중소기업의 성장을 가로막는 역기능이 크다.

5년마다 정부가 바뀌면 정책이 하루아침에 바뀌는 것은 비단 중소기업 분야뿐만이 아니다. 그러나 중요한 경제정책 과제나 비(非) 경제정책 과제의 경우에는 10년이나 20년 또는 그 이상 장기적이고 지속적이며 일관성 있는 정책 추진이 필요한 경우가 대부분이다. 농업정책이 그러하며, 저출산·고령화 정책도 마찬가지이고, 한반도 통일정책도 독일의 경우처럼 30~40년 동안 일관성 있는 정책의 추진이 필수적이다. 한 정부의 임기인 5년 이내에 이룰 수 있는 것은 그렇게 많지 않다. 전 정부가 잘한 정책은 계승·발전시키고 부족한 것은 수정·보완하는 덕스럽고 품위 있는 전통의 확립이 절실하다. 정부는 유한하나 국가와 국민은 영원하다. 5년의 시계는 너무나 짧아서 국가 백년대계를 이루기에는 턱없이 모자란다.

결과만을 놓고 볼 때, 중소기업진흥 10개년계획을 실시하기 시작한 후 30여 년이 경과했으나 한국 중소기업의 현황은 독일이나 일본에 비해서 매우 취약하다. 이는 정부의 중소기업 육성책이 지속성을 가지고 효과적으로 추진되지 못하여 실패했음을 나타내는 것이다. 즉, 국제경쟁력을 가진 중소기업을 제대로 키워 내지 못하였다.

또한 중소기업이 중견기업으로, 대기업으로 계속해서 성장해 나갈 수 있는 길도 막혀 있다. 2017년 현재 연 매출액이 1조 원을 넘는 기업은 356개인데, 이 중에서 1970년 이후 창업하였으며 지난 40여 년 동안 20대 재벌그룹에 속하지 않은 곳은 소수에 불과하였다. 이는 건강하지 못하고 정체된 한국 기업생태계의 상황을 드러낸다.

2) 중견기업

앞의 2절에서 한국은 독일, 일본과 비교했을 때 중견기업의 수나 비중이 너무 적다고 하였다. 중견기업은 기업생태계에서 경제구조의 허리를 이루면서 버팀목 역할을 담당해야만 하는데 현재로서는 너무 취약하다. 앞에서 본 대로 2015년부터 중소기업의 정의가 바뀌어, 업종별로 연 매출액이 400~1,500억 원 미만인 기업을 중소기업이라고 규정한다. 이에 따라 중견기업의 규정도 변경되어 매출액이 이를 초과하나, 대기업집단에 속하지 않는 기업으로 정의한다.

새 규정에 따라 2014년 현재 중견기업을 개략적으로 살펴보자.[46] 중견기업 수는 약 3천 개로 전체 기업 수의 0.08%에 불과하다. 고용은 약 90만 명으로 전체 피용자의 7.3%이며, 매출은 약 480조 원으로 전체 기업 매출액의 13.5%에 달한다. 중견기업의 평균 매출액은 약 1,820억 원이다. 중견기업의 수출은 약 930억 달러로 한국 총수출의 17.6%를 점유한다. R&D 투자는 5조 5천억 원으로 기업 R&D 총투자의 12.8%를 차지한다. 법인세 납부액은 약 8조 원으로 법인세 총액의 약 4분의 1인 24%이다. 여기서 볼 수 있는 점은 중견기업의 수는 비록 적으나 수출, 매출, R&D 및 고용 등에서 차지하는 비중은 상대적으로 크다는 것이다.

매출액 규모별로 중견기업을 보면, 연평균 1조 원 이상인 중견기업이 51개에 달하였다. 그리고 2천억~1조 원 중견기업이 729개, 2천억 원 미만 중견기업이 약 2,200개에 이르렀다. 2014년에 한국의 수출은 전년 대비 8.0%나 감소하였다. 대기업의 경우는 −11.1%로 크게 감소하였고, 중소기업도 감소율이 −6.6%였다. 중견기업들만이 3.2%의 성장률을 기록하였다.

이제 한국, 대만, 일본, 독일의 4개국 간 비교를 위해서 중견기업을 근로자 300~1천 명 미만을 고용하는 기업으로 규정해 보자. 이에 따르면 전체 기업 수에서 중견기업이 점유하는 비율은 한국과 대만은 각각 0.08%와 0.12%에 불과한 반면, 일본과 독일은 각각 0.55%와 0.57%로 상당히 높았다.[47] 즉, 한국은 기업구조로 볼 때 허리가 매우 취약하다.

그런데 중소기업에게 주어지는 과도한 보호·육성·지원정책들은 중견기업이 되면 받을 수 없어 이들 기업들이 중소기업의 위치에 그대로 머무르려는 유인이 강하다. 중견기업의 38%는 중견기업이 된 것을 오히려 후회한다고 한다. 가장 큰 이유는 정부의 정책지원 대상에서 배제되기 때문이다. 특히 조세지원 축소를 가장 큰 부담으로 여겼다.

2011년까지만 해도 '중견기업'이란 용어 자체도 한국의 어떤 법규에도 규정되어 있지 않았다. 2012년에 들어와서야 〈산업발전법〉을 개정해서 처음으로 관련 규정이 생겼지만, 아직도 제대로 된 중견기업 지원법도 없는 형편이다.

정부는 2012년에 '중견기업 육성 종합전략'을 발표하였다. 그 주된 내용은 당시 1,300여 개인 중견기업을 2015년에는 3천 개 수준으로 2배 이상 높이는 것을 목표로 하였다. 이 '중견기업 3000 플러스 프로젝트'는 올바른 방향의 산업정책으로서, 중소기업처럼 중견기업에도 상속세 공제, R&D 세액 공제, 하도급 거래 보호 등의 지원을 함으로써 중소기업이 중견기업으로 성장하는 것을 억제하는 요인들을 제거하려고 하였다.

국세청 자료에 의하면 우리나라의 총사업체 수는 520만여 개 정도이다. 이 중 대부분인 480만여 개가 개인사업자이다. 나머지가 법인기업으로서, 약 40만 개에 달한다. 법인기업들의 구성을 보면, 법 규정과는 다르나 연 매출액 100억 원 이상을 가리키는 '중(中)기업' 수가 2만 7천 개이며, 연 매출액 1천억 원 이상의 중견기업들은 1,300개 그리고 대기업집단에 속한 재벌기업들이 1,700개 정도이다.

즉, 40만 개의 법인기업들 중에서도 중견기업과 대기업을 합한 3천 개에 100억 원 이상의 연 매출을 올리는 중기업 2만 7천 개도 합한 3만 개 이외에, 나머지 37만 개 법인기업들은 연 매출이 100억 원 이하의 중소기업들이다. 법인기업이라도 거의 대부분은 규모가 영세한 것이다.

고용 규모로 볼 때에도 영세성은 그대로 드러난다. 2015년 현재

432

300인 이상을 고용하는 '대기업'의 고용비중은 15.1%이며, 100~299인을 고용하는 '중기업'의 고용비중은 12.1%이다. 즉, 100인 미만을 고용하는 중소기업에 4분의 3인 72.8%가 고용된 것이다.

새로운 규정에 따르면, 중견기업은 3년 평균 연 매출액이 업종에 따라서 400억 원에서 1,500억 원 이상인 기업을 가리키며, 중소기업은 3년 평균 연 매출액이 400억 원에서 1,500억 원 미만인 기업을 뜻한다. 그러나 이는 독일이 140~700억 원의 연 매출액을 가진 기업을 중견기업으로 규정하는 데 비해서 매출액 규모가 너무 크다. 일본도 1,200억 원 이상을 중견기업으로 규정해 우리보다 낮다.

중견기업의 매출액 기준을 지금보다 훨씬 낮추어서, 장래성 있는 중소기업이 더 많이 중견기업에 포함되도록 해야 한다. 즉, 정책적 지원과 관심이 필요한 중견기업 수를 훨씬 늘려 잡아 이들이 국제경쟁력을 갖도록 지원할 필요가 있다. 한국의 경우 매출액이 100억 원 이상인 이른바 중기업과 1천억 원 이상인 중견기업을 정책적 관심대상으로 삼는 것이 바람직하다.

중견기업은 부품·소재의 국산화를 촉진하는 데도 크게 기여할 수 있다. 잘 알려진 대로 한국 부품·소재 분야의 낮은 국제경쟁력에 연유한 높은 대외의존도는 수입유발효과를 상승시켜서 부가가치와 일자리의 해외유출을 높이고 있다. 제조업 1단위 생산에 소요되는 부품·소재 및 에너지의 수입규모를 표시하는 '수입유발계수'는 1995년의 0.301에서 2010년에는 0.410으로 오히려 크게 늘어났다. 비교년도는 다르나 일본은 2005년에 0.194로 한국의 절반 정도이다. 한국의 경우에는 제조업이 창출하는 부가가치의 40% 이상이 해외로 빠져

나감으로써 부가가치와 일자리의 해외유출이 상당하다.

한국 수출의 수입유발계수도 1995년의 최종수요 1단위당 0. 271에
서 2009년에는 0. 406으로 급증하여, 수출의 40%가 해외로 유출되
었다. 국민경제 전체의 수입유발계수도 같은 기간 0. 196에서 0. 290
으로 상승하였다. 또한 부품·소재·자본재 수입을 GDP로 나눈 비
율도 1994년의 17. 1%에서 2011년에는 28. 0%로 증가하였다. 부
품·소재·자본재의 수입의존도가 경제성장과 더불어 오히려 증가한
것이다.

이와 같이 소비, 투자, 수출 등 이른바 '최종수요' (final demand) 가 1
단위 증가할 때, 이를 충족하기 위한 중간재인 부품·소재·자본재
의 수입이 크게 늘어남으로써 부가가치와 일자리가 해외로 유출되고
있다. 에너지 수입의존도 역시 1992년 GDP 대비 4. 3%로부터 2010
년에는 12. 1%로 거의 3배나 늘어났다. **48**

그런데 국제경쟁력이 있는 중소기업이나 중견기업들이 해외로 진
출하는 데 가장 큰 애로사항은 해외시장에 대한 정보 부족이라고 한
다. 즉, 해외시장에 대해서 잘 알지 못하는 것이다. 이를 해결하기
위해서 지식경제부와 한국무역협회(KOTRA)는 2009년 이후 '글로벌
파트너링'(GP) 사업을 추진하고 있다.

GP는 글로벌 기업의 수요를 찾아서 국내 부품·소재 생산 중소기
업과 연결하여 공급계약을 체결할 수 있도록 지원한다. 나아가서는
글로벌 기업의 제품 개발단계부터 한국 중견기업이 참여할 수 있도록
지원하기도 한다. 부품·소재·자본재의 국산화 촉진은 한국경제의
지속적이고 안정적인 성장·발전을 위해서 필수적인데, 국제경쟁력

이 있는 중견기업은 이 과제를 해결하는 데 크게 기여할 수 있다.

또한 정부는 2013년에 "중견기업 성장 사다리 구축방안"을 발표하였다. 중견기업으로 성장하면 중소기업 때 받던 각종 지원과 보호를 받을 수가 없으므로 회사를 쪼개서라도 중소기업의 지위를 그대로 유지하려는 동인이 강하게 작용하였는데, 이를 없애는 것이 주요 목표이다. 이를 위해서 R&D에 대한 투자 시 세액을 공제하는 대상을 매출액 3천억 원 미만에서 5천억 원 미만 기업으로 확대하였다. 기존에는 R&D 투자액의 법인세액 공제율로 중소기업에는 25%, 연 매출액 1,500~3천억 원의 중견기업에는 8%, 대기업에는 3~9%를 적용했는데, 중견기업의 매출 한도를 3천억 원에서 5천억 원으로 확대한 것이다.

또한 중소·중견기업이 기업 승계 시 세금감면을 받으려면 연 매출액이 2천억 원 미만이어야 했는데, 이를 3천억 원으로 확대하였다. 업계에서는 최소한 1조 원까지는 올려야 한다고 주장했다. 이 밖에도 정부는 중견기업 육성을 지원하기 위해서 〈중견기업 특별법〉을 조속히 제정하려고 한다.

그러나 이 정도로는 중견기업 육성에 미치는 효과가 그렇게 크지 않을 것 같다. 지난 30여 년 동안의 중소기업 지원정책 실패가 잘 나타내듯이, 기본적으로 중소기업이든 중견기업이든 보호나 지원을 통한 육성책은 소기의 성과를 거두기가 쉽지 않다. 중소기업이나 중견기업의 성장·발전은 기본적으로 정부의 지원이나 보호에 의해서가 아니라, 해당 기업 스스로 R&D 활동으로 국제경쟁력을 높이는 노력을 지속적으로 기울일 때 비로소 가능해진다. 따라서 중견기업에 대한 지원·보호를 중소기업 수준으로 유지하려는 노력보다 오히려 중소기업에 대한 과도한 보호와 지원을 줄이는 것이 더 바람직한 장기적 중소·중견기업 육성정책이다.

3) 벤처기업

(1) 세계 동향

우리 경제가 당면한 주요 문제로 일자리 창출 부진을 들 수 있다. 특히 청년실업 문제가 심각하다. 또 하나는 잠재성장률이 점점 낮아져서 저(低)성장 기조가 자리를 잡아 가는 것이다. 성장률을 높이려면 생산성을 높여야 하는데 그 원동력은 혁신이다. 선진국과의 기술격차가 좁혀지면서 선도적인 혁신을 통한 경제성장 이외에는 다른 길이 없게 되었다. 즉, 선진국을 단순히 잘 따라가는 '빠른 추격자', 즉 패스트 팔로어(*fast follower*)에서 혁신의 '선두주자'인 퍼스트 무버(*first mover*)로의 급속한 변신이 필수적이 되었다. **49**

이 두 가지 과제를 해결하는 데 혁신형 창업을 기반으로 하는 벤처기업이 중요한 활로를 제공할 수 있다. 벤처기업은 단위 투자금액 대비 고용량이 중소기업보다 훨씬 크다. 또한 고용량 증가율도 중소기업이나 대기업에 비해서 높다. 매출액 증가율에서도 마찬가지로 벤처기업이 더 빠르다. 매출액 대비 R&D 투자 비율도 중소기업이나 대기업보다 훨씬 크다. 즉, 대기업의 효율성에 중소·벤처기업의 혁신을 더하면 새로운 성장동력을 만들어 낼 수 있으며, 일자리 창출에도 상당히 기여할 수 있다.

한국은 주로 생계형 창업이 주류를 이루어 왔으나 선진국 경제로 발돋움하기 위해서는 혁신형 창업을 활성화해야 한다. 생계형 창업은 음식, 숙박, 소매업 등에서 주로 일어나지만, 혁신형 창업은 지식과 기술을 활용해서 고부가가치를 창출하는 스타트업(*start-ups*)이다.

한국은 구매력 평가(Purchasing Power Parity: PPP)로 표시한 1인당 GDP가 약 3만 달러로 선진국의 초기단계에 이미 진입해 있으나, 생계형 창업과 혁신형 창업이 각각 전체의 53%와 47%로서, 생계형 창업의 비중이 지나치게 높다. 브라질은 우리보다 생계형 창업 비중이 더 높아서 각각 60%와 40%이다. 그러나 프랑스는 17%와 83%, 노르웨이는 6%와 94%로서 혁신형 창업의 비중이 압도적으로 높다. 즉, 선진국일수록 혁신형 창업의 비중이 높아서 경제성장을 촉진하는 데 중요한 역할을 수행한다. **50**

1997년 외환위기 이후 대학생들 사이에는 직장 선택에서 극도의 위험기피적(*risk averse*) 경향이 나타나 '안정' 일변도로 나아가고 있다. 평생직장이 보장된 공무원이나 의사·변호사 등 전문직, 대기업이나 공기업 직원 등이 되기 위해서 재수, 삼수도 마다하지 않는다. 기업가정신(*entrepreneurship*)이 사라져서 나라 전체로 진취적 기상이나 활력이 급속하게 떨어지고 있는 것이다.

반면에 중국은 리커창 총리가 '대중창업 만중창신'(大衆創業 萬衆創新)을 강조하였는데, 이는 모두가 창업하고 혁신해야 함을 강조한 것이다. 중국의 실리콘밸리로 불리는 베이징 중관춘(中關村)에는 창업을 꿈꾸는 젊은이들이 몰려들고 있다. 현재 모바일 서비스 분야에서는 중국이 실리콘밸리를 넘어 첨단을 달리는 선구자로 등장하였다.

즉, 세계를 선도하는 위치를 차지한 것이다. 그 배경에는 방대한 국내시장이 큰 몫을 하고 있다. 가장 좋은 예가 텐센트(Tencent)의 위챗(WeChat)으로, 미국의 페이스북이 이를 열심히 따라 배우고 있다.[51] 카카오 김범수 의장의 지적대로 눈 깜짝할 사이에 IT 종주국이라고 자처했던 한국을 추월해서 멀리 앞으로 나아가고 있는 것이다.

중국의 '신(新) 4대 발명'으로 일컬어지는 고속철도의 급속한 확장, 현금·신용카드를 일거에 뛰어넘은 모바일 결제수단인 알리페이, 공유경제의 상징인 공유자전거, 막대한 규모의 전자상거래가 바로 그 증거이다. 또한 소비자 전자제품 박람회 CES(Consumer Electronics Show) 2018에 참여한 업체의 3분의 1이 중국 업체로 미국보다 많으며, 창업기업들이 대거 참여하였다.

특히 CES 2018의 주요한 특징은 출품된 품목 중 자동차 전기·전자 제품의 비중이 2015년의 38%에서 2020년에는 50%로 늘어날 것으로 예상되는 데서 보듯이 CES의 C가 자동차(car)를 뜻하는 것으로 변한 것이다. 또한 2025년경에는 운전자의 개입 없는 완전자율주행 차량의 상용화가 시작되고, 2035년에는 반(완전) 자율주행차량이 신차의 20%를 점유할 것으로 예상된다.[52]

보수적으로 널리 알려진 일본의 도쿄대학에서도 교수와 학생이 창업한 벤처기업이 2015년에 200개를 넘어섰으며, 기업가치도 1조 엔(円)을 초과하고, 상장기업도 16개나 된다. 또한 미국 뉴욕의 블룸버그 시장은 제2의 실리콘밸리를 뉴욕에 세우기 위해 뉴욕 맨해튼에 코넬 공과대학원(Cornell Tech) 건설을 추진하여 2017년 가을에 준공하였다. 이는 뉴욕을 스타트업의 전초기지로 만들기 위한 것이다.

덴마크와 싱가포르도 정부가 기업가정신을 확산하는 데 매우 적극적이며, 이를 세계경제에서 성공하기 위한 열쇠로 생각한다. 그리하여 공적 벤처캐피털 펀드를 조성하여 혁신형 창업을 지원하고 있다. 한국과는 다르게 세계 주요국들은 창업 열기에 휩싸여 있는 것이다.

특히 이스라엘은 이를 '생존의 문제'로까지 간주한다. 이스라엘은 약 800만 명의 인구와 충청도 크기의 국토를 가지고 있으나 '창업국가'(start-up nation)로 널리 알려져 있다. 학생들은 어린 시절부터 자신이 무엇으로 창업할지 항상 고민하는 창업가의 꿈을 꾼다. 또한 아이디어만 있으면 자금을 비교적 쉽게 조달할 수 있도록 벤처생태계가 잘 조성되어 있다.

이스라엘에는 또한 수천 개의 첨단기술 기업, 100여 개의 벤처캐피털(venture capital) 펀드가 있고, 나스닥(NASDAQ)에 상장된 기업 수가 중국 다음으로 많아서 무려 70개나 된다. 2015년에는 벤처캐피털 투자액이 44억 달러에 달했다.[53] 1990년대 이후 IT 분야에서 벤처기업들이 출현하기 시작한 후, 세계 인터넷 보안업체의 80%와 바이오·헬스케어 분야 벤처의 40%를 석권하고 있다. 또한 세계 유수의 글로벌 기업 200여 개가 이스라엘에 연구개발센터를 설립하였다.

그러나 이스라엘 벤처기업들의 목표는 신기술을 개발한 후 바로 회사를 외국에 매각해서 큰 수익을 챙기는 것이어서 이들이 스스로 세계적 기업으로 성장한 경우는 드물다. 최근에는 기술인력 부족도 심화되고 있다. 2013년 한 해 동안 외국에 인수합병(M&A)된 이스라엘 벤처기업들의 기업가치 총액은 68억 달러에 이른다. 이는 다른 한편으로 보면 벤처기업이 국내에서 뿌리를 내리지 못하고 거의 외국에 매각되므로 고용증대나 경제성장에 기여하지 못하며 극소수의 벤처 기업가들만 거금을 버는 결과를 초래한다. 그 결과로 소득분배 불평등도는 높다.

이스라엘에 창업혁명(*start-ups revolution*)을 가져온 개척자로 흔히 테크니온(Technion), 즉 이스라엘 공과대학(Israel Institute of Technology)의 쉐치만(Dan Schechtman) 교수를 든다. 2011년 노벨 화학상을 수상한 그는 이 대학의 우수한 학생들이 창업을 하도록 유도하였다. 이를 위해서 이미 30여 년 전인 1986년에 '기술적 기업가정신' (*technological entrepreneurship*)이란 과목을 처음으로 개설하였다. 목표는 우수한 이공계 학생들이 스스로 창업하도록 유도하는 것이었다. 첫 강의에는 무려 600명의 학생들이 수강신청을 하였다. 지금까지 1만 명의 이공계 학생들이 그의 강의를 들었는데, 이들이 이스라엘을 창업국가로 만드는 데 기여하였다.

이 강좌는 매 학기 14회의 외부인사 강의로 구성되는데, 첫 부분에서는 창업으로 크게 성공하여 롤 모델이 될 만한 기업가들을 초청해서 성공담을 듣는다. 두 번째 부분에서는 지난 2, 3년 동안 새로 창업한 인사들을 초청해서 이들이 창업과정에서 겪은 자본조달, 시장조사 등의 어려움에 대한 경험담을 듣는다. 마지막으로는 마케팅, 상법, 특허법, 자금조달 등에 대해서 각 분야 전문가의 강의를 듣는다.

자금조달의 가장 좋은 방법은 미국, 유럽의 대기업과 합작하는 것인데, 이 과정에서 선진국 시장에서 필요한 제품이 무엇인지 알 수 있고, 외국기업이 판로를 제공할 수도 있다. 초기에 엔젤투자자를 찾는 것은 차선이며, 창업 후 얼마 지나면 벤처캐피털에 의존할 수도 있으나, 이들은 대개 5년 안에 자금을 회수하려 하므로 서둘러 회사를 매각하게 되어 제대로 값을 받지 못할 수 있다. 쉐치만 교수는 결코 자신과 가족의 돈으로 창업하지는 말라고 충고하였는데, 이는 이들과의 관계까지 손상시킬 수 있기 때문이다.

이스라엘 창업기업이 성공하는 이유는 실패를 두려워하지 않기 때문이며, 실패하면 다음에는 이를 반복하지 않을 확률이 높기 때문에 오히려 투자자를 구하기 쉬워진다.[54] 스웨덴과 핀란드도 중·고교 교육과정에서 벤처창업과 도전정신을 청소년들에게 불어넣고 있다.

근자에는 유럽의 벤처기업 환경도 상당히 개선되었다. 특히 독일 베를린이 제조업 4.0(Industry 4.0)을 선도하는 유럽의 창업 중심으로 부상하고 있다. 2016년 말 현재 베를린의 테크 스타트업은 9,300개로 2008년 대비 무려 70%나 증가했고, 자금조달액을 기준으로 독일의 100대 스타트업 중 64개가 베를린에 있다.

유럽은 좋은 아이디어를 가진 우수한 인재들은 많으나 미국에 비해서 위험부담을 꺼리며 이윤추구 동기도 상대적으로 약하다. 미국 실리콘밸리에서는 실패한 벤처가 명예이지만, 유럽에서는 한국처럼 파산한 벤처기업가는 다시는 기업을 못 하게 되어 있다. 봉급에 비해서 주식이나 옵션에 중과세하는 조세체계도 부담으로 작용한다. 결국 벤처기업이 많이 나올 수 있는 문화나 생태계가 매우 중요하다.

미국 실리콘밸리 인근에는 스탠퍼드대학, UC버클리 등 세계적인 연구중심 대학들이 있다. 또한 실패를 두려워하지 않고 도전정신에 충만한 혁신적 창업가들뿐만 아니라, 기술자, 디자인 전문가, 변호사, 회계사, 경영 전문가와 벤처캐피털, 엔젤투자자들이 밀집하여

하나의 혁신 클러스터(*innovation clusters*)를 형성하였다. 즉, 벤처기업을 위한 훌륭한 생태계가 존재하고, 실패에 대해서 관대한 '문화'가 형성되어 있다.

또한 미국의 대학들을 보면 근자에는 교육과 연구를 중시하는 전통적인 상아탑을 넘어서 경제성장의 원동력으로 진화하였다. 그 대표적인 예가 스탠퍼드대학으로, 부와 일자리를 창출하는 대학(*wealth-creating university*)을 지향한다. 55 스탠퍼드를 중심으로 과학단지(*science park*), 특허를 받는 것을 돕는 기술사무소(*technology office*), 창업보육센터(*business incubators*) 및 벤처펀드(*venture funds*)들이 몰려 있으며, 여기서 두각을 나타내는 사람들이 유대인, 중국인 및 인도인 기업가와 기술자들이다. 또한 미국 동부 보스턴에 위치한 MIT의 경우 지금까지 졸업생 중 3만 명이 창업하였다. 그 결과로 400만 개의 일자리가 새롭게 창출되었으며, 2조 달러의 매출액을 달성하였다. 즉, 일자리와 소득을 창출하는 대학의 전형을 보인 것이다.

포항공과대학(포스텍)은 30여 년 전인 1987년에 한국 최초로 연구중심 대학을 지향하면서 출범하였다. 이제 다시 '가치창출대학'을 지향하면서 세계 유수대학들과 보조를 맞추어 대학이 일자리를 만들어 내는 주역이 되려고 한다. 미국의 벤처기업이 그 수는 전체 기업의 4%에 불과하나 2010년 이후 새로운 일자리의 60% 이상을 만들어 내는 현실을 참작한 개혁이다. 56 영국에서도 벤처기업들이 새로운 일자리의 60% 이상을 창출하고 있다.

산업통상자원부 R&D 전략기획단장을 역임한 박희재 서울대 공대 교수는 대학 교수들과 정부출연연구소 박사들이 국제논문인용색인

442

(SCI)에 등재될 논문 쓰기에 주력하는 것은 창업이나 일자리 창출에 별로 도움이 안 된다고 비판하였다. 기업들이 필요로 하는 특허를 창안하는 것이 아니어서 기업현장의 요구가 배제된다는 것이다. 여기에 국가의 R&D 자금을 투입하는 것은 자원의 낭비로서 옳지 않다고 지적하였다. 학계의 연구가 산업계 현실과 동떨어져 '실사구시'(實事求是)와는 거리가 있고, 연구를 위한 연구에 그친다는 비판이다.

1949년 설립된 유럽 최대의 응용기술 연구기관인 독일의 프라운호퍼(Fraunhofer)는 독일 전역에 60개의 연구소가 있으며 연구원도 거의 2만 명이나 된다. 연간 예산은 2조 6천억 원인데, 3분의 1은 독일 정부 지원금이고, 나머지 3분의 2는 기업 등이 위탁한 연구과제를 통해 받은 수익금이다. 이곳이 주로 하는 일은 기업이 필요로 하는 다양한 기술을 개발해서 기업에 이전하는 것이다. 아울러 기업과 대학을 연결하는 매개 역할도 해서 기업이 원하는 기술을 대학이 개발하도록 유도한다.[57] 독일의 세계적인 연구기관 막스 플랑크(Max Planck) 연구소가 기초과학 연구에 전문화한 것과 대조를 이룬다.

(2) 한국의 벤처생태계

한국은 1996년 미국의 나스닥과 유사한, 중소·벤처기업을 위한 증권시장인 코스닥(KOSDAQ) 시장을 개설하였다. 이후 1997년에 외환위기가 발발하자 이를 타개하기 위한 수단의 하나로 2, 30대 창업을 촉진하기 위해서 〈벤처 특별법〉을 제정하였다. 그 결과로 1990년대 말 1차 벤처 붐이 일어났으나, 2000년대 초에 발생한 세계적인 IT 버블 붕괴와 더불어 거품이 꺼지면서 상당한 후유증을 겪었다. 코스닥

지수는 1996년 1,000에서 시작하여 2000년 3월 10일에는 2,834까지 올랐으나, 2008년 말 332 선까지 떨어지기도 하였다. 그 후 2018년 1월 16일에는 장중 889 선을 기록하였다.

벤처기업 1세대인 이민화 벤처기업협회 명예회장은 2001∼2010년을 벤처 빙하기, 2011∼2014년을 회복기, 2015년부터 현재까지를 제2의 벤처 붐 기간으로 구분한다. 미국의 나스닥은 2000년대 초 IT 버블 붕괴 후 일정한 조정기간을 거쳐 자연히 원상회복하였으나, 코스닥은 아직도 회복 중이다. 한때 벤처 경쟁력이 미국에 이어서 세계 2위를 차지한 때가 먼 옛날인 것 같다. 그동안 독자적인 기술개발 없이 눈먼 정부 지원금과 투자금을 노린 '무늬뿐인 벤처'의 도덕적 해이가 상당하였다. 또한 벤처 붐에 현혹돼서 '묻지마 투자'에 나선 많은 투자자들이 평생 애써 모은 재산을 날리기도 하였다.

미국의 벤처기업들은 투자자금을 동원할 때 창업 초기에는 엔젤투자나 크라우드펀딩(crowd funding)을 활용하며, 그 후에는 벤처캐피털을 활용하는 데 비해서, 한국에서는 보통 금융기관에서 연대보증을 세우고 융자를 받는다. 따라서 벤처가 실패하면 창업가는 신용불량자가 되기 십상이다. 창업자에게는 연대보증 요구를 면제해 주고, 투자자금도 융자에서 투자로 전환되어야 한다. 또한 미국처럼 최초 증시상장(Initial Public Offering: IPO) 이전에도 대기업에 의한 M&A를 통해서 그동안의 중간투자에 대한 회수시장이 활성화되어야 한다.

공적 인증을 받은 벤처기업 수는 1998년에 불과 2천 개 수준이었지만, 거품이 꺼지기 직전인 2001년에는 약 1만 1,400개로 정점(頂点)에 도달하였다. 그 후 감소하여 2003년에는 7,700개 수준까지 급감하였다가, 2005년부터 다시 증가하기 시작해서 2010년에 24,645개로 2만 개 수준을 넘어섰다. 2015년에는 31,189개로 3만 개를 돌파했으며, 2016년 현재는 공적 인증을 받은 벤처기업이 33,289개다.

뒤돌아보면, 2010년의 경우 벤처기업들 가운데 벤처캐피털이 투자한 경우는 2.5%뿐이며, 나머지 거의 대부분인 90.6%는 정부지원에 의존한 벤처였다. 즉, 기술보증기금과 중소기업진흥공단의 대출용 기술보증이 양산한 '기술평가 보증·대출기업'들이었다.

벤처기업이 투자자금을 조달하는 경로를 보면, 우선 창업 초기에는 엔젤투자가 있다. 일반 대중으로부터 소액을 모금하는 크라우드펀딩 또한 창업 초기에 자금을 조달할 수 있는 통로이다. 그러나 한국에서 창업 초기에 엔젤투자를 받은 벤처기업은 100개 중 2개에 불과하였다.

2014년 한국의 엔젤투자자 수는 9,468명이었으나, 엔젤투자 총액은 1억 2천만 달러에 불과하였다. 이 해에 미국의 엔젤투자자 수는 31만 6천 명이며, 엔젤투자의 총액은 241억 달러로서 엔젤투자자들은 그해에 5~6만 개의 벤처기업들을 지원하였다. 이와 같이 한국 엔젤투자자의 수와 금액은 미국에 비해서 매우 적다. 또한 미국의 엔젤투자자들은 성급하게 2~3년 내에 투자자금을 회수하려 하지 않으며, 중간에 실패해도 7~10년을 기다려 주는 것이 보통이다.

미국의 2016년 벤처캐피털 총투자액은 약 691억 달러에 이르렀다. 벤처캐피털(*venture capital*)은 기술 기반의 비(非) 상장 벤처기업에 고위험·고수익을 목표로 투자하는 자본이다. 현재 세계 100대 벤처캐피털 가운데 68개 사는 미국에 있으며, 22개 사는 중국에 있다. 2017

년 1~7월 사이에 세계 전체적으로 벤처에 투자된 자금의 47%(중국 34%, 인도 8% 등)는 아시아 벤처기업에 대한 투자였고, 북미(미국, 캐나다)에 투자된 자금은 41%였다. 2000년대 중반에 등장한 액셀러레이터(*accelerator*)는 벤처기업에 대한 투자뿐만 아니라, 경영기법, 마케팅 등도 지원한다. **58**

한국 벤처기업 투자의 약 40%는 상장 직전에 있는 벤처기업에 대해서 이루어진다. 또한 30%는 창업한 지 3년 미만의 초기 벤처기업에 몰려 있다. 따라서 창업 후 3~7년이 된 벤처기업들은 투자자금이 부족해져, 10개 기업 중 6개는 문을 닫는다고 한다.

또한 한국은 벤처캐피털이 활발하지 못하다. 대출용 기술보증을 받아서 정책자금으로 쉽게 대출받을 수 있는 눈먼 정부 돈이 널려 있는데 심사가 까다로운 벤처캐피털에서 자금을 융통할 필요가 없기 때문이다. 결국 미국의 벤처기업들이 대부분 소요자금을 투자로 조달하는 반면, 한국의 중소·벤처기업들은 99%가 은행대출에 의존해 온 것이 현실이다.

이에 정부는 1996년 설립된 코스닥 시장에 이어서 중소기업과 벤처기업의 창업 초기 자금조달 방식을 융자에서 투자로 바꾸기 위해서 2013년 코넥스(Korea New Exchange: KONEX) 시장을 개설하였다. 코스닥은 주식 투자자 보호를 위해서 계속적으로 상장요건을 강화해 왔기에, 진입하고자 하는 중소·벤처기업에게는 '바늘구멍'이나 마찬가지였다. 따라서 코스닥 시장은 주로 성숙단계에 있는 중소·벤처기업을 대상으로 하는 시장으로 변모하였고, 초기 중소·벤처기업은 진입하기 어려운 시장이 된 것이다. 코넥스는 바로 이를 해결하기 위한 것이다.

그러나 코넥스 시장에서도 투자자를 보호하는 동시에 초기 중소·벤처기업의 원활한 시장진입을 달성해야 하는 과제는 그대로 남아 있다. 현재 한국의 증권시장으로는 코스피, 코스닥, 코넥스의 세 가지가 있는데, 코스피(Korea Stock Price Index: KOSPI)는 한국거래소(KRX)에서 거래되는 대기업의 주가지수 추이를 보여 준다. 코스닥시장은 KRX와는 다르게 장외거래 주식시장이다.

벤처투자의 중간회수시장은 대기업에 의한 벤처기업 인수합병(M&A)이다. 미국에서는 벤처기업 100개 가운데 90개가 대기업에 의해서 M&A되는 반면에, 한국에서 M&A되는 벤처기업은 100개 중 3개뿐이다. 미국 대기업들은 벤처기업을 정당한 대가를 지불하고 사들임으로써 혁신을 추진하는 동력으로 활용한다. 한국 대기업들도 중소·벤처기업들의 인력·기술 탈취 논란을 뒤로하고, 혁신능력 제고와 벤처생태계 활성화를 위해서 중간회수시장 육성에 기여해야 한다. 그러면 엔젤투자와 크라우드펀딩도 활성화될 것이다.

그러나 이러한 척박한 환경 속에서도 건실한 벤처기업의 지속적인 성장은 고무적이다. 벤처기업 수는 2010년의 24,645개에서 2016년에는 33,289개로 증가하였다. 특히 연간 매출액이 1천억 원을 초과하여 중소기업을 넘어서 중견기업으로 볼 수 있는 벤처기업이 2005년에는 78개뿐이었으나 2010년에는 315개, 2016년 말에는 513개로 급속히 증가하였다. 이 벤처기업들의 고용규모는 모두 약 19만 명으로 고용창출 효과가 매우 크다. 또한 매출액 증가율이나 영업이익률도 대기업보다 크다. 즉, 이들 중견 벤처기업들은 한국경제의 버팀목으

로서 견실한 성장과 일자리 창출을 계속하고 있다. **59**

　보통 연간 매출액이 1천억 원을 초과하면 기업의 성장세가 확고해진 것으로 간주한다. 나아가 연 매출 1,500억 원 이상이 기준이 되는 중견기업으로 성장할 수 있는 후보기업으로 평가하기도 한다. 이들 성공한 1세대 벤처기업 창업가들은 스스로 엔젤투자자가 되기도 하며, 후배 창업가들을 위해서 실제 경험에 기초한 멘토링으로 벤처생태계 활성화에 기여한다.

　벤처기업들 가운데 아직 상장하지 않았으나 기업가치가 10억 달러, 즉 1조 1,400억 원 이상으로 평가받는 유니콘(*unicorn*) 기업의 수도 2017년 3월 말 기준으로 186개나 되었다. 문제는 정부당국의 낡은 규제로 4차 산업혁명 시대를 선도할 유니콘 기업들의 성장이 제약받는다는 사실이다. 예를 들면, 우버와 같은 차량공유기업은 한국에서는 불법이다. 그러나 중국의 디디추싱(滴滴出行)은 400개 도시에서 4억 명을 대상으로 차량공유 서비스를 제공하는데, 기업가치가 무려 500억 달러(약 56조 2천억 원)에 이른다. 또한 최근 미국과 중국에서 빠르게 확산되는 원격진료 및 드론에 대한 규제도 중국에는 거의 없어서, 드론의 경우 현재 중국이 세계시장의 70%를 점유하고 있다. 자율주행차, 3D프린팅에 대한 규제도 마찬가지이다. 정부의 규제방식을 현재의 허용행위 열거방식(*positive list system*)에서 제한행위 열거방식(*negative list system*)으로 바꾸어야 하는 이유다. **60**

　벤처생태계 활성화는 과거 경험에 비추어 볼 때 민간 주도적이고 시장 주도적이어야 하며, 정부의 역할은 다만 바람직한 '제도'를 마련하는 데 국한되어야 한다. 과거처럼 지원 위주의 직접 개입은 자생적인 생태계 조성에 오히려 부작용을 초래할 수 있다. 또한 기술력을 가진 벤처기업가들은 자신의 기업을 4, 5년 내에 제 값을 받고 판 후에, 이 자본으로 다시 새로운 벤처에 도전할 수 있도록 해야 활력 넘치는 벤처생태계를 조성할 수 있다. 그런데 대기업만이 M&A를 할 수 있는 자금력이 있으며, 벤처기업의 인수를 통해서 대기업도 기술혁신을 가속화할 수가 있다.

현재 벤처기업들은 벤처캐피털로부터 투자를 받는 것이 너무 힘들기 때문에 금융권으로부터 연대보증 대출을 받는 것이 주된 자금원이다. 그러나 벤처투자가 실패하면 벤처창업가는 신용불량자로 추락하는 등 위험부담이 너무 커서 자연히 창업을 꺼리게 된다. 벤처 활성화의 첫 걸음은 연대보증을 폐지해서 실패를 허용하는 여건을 조성하는 것이다.

정부는 벤처기업의 투자자금 조달을 원활하게 하기 위해서 민간 벤처투자펀드에 초기 투자금을 제공하는 모태(母胎) 펀드(*fund of funds*)에 투자하기 시작하였다. 한국벤처투자(KVIC)가 2조 원의 자금을 조성하여 민간 벤처투자펀드에 자금을 지원한 것이다. 그 결과로 2017년 벤처기업에 대한 신규 투자는 약 2조 5천억 원에 달할 것으로 예상되며, 이는 1998년 이후 최고이다. 2018년 이후 3년 동안에는 민관 합동으로 10조 원 규모의 투자펀드를 조성할 계획이다.

그러나 과거의 경험에 비추어 보면 벤처생태계를 활성화하기 위한 정부의 재정적 지원정책은 제대로 효과는 내지 못하면서 부작용만 초래하는 경우가 많았다. 따라서 이번에도 민간 벤처투자펀드가 도덕적 해이(*moral hazard*)를 일으키지 않도록 유의할 필요가 있다.

5장 핵심사항

— 1980년대 말엽까지는 경제성장이 일어나면 고용증대가 뒤따르고 소득 분배가 개선되는 '선순환'이 발생하였다. 그러나 1990년대 초 이후에는 세계화, 기술발달 및 경제의 서비스화로 성장-고용-분배의 선순환이 멈 추었다.

— 한국의 경제발전모형은 향후 수출과 내수, 대기업과 중소기업, 제조업 과 서비스산업의 균형적인 성장을 추구하는 것이 바람직하다.

— 한국은 동북아시아의 중앙에 위치해 있어서 지리적 이점이 엄청나다. 인천공항에서 2시간 이내의 비행거리에 인구 100만 명 이상 도시가 41 개나 된다. 이제 내수시장의 범위를 국내시장 이외에 이들 주변국의 수 요까지 포함하는 것으로 확대해야 한다.

— 한국 청년층(통계청 기준 15~29세)의 공식적인 실업률은 2015년 5월 현재 9.3%로서 전체 실업률 3.8%보다 훨씬 더 높다. 또한 전체 실업 자의 40%가 청년층 실업자이다. OECD 기준 청년층(15~24세)의 고 용률(〈그림 5-1〉)을 OECD 주요국들과 비교해 보면 한국은 상당히 낮 은 편이다. 통계청 기준 한국의 청년고용률도 41.7%에 불과하다. 청년 실업은 2008년 미국발 세계금융위기 이후 세계경제가 당면한 주요한 문 제이다.

— 취업자 구성을 보면, 2017년 5월 총취업자의 약 4분의 3은 임금근로자
이며 4분의 1은 비(非) 임금근로자이다. 임금근로자는 정규직이 약 65%
이고 비정규직이 35%인데, 양자 간에는 임금수준, 사회보험 가입률 및
근로복지의 수혜 등에서 현저한 격차가 존재하며, 이는 양극화를 초래
하는 주요한 요인이다. 따라서 정규직·비정규직 근로자 간의 각종 격
차를 일정한 기간을 두고 단계적으로 축소하는 것이 필요하다. 또한 근
로자 전체의 후생증진을 위해서 대기업 정규직 노조의 대승적 차원의 양
보에 기초한 노·사·정 대타협이 필수적이다.

— 2000년대에는 '고용 없는 성장'이 지속되었으나, 2010년대에 들어오면
서는 제조업과 서비스산업 모두 저성장 기조 속에서도 일자리 창출능력
은 증대되었다. 특히 제조업에 비해서 서비스산업의 일자리 창출능력이
훨씬 더 크다.

— GDP 대비 서비스산업의 비중이 증가하는 서비스화가 진전될수록 소득
불평등은 증대된다. 즉, 소득분배는 공업화가 빠르게 진행된 1980년대
까지는 개선되다가, 1990년대 이후 서비스화가 진행되면서 악화되었
다. 이는 제조업과 서비스산업 간의 생산성 격차 및 이에 따른 임금격차
때문이다.

— 건전하고 활력 있는 기업생태계를 조성하기 위해서는 국제경쟁력이 있
는 중소·중견기업을 다수 육성하며, 벤처 창업을 활성화하는 것이 필
수적이다. 현재는 허리 역할을 담당하는 중견기업의 수가 매우 적으며,
견실한 중소기업들도 적다. 또한 혁신역량을 갖춘 새로운 기업들이 계

속해서 시장에 진입하여 중소·벤처기업 → 중견기업 → 대기업의 성장 사다리를 타고 올라갈 수 있어야 한다.

— 한국 노동시장의 주요한 특징은 학력별 노동자에 대한 심각한 수급 불균형 현상으로, 대졸자 가운데 실업자와 하향취업자를 합한 과잉학력자는 무려 42%나 된다.

— 대졸자 과잉공급은 주로 1995년 전반적인 자율화 조치의 일환으로 '대학 설립 준칙주의'가 채택되면서 대학 정원이 급증한 데 연유하며, 이는 대표적인 정부실패 사례이다. 2015년 현재 대학진학률은 68.1%로 낮아졌으나, 아직도 독일이나 일본에 비해서는 상당히 높다.

— 네덜란드, 덴마크, 스웨덴, 독일 등은 노·사·정이 '신뢰'의 기반 위에서 어려운 노동개혁에 성공하였기 때문에 지속적인 경제성장, 일자리 창출, 국제경쟁력 유지 및 사회통합을 이룩할 수 있었다. 노동개혁은 선진국이 되기 위한 필수적인 전제조건이다. 그러나 한국의 노동개혁은 이해당사자들 간의 신뢰 부족으로 앞으로 나아가지 못하고 있다.

— 연령층별로 고용상황을 살펴보면 청년층(통계청 기준 15~29세)은 양질의 일자리가 부족해서 심각한 취업난을 겪고 있다. 이는 2018년 현재 일자리 창출이 활발해서 청년실업률이 낮은 미국 및 일본과 대조적이다. 한편 40, 50대의 중장년층은 고용불안에 시달리고 있다. 대부분의 대기업 임금체계는 근로자의 생산성에 따른 성과급이 아니라 연공급, 즉 호봉제인데, 50대를 전후해서 근로자의 생산성이 감소하므로 기업들은 이

452

때 근로자를 퇴출시키려는 유인이 생긴다. 대기업 근로자의 실제 평균 은퇴연령이 53세로 상당히 이른 이유이다.

— 한국의 근로자들은 2014년에 2,124시간을 일해서 OECD 회원국 평균 인 1,770시간보다 약 350시간, 20%나 더 긴 노동시간을 기록하였다. 이는 일-가정의 균형을 이루는 것을 어렵게 하여 출산율을 낮춘다. 반면 에 노동생산성은 OECD 회원국 평균치의 65%에 그친다. 따라서 근로 시간을 단축하는 동시에, 선진국들처럼 전체 일자리의 30% 정도를 차 지하는 유연한 근무시간제(탄력적·선택적 근로시간제, 재택근무 등)를 채택해서 근로시간을 효율적으로 활용해야 한다.

— 정부는 2018년 7월 1일부터 법정 최고근로시간 상한을 휴일근로를 포함 해서 주당 68시간에서 52시간으로 단축할 것을 결정하고, 먼저 300인 이상 고용 대기업부터 시행하였다. 그런데 직종별로 계절적인 노동수요 가 다르므로 3개월 기간 내에서 탄력적 근로시간제 등을 허용할 방침이 나, 주요 선진국들처럼 허용기간을 1년으로 늘릴 필요가 있다.

— 한국의 65세 이상 노령층 자살률은 세계 최고 수준이며, 노령층 상대빈 곤율도 약 50%로 OECD 회원국 중 제일 높아서 노후생활이 지극히 불 안하다. 반면 노인들의 실제 노동시장 은퇴연령은 72세로 제일 늦다.

— 한국의 노동시장은 작업 숙련도가 비슷하며 유사한 업무를 수행함에도 비정규직 근로자가 정규직 근로자에 비해서 임금, 사회보험 수혜, 근로 조건 등에 있어서 현격하게 차별대우를 받는 이중구조를 가지고 있다.

따라서 기업은 정규직 근로자의 신규채용을 줄이고 비정규직 근로자로 대체하려고 하므로 양질의 일자리 창출은 어렵게 된다. 정규직·비정규직 근로자 간의 각종 격차가 축소되어야 선진국처럼 유연한 시간제 근로가 확산될 수 있다.

— 대기업·중소기업 근로자 간에도 각종 격차가 있는 이중구조가 존재한다. 대기업·정규직·유노조 근로자와 중소기업·비정규직·무노조 근로자 간에 비교해 보면 격차는 뚜렷하다. 양질의 일자리 창출이 고용정책의 최우선 과제이므로 이러한 격차는 일정한 기간을 정해서 단계적으로 축소해야만 한다. 이는 포용적 성장을 지향하는 시대정신과도 부합하며, 분배의 불평등을 축소시켜 지속적이고 안정적인 경제성장도 가능하게 할 것이다.

— 정부는 어려운 처지의 저임금 근로자들을 돕기 위해서 2018년 최저임금을 전년 대비 16.4%나 인상하였으며, 2020년까지는 시간당 최저임금을 1만 원 선까지 인상하려고 한다. 그러나 자영업자와 영세기업들은 이를 감당하기가 어려워 아르바이트생 등의 해고를 크게 늘려서, 특히 음식·숙박업에서 취업자 수가 상당히 줄어들었다. 또한 자영업자의 54%는 소득이 상당히 줄었다고 응답하였다. 2018년 4월의 실업률은 4.5%로 17년 만에 최고에 달했는데, 이도 최저임금의 급격한 인상에 연유한 것으로 보인다. 어려운 사람들을 돕기 위한 정책이 오히려 이들을 해치는 결과를 초래한 것이다. 19세기 말 영국의 경제학자 앨프리드 마셜이 지적한 대로, 경제정책 담당자들이 "따뜻한 마음, 냉철한 이성"을 동시에 지녀야 한다는 것을 일깨워 준다.

— 정년연장의 법제화와 함께 임금체계도 단순한 연공급에서 성과급 체계로 전환해야 한다. 우선 임금피크(*peak*) 제라도 먼저 시행하는 것이 바람직하다. 대기업 정규직 노동조합도 노조원만의 후생증진을 목표로 하는 이기주의적 노동운동에서 탈피하여, 근로자 전체의 이익을 도모하고 양질의 일자리 창출에 기여하며 불평등 축소를 통해 사회통합에도 큰 몫을 함으로써 한국경제의 안정적이고 지속적인 성장을 달성하는 데 응당한 의무를 다해야만 한다.

— 한국의 자영업 종사자는 총취업자의 거의 30%로, 10명 중 3명 수준이다. 반면에 미국의 자영업 종사자는 100명 중 7명에 불과하다. 특히 자영업에서 제일 많은 음식점은 인구 1천 명당 약 12개로, 미국의 약 2개에 비해서 6배나 많다.

— 자영업자들 대다수의 창업 동기는 '다른 대안이 없기 때문'이다. 또한 이들의 3분의 2는 창업 경험이 전혀 없고, 준비도 충분하지 않으며, 교육도 제대로 받지 못한 상태로 창업을 한다. 따라서 성공 가능성도 지극히 낮다. 과당경쟁 상태이고 저수익·고위험 업종이므로 진입제한이 필요하며, 창업보다 취업을 하도록 유도해야 한다.

— 퇴직금에 집까지 날리고 창업과 폐업을 반복하면서 부채는 누적되어 빈곤층으로 추락하는 경우가 부지기수이지만 정부는 손 놓고 방치하고 있다. 독일 등 주요 선진국들처럼 자영업에 대한 철저한 진입 규제와 선도가 필요하다.

— 대부분의 선진국에서는 제조업과 서비스산업의 생산성이 거의 비슷하나, 한국 서비스산업의 생산성은 제조업의 절반에 불과하며, 임금 또한 절반 수준이다. 따라서 1990년대 이후 계속되는 경제의 서비스화, 즉 GDP와 고용 중에서 서비스산업의 비중이 늘어나는 현상은 소득분배의 불평등을 증대시키고 있다.

— 국회에 계류 중인 〈서비스산업발전기본법(안)〉은 보건·의료, 관광·레저, 교육 및 방송·통신·콘텐츠의 소프트웨어 분야를 포함한다. 특히 의료산업은 한국 서비스산업에서 가장 국제경쟁력이 있는 분야이다. 그러나 민간자본의 병원건설 투자를 막는 이른바 '투자개방형 의료법인의 설립규제'가 좋은 일자리 창출을 막고 있다. 그 논거는 민간자본의 의료산업 진입은 의료민영화를 위한 사전 포석이라든가 의료의 공공성을 저해한다는 것이지만, 이는 건강보험제도를 건실하게 유지함으로써 충분히 막을 수 있다. 의료 분야는 복지의 중요한 축인데, 이를 지키면서도 얼마든지 의료산업을 발전시킬 수 있는 것이다.

— 2015년 중소규모 수출기업은 8만 7천 개로 전체 중소규모 기업(553만 개)의 1.6%에 불과하다. 또한 중소기업 수출액은 전체 수출액 대비 17.3%를 차지하는 데 그쳤다. 독일에서는 근로자 500명 이하, 연 매출 5천만 유로 이하 기업을 중소기업으로 규정하는데, 이들은 독일 전체 고용의 61%, GDP의 52%를 점유하여 국민경제의 버팀목 역할을 한다.

— 널리 알려지지는 않았으나 한 가지 제품에 집중하며, 세계시장에서 1~3위 이내의 점유율을 갖는 탁월한 기술력을 보유하여 '히든 챔피언'으로

불리는 1,350개의 미텔슈탄트들이 독일 수출과 경제를 선도한다.

— 일본이 20여 년의 장기불황을 극복한 것은 독특한 기술경쟁력으로 100년 이상을 생존한 5만여 개의 장수기업들 덕분이라고 흔히 말한다. 독일, 일본에 비해서 한국의 중소기업들은 국제경쟁력이 매우 취약하다.

— 한국의 대기업과 그 협력업체인 중소기업은 전형적인 갑을 관계를 형성하여, 중소기업에게 부당한 납품단가 인하를 요구하거나 심지어는 독자개발한 기술을 탈취하는 악덕 기업마저 있다. 이러한 대기업의 횡포나 불공정거래는 반드시 시정되어야 한다. 무엇보다도 대기업과 중소기업의 상호보완성을 확보해야만 국민경제의 지속적인 성장·발전이 가능하다.

— 중소기업들도 일본처럼 지속적인 R&D 활동을 통한 독자적인 기술력 확보로 대기업에 대한 협상력을 높여서, 대기업들이 함부로 납품단가 압력을 행사하지 못하도록 스스로 노력해야 한다.

— 중소기업 정책은 종래의 보호·지원 위주에서 벗어나 경쟁력 강화에 초점을 맞추어야 한다. 대기업 규제·중소기업 보호의 이원적 접근도 지양해야 한다. 1982년 이후 30여 년 동안의 중소기업 지원정책은 성과를 놓고 볼 때 실패하였다. 독일이나 일본에 비해서 취약하기만 한 중소기업이 그 증거이다. 또한 연 매출액이 1조 원을 넘는 300여 개 기업들 가운데 대기업집단에 속하지 않은 새로운 창업기업은 손꼽을 정도에 불과해서, 기업생태계 전체가 건전하지 못하고 정체되어 있음을 알 수 있다.

— 2015년 이후 적용되는 새로운 정의에 따르면 중견기업의 수는 매우 적어서 현재 약 1,300여 개에 불과하다. 그러나 전체 기업 매출액, 수출, R&D 투자, 법인세 납부액 및 고용에서 이들이 점유하는 비중은 상당히 높다. 그럼에도 독일, 일본과 비교해 보면 국민경제의 허리로서 버팀목 역할을 하는 중견기업의 위상은 취약하다.

— 국세청에 따르면 한국의 총사업체 수는 520만여 개인데, 이 중 개인사업자가 480만 개로 대다수를 차지하며, 법인기업은 40만 개이다. 법인기업들 가운데 연 매출액 100억 원 이상을 중(中) 기업이라고 규정하면 이들의 수는 2만 7천 개다. 이 밖에 매출액 1천억 원 이상의 중견기업은 1,300개이며, 대기업집단에 속한 재벌기업들은 1,700개이다. 따라서 중기업, 중견기업 및 재벌기업 3만 개를 제외한 나머지 법인 37만 개는 중소기업들이다.

— 중기업과 중견기업을 정부당국의 정책적 관심의 중심에 두는 것이 바람직하다. 중기업과 중견기업의 성장은 취약한 부품·소재의 국제경쟁력을 높이는 데도 기여할 수 있다. 그러나 지난 30여 년의 중소기업 정책에서 보듯이, 정부의 보호나 지원정책보다는 기업 스스로 국제경쟁력을 높이려는 노력이 훨씬 더 중요하다.

— 한국의 젊은 층이 상당히 위험기피적인 데 비해서, 이스라엘은 어릴 때부터 창업의 꿈을 꾸는 창업국가이다. 800여만 명의 작은 인구에도 수천 개의 첨단기술 기업들이 존재하며, 2015년 벤처캐피털 투자액이 44억 달러나 되는 등 벤처생태계가 잘 조성되어 있다. 그러나 신기술을 개

발한 후 바로 외국에 회사를 매각하여 벤처기업가는 큰돈을 벌지만 국내 고용이나 경제성장에 미치는 효과는 제한적이다.

— 중국도 베이징의 중관춘 등을 중심으로 창업 열기가 대단하다. 또한 최근 텐센트의 위챗이 보이는 것처럼 방대한 내수시장을 배경으로 한국의 카카오톡이나 미국의 페이스북을 순식간에 앞지르면서 모바일 서비스에서 세계적 선구자로 등장하였다.

— 미국의 실리콘밸리에 비해서는 늦은 편이나 유럽에서는 영국의 케임브리지 과학단지가 벤처기업의 중심으로 부상하였다. 최근에는 독일 베를린이 기존 제조공정을 4차 산업혁명의 핵심 기술인 사물인터넷(IoT)을 적용해서 스마트공장으로 전환하는 이른바 제조업 4.0이 널리 확산되어, 새로운 유럽의 창업 중심(hub)으로 부상하였다. 유럽은 우수한 인재와 뛰어난 아이디어는 많으나 위험부담을 꺼리며 이윤추구 동기도 상대적으로 약한 편이다. 실패를 허용하지 않는 분위기도 한국과 비슷하다. 벤처 활성화를 위해서는 바람직한 생태계 조성과 문화가 중요하다.

— 미국의 실리콘밸리는 스탠퍼드대학, UC버클리 등 세계적인 연구중심대학을 비롯해서 엔젤투자자, 벤처캐피털 및 기술자, 변호사, 회계사, 경영 전문가, 디자인 전문가 등 각종 전문가들이 밀집하여 훌륭한 '혁신 클러스터'를 형성하였다. 특히 실패를 두려워하지 않는 도전정신이 충만한 창업가들이 몰려 있다.

— 스탠퍼드대학, MIT 등은 종래의 교육·연구 중심의 상아탑에서 한걸음

나아가, 일자리와 소득을 창출하는 대학의 새로운 기능을 추가하였다. MIT는 지금까지 졸업생 중 3만 명이 창업하여 400만 개의 일자리를 창출하고 2조 달러의 매출액을 달성하였다.

— 한국에서는 1990년대 말 1차 벤처 붐이 일어났으나, 2000년대 초에 세계적인 IT 버블 붕괴와 더불어 거품이 꺼지면서 심각한 후유증이 생겼다. 독자적인 기술개발을 하지 못하고 정부 지원금만을 노린 무늬뿐인 벤처의 '도덕적 해이'도 상당하였다.

— 2001~2010년은 벤처 빙하기, 2011~2014년은 회복기 그리고 2015년 이후는 제2의 벤처 붐 기간으로 볼 수 있다. 그러나 아직도 코스닥 지수는 부진하다.

— 벤처기업이 투자금을 조달하는 경로로는 창업 초기에는 엔젤투자나 크라우드펀딩이 있다. 한국의 경우를 보면, 벤처기업 투자의 40%는 코스닥에 상장하기 직전에 이루어진다. 또한 30%는 3년 미만의 초기 벤처기업에 몰려 있다. 따라서 창업 후 3~7년 동안 자금부족으로 벤처기업 10개 중 6개가 문을 닫는다.

— 벤처투자의 중간회수시장은 대기업이 벤처기업을 M&A하는 것이다. 한국은 벤처기업 100개 중 3개만 M&A되는 반면에 미국은 100개 중 90개가 M&A된다. 즉, 미국 대기업들은 벤처기업을 정당한 대가를 지불하고 사들여 혁신을 수행하는 원동력으로 삼는다. 한국 대기업들도 기술 탈취 논란을 뒤로하고 혁신능력 향상과 벤처생태계 활성화를 위해 국

내외에서 M&A 활동을 적극 추진해야 한다.

— 미국의 벤처기업들이 소요자금을 주로 투자에 의해서 조달하는 반면, 한국의 벤처기업들은 대개 은행 대출에 의존한다. 이를 타개하기 위해서 개설한 것이 코넥스 시장이다.

— 척박한 환경하에서도 한국의 벤처기업들은 괄목할 만한 성장세를 보이고 있다. 연 매출액이 1천억 원을 초과하여 중견기업 자리에 오른 벤처기업 수가 2005년의 78개에서 2016년 말에는 513개로 급증하였다. 전체 벤처기업 수도 2016년 말 현재 33,289개로 늘어났다.

— 비상장 벤처기업 가운데 기업가치가 10억 달러를 넘을 것으로 예상되는 이른바 유니콘 기업의 수도 2017년 3월 말 현재 186개나 된다. 이들이 4차 산업혁명 시대를 선도해야 하나, 차량공유, 원격진료, 드론, 자율주행차, 3D프린팅 등의 분야에서 중국에 비해 과도한 정부규제가 성장을 제약하고 있다. 따라서 종전의 허용행위 열거방식에서 제한행위 열거방식으로 규제방식의 대전환을 이룩해야만 한다.

— 지난 경험에 비추어 볼 때, 벤처생태계의 활성화는 정부의 재정지원 위주의 개입보다는 민간 주도적으로 이루어져야만 한다. 실제로 벤처캐피털로부터 투자를 받는 것은 매우 어려우므로 금융기관에서 연대보증 대출을 받는 경우가 대부분이다. 실패 확률이 높은 벤처 속성상 이는 신용불량자를 만들어 내므로 연대보증제도를 폐지해야 한다. 실패에 관용적인 문화의 조성이 필요하다.

주거안정

1. 주거안정

1) 내 집 마련의 꿈

예로부터 편안한 의·식·주(衣·食·住)는 인간생활에서 가장 기본적인 욕구(*basic human needs*)이다. 1962년 제 1차 경제개발 5개년계획 착수와 더불어 본격적으로 경제성장을 도모하기 시작한 이래 반세기가 넘게 지나면서 대부분의 국민들은 '의', '식'의 문제는 해결하였다. 그러나 '주'의 문제는 충분히 해결하지 못하여, 상당수 저소득계층이 아직도 안정적인 주거생활을 누리지 못하고 있다.

집은 가정생활을 담는 터전으로서 흔히 '보금자리'라고 말한다. 또한 가계가 보유한 자산 또는 부(富)의 4분의 3 정도는 주택이 차지한다. 따라서 주택, 토지 등 부동산은 국민들이 가장 큰 관심을 가지는 자산이다. 주택의 형태로는 현재 아파트가 가장 큰 비중을 점유하는데, 현대적인 시설, 관리·보안의 편리성, 투자성 및 환금성(換金性) 등이 이점으로 꼽힌다. 아파트는 입지(立地)나 넓이 등에 따라서 입주자의 부(富)의 수준을 나타내기도 한다.

대부분의 국민들이 지닌 가장 큰 소망은 자기 집을 갖는 것이다. 집 없는 설움은 당해 본 사람이 아니면 제대로 알 수 없다. 언제나 집주인의 눈치를 살펴야 하는 것이 남의 집 살이다.[1] 국토교통부 〈2017년 주거실태조사〉에 의하면, 내 집을 꼭 마련해야 한다고 응답한 비율은 82.8%에 달해서 2010년의 83.7%에 비해 약간 줄어들었지만 지금도 국민들의 80% 이상이 자기 집을 소유하려는 욕망이 간절함을 보여 준다. 또한 내 집 마련이 꼭 필요하다고 응답한 가구의 거의 전부인 95.8%는 그 이유를 주거안정 때문이라고 답하였다.[2] 반면에 내 집 마련이 꼭 필요하지 않다고 응답한 가구는 20.9%였는데, 그중 44.4%가 불편하지 않기 때문이라고 답하였다.

미국에서도 자기 집을 갖는 것은 '미국인의 꿈'(American dream)의 주요한 구성요소이다. 미국의 역대 정부도 자가보유율을 높이려 주택저당대출(mortgage loan) 상환액에 대한 조세감면 등 정책지원을 펼쳐 왔다. 지금도 미국 젊은 층의 자가소유 욕망은 강하다. 최근 세계 금융위기를 겪은 후에는 30세 이하 청년층의 3분의 2가 신용카드를 보유하지 않을 정도로 소비지출에 신중한 태도를 보였다.

미국의 주택담보대출비율(Loan to Value ratio: LTV), 즉 금융기관에서 대출 시 담보물인 주택 가격에 비해서 인정해 주는 대출금액 비율은 보통은 80%이지만, 젊은 층이 최초로 주택을 구입할 경우에는 이를 97%까지 허용하였다. 대개 20%의 선불금(다운 페이먼트)을 요구하지만 최초 구입자들에게는 3%만 내면 되도록 한 것이다. 미국인들의 자가보유율은 2004년에 69.2%로 정점에 달한 후 2016년 2/4분기에는 62.9%까지 하락하였는데, 이는 50년 만의 최저 수준이다. **3**

이는 2008년 미국에서 시작된 세계금융위기에 연유한 것이다. 널리 알려진 바와 같이 미국인들은 주택을 살 때 주택을 담보로 잡히고 주택저당대출을 받는데, 대출기간은 30년 등 장기(長期)이다. 이런 가구가 5,500만 가구나 된다. 그러나 주택 가격은 2006년에 정점에 달한 후 2012년 초에는 2006년 가격의 3분의 1 정도나 하락하였다. 2012년 2월에 이르러서야 비로소 주택 가격이 바닥을 치고 상승하기 시작하였다.

한국과 마찬가지로 미국에서도 주택은 중산층에게 가장 중요한 자산이다. 따라서 주택 가격 급락으로 대부분의 미국 가계들은 금융위기 이전에 비해서 훨씬 가난해졌다. 그 결과 GDP의 약 70%를 차지하는 소비지출이 줄어들어, 금융위기 이후 미국의 경기회복을 지연시키는 주요 요인으로 작용하였다.

주택저당대출을 받은 가계 가운데 무려 3분의 1은 2012년 현재 자신들의 주택시가보다 주택저당대출이 더 많다(under water). 그 결과로 주택저당대출을 받은 전체 가구의 5분의 1이나 되는 약 1천만 가구가 주택저당대출의 원리금을 제대로 갚지 못하였으며, 그중 절반인 500만 가구는 이미 대출 원리금 상환이 지연된 부실채무자이거나 집이 차압당한 상태에 있다. **4** 이처럼 어려운 상황에 처하여 할 수 없이 살던 집을 떠나는 사람들의 심리적 고통을 묘사한 것을 보면 한국인이나 미국인 모두에게 집이 '보금자리'임을 잘 알 수 있다.

한국과 마찬가지로 미국도 제 2차 세계대전이 종식된 이후 2008년 금융위기 이전까지 주택 가격은 계속해서 상승해 왔다. 따라서 주택 구입은 안전한 투자 기회를 제공하였고, 노후를 대비하는 저축 역할도 하였다. 즉, 은퇴한 후 작은 집으로 바꾸고 남는 돈으로 생활할 수 있었다.

2) 주거사정

(1) 주택보급률

이제 한국인들의 주거사정에 대해서 살펴보기로 하자. 중산층 이상의 주거사정은 상당한 정도로 호전되었다. 그러나 전·월세의 빠른 상승으로 저소득층과 서민층의 주거불안은 계속되고 있으며, 주거비 부담도 크게 증가하여 가계에 상당한 압박을 주고 있다.

한국에서 주거사정을 나타내는 양적인 지표로 흔히 사용되는 것은 '주택보급률'이다. 이는 단순히 주택 호수를 가구 수로 나눈 백분율이다. 전국(시부, 市部) 주택보급률을 보면, 1960년의 82.5%(64.8%)에서 1970년에는 78.2%(58.2%), 1980년에는 71.2%(59.2) 그리고 1985년에는 69.8%(57.8%)로 계속해서 악화되었다. 그 이유는 급속한 경제성장과 더불어 도시화와 핵가족화의 진전으로 주택에 대한 수요는 빠르게 증가하는 데 비해서 주택공급이 이를 따르지 못했기 때문이다. [5]

그러나 1988년부터 1992년까지 분당, 일산, 평촌(안양), 산본(군포), 중동(부천) 등 수도권 5개 신도시를 건설하는 등 '주택 200만 호 건설계획'이 추진되면서 주택보급률은 상승하기 시작하였다. 주택공급 부족으로 부동산투기가 심해지고, 대도시 내부에 더 이상 개발할 대규모 토지가 없어지자 개발제한구역(그린벨트)을 벗어나 주변 도시를 개발하게 된 것이다.

이후 전국(시부)의 주택보급률은 1990년 72.4%(57.6%), 1995년 86.0%(75.4%), 2000년 96.2%(85.9%)로 크게 상승하였고, 2002년에는 전국의 주택보급률이 드디어 100%를 넘어섰다. 그러나 강원, 충북, 충남, 전북, 전남, 경북의 경우에는 1995년에 이미 주택보급률이 100%를 넘어섰다. 물론 수도권과 부산, 대구 등 대도시의 주택보급률이 지방에 비해서 훨씬 낮다.

돌이켜 보면 주택공급이 부진하였던 1980년대에는 주택 가격이 급등하였으나, 획기적인 주택공급 증대가 있었던 1990년대에는 주택 가격이 안정되었다. 주택 가격 안정을 위해서는 주택공급 증대가 필수적임을 알 수 있다.

〈표 6-1〉은 부문별 신규 주택건설 호수, GDP 대비 주택투자 비율인 주택투자율 등 주택공급을 나타내는 주요 지표들의 추이를 보여준다. 여기서 '민간' 부문은 민간건설업체가 건설한 주택을 뜻하며, '공공' 부문은 한국토지주택공사(LH)와 지방자치단체가 건설한 주택을 뜻한다.

주택공급 호수의 연평균 추이를 보면, 1962~1971년에는 9만 호, 1971~1981년에는 19만 호, 1982~1986년에는 23만 호로 계속 늘어났다. 그럼에도 불구하고 주택수요 증가에는 미치지 못하였다. GDP

단위: 호, %

	1962 ~ 1966	1967 ~ 1971	1972 ~ 1976	1977 ~ 1981	1982 ~ 1986	1987 ~ 1991	1992 ~ 1996	1997 ~ 2001	2002 ~ 2006
공공 (%)	39,915 (12.2)	69,613 (12.9)	228,766 (30.1)	495,378 (44.4)	549,344 (47.6)	877,101 (36.8)	1,140,589 (36.7)	769,589 (33.9)	652,915 (24.6)
민간 (%)	286,020 (87.8)	470,725 (87.1)	531,825 (69.9)	620,696 (55.6)	605,727 (52.4)	1,509,390 (63.2)	1,964,265 (63.3)	1,500,934 (66.1)	1,995,952 (75.4)
합계	325,935	540,338	760,591	1,116,074	1,155,071	2,386,491	3,104,854	2,270,523	2,648,867
연평균	65,187	108,068	152,118	223,215	231,014	477,298	620,971	596,435	529,773
주택투자율	2.4	3.0	4.5	2.3	4.7	6.4	7.3	5.3	5.0

자료: 《한국경제 60년사》, V권 "사회복지·보건", 제1. 2장, 2010.

대비 주택투자율도 1980년대 중엽까지는 4~5% 수준이 최고였다. 즉, 1980년대 중엽까지는 주택의 건설·공급은 한국의 경제·사회정책에서 우선순위가 높지 않았다.

(2) 주택 200만 호 건설

1988년 '주택 200만 호 건설계획'이 시행되자 주택투자율은 GDP의 6.5%로 크게 늘어났고, 그 결과로 주택공급량도 급속하게 증가하였다. 특히 1990년에는 주택건설이 연간 75만 호로 최고치에 달하였으며, 그 결과로 1991년 8월 말에는 원래 목표치를 초과해서 모두 214만 호를 건설하여 '주택 200만 호 건설계획'은 조기에 성공적으로 종료되었다. 1987년 당시 주택 호수가 총 645만 호에 불과하였음을 고려하면 그의 3분의 1이나 되는 막대한 분량의 주택이 단기간에 공급된 것이다.

그러나 단기간에 주택보급률을 높이려다 보니 당시 내수 경기가 이미 유례없는 호황을 누리고 있던 터라 경기과열을 초래하였다. 또한 노임 및 자재가격 상승으로 인한 물가 상승과 건축자재 수입 증가로 인한 국제수지 적자 등 여러 부작용을 초래하였다. 아무리 선의의 계획도 경제능력을 넘어 조급하게 달성하려고 하면 후유증이 생긴다는 귀한 교훈을 남긴 것이다.

① 토지구획정리와 공영개발방식

'주택 200만 호 건설계획'은 주택정책에서 중요한 전환점이 되었다. 주택공급의 규모와 방식, 형평의 증진을 참작한 주택공급 등으로 새로운 전기를 마련한 것이다. 공급규모가 유례가 없을 정도로 방대한 외에, 공급방식도 '공영개발방식'을 채택하였다. 1960년대에서 1970년대 중엽까지는 주택건설에 필요한 택지를 '토지구획정리사업'을 통해서 마련했으나, 1970년대 후반기 이후부터는 택지를 강제 매수하는 '공영개발방식'을 채택하였는데, 200만 호 건설계획은 바로 이 방식이었다.

새로운 시가지를 조성하는 방식에는 사업용지 취득방법에 따라서 환지(換地) 방식과 전면매수방식(또는 수용방식)의 두 가지가 있다. '환지'방식의 대표적인 예는 토지구획정리사업이다. 이때는 사업용지를 매수하지 않고 원 토지 소유자와 공동으로 사업을 추진한다.[6]

토지구획정리사업에서는 조성용지의 약 30%를 도로 등 공용용지로 사용하고, 60%는 원 토지 소유자에게 환지(換地)로 돌려주며, 약 10% 정도는 사업비 조달을 위한 체비지(替費地)로 사용한다. 즉, 토지구획정리사업은 체비지를 매각하여 공사비를 조달하는 것이다. 환지는 주로 저밀도로 단독주택을 짓는 데 활용되었다.

토지구획정리사업은 전쟁의 폐해를 복구한 1950년대부터 적용되었다. 이 사업은 토지 소유자의 부담으로 토지개발을 할 수 있으므로 정부 부담을 최소화할 수 있는 장점이 있다. 1960년대에는 이 방식으로 전국의 도시에서 주택단지를 조성하고 도로 등 도시계획시설을 확충하였다. 토지구획정리사업은 특히 1970년대와 1980년대에 도시개발방식으로 꽃을 피웠다. 서울을 비롯한 주요 도시의 신시가지 형성은 거의가 토지구획정리사업에 의해서 이루어졌다.

토지구획정리사업은 장점도 적지 않으나, 지가상승을 유발하고, 개발이익을 토지 소유자가 사유화하며, 주로 소규모 단독주택을 건설해서 도시 주택난 해소에는 큰 기여를 하지 못하였다. 또한 1970년대 하반기 이후부터는 주택건설을 위한 토지매수도 어려워지자 도시개발에서 공공부문이 토지 소유자로부터 토지를 싼값에 매입하여 신시가지를 조성하는 '전면매수방식' 또는 '수용방식'인 공영개발방식으로 전환되었다.

공영개발사업을 도입한 배경에는 토지와 아파트에 대한 투기가 극심해지면서 1978년 발생한 제 2차 투기 붐이 있다. 당시의 토지구획정리사업에서는 개발이익의 대부분이 토지 소유자에게 귀속되었는데 이를 막아야 한다는 여론이 비등해진 것이다. 당시 국민들은 일반적으로 사익보다는 공익을 우선시해야 한다고 생각하였고, 이를 제도적으로 뒷받침한 것이 1980년 제정된 〈택지개발촉진법〉이다. 이 법에 따라 주택건설에 필요한 토지를 싼값에 수용할 수 있었고, 대규모 주택공급도 가능하였다. 7

한국 이외에도 싱가포르, 홍콩, 대만 등의 동아시아 국가들이 이러한 방식을 채택하였다. 주택을 건설하고자 종전 농경지를 택지로 용도변경하면 땅값이 급등하는데, 그 개발이익을 지주가 갖도록 하는 것이 아니라, 공공부문이 수용해서 낮은 가격으로 주택을 공급하여 그 혜택을 공유한 것이다. 8

특히 싱가포르의 경우에는 국민의 80%가 정부기관인 주택개발청(Housing and Development Board: HDB)이 지은 주택을 소유하고 있다. 그 결과 대부분의 국민들이 주택을 보유하게 되었는데, 이는 싱가포르가 경제기적을 이룩할 수 있는 주요한 초석이 되었다. 대부분의 나라에서처럼 주택이 투기의 대상이 돼버리는 요인을 아예 차단한 것이다. 그러나 이러한 동아시아의 주택공급방식은 자유시장경제 원칙을 우선시하는 나라에서는 채택하기가 쉽지 않다.

당시는 또한 중화학공업화의 투자재원 조달을 위한 통화 증발과 함께 중동건설 붐으로 외화가 국내로 대량 유입되어, 이를 원화로 바꾸면서 유동성, 즉 현금이 크게 늘어나 인플레이션이 급속하게 진행되던 시기였다. 그 결과 땅값은 1978년에 서울은 136%, 6대 도시는 79%, 전국적으로도 49%나 급등하였다. 이러한 지가 폭등도 공영개발방식으로 전환하게 된 주요한 이유이다.

다른 한편, 공영개발사업을 추진하려면 토지보상비가 엄청나게 소요된다. 특히 1987년 민주화 이후에는 토지보상비가 공시지가를 웃돌면서 용지매입을 위한 소요재원이 급증하였다. 이는 공영개발사업이 한계에 부딪히는 결과를 초래하였다. 대규모 개발사업으로 2000~2007년 기간에 지급된 토지수용 보상비는 무려 100조 원이나 되었다. 이는 자연히 조성용지 분양가격을 인상시킴으로써 주택 분양가격도 상승하는 결과를 초래하였다. 동시에 대량의 토지보상비 지출로 현금유동성이 크게 늘어나면서 주변의 땅값도 덩달아 올랐다.

② 소득계층별 주택공급

주택 200만 호 건설계획은 또한 주택정책이 종전의 총량 중심의 정책에서 벗어나 소득계층별로 주택공급을 추진하는 계기가 되었다. 즉, 소득계층을 도시영세민, 중산화 가능 계층, 중산층, 중산층 이상 등으로 분류하고 사회복지 측면을 참작해서 주택공급을 추진하였다. 도시영세민의 주거환경 개선을 위해서는 영구임대주택을 건설·공급하고, 저소득 무주택 근로자를 위해서는 근로복지주택과 사원임대주택을 건설·공급하였다.

그런데 1980년대 중엽에는 1984년 IMF 총회, 1986년 아시안게임, 1988년 서울올림픽 등 주요 국제행사를 지원하기 위한 대규모 개발사업이 추진되었다. 또한 이 시기는 이른바 '단군 이래 최대 호황'이라고 불린 기간으로, 저환율, 저유가, 저금리의 3저(低) 호황이 계속되어 시중에는 유동성이 크게 증가하고, 이 자금이 부동산시장과 증권시장으로 유입되어 부동산 가격과 증권 가격이 큰 폭으로 뛰었다. 예를 들어 1989년에는 전국의 지가가 38.9%나 폭등하였다.

당시 민주화 시위가 있을 때마다 주택 문제는 가장 주요한 사회·경제적 문제로 제기되었다. 주택 가격과 임대료 급등으로 저소득계층의 주거 문제가 정치·경제적으로 주요한 의제가 된 것이다. 이를 해결하기 위한 것이 바로 영구임대주택, 근로복지주택, 사원임대주택 등 공공임대주택의 건설이다.

주택 가격이 큰 폭으로 상승하면 자연히 전·월세 가격이 상승하는데, 이는 저소득계층의 주거비 부담을 증가시키므로 근로자들은 이를 보상받기 위해서 더 높은 임금인상을 요구하게 된다. 이처럼 당시의 사회 분위기가 주택 문제 해결을 주요한 현안으로 만들어 200만호 건설계획은 시작되었다. **9**

(3) 주거밀도

주거사정을 나타내는 다른 양적 지표에는 '주거밀도'가 있는데 이것도 크게 개선되었다. 1970~2008년 기간 중 도시지역의 방 1개당 거주인원은 2.7명에서 0.8명으로 급감하였다. 가구당 사용하는 방의 수도 도시의 경우 1.9개에서 3.5개로 늘어났고, 1인당 주거면적도 같은 기간에 5.7제곱미터에서 22.1제곱미터로 증가하여 주거공간이 크게 확대되었다. 주거밀도가 크게 감소한 것은 주택공급 증가, 주택규모 대형화, 주택당 방 수 증가, 가구당 가구원 수 감소 등이 복합적으로 작용한 결과이다.

주거의 질도 빠르게 개선되었다. 도시지역(전국)의 경우 1980년 입식 부엌, 수세식 화장실 및 온수 목욕시설을 갖춘 주택 비중은 각각 14.5(9.7)%, 19.6(12.3)% 및 6.9(4.31)%에 불과하였다. 그러나 2005년에는 이 비율이 98.5(97.9)%, 97.5(94.0)%, 97.2(95.8)%로 거의 100%에 달할 정도로 주거의 질적 수준이 획기적으로 개선되었다. 4반세기 만에 주거의 질이 비약적으로 개선되면서 '삶의 질' 또한 크게 향상되었다.

태양왕(Sun King)으로 불린 프랑스의 루이 14세가 축조한 베르사유궁전은 17세기 유럽의 대표적인 건축물로서 그 장엄함을 뽐낸다. 그러나 당시에는 수세식 변기가 없었으므로 복도, 회랑, 정원 등에는 오물이 넘쳐 났다. 1980년만 하여도 깨끗한 물과 수세식 변소 등을 사용하는 사람들은 세계 인구의 24%에 불과하였으나, 2015년에는 68%가 태양왕에게도 허락되지 않았던 혜택을 누리고 있다. **10**

2005년 인구센서스에 의하면 전체 가구의 16%인 255만 가구가 최저 주거기준에도 못 미치는 형편이었다. 그러나 국토교통부의 〈2014년 주거실태조사연구보고서〉에 따르면, 전국의 최저 주거기준 미달 가구는 2010년 전체의 10.6%, 184만 가구에서 2014년에는 전체의 5.3%, 98만 가구로 크게 감소하였다.

저소득계층의 주거사정도 크게 개선되어 3인 이상 가구 중 단칸방에 거주하는 도시가구 비율이 1990년에는 27.8%나 되었으나 1995년에는 12.3%, 2000년에는 7.9% 그리고 2014년에는 0.3%로 급감하였다. 지하 및 반지하, 옥탑방 거주 가구는 2005년에 약 63만 가구로 전체 가구의 4.0%에 이르렀으나, 2014년에는 2.8%로 이 또한 상당히 줄었다. 수도권은 아직도 5.6%로 높으나, 광역시는 0.3%로 낮다. 방 1개에 거주하는 가구는 2000년에는 전체 가구의 7.9%였으나 2005년에는 6.5%로 감소하였다가, 2010년에는 오히려 7.6%로 늘어났다. 이는 1~2인 가구가 증가하면서 나타난 결과이다.

만 19살 이하 아동(어린이·청소년) 중 최저 주거기준에 미달하는 열악한 집에서 생활하는 아동은 2015년 기준 약 79만 명이다. 최저 기준은 웃돌지만 지하와 옥상에 사는 약 7만 명과 쪽방이나 고시원 같은 '집 아닌 집'(비주택)에 사는 약 9만 명을 더하면 전체 아동 주거빈곤 인구는 약 94만 명으로 전체 어린이·청소년의 9.7%나 된다. 11

〈주택법〉에 의하면, '주거빈곤층'은 최저 주거기준에 미치지 못하는 집에 살거나, 최저 주거기준을 충족시키는 집에 살더라도 임대료 등 주거비 부담이 높은 계층으로 정의된다. '절대적 주거빈곤층'은 주거환경이 매우 열악한 곳에 살면서 동시에 주거비 부담이 생계비에 곤란을 주는 계층이다.

주거빈곤층을 최저 주거기준 미달 가구로 규정하면, 2014년 현재 주거빈곤층은 전체 가구의 5.3%인 98만 가구에 이른다. 3인 이상 가구 중에서 주거환경이 열악한 지하나 반지하, 옥탑방에 거주하는 가구 수는 전체 가구의 2.8%로 상당히 감소하였다. 열악한 주거환경에서 사는 가구들 중 상당수는 임대료 부담이 소득의 30%를 넘는 가구인 것으로 추정된다. 이들은 최하위의 절대적 주거빈곤층으로서 기본적인 의식주 생활마저도 위협받고 있다.

2012년 대선을 거치면서 복지확충이 주요한 의제로 등장하였다. 특히 무상급식, 보육, 의료 등의 보편적 복지 확대가 여·야를 불문하고 중요한 정책강령이었다. 그러나 이에 못지않게 중요한 민생문제인 주거빈곤에 대해서는 거의 논의가 없었다. 인간다운 삶을 영위하는 데 필요한 최소한의 주거 서비스를 보장하는 것은 정부의 핵심적인 책무 가운데 하나이다.

(4) 자가보유율

자가보유율을 살펴보기 전에 먼저 '자가거주율'과 '자가보유율'을 구분해 보자. 종전의 〈인구주택 총조사〉에 나오는 '자가비율'은 자가에 거주하는 가구 비율인 자가거주 비율이다. 2010년 이전까지는 자가거주율만 조사했는데, 2010년 이후 비로소 자가거주율과 함께 '자가보유율'을 조사하였다. 여기서 자가보유율은 자가거주 가구 + 임차거주 가구 중 자가소유 가구이다.

1975년 자가거주 가구 비율은 전국과 시부가 각각 63. 1%, 44. 0%였다. 전세 및 월세 비율은 전국이 각각 17. 3%, 15. 5%였고, 시부는 각각 30. 7%, 21. 6%였다. 2005년 자가거주 비율은 전국과 시부가 각각 55. 6%, 51. 6%로 시부는 증가했으나 전국은 오히려 상당히 줄었다. 같은 해 전세 및 월세 비율은 전국이 각각 22. 4%, 19. 0%였고, 시부는 각각 25. 4%, 20. 6%였다.

새 정의에 따른 2010년 〈인구주택 총조사〉에 의하면, 전국 자가보유율은 61. 3%이며, 전세 및 월세 가구 비율은 각각 21. 7%, 20. 1%였다. 그런데 자가거주자는 전체 가구의 54. 5%에 불과하다. 따라서 전부 합하면 약 800만 가구가 남의 집을 임차해서(빌려서) 살고 있다. 이 중 정부 공공임대주택에서 사는 가구가 135만 가구이며, 나머지 665만 가구는 다주택자가 임대하는 전·월세 주택에 산다. 선진국은 기업형 임대가 대부분이지만, 우리는 80~90만 명 정도 되는 다주택자가 민간임대주택의 주된 공급자이다.

한편 2010년 기준 서울의 주택 보급률은 97%이나 자가보유율은 51. 3%에 불과한데, 전·월세 임대가구 중 약 5분의 1은 자기 집을 소유하고 있다. 예를 들어 교육이나 직장 때문에 강남을 떠나지 못하고 전·월세를 사는 경우가 그것이다. 따라서 자가점유율은 41.1%였다. 여기서 발견하는 것은 주택보급률은 이미 2002년에 전국 기준으로 100%를 넘어섰으나, 자가보유율은 서울의 경우 2010년에도 50% 수준을 조금 상회하는 정도로, 별로 개선되지 못하였다는 것이다. 즉, 서울, 경기, 인천을 포함하는 수도권의 경우 도시영세민과 서민의 주거사정은 크게 나아지지 못하였다.

1960년대 초 이후 급속한 경제성장이 반세기가 넘게 계속되었으나, 경제성장 최우선 정책으로 저소득계층의 주(住) 생활에서는 상응하는 개선이 미흡하였다. 주택정책의 주된 목표가 국민의 '주거안정'에 있으며, 특히 집 없는 저소득층과 서민 등이 속한 소득 5분위 계층 이하 약 550만 가구의 주거안정이 가장 중요한 목표임을 상기하면, 한국의 주택정책은 소기의 목표를 달성하는 데 실패했다고 볼 수 있다. 즉, 중산층 이상의 주거수준 향상에는 상당한 진전이 있었으나 저소득계층의 주거안정은 미흡하였다.

주기적으로 반복되는 부동산투기와 주택 가격 급등으로 주택 구입은 점점 더 어려워졌고, 주거비 부담도 계속 높아져서 소득 5분위 계층 이하의 주거불안은 지난 반세기 동안 계속되고 있다. 또한 근본적인 구조개혁은 뒤로 미루고, 불황기에는 부동산경기를 부양시키고 과열되면 규제를 강화하는 임기응변식 경기조절정책을 반복해서 사용함으로써, 정부정책에 대한 국민들의 신뢰도 무너졌다. 제일 중요한 저소득층 주거안정보다 경기조절의 수단으로 부동산정책을 사용한 것이다.

(5) 주택구입 능력과 주거비

주택구입 능력을 나타내는 대표적 지표는 주택 가격을 연 소득으로 나눈 가격-소득 비율(Price-to-Income Ratio: PIR)이다. 또한 주거비 부담을 나타내는 대표적 지표로는 임대료를 연 소득으로 나눈 임대료-소득 비율(Rent-to-Income Ratio: RIR)이 있다. 〈표 6-2〉는 PIR의 추이를 보여 준다. 여기서 중위수(*median*)는 중위 주택 가격을 중위소득으로 나눈 값이고, 평균(*average*)은 평균 주택 가격을 평균소득으로 나눈 값이다.

전국으로 보면, PIR은 중위수(평균) 기준으로 2006년부터 2012년까지 증가하다가 2014년에는 일시적으로 4.7(5.7)로 감소하였지만 2016년에는 다시 5.6(6.3)으로 증가한다. 수도권은 중위수 기준으로는 2008년 이후 2016년까지 6.9와 6.7을 맴돌았고, 평균 기준으로는 증가추세를 보이다 2016년에는 7.6으로 떨어졌다. 이 표에는 없으나 서울은 PIR이 중위수(평균) 기준으로 2006년의 7.5(10.1)에서 2010

〈표 6-2〉 연 소득 대비 주택 가격 비율(PIR)

단위: 배

구분		2006	2008	2010	2012	2014	2016
전국	중위수	4.2	4.3	4.3	5.1	4.7	5.6
	평균	6.0	6.0	5.6	7.6	5.7	6.3
지역 수도권	중위수	5.7	6.9	6.9	6.7	6.9	6.7
	평균	8.1	8.5	7.9	10.1	7.1	7.6
지역 광역시	중위수	4.1	3.3	3.5	5.0	4.7	5.3
	평균	4.2	4.0	4.1	7.1	5.1	5.7
지역 도 지역	중위수	3.3	3.0	2.9	3.6	4.2	4.0
	평균	3.4	3.3	3.1	5.4	4.1	4.7

자료: 국토교통부, 〈주거실태조사연구보고서〉, 각 년도.

년에는 9.9(10.3)로 증가하였다가 2014년에는 8.3(8.9)으로 떨어졌다. 수도권에 비해서 광역시와 도 지역의 PIR은 중위수와 평균 기준 모두 상당히 낮다.

국토연구원의 〈2008년도 주거실태조사〉 결과는 서울의 집값이 소득과 비교할 때 세계에서 가장 비싸다는 사실을 보여 준다. 당시 서울의 PIR은 중위수로 볼 경우 9.7배로 연 소득 대비 거의 10배나 되고, 평균값으로 보면 2008년 서울의 PIR은 10.8배로 더 커진다. 이는 서울의 당시 평균 주택 가격 4억 4,400만 원을 연평균 가구소득 4,170만 원으로 나눈 값이다. 이러한 수준은 세계적으로 집값이 비싸기로 널리 알려진 샌프란시스코의 9.5배, 뉴욕의 9.3배, 도쿄의 9.1배보다 더 높은 수준이다. 서울, 인천, 경기도를 포함하는 수도권은 6.9배, 광역시는 3.3배, 도 지역은 3.0배이다.

2015년 초 서울의 평균 집값은 5억 6천만 원이며 도시근로자 가구의 연 평균소득은 5,600만 원으로 PIR은 10배인데, 이는 도시국가인 홍콩의 13.5배 다음으로, 세계 주요도시들 중에서 제일 높았다. 강남은 집값이 평균 10억 원이지만 가구당 소득은 1억 원이 안 되므로 PIR은 10배를 초과할 것이다. 경기도는 7배 정도이다. 이는 뉴욕의 7배, 런던의 8배, 도쿄의 7.5배와 비교된다.[12]

한편 KB국민은행에 따르면, 2018년 4월 말 현재 서울의 3.3m² (1평) 당 평균 아파트 가격은 2,766만 원으로, 전년 5월 대비 무려 19.1%나 급등하였다. 같은 기간 서울의 평균 아파트 가격도 6억 708만 원에서 7억 2,166만 원으로 무려 1억 원 넘게 올랐다.[13]

또한 국토교통부의 〈주거실태조사〉에 따르면, 최초로 내 집을 마련하는 데 걸리는 시간은 전국은 2006~2012년 기간에는 8년 정도가 소요되었으나 2016년에는 6.7년으로 줄어들었다. 수도권은 2008, 2010년에는 각각 9년이 소요되었으나 이후 감소 추세를 보여 2016년에는 7.2년으로 줄어들었다. 광역시도 2006~2010년에는 거의 9년이 걸렸으나 2012년에 8.1년, 2016년에 7.4년으로 상당히 줄어들었다. 도 지역은 2006년 이래 감소추세가 이어져서 2016년에는 5.8년으로 크게 줄어들었다.

한국무역협회(KOTRA) 상하이 지부의 2017년 6월 보고서에 의하면 평균 주택 가격을 평균 임금으로 나누면 근로자가 집을 사는 데 걸리는 시간을 추정할 수 있는데, 이에 따르면 부산 5년, 서울 8년, 광저우 19년, 선전 31년, 상하이 35년, 베이징 37년으로 중국이 훨씬 더 오래 걸렸다. 체감물가도 중국의 4대 도시는 서울에 비해서 1.8~4.7배나 비쌌다.

월 소득 대비 임대료 비율인 RIR을 보면, 서울이 '중위수' 기준으로 2006~2014년 기간 약 22~23% 수준이었으며, 2016년에는 23.8%였다. '평균' 기준으로는 동일한 비교 시점에 각각 29%, 30% 수준이었다. 중위수 기준 전국 RIR은 2014년 20.3%였으나 2016년에는 18.1%로 줄어들었고, 수도권의 RIR은 2014년 21.6%, 2016년 17.9%로 역시 줄어들었다.

<표 6-3>은 RIR을 소득계층별로 보여 준다. 중소득층과 고소득층의 RIR은 2016년에 중위수 기준으로 각각 14.9%와 19.0%였다. 그러나 저소득층은 23.1%로 상당히 높은 것을 알 수 있다. 이는 월 소득의 거의 4분의 1을 임대료로 부담함을 뜻한다.

<표 6-3> 월 소득 대비 임대료 비율(RIR)

단위: %

구분		2006	2008	2010	2012	2014	2016
소득계층	저소득층 중위수	27.6	25.0	28.2	21.8	29.0	23.1
	저소득층 평균	36.3	30.9	31.1	33.6	34.1	26.7
	중소득층 중위수	18.9	17.6	16.6	17.3	17.0	14.9
	중소득층 평균	20.7	21.4	21.4	20.3	23.1	18.9
	고소득층 중위수	16.1	17.4	21.1	22.6	21.6	19.0
	고소득층 평균	18.5	20.3	21.0	24.4	21.2	20.6

자료: 국토교통부, 〈주거실태조사연구보고서〉, 각 년도.

　여기서 볼 수 있는 것은 서울을 비롯한 수도권의 경우 근자에 집값이 다소 떨어졌다고는 하나 아직도 주택구입 능력(*affordability*)에는 상당한 제약이 있다는 사실이다. 이는 현재도 서울의 자가보유율이 50% 수준임에 비추어 볼 때 대다수 국민의 꿈인 자기 집 소유가 쉽지 않음을 보여 준다.

　임대주택의 경우에도 전세보증금 자체가 가구소득에 비해서 매우 높고 전세의 상승 속도도 빨라서 서민의 주거안정에 상당한 위협이 되고 있다. 특히 집값이 안정되면서 주택의 매매 수요는 줄고, 전세 수요는 공급을 크게 초과하여 이런 경향은 더욱 심하다. 동시에 사상 최저 수준의 저금리로 인해 집주인이 전세보다 월세를 선호하면서 임차가구의 주거비 부담은 더욱 커지고 있다. 이처럼 아직도 자가보유율은 낮은 가운데, 임대주택 부문에서도 주거안정이 위협받고, 주거비 부담이 상승한다는 것은 도시영세민과 서민층에게는 주거불안을 일으키는 요인이 된다.

　중국에서 부동산 건설은 GDP의 13%를 점유할 정도로 중요성이 매우 크다. 그러나 집값이 너무나 급속하게 올라서 상위 20~30%를 제외한 대다수 국민들은 자기 집을 가지는 것은 꿈도 못 꾼다. 1998 년에 주택 사유화를 허용하였으나, 부동산 관련 세금도 없는 가운데 투기는 만연해서 베이징과 상하이는 앞에서 본 대로 소득 대비 주택 가격이 너무나 높다. 주택금융(대출)도 GDP 대비 15.3%에 불과해 서 미국의 2008년 금융위기 이전의 79%에 비해서 너무 미흡하다.

2. 부동산시장의 추이

1) 연대별 추이

(1) 1960년대와 1970년대

제1차 경제개발 5개년계획(1962~1966년)이 추진되면서 급속한 공업 화와 도시화가 일어났다. 당시 소득수준이 낮아서 저축이 낮고 따라 서 투자 증대를 위한 내자(內資) 동원에 한계가 있었으므로, 통화 증 발에 의한 투자재원 동원을 시도하였고, 그 결과 인플레이션이 발생 하고 지가와 주택 가격도 급등하였다. 특히 1967년 12월 '경부고속도 로 건설계획', 1970년 1월 '강남개발계획'이 연달아 발표되면서 부동 산투기는 극심해졌다.

그 결과 1969년에는 서울의 지가상승률이 무려 84.1%였고, 전국 지가도 80.7%나 폭등하는 등 제1차 부동산 가격 폭등이 발생하였 다. 부동산투기로 택지(宅地) 가격이 폭등하자 1967년 11월에는 〈부동산투기 억제에 관한 특별조치법〉이 발효되고 이 법에 따라 1968년에는 부동산투기억제세(현재의 양도소득세)가 도입되었다. 그러나 각종 개발수요로 토지에 대한 수요가 공급을 훨씬 초과해서 효과는 별로 없었다. 이러한 상황에서 1971년에는 그린벨트가 지정되었으며, 1971~1973년 중 불황이 오면서 부동산시장은 비로소 하향 안정세를 찾게 되었다.

그러나 1973년의 제1차 석유파동으로 경기침체가 시작되자 그동안의 부동산투기 억제조치를 완화하였다. 이에 더하여 이 시기에 추진된 중화학공업화가 대규모 통화 증발을 통하여 추진되었고, 1970년대 중엽 이후에는 중동건설 수출 붐으로 외화가 대량 유입되었다. 이러한 여러 요인들이 중첩되어 원화가 대량으로 시중에 살포되면서 유동성이 급증하여 경기는 과열되고 물가는 폭등하였다.

이에 따라 1970년대 중반부터 주택 가격이 크게 상승하면서 전국적으로 주택투기와 토지투기가 극심하여 1978년에는 전국 지가가 49%나 상승하였는데, 특히 대도시는 79%, 서울은 무려 136%나 폭등하였다. 이는 1969년 지가 폭등이 발생한 후 거의 10년 만에 일어난 두 번째 부동산 가격 폭등이다. 그 결과 부동산투기가 주요한 경제·사회적 문제로 제기되었다. 이에 따라 정부는 1978년에 '부동산투기 억제 및 공급대책', 이른바 8·8조치라고 불리는 투기억제책을 발표하였다. 제3차 경제개발 5개년계획(1972~1976년)에서는 주택 문제가 처음으로 경제정책의 주요한 과제로 다루어졌다.

(2) 1980년대

1970년대 말과 1980년대 초 한국경제는 연이은 정치·경제적 충격으로 큰 어려움에 봉착하였다. 당시 물가안정에 높은 우선순위를 두었으나, 1982년 하반기부터 경기부양조치를 취하자 주택 가격은 다시 급등하였고, 1983년 초에는 서울 주변과 지방도시의 택지 및 임야 가격까지 상승하였다. 이에 따라 1983년에 '토지 및 주택 문제에 대한 종합대책'을 발표하였고, 그 결과로 부동산시장은 안정을 찾는 모습을 보였다.

그러나 1984년 IMF 총회 개최, 1986년 아시안게임, 1988년 서울올림픽 개최 등 연이은 주요 국제행사로 대규모 개발사업이 추진되었다. 아울러 1980년대 중반 이후 3저(低)(저유가, 저금리, 저환율)로 이른바 단군 이래 최대 호황으로 높은 경제성장 달성과 함께 국제수지도 큰 폭의 흑자를 기록해 시중 유동성은 급증하였다. 이에 따라서 자금이 부동산시장과 증권시장으로 몰리게 되었다. 여기에 대통령 및 국회의원 선거까지 이 시기에 겹치면서 전국적으로 토지투기가 확산되어 1988년에는 전국 및 6대 도시의 지가가 각각 27%씩 급등하였고 서울의 지가도 28%나 뛰었다. 거의 10년 주기로 세 번째 부동산 가격 폭등 현상이 발생한 것이다.

주택 가격도 단기간에 급등하여 서울 강남 아파트 가격은 1989년 1월에서 4월 사이에 무려 23%나 급등하였다. 주택 가격과 전세 가격 급등으로 서민들의 내 집 마련은 더욱 어렵게 되었고, 주거비 부담은 늘어나서 국민들로부터 상당한 불만이 나왔다. 이는 당시의 정치적 민주화 추세와 맞물려서 정부로 하여금 주택 문제 해결에 높은 우선

순위를 두도록 하였다.

1989년 설립된 '경제정의실천연합' 등 시민단체는 토지투기를 주요한 사회병폐로 간주하고 토지공개념 제도 도입, 대기업집단의 토지투자 억제 등을 주장하였다. 결국 주택공급의 획기적 증대만이 부동산투기를 억제하고 주택 문제를 해결할 수 있다는 생각으로 '주택 200만 호 건설계획'(1988~1992년)이 추진되었다.

1988년 8월에는 다시 부동산 종합대책을 발표하였으며, 1989년 12월에는 '토지공개념' 관련 3개 법률인 '택지소유상한제', '토지초과이득세제' 및 '개발부담금제'가 제정되었다. 토지공개념 제도는 토지 및 주택시장 안정에 상당히 기여하였으나 시장원리에 어긋난다는 이유로 헌법불합치, 즉 위헌 판결을 받았다. 또한 1997년 외환위기를 거치면서 토지초과이득세와 택지소유상한제는 폐지되었다.

1980년대는 토지·주택투기와의 싸움이 본격화된 시기이다. 토지공개념 관련 3개 법률의 제정이 대표적인 예이다. 동시에 주택 200만 호 건설계획으로 주택공급 물량은 크게 증대되었다. 투기와 가수요 억제 및 공급 증대로 1991년 상반기에 주택 가격은 하향안정세로 접어들었으며, 1995년에는 주택 가격이 소폭이지만 -0.2% 하락하였다.

(3) 1990년대와 2000년대

1989년에는 동구권이 몰락하고 1991년에는 소련이 해체되는 등 세계사적 대전환이 발생하였다. 또한 1993년에는 우루과이 라운드가 타결되면서 세계무역기구(WTO) 체제가 출범하였다. 바야흐로 시장경제, 세계화, 민영화, 규제완화는 세계경제의 큰 흐름이 되었다. 그 영향으로 용적률, 용도규제 등 토지 관련 규제도 대폭 완화되었고, 개발 가능한 토지도 국토면적의 15%에서 42%로 대폭 확대되었다. 그 부작용은 바로 김영삼 정부의 사려 깊지 못한 규제완화로 인한 무분별한 난개발과 환경파괴이다.

부산 해운대의 달맞이길에서 내려다보는 바다 풍광은 아름답기 그지없다. 그러나 흔히 앞집이 뒷집을 가려서 아름다운 바다의 조망권을 차단하는 경우가 보통이다. 오래전 호주 시드니 항구를 둘러보았을 때, 항구에 인접한 수많은 집들 가운데 어느 하나도 뒷집의 전망을 가리는 것을 발견할 수 없었다. 그 조화로운 스카이라인의 좋은 기억이 오래 남아 있다.

우리는 정부가 각종 규제를 완화하는 것을 잘하는 정책으로 간주하는 경향이 있다. 그러나 나쁜 규제는 철폐하는 것이 당연하지만, 필수적인 규제는 지금보다 훨씬 더 강화되고 엄격해져야만 한다. 정부의 핵심 기능 가운데 하나가 필요한 규제를 엄정하게 집행하는 것이다. 경제개발을 본격적으로 시작한 지 반세기가 지났으나 이러한 정부의 핵심 기능이 아직도 소홀히 여겨지는 것을 보면, 한국이 과연 선진국인가에 대해서 회의를 가지게 된다.

나는 지난 10년 동안 버스, 전철로 연세대에서 강남 삼성 서초타운의 사무실을 오가면서 밤낮으로 한강의 장대함과 아름다움에 감사한 마음을 가졌다. 뉴욕, 런던, 파리, 도쿄 등 세계 어떤 대도시에서도 이렇게 큰 강은 찾아볼 수 없다. 우리 조상들은 참으로 훌륭한 산과 강을 구비한 서울을 도읍지로 정해서 우리에게 물려주었다. 학교 일을 볼 때 가끔 만나던 독일 대사 부부는 주말만 되면 서울을 비롯한 전국의 산들을 등산하는 즐거움을 내게 자랑하였다. 서울 도심에서 넉넉잡아 한 시간이면 우리는 금방 아름다운 산을 만난다. 이렇게 대도시에 인접해서 산이 있는 수도도 드물다. 나도 여유가 생기면 번거로운 외국여행보다 아내와 같이 버스, 기차를 타고 우리 산하(山河)를 둘러보는 것이 오랫동안 품어 온 소망이다.

아름답고 장대한 한강의 조망권은 공공재이므로 정부는 당연히 모든 사람들이 향유할 수 있도록 보장해야 한다. 그러나 한강변의 성벽을 두른 듯한 아파트는 수려한 한강의 경관을 무너뜨렸다. 14 더구나 지금은 한강변에 초고층 아파트를 짓도록 허가하고 있으니 정부가 과연 최소한의 규제 기능이라도 수행하고 있는가 하는 의문이 든다.

1997년 말 외환위기의 엄습으로 고금리·고실업·고환율이 유지되면서 미증유의 국민적 고통이 뒤따랐고, 20년이 지난 현재까지도 곳곳에 그 깊은 상처가 그대로 남아 있다. 금융시장은 극도로 경색되었고, 주택시장과 주택건설도 일찍이 보지 못한 침체에 직면하였다. 1998년 전국의 주택 매매가격은 전년도에 비해서 12.4%나 떨어졌고, 전세 가격도 18.4%나 하락하는 초유의 사태가 일어났다.

당시 세계적으로 벤처 붐이 일어났는데, 한국도 외환위기를 타개하기 위한 방책으로 벤처기업을 적극적으로 육성하여 국내에서도 벤처 붐이 일어났다. 그러나 벤처 붐이 꺼지자 김대중 정부는 지난 30여 년 동안 하던 그대로 부동산경기 활성화 대책을 쏟아 냈다. 분양가 전면 자율화, 양도소득세 면제, 분양권 전매 허용, 외국인 부동산 소유 자유화, 민영아파트 재당첨 제한기간 폐지 등이 대표적인 부양 조치들이다. 그 결과 '강남불패', '버블세븐' 등의 말이 나올 정도로 부동산경기가 과열되고 투기가 극성을 부렸다.

2005년 이후 다시 부동산 가격이 급등세를 보이자 노무현 정부는 수요억제 위주의 8·31 대책을 발표하였다. "하늘이 두 쪽 나도 부동산 가격만은 잡겠다"는 결의를 표명하면서 '투기와의 전쟁'을 선포한 것이다. 주요한 부동산정책을 보면, 처음에는 고가주택의 기준을 9억 원에서 6억 원 이상으로 더욱 강화해서 이를 보유한 사람들에게 '종합부동산세'를 부과하였다. 또한 1가구 2주택 이상 소유를 투기로 간주해서 양도소득세를 50%나 중과하였다. 주택금융에서도 총부채상환비율(Debt to Income ratio: DTI)과 주택담보대출비율(Loan to Value ratio: LTV)을 조정해서 금융규제를 강화하였다. 이 밖에 주택시장의 투명성을 제고하기 위해서 주택의 실거래가격 등기부 기재를 의무화하였다.

그러나 당시에는 저금리 기조가 지속되어 과잉유동성이 존재하였는데, 마땅한 투자처를 찾지 못하자 주택시장으로 몰려들었다. 이에 따라서 5년의 재임기간 중 전국(서울) 아파트 가격은 34%(56.5%)나 급등하였다. 즉, 투기꾼도 영향을 미쳤으나 기본적으로는 부동산시장에서의 수요·공급이 가격 급상승을 초래함으로써 소기의 목적을 달성하는 데 실패하였다. 이 밖에 혁신도시, 세종시 개발 등을 추진하면서 소요되는 토지 수용을 위해서 무려 100조 원에 달하는 보상비를 지급함으로써, 시중의 유동성(현금)이 더욱 늘어나 부동산 가격 상승을 부채질하는 결과를 초래하였다.

(4) 2010년대

도시주택 가격은 1975년부터 1990년까지는 연평균 16.0%씩 상승하였는데, 이는 같은 기간의 소비자물가상승률 9.8%를 훨씬 초과하는 것이었다. 특히 주택 가격은 1988년부터 큰 폭으로 상승하기 시작하여 1990년에는 정점에 다다랐다. 그러나 주택 200만 호 건설로 공급이 크게 늘어나자 1991년부터 하락하기 시작한 주택 가격은 2000년까지 10년 동안 연평균 1.5%씩 떨어졌다. 그러나 2000년대에 들어와서는 2004년을 제외하면 전반적으로 상승세를 유지하다가 2008년 세계금융위기 이후 침체기로 돌아섰다.

이에 따라서 이명박 정부 기간에도 경기진작을 위해서 부동산정책을 완화하는 기조를 유지하였다. 재당첨 제한 폐지, 수도권 전매 제한 완화, LTV 및 DTI 완화 등이 당시의 대표적인 부동산경기 활성화 대책들이다. 그 후 서울 아파트 값은 2015년 초부터 다시 강세를 보이기 시작해서 한 해 동안 9년 만의 최고 수준인 5.6%나 상승하였다. 이는 사상 최저금리가 지속되면서 적절한 투자처를 찾지 못한 시중자금이 주택시장으로 유입되었기 때문이다.

주요국들의 경우에도 경기침체를 극복하기 위하여 금융완화정책과 초저금리 기조가 오래 지속되자 투자자금이 주택시장으로 유입되면서 세계적인 주택 가격 상승을 초래하였다. 북유럽, 서유럽, 일본, 중국, 캐나다 및 미국의 주요 도시 집값이 크게 오른 것이다.[15] 특히 이자율이 마이너스인 스웨덴, 덴마크와 초저금리인 노르웨이의 수도 주택 가격 급등은 주택 버블의 우려까지 낳았다.

덴마크 코펜하겐의 아파트 가격은 2011년 이후 무려 3분의 2나 뛰었다. 30년 만기에 2.9%의 고정금리로 주택담보대출을 받을 수 있는데, 덴마크의 가계부채/처분가능소득 비율은 무려 300%나 된다. 노르웨이도 1992년부터 2015년까지 아파트 가격이 무려 7배나 급등하였다. 스웨덴도 최근 1년 동안 집값이 13%나 급상승하였다. 그런데도 3국 모두 이자 지불액만큼 세금을 감면해 주는 정책을 계속하고 있다.16 그러나 최근 발생한 세계의 주요 금융위기들 가운데 3분의 2는 부동산 거품이 꺼지면서 일어났다. 2008년 미국발 세계금융위기가 대표적인 예이다.

영국의 집값도 지난 40년 동안 OECD 회원국 중 가장 빨리 상승하였다. 이는 자연히 많은 영국민들을 주택, 토지 등 부동산의 투기적 수요자로 만들어 버렸다. 2006년 1월~2015년 10월 기간 중 잉글랜드와 웨일즈의 실질 주택 가격은 2배나 상승하였으며 런던은 150%가 올랐다. 근자에 영국은 주택위기(*housing crisis*)에 봉착하여, 런던 중심부는 중산층이 주거비나 집값을 도저히 감당할 수 없을 정도로 임대료나 집값이 높다.

이는 기본적으로 주택공급 부족에서 비롯되었다. 1960~1970년 기간 중 영국의 주택 신축량은 연평균 37만 8천 호였으나 2012~2013년에는 13만 6천 호로 1960년대의 약 3분의 1 수준에 불과하였다.17 이는 주로 농사를 짓는 그린벨트를 그대로 유지하기로 함에 따라 집을 지을 수 있는 택지(宅地)가 부족한 데 연유한다. 즉, 인위적으로 택지공급을 제한하여 토지가격이 급등한 것이다. 따라서 최근에는 영국의 주택공급 부족을 해결하기 위한 방법은 그린벨트 완화에 있다는 견해가 제기되고 있다. 대조적으로 미국 텍사스주 휴스턴은 토지 사용의 용도규제(*zoning*)도 없다. 인구는 뉴욕시의 4분의 1밖에 안 되는데도 면적은 2배나 된다.

주택, 토지 등 부동산 소유자가 얻는 자본이득(*capital gains*)은 기본적으로 자신이 노력해서 번 소득이 아니므로 비생산적(*unproductive*) 소득이며 공정하지 못한(*unjust*) 것이다. 따라서 지난 200년 동안 경제학자들은 이념적 성향에 관계없이 지가세(Land Value Tax: LVT)를 부과하는 것이 바람직하다는 데 의견이 일치하였다.

LVT는 효율과 형평의 측면에서 볼 때 모두 가장 바람직한 결과를 가져오는 조세로서, 대표적인 자유주의 경제학자인 프리드먼(Milton Friedman)도 20세기 중엽 이를 적극적으로 옹호하였다. 영국의 고전학파 경제학자인 리카도(David Ricardo)는 이미 19세기 초엽에 토지 공급은 고정되어 있으므로, 지가가 상승할 때 부과하는 지가세는 모두 지주(地主)의 부담이 된다는 것을 명쾌하게 설명하였다.

즉, LVT는 경제행위를 전혀 왜곡하지 않는다. 임금에 과세하면 근로자들이 일을 덜 하고, 자본에 과세하면 기업가가 투자를 덜 하지만 LVT 부과는 경제행위에 전혀 영향을 미칠 수 없다. 따라서 미국의 헨리 조지(Henry George)는 일찍이 19세기 후반에 다른 모든 세금을 폐지하고 LVT만을 부과하는 '단일세' 운동을 주장하였다. 영국 수상 처칠(Winston Churchill)도 20세기 초반에 지주는 사회에 전혀 기여함이 없이 이득만 취하므로 LVT를 부과하여야 한다고 주장하였다.

이와 같이 지난 200년 동안 LVT 부과가 바람직하다는 견해가 지배적이었으나, 현실에서는 찬반 논란으로 인해 채택되지 못하였다. 비로소 근자에 들어와 영국이 심각한 주택위기를 겪으면서 LVT 부과가

절실하게 필요해졌다는 주장이 다시 힘을 얻고 있다. 18

독일은 여러 측면에서 독특한 강점을 가지고 있다. 경제가 강건하고 다른 EU 국가에 비해서 정치·사회적으로도 안정적이다. 이는 구미의 주요 민주주의 국가들에서 기존 제도에 대한 신뢰가 무너지고 있는 것과는 대조적이다. 19 미국의 트럼프 대통령 당선은 '진실 이후의 정치'(post-truth politics)가 확산되고 있음을 보여 준다. 즉, 중요한 것은 사실이나 진실보다는 기분이나 느낌이며, 루머나 가십이 급속도로 전파되고 있는 것이다. 이러한 현상은 소수의 엘리트들만 번창하는 가운데 다수의 국민들은 뒤처지고 있다는 인식에서 비롯되었다.

주택문화도 독일은 임대주택 중심인 반면에 미국, 영국 등 앵글로-색슨 국가들은 자가보유를 강조한다. 20 미국의 자가보유율은 2004년에 69.2%로 최고를 기록하였다가, 2016년에는 50년 만의 최저인 62.9%로 떨어졌다. 이를 보고 '미국의 꿈'이 사라졌다고 한탄하기도 한다. 미국은 오랫동안 모기지 대출에 대한 정부보증과 대출금리의 세금감면 등을 통해서 자가보유를 장려하는 주택정책을 지속해 왔다. 영국의 자가보유율도 2007년에는 64%까지 상승하였으나 금융위기 이후 감소해서 2012년에는 30년 만의 최저 수준인 60%로 감소하였다.

이에 반해서 독일의 자가보유율은 41%에 불과하다. 이는 제2차 세계대전 중 주택의 대량 파괴로 전후에 대량으로 임대주택을 새로 지을 수밖에 없었던 데도 연유한다. 그러나 독일의 임대문화는 이 밖에도 독특한 측면이 있다. 임대시장이 엄격한 '규제'를 받아 계약기간은 대부분 무한대이며, 임차인이 임대료를 제때 지불하는 한 지주가 일방적으로 임대계약을 파기하는 것은 거의 불가능하다.

또한 주택을 담보로 돈을 빌리는 모기지 대출도 미국이나 영국처럼 흔하지 않다. 선급금도 주택 가격의 20~40%로 높은 편이며, 금리도 최소한 10년 이상 고정되어 있다. 미국, 영국처럼 집값이 오른 데 기초해서 대출을 추가로 받아 소비를 늘리는 경우도 드물다. 그 결과로 제2차 세계대전 이후 독일에서는 미국, 영국처럼 부동산 거품과 붕괴(*boom and bust*)가 발생한 적이 없다. 따라서 부동산 가격의 과도한 변동과 이에 따른 금융위기도 일어나지 않았다. 물론 베를린이나 뮌헨 등 일부 대도시에서는 부동산 가격이 상당히 오르기도 하였으나, 이로 인해서 부동산 관련 대출이 크게 증가한 경우는 드물었다.

인구는 미국이 훨씬 더 많으나, 독일의 임대가구는 2,100만 가구나 돼서 미국의 4,200만 가구의 절반이나 된다. 임대는 독일에서 '공평한' 주거방식으로 인식되는데, 그 이유는 부동산투기로 이득을 취하려는 욕구를 억제할 수 있기 때문이다. 미국이나 영국에서 자가보유를 강조하는 것과는 대조적이다. 독일인들이 자가보유에 관심이 적은 것은 임차가 싸고 안전하기 때문이다. 네덜란드와 스웨덴은 독일보다 더 강력한 임대시장 규제를 활용해서 임차가구의 안전성을 보장한다.

한국은 현재 2년의 최소 계약기간이 보장되어 있으나, 1981년 〈주택임대차보호법〉이 시행되기 이전에는 최소한의 임대차계약 기간도 법으로 정해져 있지 않아서 6개월에 한 번씩 세를 올려 줘야만 하였다. 따라서 집주인이 나가라고 할까봐 늘 눈치를 보면서 마음을 졸여야 했다. 그러나 주거불안은 지금도 정도의 차이일 뿐 과거와 크게 다르지 않다. 21 이에 문재인 정부는 2017년 6월 전·월세 상한제 도입을 예고하였다. 이는 집주인이 세입자와 재(再)계약을 맺을 때 전·월세 상승률을 5% 이내로 제한하는 것이다. 전·월세 상한제 도입은 제도적으로 임대주택사업자 등록을 전제로 한다. 현재는 등록한 사람이 25%에 불과하다.

아울러 '계약갱신 청구권제'도 도입할 예정인데, 이는 주택임대차 계약을 맺고 2년을 거주한 세입자가 추가로 2년 재계약을 요구할 수 있도록 보장하는 것이다. 그러면 최대 임대기간은 4년이 된다. 독일에서도 정부가 임대시장에 개입해서 임대료를 정하거나, 일정 수준 이상으로 올리지 못하도록 하고 있다. 또한 임차가구의 50% 이상은 10년 이상 장기계약을 유지하고 있다. 노태우 정부 시절 전세계약 기간을 1년에서 2년으로 연장하였는데, 그 부작용으로 이듬해에 전셋값이 17%나 급등하였다. 전세 재계약 때마다 보증금이 크게 올라서 더 못 살고 이사 간다는 '전세난민'을 생각할 때 새 제도의 도입 의도는 충분히 이해하나, 부작용을 최소화해야 할 것이다.

한편 전세 가격은 2009년 2월부터 2016년 6월까지 7년 반 동안 지속적으로 상승하다가 그 후 비로소 수그러들기 시작하였다. 전셋값의 지속적 상승은 집 없는 서민들에게는 서럽고 힘든 일이다. 서울 아파트 전세 가격을 매매가격으로 나눈 전셋가율도 같은 기간 38.3%에서 75.1%로 2배나 급증해서 '미친 전세'라고 부를 정도였다. 2018년 2월의 전셋가율은 68.5%로 상당히 떨어졌다. 전셋값의 지속적이고 장기간에 걸친 상승은 대형 아파트에 대한 선호가 시들해지고 집값이 안정된 이후부터 나타나고 있다.

한국의 부동산시장은 강남권, 기타 서울과 수도권, 지방으로 삼분화되어 있다. 문재인 정부가 출범한 2017년 5월 이후 2018년 2월까지 강남권의 집값은 급등한 반면, 지방의 부동산시장은 급격한 침체를 보였다. 그러나 2018년 3월 들어서 강남의 집값은 진정세를 보이기 시작하였다. 그런데 노무현 정부의 2005년 8·31 대책과 문재인 정부의 2017년 8·2 부동산대책은 이미 경험한 것 같은 느낌, 즉 데자뷔(deja vu)를 준다. 이들 두 번의 강도 높은 부동산 대책이 서로 상당한 시차는 있으나 부동산시장에 얼마 후 비슷하게 큰 영향을 미친 것이다.

즉, 2000년대 초·중반에는 집값이 급등하였으나 8·31 대책으로 2007년에 강남권부터 집값이 떨어지기 시작하였다. 이번에도 8·2 대책이 나왔으나 그 후에도 강남권 집값은 전과 비슷하게 당분간 뛰다가 2018년 3월부터 진정세로 돌아섰다. 시행된 부동산 대책도 비슷하다. 두 대책 모두 강남권의 재건축 규제에 초점을 맞추었다. 재건축으로 인한 집값 상승분에 부과하는 재건축 초과이익 환수제 이외에, 이번에는 재건축 조건이 안전진단이 강화되면서 더 까다로워졌다. 2주택 이상 보유자에 대한 양도소득세 중과도 이번에는 20%를 가산한 더 높은 양도소득세를 부과하였다. 주택담보대출비율(LTV)과 총부채상환비율(DTI)도 더 낮춤으로써 규제를 강화하였다. **22** 또한 서울 집값 상승의 진앙지인 강남권에서는 2018년 3월 이후 전세 가격도 떨어지기 시작하였다. 주택 가격이 안정되면서 전·월세의 비중도 증가하고 있다.

지난 50여 년 동안 정부는 경기조절과 주거안정이라는 두 가지 정책목표 사이에서 경제정책의 일관성과 지속성을 지키지 못한 채 우왕좌왕하다가 정부정책에 대한 국민의 신뢰를 잃었다. 1967년 〈부동산 투기 억제에 관한 특별조치법〉 이래 정부는 투기억제정책과 경기부양책을 번갈아 사용함으로써 가장 중요한 부동산정책의 목표인 서민의 주거안정을 소홀히 하였다. 즉, 주기적으로 냉·온탕을 넘나드는 경제정책의 반복적 순환이 계속되었던 것이다.

결국 지난 반세기 동안 구조개혁이라는 근원적 처방 대신에 임기응변적이고 수월한 부동산정책을 사용한 경기조절은 지속적인 효과를 내기가 힘들었고, 온갖 경제·사회적 부작용만을 초래하였다. 부동산정책의 실패는 오늘날 주요한 경제·사회적 문제인 양극화 경향을 가속화하는 결과를 초래하였다. 그 결과로 빈곤층과 서민의 주거안정은 점점 어려워졌고, 내 집 마련의 꿈을 실현하기도 갈수록 힘들어졌으며, 주거비 부담은 가중되었다. 그리고 이는 경제적 차원을 넘어서 정치·사회적 안정마저 위협하는 주요한 요인이 되었다. 국민의 기본적인 경제생활에서 주거안정이 차지하는 중요성을 고려할 때 이는 한국의 반세기에 걸친 경제정책 가운데 가장 중요한 '정부실패' 사례라고 볼 수 있다.

2) 전환기의 주택임대차시장

(1) 주택시장의 침체와 전·월세난

선진국의 주택임차(賃借) 제도는 대부분 월세로, 전세는 한국에만 있는 독특한 제도이다. 전세는 집값이 지속적으로 상승하고 이자율이 높을 때 널리 퍼진 방식이다. 이때 집주인은 한 번에 목돈으로 전세금을 받아 다른 집을 또 구입함으로써 상당한 자본이득을 취할 수 있었다. 그러나 2008년 세계금융위기 이후 집값이 안정되고 저금리가 지속되자 전세제도는 매력을 잃었다. 오랫동안 주택을 투자와 소유의 관점에서 바라보다가 이제는 거주의 수단으로 생각하게 된 것이다.

저금리가 지속되면서 집주인은 전세보다는 월세를 선호하는 반면에 세입자는 여전히 전세를 원하였으므로, 전세 물량의 부족으로 전세금이 계속 상승하는 '전세난'이 일어났다. 그런데 이 과정에서 가장 큰 타격을 입은 계층은 저소득층과 서민 세입자들이다. 집주인들이 수입 감소를 상쇄하기 위해서 전세금을 급격하게 인상하거나 월세로 돌렸기 때문이다.

과거와는 다르게 집값 인상에 대한 일반의 기대가 수그러들고, 한국은행 '기준금리'가 2016년 8월 현재 1.25%(2018년 4월에는 1.50%)의 초저금리 수준에 머물면서 주택임대차시장은 전환기를 맞이하였다. 현재 5억 원을 은행에 정기예금해도 이자가 연 1.9%이며, 여기서 이자소득세 14%를 빼면 수입은 겨우 월 70만 원에 불과하다. 따라서 주택임대(전·월세) 시장에서 집주인에게 유리한 월세로의 전환이 늘어났다. 이제는 집값이 계속해서 내려갈 가능성이 있으므로 주택을 구입하려는 수요는 크지 않은 대신에, 전세에 대한 수요는 빠르게 증가하였다. 서울의 경우 2016년 기준 월세의 비중은 31%로 늘어났고, 전세는 26%이며, 자가보유 비율은 42%였다.

월세 비중을 주거형태별로 보면, 아파트는 40.5%로 낮은 편이며, 주로 저소득층과 서민들이 많이 사는 비(非)아파트인 다세대·다가구 주택 등에서는 50. 5%로 높다. 이는 취약계층의 주거비 상승을 초래하여, 하위 20% 소득계층에서는 주거비가 소득의 무려 30. 4%나 된다. 따라서 앞으로의 주택정책은 취약계층의 주거안정에 초점을 맞추어 장기 공공임대주택 공급 확대에 힘써야 한다.

또한 주택 가격이 안정되면서 주택에 대한 투기수요가 거의 사라졌다. '강남불패'와 '버블세븐'(서울 강남구·서초구·송파구·양천구 목동, 성남 분당, 안양 평촌, 용인)의 위력도 사라졌다. 많은 사람들이 집값이 하락할 것으로 예상해서 집 사기를 주저하게 되었다. 주택보급률이 2002년에 이미 100%를 넘어섰고, 저출산·고령화가 빠르게 진행되며, 저성장 기조가 자리 잡아 가기 때문이다. 수도권에서는 중대형 주택 가격은 이미 2007년 이후 상승세가 멈추었다. 전세 가격은 지방에서는 2005년 이후 계속해서 상승세를 보였으며, 수도권에서도 2009년 이후 연속 상승하였다. 주택 매매가격은 하락세를 보이는 한편 전세 가격은 상승세를 나타내고 있다.

집값이 하락세를 보이면 지금이 과연 바닥인가 확신이 들지 않아 집 사기를 주저하게 된다. 즉, 집을 사는 대신 전세를 선호하게 된다. 따라서 전세에 대한 수요는 증가해서 전세 가격은 계속해서 상승한다. 그 결과는 '전세난'의 심화이다. 결국 세입자들은 상승하는 전세금을 메우려 더 많은 빚을 진다. 또한 저금리 현상이 계속되면서 집주인은 전세보다 월세를 선호하게 된다. 보통 월세는 전세금의 5% 수준에서 정해지는데, 이는 예금금리의 2배에 해당된다. 월세가구의 대부분은 전세금을 줄여서 일부는 월세로 내는 반(半)전세이다.

2016년 전국의 자가보유 가구 비율은 54%에 불과하다. 이는 미국의 65.2%, 일본의 2인 이상 가구 기준 78.5%에 비해서 낮다. 더구나 서울은 42%에 불과하다. 또한 전세 세입자 가운데 약 3분의 1은 자기 집을 보유하면서도 전세를 살고 있다. 지난 10여 년 동안 오피스텔 시장에서는 이미 전세가 사라지고 월세로 변했다. 주택시장에서도 소형은 이미 월세로 바뀌고 있다. 장기적으로 주택시장도 전세에서 월세로 바뀔 것으로 예상된다.

박근혜 정부는 2014년 7월 침체된 부동산경기 활성화를 통한 경기부양정책을 본격적으로 추진하였다. LTV는 60%에서 70%로, DTI는 50%에서 60%로 완화하였다. 이는 빚을 내서 집 사는 것을 부추김으로써 현재의 과도한 가계부채를 초래하였다. 2016년 말 가계부채는 무려 약 1,300조 원에 달해서 가구당 거의 7천만 원에 이를 것으로 예상된다. 2016년 GDP 성장률 예상치가 2%대 중반인 데 비해서, 가계부채 증가율은 10%를 넘어섰다. 더구나 제1금융권인 시중은행보다 이자율이 훨씬 더 높은 저축은행, 새마을금고, 단위 농협, 신협 등 제2금융권 대출이 더 빨리 늘고 있는 것도 문제이다.

이는 2014년 9월 말 기준 처분가능소득 대비 가계부채 비율이 약 160%나 되어 OECD 회원국 평균치를 초과한 주요한 요인이 되었다. 특히 2008년 세계금융위기가 발발하기 이전의 미국보다도 그 비율이 높다.[23] 과도한 가계부채는 소비지출을 억제함으로써 경기회복을 지연시킨다. 더구나 최근에는 서울 강남 3구(강남·서초·송파)의 재건축 아파트 단지를 시작으로 하여 과열 현상이 뚜렷해졌으며, 이는 다시 서울, 수도권으로 확산되었다. 2017년 9월 말 현재 가계부채는 1,419조 원에 달하는데, 최근 가계부채 증가율은 GDP 성장률보다 3배나 높았다. 또한 2016년의 처분가능소득 대비 가계부채 비율은 153%였다.

이번에도 앞서 말한 바와 같이 강남 3구의 재건축 단지 분양시장이 과열현상의 진원지였다. 물론 아파트가 지은 지 오랜 세월이 지나 노후화돼서, 질 좋은 새 아파트에 대한 실수요자들의 수요를 충족시키는 것은 필요하다. 그러나 3.3세제곱미터(1평) 당 분양가가 무려 4천만 원이나 되는데도 청약 경쟁률이 수백 대 1에 달했다. 또한 분양권 프리미엄도 수천만 원에서 억대에 달했다. 강남 3구와 수도권의 분양시장이 투기장으로 변한 것이다.

이는 실수요자보다 투기수요가 분양시장을 좌우한 결과이다. 강남 3구의 아파트는 약 30만 가구로, 총주택 수인 1,500만 호의 2%에 불과하다. 2015년 현재 1가구 2주택 이상의 다주택자는 187만 명에 달하는데, 투기수요의 상당 부분이 여기서 나온 것으로 보인다. 물론 세계금융위기로 오랫동안 저금리 기조가 지속되면서 과잉유동성이 생겼는데, 적절한 투자처를 찾지 못한 돈이 주택시장에 몰린 것도 주요한 요인이다.

그러나 주기적으로 서울 강남의 아파트 단지에서 시작된 주택경기 과열현상으로 한국의 부동산정책은 이곳에 집중되어 왔다. 주택정책이 마땅히 저소득층 주거안정에 초점을 맞추어야 한다는 관점에서 보면, 주택시장 전문가인 김현아 의원의 지적대로 지난 몇십 년 동안 주택정책은 없었으며, 특정한 지역에 대한 시장대책만 있었다고 볼 수도 있다.

특히 정부는 공의(公義)로운 주택정책을 일관성 있게 지속적으로 집행하는 임무를 소홀히 하였다. 좋은 예가 분양권 전매 제한기간 축소와 재당첨 제한 완화이다. 현재 분양권 전매 제한기간은 아파트 청약에 당첨된 후 6개월에 불과하다. 이는 전매차익을 얻기 위한 투기적 수요를 부추겨서 청약과열을 일으켰다. 아파트 분양신청 자격도 당첨된 뒤 청약통장에 다시 가입해서 1년이 경과하면 또 1순위로 청약신청이 가능하다. 즉, 실질적으로 재당첨에 대한 제한이 없는 셈이다. 이는 실수요자의 당첨 기회를 박탈하는 것이 된다.

아파트 분양권 전매를 조기에 허용하거나 아파트 청약 재당첨 제한을 가볍게 하는 것은 정부가 앞장서서 부동산투기를 부추기는 것이나 다름없다. 이는 상당수 저소득층 국민들에게는 공정한 경기법칙이 적용되지 않는 것으로, 사회·경제적 안정에 심각한 위협요소가 될 수 있다. 즉, 우리가 자랑하는 자유민주주의·시장경제체제에 대한 심대한 도전이다. 경기법칙이 공정해야(*fair rule of the game*) 하는데 그렇지 못한 것이다.

이에 문재인 정부는 2017년 8·2 '부동산대책과 가계부채 종합대책'을 발표하였다. 이는 주택경기 과열을 해소하기 위해서 수요억제에 초점을 맞춘 것으로, 노무현 정부의 2005년 8·31 대책과 성격이 비슷하다. 투기과열지구(서울 전 지역, 과천시, 세종시)와 투기지구(강남 4구 등 서울 11개 구와 세종시) 지정, 재건축 초과이익 환수제와 함께, 다주택자에 대한 양도소득세를 2주택자에게는 최고 50%, 3주택자에게는 최고 60% 중과(重課)하기로 하였으며, 금융규제로 LTV와 DTI가 모두 40%로 강화되었다. 그러나 문제는 12년 전과 마찬가지로 저금리 기조의 지속과 과잉유동성의 존재로 투자처가 마땅치 않은 여유자금이 주택시장으로 계속 유입된다는 사실이다.

국토교통부의 '2013~2022년 장기주택종합계획'에 의하면 매년 필요한 주택 공급량은 약 39만 가구 정도인데, 이 중에서 아파트는 28만 가구이다. 39만 가구 중 매년 새로 집을 구하는 가구가 30만 가구이고, 9만 가구는 재개발 등으로 사라지는 주택이다. 여기에 주택경기의 호·불황에 따라서 5만 가구를 더하거나 빼면 실제 필요한 공급량은 34만 가구에서 44만 가구 사이에 있다.

2013~2016년 기간에 실제로 연평균 입주한 주택량은 약 44만 가구에 달했다. 2017년 전국의 입주 예정 아파트는 37만 가구이며, 2018년에는 42만 가구나 된다. 이는 신도시 개발로 입주 물량이 크게 증가하였던 1990년대 중엽 수준에 달할 정도로 많은 것이다. 참고로 2015년 현재 총아파트 수는 약 1천만 가구이다. 그런데 아파트 외에 단독주택과 다세대주택까지 더하면 2017년 58만 가구, 2018년 66만 가구가 새롭게 공급될 전망이다. 따라서 주택 수요에 비해서 초과공급이 일어날 가능성이 높은 것이다. 이는 주택 가격이 상당히 하락할 여지도 있음을 뜻한다.

이제 다시 2018년 초 서울 강남구, 송파구 및 양천구 목동 등지에서 아파트 매매 값이 가파르게 뛰기 시작하였다. 그러나 이 세 곳을 제외한 서울의 다른 지역에서는 집값이 오르지 않았다. 재건축 단지가 밀집한 서초구와 강동구의 집값도 안정세를 유지하였다. 지방의 아파트 가격은 오히려 하락하였다. **24**

최근의 아파트 가격 동향을 놓고 큰손들이 이 세 곳에서 15억 원 이상의 고가 주택을 거주 목적이 아니라 투자 목적으로 전세를 끼고 매입하면서 가격이 빠르게 상승한 것으로 보기도 한다. 이 밖에도 교육부가 수능을 절대평가로 전환하는 계획을 발표하고, 특목고와 자사고의 우선선발권 폐지도 추진하자 교육 수요가 다시 강남 8학군과 목동 학군으로 눈을 돌린 결과라고 생각하기도 한다. 2017년 8·2 부동산대책에 포함된 재건축 초과이익 환수제는 2018년 1월부터 시행되고, DTI 강화는 2월부터 적용되며, 다주택자에 대한 양도소득세 중과(重課)도 4월 시행 예정이어서, 이들 규제가 강화되기 전에 서둘러서 고가 주택을 매입했을 수도 있다.

현재 논의되는 보유세인 종합부동산세와 재산세를 다주택 보유자에 대해서 인상하는 것은 대체로 타당한 것으로 보이나, 이를 실행하려면 상당한 시간이 걸려서 당장 부동산투기 억제대책으로는 큰 효과를 기대하기 어렵다. 보유세를 인상하려면 보유세 과세 기준인 '공시가격'이 실제 가격의 60~70%에 불과하므로 이를 현실화하는 방안도 있다.

재건축 아파트를 중심으로 투기 과열 조짐이 나타나자 정부당국은 2014년 9·1 부동산대책으로 준공 후 40년에서 30년으로 단축된 재건축 연한을 다시 원상으로 회복하는 방안도 검토하고 있다. 재건축은 주거환경을 개선하는 장점이 있는 반면에, 구조적인 안전에 문제가 없는데도 이익을 얻기 위해서 자원을 낭비하는 역기능이 있으므로 유의할 필요가 있다. 선진국에서는 주택의 내구연한이 100년을 넘는 경우가 흔하다는 사실을 참작해야 한다.

(2) 전환기의 주택정책

박근혜 정부는 2013년 '전·월세시장 안정대책'에서 장기적으로 공공임대주택의 공급을 늘리고, 주택 바우처(*voucher*) 제도도 도입하여 중위소득의 43% 이하를 버는 저소득 무주택 계층에게는 월 11만 원 정도의 주택임차비를 보조하기로 하였다. 또한 주택임대사업자에 대해서는 세금감면 등을 통해서 임대주택 거래를 활성화하고 민간임대주택 공급을 늘리고자 시도하였다.

부동산을 구입했을 때 내는 세금인 취득세와 등록세는 2011년 취득세로 통합되었으며, 이때 취득세율도 2~4%에서 1~3%로 인하되었다. 미국, 영국, 일본도 취득세율은 1~2%로 낮아서 부동산 거래의 부담을 줄여 주고 있다. 그러나 재산세와 종합부동산세 등 '보유세'의 GDP 대비 비율의 경우 2015년 현재 한국은 0.8%에 불과해서 영국 3.1%, 미국 2.5%, 일본 1.9%에 비해서 매우 낮다. 따라서 주택, 토지 등 부동산에 대한 투기적 수요 억제를 위해서도 보유세 인상이 필요하다는 주장이 제기된다.

2016년 정부의 재산세 수입은 약 10조 원이며, 종합부동산세(종부세)는 전체 인구의 0.6%인 약 34만 명이 1조 5천억 원을 납부하였다. 여기서 종부세는 여러 채의 집값 합산이 6억 원(1가구 1주택은 9억 원) 이상인 주택 소유자에게 부과된다. 그런데 이때 과표는 실제 집값이 아니라 그 60~70%에 불과한 공시가격이다. 종부세율은 과표인 공시지가의 크기에 따라 0.5%에서 2% 사이에 있다.

부동산 관련 세금은 지방자치단체에 가장 주요한 세원(稅源)이다. 2011년을 예로 들면, 부동산 취득세 징수액은 약 14조 원인 데 비해서 재산세는 7조 6천억 원에 불과하였다. 이 두 세목은 지자체 총조세수입의 41%를 차지한다.[25] 그런데 취득세 세수는 부동산 경기에 따라서 크게 변동하므로, 지자체의 전체 세수(稅收) 또한 이에 따라 크게 변동하게 된다.

그러나 선진국에서는 재산세가 부동산 관련 세수입의 거의 대부분을 차지한다. 미국도 지방세의 상당 부분은 재산세에서 나온다.[26] 우리도 취득세는 내리고 재산세는 올려야 투기수요를 억제하고 부동산 거래를 활성화하며 경기변동에 따른 지방 세수의 과도한 변화를 막을 수 있다. 재산세 인상 방식은 세율 인상보다는 현재 시가의 60~70%에 불과한 과세표준 또는 과표(課標)인 공시지가를 상향조정하는 것이 바람직하다.

부동산 거래와 관련된 세금인 취득세, 등록세, 양도소득세 등은 부동산 값이 상승하고 거래가 활발하던 시절에 세수를 확보하는 동시에 부동산투기를 억제하기 위해서 만든 것이다. 그러나 현재는 여건이 변했으므로 취득세와 등록세는 세율을 인하하고, 중과되는 양도소득세도 합리적으로 세율을 조정하는 것이 바람직하다. 부동산 관련 재산세는 투기적 수요 억제 및 지자체의 세수 보장을 위해서 인상하는 것이 바람직하며, 종합부동산세는 징벌적 성격이 있으므로 재산세에 포함시키는 것이 합리적이다.

3. 주택정책의 추이

1) 공영택지개발과 분양가 규제

얼마 전까지도 한국의 주택정책은 정부가 주택시장에 세세한 부분까지 시시콜콜 간섭해서 신규 주택을 실수요자에게 저렴한 가격으로 대량 공급함과 동시에 투기수요(가수요)를 억제하여 주택 가격을 안정시키는 것을 목표로 하였다. 그러나 실제로는 주택 가격이 주기적으로 급상승하였는데, 이는 소득과 부(富)의 분배를 불평등하게 만든 주된 요인이 되었다.

주택공급 측면을 보면, 신설주택의 건설량, 평형별·지역별 배분, 공급 가격, 공급 대상, 주택건설에 소요되는 택지 위치, 개발 규모, 개발 밀도 등 세세한 사항들이 모두 정부규제에 의해서 결정되었다. 마치 사회주의 계획경제체제에서 세세하게 경제계획을 수립하듯 한 것이다. 이는, 계획경제가 그러한 것처럼, 주택 공급자들이 수요자들이 원하는 기호와 소득수준에 맞추어서 다양한 주택을 원하는 장소에 원하는 양만큼 공급하는 것을 어렵게 만들었다. 말하자면 주택시장에서 가격기구가 제대로 작동하지 못한 것이다.

예를 들어 신규주택을 건설할 택지(宅地)의 경우, 정부가 계획한 평형별 주택공급 목표를 달성하는 데 소요되는 택지면적을 계산해서 택지개발 예정지구를 지정한다. 그 후 토지주택공사(LH)와 지자체 등 공공부문 사업주체들이 개발 대상 토지를 저렴한 가격에 매입해서 택지로 조성한다. 그리고 나서는 조성원가를 기초로 책정된 가격에 주택사업자들에게 토지를 공급하는, 앞에서 이미 본 공영개발방식을 택하였다. 그러나 이러한 방식은 수요자들의 다양한 선호를 제대로 반영할 수가 없다.

택지 공영개발방식이 내건 목표는 농지와 임야를 택지로 '용도변경' 할 때 발생하는 막대한 개발이익을 토지 소유자나 민간 주택건설업자들이 차지하지 못하도록 하는 데 있다. 아울러 저렴한 택지 공급으로 신규건설 아파트의 분양가격을 정부가 규제한 가격에 맞추도록 하기 위한 것이다. 그러나 택지 조성원가와 시가(時價)의 차이에서 나오는 프리미엄은 신규주택의 최초 분양가구에게 귀착되었다. 따라서 신규 분양주택에 대해서는 만성적 초과수요가 항상 존재하였다.

택지 공영개발방식 아래서는 공영개발의 주체가 원 소유자들로부터 토지를 매입할 자금을 조달하기 위해서 민간 주택건설업자들로부터 택지 매입대금의 70%를 미리 받는다. 민간 주택건설업자들도 2년 후 완성될 주택에 입주할 가구들로부터 주택 분양자금의 80%를 미리 받아서 토지매입과 건설비용에 충당한다. 이러한 선(先) 분양제도는 1967년 이후 40년 동안이나 지속되었다.

'공영택지개발'과 '분양가 규제'를 주된 내용으로 하는 주택공급체계하에서 대다수 무주택 서민들은 처음부터 내 집 마련의 기회가 실질적으로 박탈되며, 자금조달 능력이 있는 중산층 이상에게만 그 혜택이 돌아간다. 그런데 아파트 분양가 규제를 풀면 기존의 주택 가격이 상승할 것이라는 우려로 이 제도는 도입된 후 오랫동안 계속되었다. 그러나 분양가 상한제는 집값에 일시적으로 영향을 끼칠 뿐이며, 시간이 지나면 아무런 영향도 없고 부작용만 생겼다.

따라서 1998년에는 민영아파트 분양가가 자율화되었고, 1999년에는 공공부문 아파트 건설에 대해서도 분양가 규제가 해제되었다. 하지만 분양가 상한제는 그 후에도 투기가 발생하면 다시 도입되어, 지금도 시행되고 있다. 이제는 집값이 급등하는 투기지역에만 선별적으로 적용하는 것이 바람직하다. 아울러 민간택지에 건설되는 민영아파트에 대한 평형배분 규제도 폐지되었다. 공공택지에 건설되는 공영아파트만 전용면적 25.7평 이하가 전체의 50%를 넘어야 하며, 이 가운데 25%는 18평 이하라야 한다.

공영택지개발과 분양가 상한제를 기초로 하는 종래의 주택공급체계는 주택의 대형화를 초래하였다. 아파트 평수가 클수록 분양가도 높고 프리미엄도 커지므로 주택 공급자나 수요자 모두가 대형주택을 선호하게 되었다. 그 결과로 신설주택의 규모가 점점 커지는 '주택의 과소비' 현상이 초래되었다.

2) 주거안정

(1) 주택정책의 과제와 방향

거듭해서 강조한 바와 같이 주택정책의 바람직한 목표는 저소득계층의 주거안정이다. 앞에서 지난 반세기 동안의 주택정책이 저소득계층의 주거안정과 경기조절 사이를 오가면서 주택정책 전반에 대한 국민의 신뢰를 떨어뜨렸다고 지적하였다. 그 결과로 '정책은 언젠가 변할 것'이라는 '부동산 불패 신화'가 국민들 사이에 깊게 뿌리내렸다.

경제전문가들 사이에는 집이 없는 도시영세민, 저소득 도시서민

등 550만 가구나 되는 저소득층을 정책의 목표집단으로 삼아 이들의 '주거안정'을 추구하는 것이 주택정책의 핵심이어야 한다는 당위성에 대해 광범위한 의견의 일치가 있다. 이러한 관점에서 본다면 한국의 주택정책은 지난 반세기 동안 실로 미흡한 측면이 많았다.

이 장 1절에서는 1990년을 전후로 추진된 '주택 200만 호 건설계획'의 목표와 배경에 대해서 살펴보았다. 이 계획에서는 소득계층별로 주택공급을 책정하였으며, 무주택자 우선분양, 전매행위 금지 등 실수요자 중심의 주택공급체제를 확립해서 주택에 대한 투기를 근본적으로 차단하려고 하였다.

특히 당시에는 민주화 물결과 함께 빈곤층인 도시영세민과 저소득층인 도시서민의 주거안정이 주요한 사회·경제적 과제로 등장하였다. 이를 해결하기 위해서 빈곤층인 도시영세민을 대상으로 하는 영구임대주택, 무주택 저소득층인 도시근로자를 대상으로 하는 근로복지주택, 사원임대주택 등 '공공임대주택' 건설을 200만 호 계획안에 포함시켜서 총공급량의 30%에 달하는 60만 호의 공공임대주택이 건설되었다.

노무현 정부도 빈곤층과 저소득층의 주거안정을 강조하여, 소득수준에 따른 맞춤형 주택공급정책을 시행하는 것을 주된 내용으로 하는 '주거복지 로드맵'을 2003년에 발표하였다. 즉, 소득분포상의 7분위 이상 중산층은 시장기구에 맡기고, 3분위 이하 빈곤층과 저소득층을 위해서는 정부가 적극 개입해서 국민임대주택 공급을 확대하는 것을 목표로 하였다.

즉, 주택정책의 바람직한 방향은 스스로 주택 문제를 해결할 수 있는 중산층 이상의 계층에 대해서는 시장기구에 맡기는 것이다. 다만 정부는 주택시장이 효율적으로 작동할 수 있도록 유도하는 동시에, 택지의 공급을 원활하게 하고, 현재 지극히 미흡한 주택금융을 미국의 장기 '모기지론'처럼 활성화해야 한다. 미국에서는 무주택자가 주택을 구입할 때 집값의 10~30% 정도만 내고, 나머지는 20~30년 동안 매월 원금과 고정금리의 이자를 원리금 균등분할상환 방식으로 갚아 나가는 것이 일반화되어 있다. 우리도 한국주택공사에서 '보금자리론'이라는 이름으로 만기 20~30년에 LTV 70%까지를 한도로 해서 고정금리로 원리금 균등분할상환 대출을 제공하고 있다.

그러나 주택 문제를 스스로의 힘으로는 해결하기 어려운 '빈곤층'과 '서민층' 등 '저소득층'에 대해서는, 정부의 지원 아래 일정한 수준의 주거기준을 갖춘 임대주택을 충분히 공급하여 주거안정을 이룩하도록 하는 것이 바람직하다. 즉, 공공임대주택의 공급을 늘리는 동시에, 다주택 소유자가 가진 민영임대주택도 주택임대차시장에 원활히 공급될 수 있도록 제도적 뒷받침을 해야 한다.

결국 주택정책은 두 갈래의 접근방식을 취해야 한다. '빈곤층'인 도시영세민과 저소득층인 도시서민 등의 주거안정을 위해서 정부는 공공임대주택 건설·공급을 늘리는 동시에, 민영임대주택 건설·공급이 원활하게 이루어지도록 제도적으로 뒷받침해야 한다. 그러나 중산층 이상을 대상으로 하는 민영주택 건설·공급에 대해서는 주택시장에 맡기고, 분양가 상한제 등 기존의 규제를 과감하게 철폐해야 한다. 즉, 정부는 주택금융과 택지의 원활한 공급만 제대로 이루어지도록 하면 된다. [27]

(2) 장기공공임대주택

2016년 말 기준 10년 이상의 장기공공임대주택 재고량이 전체 주택 호수에서 점유하는 비중은 5.9%이다. 그러나 이 중에서 기초생활수급자, 장애인, 탈북자 등에게 배정되는 것을 제외하면 빈곤층과 저소득층에게 돌아가는 몫은 얼마 되지 않는다. 그래도 이는 2005년의 2.3%에 비하면 상당한 정도로 늘어난 것이다. 물론 OECD 회원국 평균 11.5%에 비하면 매우 낮고, 더욱이 17.5%의 영국이나 17.0%의 프랑스에는 크게 미치지 못하는 수준이다. 싱가포르의 경우에는 전체 국민의 85%가 공공임대주택에서 살고 있으며, 99년 동안이나 임대주택을 사용할 수 있어서 평생 집 걱정을 할 필요가 없다. 이는 싱가포르 경제기적의 초석을 놓은 것으로 평가된다.

장기공공임대주택은 정부 공기업으로서는 토지주택공사(LH)가 주로 공급하는데, 입주조건이 까다롭고 물량도 많지 않다. 따라서 전·월세난을 완화하려면 민간건설업체에 의한 민간임대주택의 원활한 건설과 공급이 활성화되어야 한다.

이명박 정부는 '보금자리주택'과 '시프트주택'을 공급하였다. 보금자리주택은 수도권 일대의 그린벨트를 풀어서 집을 지은 것으로, 분양가가 그야말로 '반값' 아파트이다. 사람들이 수없이 몰려들어서 '로또'라고 불리었을 정도이다. 그러나 반값 아파트라고 해도 수억대에 이르는 집값은 서민들에게는 그림의 떡에 불과하였다.

또한 최초 당첨자에게는 막대한 시세차익이 생겼으므로, 강남지역 보금자리주택의 경우 '묻지마 청약' 광풍이 불었다. 이에 따라서 우선적으로 추진해야 하는 빈곤층과 저소득층을 위한 장기공공임대주택

공급은 뒷전으로 밀렸다. 반값 보금자리주택은 2011년 말까지 무려 54만 가구나 공급되었는데, 이는 그 후 집값을 급격하게 떨어뜨리는 부작용을 초래하였다.

그 전에 노무현 정부의 2기 신도시 개발은 59만 가구를 단기간에 밀어내기 식으로 과잉 공급하여 집값 급락과 미분양 사태를 초래하였다. 여기에 더하여 설상가상으로 이명박 정부의 보금자리주택까지 공급되어 주택시장은 긴 침체상태에 빠져들었다. 과거 노태우 정부는 수도권 주택보급률이 60%밖에 되지 않던 시절에 수도권 1기 신도시 개발을 추진하였는데, 2000년대 중반 노무현 정부의 2기 신도시 개발 때는 주택보급률이 이미 95% 정도로 상당히 높아져 있었다.

여건이 바뀐 상황에서 동시다발로 여러 곳에서 신도시 개발을 추진함으로써, 땅값은 큰 폭으로 상승하고 분양가도 노태우 정부의 1기에 비해서 크게 올랐다. 더욱이 1기에 비해서 서울에서 먼 지역에 단지를 조성함으로써 교통시설 건설비용이 총사업비의 3분의 1이나 되는 약 30조 원에 달했다. 특히 수요가 없는 곳에 공급이 이루어지면서 수급이 맞질 않아서 2013년 7월에는 수도권 미분양 아파트가 3만 5천여 가구나 되었다.

박근혜 정부는 2013년 여름 극도로 침체된 수도권 주택시장이 주택 과잉공급에 연유한다고 보고, 지금까지 계속되어 온 주택공급 확대정책을 수정하여 축소하는 쪽으로 방향을 전환하고 이를 통하여 수도권 미분양 주택을 해소하고자 하였다. 이에 맞추어 연간 분양주택 공급량도 2012년에 비해서 대폭 감축한 30만 가구로 잡았다.

한편 시프트주택은 최장 20년의 장기전세 임대주택으로서, 주변

전셋값의 80% 수준에서 전셋집을 구할 수 있어 분양경쟁률이 지극히 높았다. 이 또한 보금자리주택과 마찬가지로, 제일 시급한 빈곤층과 저소득층의 주거안정을 목표로 하는 장기공공임대주택의 공급확대와는 거리가 멀었다. 돌이켜 보면 보금자리·시프트주택보다는 장기공공임대주택의 공급증대에 초점을 맞추어 저소득계층의 주거안정을 도모하는 것이 바람직한 정책방향이었다.

앞으로는 주택시장도 크게 변모할 것으로 예상된다. 통계청 2015년 〈인구주택 총조사〉에 따르면, 이미 2015년 현재 1인 및 2인 가구가 각각 520만 가구, 499만 가구이며, 그 비중은 27.2%, 26.1%로 전체 가구의 절반을 넘었다. 즉, 시대가 바뀌어 1인 가구가 우리 사회의 대표가구가 된 것이다. 지금까지의 주택정책이 주로 4인 가족 중심의 표준주택 매매를 중심으로 세워졌다면, 앞으로는 1, 2인 가구 중심으로 소형·임대주택에 초점을 맞추어야 한다. 또한 자산가치 증식을 위해 집을 산다는 비중도 전체의 6%에 불과하므로 과거처럼 주택을 투기의 대상으로 보는 행태도 점차 사라질 것이다.

그러나 현실은 적당한 가격에 '혼자 살 만한 집을 찾기가 너무 어렵다'. 즉, 공급과 수요 사이에 심각한 수급 불균형이 발생하고 있다. **28** 1인 가구가 520만 가구에 달해서 대표 가구가 됐는데도 그렇다. 1인 가구를 위한 민간주택 공급은 적고, 공공주택도 주로 신혼부부와 저소득층 2~3인 가구를 대상으로 공급되므로 1인 가구는 갈 데가 마땅치 않은 것이다. 따라서 1인 가구는 오피스텔, 기숙사, 고시원 등 이른바 '주거 외 거처'로 분류되는 대체 거주지로 몰려들었다. 여기 거주하는 가구 가운데 59%가 1인 가구인데, 특히 일자리를 구하지 못한 청년층과 소득이 없는 노년층의 대다수는 고시원, 옥탑방, 반지하 쪽방 등에서 '최저 주거수준' 이하의 생활을 하고 있다.

박근혜 정부는 또한 재임 기간 중 연평균 11만 호의 '공공지원주택', 이른바 행복주택을 공급하여 도합 53만 호의 임대주택을 제공하려고 계획하였다. 위치도 과거처럼 입주자들이 꺼리는 수도권을 벗어난 곳이 아니라 도심의 좋은 곳을 물색하였다. 여기서 공공지원주택이란 기존의 공공임대주택 이외에 공공지원을 통한 민간임대주택도 포함하는 것으로 새롭게 규정하였는데, 2022년까지 그 재고율을 총주택 수의 8%까지 높일 계획이었다.

최저소득계층을 위한 영구임대주택, 저소득층을 위한 국민임대주택 등 지금까지의 주거지원정책에 더하여, 청년·신혼부부를 위한 행복주택, 노년층을 위한 공공실버주택, 중산층을 위한 뉴스테이 등 맞춤형 주거지원정책도 제시하였다. 즉, 임대주택에 대한 공공지원정책이 기존의 (최)저소득계층만을 대상으로 하던 데서 벗어나, 서민과 중산층을 위한 임대주택 공급도 포함하였다.

뉴스테이는 중산층을 대상으로 민간건설업체가 아파트를 지어 최장 8년 동안 내 집처럼 살 수 있도록 하는 월세형 임대주택인데, 입주 후 관리도 건설사가 담당한다. 주택의 품질도 좋은 편이고, 주택관리 서비스도 양호하며, 임대료 상승률도 연 5% 이하로 제한된다. 이제 임대주택은 더 이상 저소득층만 사는 데가 아니다.

그러나 공급량 규모로 볼 때 행복주택이나 뉴스테이 등이 전·월세 주택임대차시장에서 큰 영향을 미치기는 어렵다. 오히려 현실적인 대안은 임대시장의 80~90%에 달하는 민간 임대사업자들에게 금융

· 세제지원을 통해서 공급을 늘리도록 유도하는 것이다.

거듭 강조한 바와 같이 정부의 주택정책은 550만 가구나 되는 저소득층의 주거안정에 최우선순위를 두어야만 한다. 건설하는 데 3~4년의 긴 기간이 소요되는 장기공공임대주택 공급을 꾸준히 지속적으로 증대하는 일에 온 힘을 쏟는 것이 바람직한 방향이다. 특히 1, 2인 가구가 전체 가구의 절반 이상을 점유하므로 소형·장기 공공임대주택 공급을 지속적으로 확충해야만 한다.

문재인 정부도 선거공약에서 공공임대주택 확대를 제시하였다. 매년 17만 호를 새로 공급해서 임기 중 도합 85만 호를 지을 계획이다. 이를 통하여 서민들의 전·월세 부담을 경감하고, 특히 취업난을 겪는 젊은 층과 빈곤한 고령층의 주거불안을 줄이는 것이 목표다. [29]

(3) 임대료 보조정책

한국은 주로 공공임대주택을 공급해 저소득층의 주거안정을 도모하였다. 그러나 이 때문에 공공임대주택 입주자에게만 혜택이 돌아가고, 주거비 부담이 버거워 입주하지 못하는 수많은 주거빈곤층은 오히려 사각지대에 놓이게 된다. 또한 임대주택 건설을 위해서는 초기에 상당한 재원이 필요하며, 유지·보수(*maintenance and repair*)를 게을리 할 경우 노후화 및 슬럼화가 빨리 진행될 수도 있다. 임차인의 주거이동이 제약을 받게 되고, 여기 사는 것만으로도 가난하다는 낙인이 찍힐 수 있다.

따라서 정부는 임대료 보조금인 바우처 제도를 2014년에 시범 시행하였으며, 2015년 7월부터는 '주거급여제도'라는 이름으로 바꾸었다. 즉, 중위소득의 43% 이하에 속하는 무주택 저소득계층에 대해서 주택임차비의 일부인 월 평균 11만 원을 지원하려고 한다. 앞으로는 빈곤층의 주거복지 증진을 위해서 공공임대주택 공급증대정책과 임대료 보조정책의 두 가지 수단을 같이 활용하기로 한 것이다.

바우처 제도는 공공임대주택의 문제점을 어느 정도 해결할 수 있다. 예를 들면, 자신의 소득의 30%를 넘는 임대료에 대해서 그 차액을 정부가 바우처로 보조할 수 있다. 이때는 자신이 살 집을 자유롭게 선택할 수 있으며, 여러 계층의 사람들과 어울려서 살기 때문에 낙오자로 지목받을 염려도 없다. **30**

한국은 전기료, 상하수도료 등을 포함하면 가계소득 대비 주거비가 무려 35%에 달한다. 그런데 OECD는 이 비율이 30%를 넘지 않도록 권고하고 있다. 유럽 국가들은 25%를 넘으면 '주거빈곤층'으로 간주해서 공공임대주택이나 보조금을 지급한다. 미국인의 경우 이 비율은 평균적으로 10% 수준인데, 연방정부가 공공임대주택을 공급하지는 않으나 지방자치단체가 임대료 상승률을 직접 규제한다.

미국, 유럽 등 선진국들도 처음에는 주거빈곤층을 공공임대주택 공급으로 지원하였다. 그러나 앞에서 지적한 여러 문제점들로 인해서 미국은 1970년대에 들어오면서 공공임대주택 공급을 중단하고 임대료 보조정책으로 전환하였다. 유럽도 공공임대주택의 높은 유지·보수 비용 및 슬럼화로 1980년대 이후 공공임대주택을 수요자에게 불하하거나, 임대료 보조정책으로 전환하기 시작하였다.

4. 신도시 개발과 도시재생사업

1) 수도권 1, 2기 신도시 개발

주택공급이 부족해서 부동산투기가 심하고, 대도시 내부에 더 이상 개발할 대규모 주택단지가 없던 시절에는 그린벨트를 벗어나서 서울 등 대도시 외곽에 공영개발방식으로 대규모 신도시를 건설하는 방식이 불가피하였다.

그러나 인구증가율이 매우 낮으며 경제성장률이 둔화되고, 주택보급률도 100%를 이미 오래전에 넘어섰으며, 토지보상비는 천문학적 수준으로 늘어나면서 최근에는 신도시 개발보다 기존 도시의 재개발, 재건축 등 도시재생사업을 중요시하게 되었다.

1절 2)의 (2) "주택 200만 호 건설"에서는 분당, 일산 등 5개의 수도권 제1기 신도시 건설에 대해서 살펴보았다. 그 후 수도권 제2기 신도시 건설사업에 따라 판교, 동탄, 김포, 파주 등 9개의 신도시를 개발하였다. 1기에 비해 2기에서는 친환경 도시개발을 지향하여 녹지율은 높아지고 인구밀도는 감소하였다. 또한 1기 신도시는 도시의 자족(自足) 기능이 취약해서 일자리와 주거기능이 분리되어 베드타운이 되었다는 비판이 제기되어, 2기에서는 판교 신도시의 경우처럼 벤처단지를 포함시켜 자족기능을 갖추기 위해서 노력하였다.

앞으로는 외국의 도시개발 사례에서 보는 것처럼 사이언스파크, 대학도시 등 특색이 뚜렷한 도시 건설을 지향하는 방향으로 나아가야 한다. 인천경제자유구역(IFEZ)의 송도국제도시가 대표적인 예이다.

2) 뉴타운 개발사업

서울의 '뉴타운'(재정비촉진지구) 은 재개발이나 재건축처럼 소규모 단지개발이 아니라 30만 제곱미터 이상의 광역개발로, 지방정부가 도시기반시설을 확충하고 교육환경도 개선함으로써 기반시설이 제대로 구비된 도시 안의 '미니 신도시'를 만드는 대단위 주거지 개발사업이다. 이는 또한 민간 주도의 마구잡이 재개발을 억제하기 위한 것이기도 하다.

뉴타운 사업은 2002년 당시 이명박 서울시장이 강북을 개발해서 강남·북의 격차를 줄이겠다는 목표를 내걸고 은평, 길음, 왕십리의 3곳을 시범지구로 지정하면서 시작되었다. 이곳들은 그 후 강남·북 균형개발의 대표적인 성공사례가 되었다. 당시는 주택 가격이 한창 오르던 시기여서 주민들도 상당한 개발이익을 누릴 수 있었다. 이를 본 2006년 지방선거 후보자들 상당수가 뉴타운 설립을 공약으로 제시해서 당선되었고, 2008년 총선에서도 한나라당 후보자들이 뉴타운 공약을 쏟아 냈다.

그 결과 뉴타운 개발사업은 수도권 일대에서 우후죽순, 동시다발적으로 진행되었다. 부동산 개발로 한몫을 잡으려는 주민들의 욕심, 정치인들의 무책임한 선동, 행정당국의 무분별한 뉴타운 지정 남발은 2008년 세계금융위기가 발발하면서 주택경기가 침체되자 애물단지로 변하였다. 2017년 1월 현재 서울에서 뉴타운으로 지정된 사업의 4분의 1은 시작도 하기 전에 해제되었다. 사업이 지연되면서 집을 제때 수리하지 않아 폐가로 변한 집이 5천 채나 된다. **31** 장기간 재산권 행사를 못 하게 되면서 일부 주민들은 차라리 뉴타운 지정을 해제해 달라고 요구하였다. 그러나 뉴타운 지구를 해제하면 부동산 가격이 폭락해서 주민들이 크게 반발할 것이다.

2012년 박원순 서울시장은 이미 지정된 1,300여 개의 뉴타운, 재개발·재건축지구 가운데 거의 절반에 대해서 실행 여부를 새롭게 검토하기로 하였다. 토지 소유자의 30% 이상이 뉴타운 지정 해제를 요청하거나, 공식 사업시행 인가도 받지 않은 구역부터 재검토한다는 방침도 세웠다. 그러나 뉴타운과 재개발 사업은 서울 신규주택 공급량의 70%나 차지한다. 장기적으로 한계에 부딪힐 도심의 주택공급을 늘리려면 체계적인 재개발과 뉴타운 사업 시행이 필요한 것이다. 또한 노후한 주거 불량지를 방치할 수도 없으며, 민간 주도로 마구잡이 개발을 하는 것을 방치할 수도 없다. 즉, 도심 주거환경개선사업은 계속되어야 한다.

현재 한국은 OECD 회원국 중에서 출산율이 가장 낮은 초(超) 저출산 국가가 되었으며, 잠재성장률도 점점 떨어지고 있다. 따라서 신도시 개발이나 뉴타운 사업처럼 고층아파트를 건설하는 것보다, 지역 맞춤형 도시재생사업이 바람직한 방향일 수 있다. 향후 대도시의 거주지 개발은 원래 살던 주민들이 그대로 정착해서 살 수 있도록 주민 부담능력을 고려하여 시행해야 하며, 시세차익 추구보다는 주거의 질을 향상시키는 방향으로 추진하는 것이 바람직하다.

3) 도시재생사업

서울의 강남 개발이 1960년대 말에 시작된 후 거의 50년이 되어 간다. 당시 목표는 강남·북 균형개발이었는데, 이는 강남에 아파트 문화를 정착시키는 계기가 되었다. 최근에는 오히려 소외된 강북 개발을 통해서 강남·북 균형개발을 도모하는 시대로 바뀌었다. 과거 강남 개발은 빈터에 신시가지를 새로 조성하는 것이었으나, 최근의 강북 개발은 재개발, 재건축 등 도시재생사업이 주를 이룬다.

도시재생사업의 추이를 살펴보면, 초기인 1960년대에는 불량지구를 대상으로 원주민 이주와 재개발이 주를 이루었다. 1970년대 이후에는 비효율적이고 노후화된 도심지역의 시가지를 재개발을 통해서 개선하였으며, 주로 서울에서 행해졌다. 대표적인 예가 1973년 서울 소공동의 플라자호텔을 중심으로 한 재개발 사업이다.

1990년대 이후에는 1960년대 초부터 건설하기 시작한 아파트가 노후화되면서 이를 개선하는 재건축이 활성화되었다. 그러나 30년도 채 안 된 아파트를 허물고 재건축하는 것은 엄청난 자원낭비이다. 주택의 평균수명이 한국은 27년에 불과하나, 미국은 72년이며 영국은 128년이나 된다. 우리는 축적된 부나 재산을 너무 빨리 파괴해 버리면서, 동시에 엄청난 분량의 폐건축 쓰레기를 쏟아 내어 환경에 큰 부담을 준다.

국토교통부는 2015년부터 500가구 이상 아파트는 약간의 보수나 리모델링만으로도 100년을 견딜 수 있도록 새로운 설계기준을 의무적으로 부과할 방침이다. 매우 늦었으나 바람직한 방향이다. 건물의 뼈대가 되는 콘크리트는 현재 100년도 버틸 수 있다. 그러나 내부의 배선이나 배관은 수명이 30~40년에 불과하다. 현재는 시멘트와 함께 배관·배선을 묻으므로 후에 보수하려면 바닥이나 벽을 파야만 한다. 앞으로는 바닥을 이중으로 해서 배관과 배선을 넣을 공간은 별도로 두어, 바닥만 열면 배선, 배관을 교체할 수 있도록 설계기준을 새롭게 의무화하려고 한다.

과거에는 기존 건축물의 철거, 개발·신축이 도심 재개발과 재건축의 주를 이루었으나, 최근에 들어오면서는 '도시재생'이 더욱 통합적인 개념을 뜻하는 것으로 사용되고 있다. 즉, 철거 위주의 재개발·재건축에서 벗어나, 소규모의 걷고 싶은 거리를 조성하거나 기존의 역사·문화자원을 활용해서 도시재생사업을 하는 것이다.

문재인 정부도 선거공약에서 '도시재생 뉴딜'을 제시하였는데, 이는 구도심과 달동네를 서민들이 살 만한 주거지로 바꾸는 주거환경 개선을 목표로 한다. 이를 위해서 매년 10조 원을 투자해서 공공기관 주도로 100곳의 구도심과 달동네의 주거환경 개선을 추진하려고 한다.32 이는 세계적 추세와도 맞는 바람직한 정책방향으로 보인다.

오래전 이탈리아의 경제학 교수 한 분에게 서울 도심을 안내한 적이 있다. 나는 주로 근사한 현대식 고층건물들을 소개했다. 그러나 그는 뉴욕, 런던, 도쿄 등에도 흔한 이런 건물들 대신 한국의 전통 건축양식으로 지은 기와집들을 보고 싶다고 해서 부끄럽게 느꼈던 기억이 있다.

건축계의 권위 있는 상인 프리츠커상(Pritzker Prize)을 수상한 중국 건축가 왕슈(王澍)는 지난 30년 동안 중국은 전통적인 도시들을

허물고 외국의 유명한 건축가가 설계한 초현대식 건물들을 다수 새로
세웠으나, 이는 중국의 전통문화와는 동떨어진 것이라고 하였다. 오
히려 파리, 런던 등이 옛날의 전통적 건물들을 잘 보존하고 있다. [33]

한국의 대표적 건축가인 승효상 씨는 자하 하디드(Zaha Hadid)가
설계한 동대문디자인플라자는 훌륭하지만 전혀 주위 환경을 고려하
지 못했다고 비판하였다. 또한 서울은 1천만 이상의 인구를 가진 25
개의 세계 대도시 가운데 유일하게 산으로 둘러싸인 곳이므로, 4대문
안에는 산의 경관을 해치지 않도록 200미터, 즉 30층 이하의 건물만
지어야 한다고 생각한다. [34]

향후 도시재생사업은 무엇보다도 먼저 누구를 위한 도시재생사업
인가를 고려해야만 한다. 과거처럼 원래 살고 있던 주민들의 주거권
을 무시한 채 재개발을 무리하게 추진하는 것은 삼가야 한다. 또한 중
앙정부가 일방적으로 추진하는 대신 지방자치단체의 의견을 수렴해
서 그 지역에 알맞게 일자리 창출과 문화적 특성을 참작하는 것이 필
요하다.

인천 송도 국제자유도시와 제주 국제자유도시는 규제완화를 통해
도시개발에 성공한 대표적 사례로 꼽힌다. [35] 또한 대표적인 해외 도
심재생사업 사례로는 일본 도쿄의 롯폰기 힐스(六本木 Hills) 일대를
들 수 있다. 도심재개발 사업으로 2003년에 준공된 롯폰기 힐스는 주
거, 문화, 업무가 결합된 세계적으로 손꼽히는 복합도시이다.

5. 토지정책

1) 토지문제

대한민국은 1948년 〈제헌(制憲) 헌법〉에 기초해서 수립되었다. 이에 따라 민주주의·시장경제를 채택하였고, 주요한 생산수단인 토지의 사유권이 보장되었다. 농지개혁은 1950년에 제정된 〈농지개혁법〉에 따라 봉건적 지주-소작제를 철폐하고, 경자유전(耕者有田)과 농지소유 3정보 상한선의 두 가지 원칙 아래 유상매입·유상분배 방식으로 단행되었다. 이는 북한의 무상몰수·무상배분 방식과 대비된다.

6·25전쟁의 피해는 농촌에 비해 도시가 더 심각했으므로 1950년대에는 정부의 조세수입도 주로 농촌에 의존할 수밖에 없었다. 따라서 직접세의 60%가 농촌의 지세(地稅), 즉 농지수득세(農地收得稅)에서 나왔다. 당시의 토지정책도 자연히 농지에 대한 것이 위주였다.

그러나 급속한 인구증가와 핵가족화, 도시화와 공업화의 진전으로 토지에 대한 수요는 빠르게 증가한 반면 가용(可用) 토지의 공급은 제한돼 토지 가격은 지속적으로 상승하였다. 도시화율도 1970년에 이미 51%에 달하였다. 토지에 대한 투기도 반복적으로 발생하였다. 또한 토지 가격이 계속 상승하면 주택 가격도 오를 수밖에 없었다. 개발연대가 시작되면서 토지정책의 대상은 농지에서 도시용지로 옮겨 갔다.

2014년의 지목별 토지이용 현황을 보면, 산림지 63.9%, 농경지 20.4%, 대지 2.9%, 공장용지 0.9% 및 학교·도로·철도 등 공공용지 3.5%, 하천 2.8% 등으로 구성되어 있다. 즉, 대지, 공장용지, 공공용지 등 도시용지는 전 국토의 7.3%에 불과하다. 이는 영국의 14.4%, 일본의 8.3%에 비해서 낮은 수준이다. 한국은 다른 나라에 비해서 도시용지 공급을 인위적으로 엄격하게 제한하고 있는 것이다.

따라서 국토가 좁아서 땅값이 비싸다고 생각하는 것은 잘못이며, 우리 주위에는 경사가 완만한 산이나 전답(田畓)과 같이 개발해서 쓸 수 있는 토지가 얼마든지 있다. 싱가포르나 홍콩과 같이 땅이 없는 도시국가가 아니다. 예를 들어, 국토의 2%만 추가로 개발하여 땅값이 특히 비싼 대지와 공장용지로 활용한다면 필요한 땅을 충분히 마련할 수 있다. 그러나 토지 용도제한(zoning)을 엄격하게 규제하고 있어서, 도시용지 공급을 신축적으로 늘릴 수는 없다. 예를 들면 농지나 임야를 도시용으로 변경할 수 없다. 특히 그린벨트는 엄격한 개발통제를 받고 있다.

우리 국토는 대부분을 개인이 소유하고 있다. 1975년에 국·공유지는 전 국토의 15%에 지나지 않았다. 그 후 도시화의 진전에 따라 도로, 공원, 학교 등 공공용지가 늘어나서 2014년 현재 국·공유지 비율은 32.6%로 증가하였다. 그러나 다른 나라에 비해서는 국·공유지 비율이 상당히 낮은 편이다. 토지투기가 심했던 일본도 국·공유지 비율이 37%로 우리보다 높다. 한국에서 발생하는 여러 토지 문제, 즉 고(高)지가, 개발이익의 사유화, '정보의 비대칭'(information asymmetry)으로 인한 토지자산의 특정계층으로의 집중, 공공사업에 필요한 토지수용 보상액의 급속한 증가, 도시용지의 난개발 등은 대부분의 토지가 사유지인 데 연유한다.

토지 소유는 극심한 편중현상을 보인다. 국토교통부의 토지 소유
현황 통계에 따르면, 2012년 현재 토지 소유세대 중 상위 5%가 전체
민유지(民有地)의 61.3%를 소유하고 있다. 민유지란 전 국토 가운
데 국·공유지와 법인 명의 토지를 제외한 것이다. 상위 10%가 전체
민유지의 76.6%, 4분의 3이 넘는 면적을 점유하였으며, 상위 25%
는 93.8%를 소유하고 있다.

일반적으로 많은 나라에서 소득보다는 부(재산)의 분배가 더욱 불
평등하다. 한국은 1997년 외환위기, 2003년 카드사태 및 2008년 세
계금융위기를 거치면서 이른바 양극화가 상당한 정도로 진행되었다.
그 과정에서 소득분배가 악화되었다. 그러나 자산 또는 부(富)인 토
지 분배의 불평등도는 더욱 심하다.

1980년대 후반에 정치적 민주화가 진행되고, 임금이 수년간 큰 폭
으로 상승했는데도 근로자들은 만족하지 못하고 노사분규는 빈번하
게 발생하였다. 주택과 토지 가격 급등으로 부유층은 가만히 앉아서
도 불로소득을 얻는 반면 수많은 집 없는 서민들은 전·월세 가격 급
등으로 주거불안이 심화되었으므로 큰 폭의 임금상승에도 근로자들
은 만족할 수 없었던 것이다.

국토교통부에 의하면 1991년 1월 1일 현재 사유지와 국유지를 모
두 포함한 전국의 땅값은 1,615조 원으로 그해 GNP의 무려 9배를 넘
었다. 미국은 1988년 당시 국토의 시가총액이 GNP의 약 62%에 불
과하였다. 서유럽 국가 중 지가가 가장 비싼 영국도 GNP의 약 2배
정도이다. 토지광란을 일으킨 일본도 3.5배에 그쳤다. 그 후 2014년

1월 1일 현재 국토교통부가 전국의 토지 3,178만 필지에 대해서 '공시지가'(公示地價) 기준으로 조사한 전국 토지가격 총액은 2013년에 약 4천조 원을 넘었다. 2008년에는 약 3천조 원이었다.

일반 국민들에 비해서 정보가 빨라 정보의 비대칭 현상이 존재하는 가운데, 고위 공직자, 대기업 및 기업체 간부 등 사회 지도층과 부유층을 많은 사람들이 부동산투기의 주범으로 지목하는 것은 우려되는 현상이다. 이는 곧 우리 사회의 상류층이 대다수 국민들을 상대로 전쟁을 벌이는 것과 같다. 개발계획에 대해서 사전에 정보를 구할 수 있는 우위를 활용하여 사익을 추구한 것이다.

반세기 동안 계속된 땅값과 집값의 지속적 상승과 부동산투기로 사회 지도층에 대한 신뢰가 무너지고 공동체의식이 사라졌으며, 갈등과 반목은 심화되고 국민화합은 빈말로 변했고, 기회균등이나 사회정의도 무너져서 자본주의체제 자체가 위협에 처하게 되었다. 지도층이 목전의 이익에 눈이 어두워 체제안정과 장기 국가발전에 커다란 해를 끼치는 소탐대실(小貪大失)의 우(愚)를 범한 것이다. 대표적인 보수적 자유주의 신봉자이자 약 20년간 미국 연방준비제도 의장을 역임한 그린스펀의 지적대로, 민주주의·시장경제체제도 국민 일반의 지지가 있을 때 존속이 가능하다는 말을 깊이 생각해 볼 필요가 있다.

전문 투기꾼이나 부유층은 말할 것도 없고, 다소라도 자금의 여유가 있는 국민들 사이에는 부동산에 대한 투기심리가 넓고 깊게 뿌리박혔다. 이러한 상황 아래서는 노동자들의 근로의욕이나 기업의 투자의욕, 가계의 저축의욕은 시들기 마련이다. 즉, 가계, 근로자, 기업 등 모든 경제주체가 '경제하려는 의지'를 상실하여 생산성 향상이나 기술혁신 등 국가경쟁력을 증대시키는 노력을 저해하게 된다. 부동산투기가 '망국병'을 일으켰다고 지적하는 것은 결코 과장이 아니다. 지난 반세기 동안의 가장 중요한 정부실패 사례이다.

2) 토지정책의 추이

(1) 투기 열풍

1960년대 초 이후 도시화와 공업화의 급속한 진전으로 도시용지에 대한 수요는 빠르게 증가하였으나 공급은 이에 뒤따르지 못했다. 그 결과 토지와 주택 가격은 상승하였고, 투기도 뒤따랐다. 공업화의 출발점인 제 1차 경제개발 5개년계획(1962~1966년)의 최초 사업은 1962년 2월에 시작된 울산공업지구 건설이다. 이때 울산공업지구 주변에서 처음으로 투기가 발생하였다. 1967년 12월에 경부고속도로 건설계획이 공표되고, 1970년 1월에는 강남개발계획이 발표되자 말죽거리를 시작으로 토지투기가 전국의 대도시 지역으로 확산되었다. 그결과 1969년에는 전국 토지가격이 전년 대비 무려 80.8%나 급등하였다.

그럼에도 당시는 공업화와 경제성장 우선주의가 지배하던 시기이어서 토지정책은 경제성장정책의 하위 수단으로만 인식되었으며, 장기적으로 토지, 주택 등 부동산투기가 초래할 엄청난 사회·경제적 폐해에 대해서는 신경 쓸 겨를이 없었다. 국회는 1967년 11월이나 돼서야 〈부동산투기 억제에 관한 특별조치법〉을 제정하였다. 그런데도 토지투기가 계속되자 정부는 1971년 초 대도시 주변지역에 그린벨트를 지정하였는데, 그때서야 비로소 지가가 안정되었다.

선·후진국을 막론하고 대도시는 소득, 인구가 증가함에 따라서 도심에서 벗어나 점점 밖으로 확장해 나가는 경향이 있다. 이때 서울이나 런던이 한 것처럼 그린벨트를 설정하면, 도심에서 교외로 점점 뻗어 나가는 것을 억제하게 된다. 도심의 땅값 상승을 감당하기 어려워서 그린벨트 밖으로 이주해서 도심으로 출퇴근하면 과다한 통근 소요시간, 대기오염 등 각종 비용이 발생한다. 2015년 런던의 주거비는 전년 대비 무려 19%나 급등하였는데, 그 이유는 그린벨트로 도심확장은 불가능한 반면에 부동산에 대한 수요는 계속해서 증가하였기 때문이다.

정부는 부동산투기를 억제하기 위해서 1974년 1월 긴급조치를 발표하였다. 기업이 보유한 토지 가운데 직접 업무에 사용하지 않는 빈 땅인 비업무용 토지와, 개인이 가진 대지 중에서 건물이 들어서 있지 않은 빈 땅인 공한지(空閑地)에 대해서 무거운 세금을 부과하는 공한지세를 도입한 것이다. 1974년 5월에는 '기업의 체질개선과 자금동원에 관한 특별조치'를 발표해서 기업의 비업무용 토지에 대해서 강제매각 조치를 취하였다. 여기서 생긴 자금은 금융기관에 대한 부채를 상환하거나 중화학공업에 투자하도록 유도하였다.

1975년에는 부동산투기를 억제하기 위해서 '양도소득세'를 도입하였다. 그러나 1969년 제1차 부동산투기 붐에 이어서 거의 10년 만인 1978년에 다시 제2차 부동산투기 붐이 일어났다. 제2차 부동산투기 붐이 일어나던 당시 전국 지가는 전년 대비 무려 49%나 급등하였다. 한편 제3차 및 제4차 경제개발 5개년계획의 물리적 토대를 마련하기 위해서 제 1차 국토건설종합계획(1972~1981년)이 수립되었다.

1970년대 중반에는 중화학공업 부문에 대한 중복·과잉 투자 때문에 부실기업이 양산되었다. 설상가상으로 1979년 제 2차 석유파동으로 세계경제가 경기침체와 인플레이션이 동시에 일어나는 스태그플레이션(stagflation)에 빠지면서, 인플레이션이 일어나고 국제수지 적자는 커졌으며 실업률도 크게 상승하였다. 또 쌀농사도 대흉작이었으며, 중화학공업 투자를 위한 막대한 외자도입으로 '외채망국론'까지 제기되었다. 1979년의 이른바 10·26사태와 뒤를 이은 12·12사태 그리고 1980년 광주민주화운동으로 경제위기는 정치적 위기로 확산되었다. 전두환 정부는 1980년 9월 두 번째로 기업의 비업무용 토지 강제매각 조치를 단행하였는데, 이는 1978년 제 2차 부동산투기 붐 때 기업들이 과도하게 토지를 매입한 데 따른 것이다.

앞서 1절과 3절에서 본 바와 같이, 1960년대와 1970년대에는 도시용지의 개발·공급이 주로 '토지구획정리'를 통하여 이루어졌다. 즉, 재개발·재건축 등 도시재생사업이 민간부문 주도로 토지구획정리사업을 통해서 이루어졌다. 그러나 1980년대부터는 신도시와 같은 대규모 단지가 공공부문이 주도하는 공영개발방식으로 조성되었다.

1980년대 중반에는 3저 현상으로 '단군 이래 최대 호황'을 맞게 된다. 당시 우리는 외채가 많아서 이자부담이 컸으며, 지금도 그렇지만 막대한 원유를 수입했고, 저환율은 수출을 증대시키는데, 저금리·저유가·저환율이 지속되었으므로 막대한 국제수지 흑자가 생기면서 엄청난 양의 원화가 시중에 살포되었다. 즉, 수출기업들이 국내에 유입된 달러를 은행에서 원화로 환전하는 가운데 유동성이 살포된 것이다. 동시에 1987년과 1988년 대통령, 국회의원 선거를 치르면서 과다한 통화량이 살포되어 물가를 상승시켰는데, 그 결과 1988년에는 제3차 부동산투기 붐이 일어나서 전국의 지가가 전년 대비 27%나 급상승하였다.

한편, 1987년 6월 민주화운동을 계기로 한국사회의 정치적 민주화가 상당한 정도로 진전되었으며, 노동계를 비롯한 다양한 계층의 요구가 봇물 터지듯 나왔다. 1989년 설립된 '경제정의실천연합'은 토지투기를 사회병폐의 주된 요인으로 지적하고 토지공개념 제도 도입 등을 촉구하였다.

(2) 토지공개념 제도

노태우 정부는 1988년 9월 국토연구원에 '토지공개념 연구위원회'를 설치하였다. 그리고 이 위원회의 최종보고서에 기초해서 1989년 12월 토지공개념 관련 3개 법률을 제정하였다. 그 결과로 1990년 '택지소유상한제', '토지초과이득세제', '개발부담금제'가 도입되었다. 당시 여론조사 결과를 보면, 국민의 87%가 토지공개념 제도 도입을 찬성하였다.

택지소유상한제는 한 가구가 서울, 부산, 대구, 광주, 대전, 인천 등 6대 도시에서 합계 200평 이상의 택지를 소유할 수 없도록 하였다. 토지초과이득세제는 땅값이 정상적인 지가상승률을 초과한 경우 지가상승분의 50%를 매 3년마다 세금으로 부과하도록 하였다. 이 제도는 과도한 땅값 상승으로 인한 자본이득을 불로소득(不勞所得, *unearned income*)으로 간주하여 정부가 환수하려 한 것으로, 보유 중인 토지에 대해서 부과하는 것이므로 미실현 소득에 대해서 과세하는 것이 된다.

토지초과이득세는 실수요 목적보다는 지가상승을 기대하고 보유 중인 유휴 토지나 공한지 등에 부과되는 것이 특징이다. 한편 건설업자가 정부로부터 택지, 유통단지, 관광지 등 개발사업 허가를 받을 때는 보통 토지의 용도변경과 형질변경 허가도 함께 받게 된다. 이때 건설업자는 땅값이 뛰어서 상당한 개발이익을 얻게 되는데, 정부는 이를 개발부담금으로 환수하였다. 개발이익의 환수율은 50%로 정하였다.

토지공개념 제도 도입은 토지에 대한 투기를 억제하고 가수요를 줄여 토지·주택시장 안정에 상당한 기여를 하였다. 그러나 자유시장주의 원칙에 위배된다는 논거로 헌법재판소는 헌법불합치 또는 위헌 결정을 내렸다. 또한 토지초과이득세와 택지소유상한제는 외환위기를 겪으면서 폐지되었다.

하지만 정도의 차이는 있으나 거의 모든 자본주의 국가들이 실제로는 토지공개념 제도를 채택하고 있다. 즉, 공공의 이익을 위해서 필요한 경우에는 사유재산권을 부분적으로 제한한다. 대지, 전답, 임야, 도로 등으로 토지의 용도를 지정하는 것이 좋은 예이다. 정부가 공공의 목적을 위해서 사유지를 수용하는 경우도 적지 않고, 그린벨트를 지정하는 것도 그렇다. 또한 1949년의 〈농지개혁법〉은 농지의 3정보 상한선을 설정하였다. 당시 토지가 공공의 복리증진을 위해서 사용되어야 한다는 절대다수 국민들의 요구는 매우 높았다.

특히 대부분의 국민들이 주기적으로 반복되는 부동산투기와 땅값

·집값 폭등으로 막대한 손해를 입었고, 그에 따라 기본적인 주거권마저도 위협받는 엄연한 현실에서 토지공개념 제도의 위헌 판결은 개별 나무들만 보고 전체 숲은 보지 못한 것과 같다. 민주주의 시장경제 체제에 대한 최대 위협은 기회의 평등과 경제정의가 수립되지 못해서 생기는 구성원 간의 갈등·대립의 심화, 공동체의식의 결여 및 사회·경제적 불안이라는 사실을 깊이 되새길 필요가 있다.

정부는 또한 '종합토지세'를 도입하였다. 이전에는 토지에 대한 과세가 토지분 재산세와 유휴지 및 법인의 비업무용 토지에 부과하는 토지과다보유세의 둘로 나뉘어 있었다. 그러나 1995년 토지 전산화가 완료됨에 따라 각 개인이 보유한 토지를 모두 합산해서 누진과세하는 종합토지세로의 일원화가 가능해졌다. 전에는 개인이든 기업이든 한 사람의 토지 소유자가 전국에 여러 필지의 땅을 소유하고 있더라도 필지별로 토지분 재산세를 따로 부과하였다. 그러나 이제는 소유자별로 전국에 가진 토지를 모두 합산해서 땅을 많이 보유할수록 더 높은 세금을 부과할 수 있게 되었다. 따라서 종합토지세는 토지분 재산세를 강화한 것으로 볼 수 있다.

그런데 당시 우리는 여러 종류의 토지 가격을 가지고 있었다. 첫째는 행정안전부의 과세시가 표준액으로, 재산세, 양도소득세 등 토지 관련 세금을 부과할 때 사용되며 흔히 과표(課標)라고도 부른다. 둘째는 국세청의 '기준시가'로서, 투기지역으로 지정된 곳에서 토지의 양도소득세를 부과하는 데 적용하는 토지 가격이다. 셋째는 국토교통부가 민간의 토지를 수용하면서 보상금을 지급할 때 기준이 되는 가격이다. 넷째는 감정원의 '토지시가'로서, 은행이 부동산 담보를 평가할 때 적용하는 가격이다.

이를 통일하기 위해서 국토교통부는 1990년 9월 실제 시가에 근접한 '공시지가 제도'를 도입하였다. 또한 1994년까지 과표를 공시지가의 60% 수준까지 끌어올릴 계획도 세웠다. 1989년 토지의 과표 현실화율은 전국 평균으로 33%에 불과하였다. 공시지가는 매년 1월 1일 기준으로 정부가 재산세와 종합부동산세 등 보유세를 산정하기 위해서 책정한다. 집값 과열 현상을 보였던 강남 3구(강남·서초·송파)는 2017년 5월부터 2018년 3월까지 공시지가가 최고 30% 이상이나 올라서 보유세도 크게 오를 것으로 예상된다. 그런데 이 지역 아파트의 공시가격은 시세의 70% 수준에 달했다.

부동산투기를 억제하는 데는 부동산 관련 세금인 양도소득세와 재산세(1990년 이후는 종합토지세)의 강화가 다른 어떤 수단보다도 강력하다. 그러나 당시에는 과표 현실화율이 매우 낮았으며, 비과세 및 감면 대상이 넓고, 종합토지세도 실제로 투기의 대상이 되는 농촌의 논·밭·임야에 대해서는 분리 과세하는 등 부동산투기를 억제하는 데 미흡하였다. 한편 1990년 4월에는 〈부동산투기 억제에 관한 특별조치법〉을 제정하여 부동산 등기 의무제를 도입하기도 하였다.

2017년 8월 현재 공시지가는 아파트의 경우 시장거래가격(시가, 時價)의 80% 수준이다. 이에 비해서 상가 건물은 30%, 토지는 42% 그리고 고가의 주택은 48%에 그치고 있다. 따라서 시가 대비 공시지가가 매우 낮은 상가, 토지, 고가 주택의 공시지가 현실화가 바람직하다. 공평과세 달성과 더불어, 부동산에 대한 투기수요를 억제하는 데도 보유세 강화가 필요하기 때문이다. 한편 문재인 대통령은 후보

시절 현재 GDP의 0.78% 수준인 부동산 보유세(재산세 + 종합부동산세)를 1%까지 인상할 것을 주장하였다. **36**

(3) 세계화와 규제완화

1989년 말 동구권의 몰락과 더불어 시작된 세계적인 민주주의·시장경제로의 통합, 1993년 말 우루과이 라운드(Uruguay Round: UR) 타결 및 뒤이은 세계무역기구(WTO) 체제 출범과 더불어 세계화, 민영화, 규제완화 등은 큰 흐름이 되었다.

이에 맞추어 김영삼 정부는 1993년 〈국토이용관리법〉을 전면 개정하였다. 전국의 용도지역을 10개에서 5개로 단순화했고, 준도시지역과 준농림지역이 새롭게 도입되었다. 그 결과로 개발 가능한 토지가 전체 국토면적에서 점유하는 비중이 종전의 15%에서 42%로 단번에 3배나 급증하였다. 용적률과 용도규제도 크게 완화되었으며, 규제방식도 종전의 허용행위 열거방식에서 제한행위 열거방식으로 전환되었다.

〈수도권 정비계획법〉도 전면 개정해서 종전의 5개 권역을 3개 권역으로 축소하였다. 개발가능권역도 종전의 37%에서 50%로 크게 늘어났다. 또한 과밀억제권역 내에서도 과밀부담금만 내면 대형건물의 신·증축이 가능해졌다. 1996년 1월에는 〈농지법〉도 개정하여 농업진흥지역 내의 농지에 대해서는 3정보 상한선을 폐지하고, 농업진흥지역 밖의 농지는 소유상한을 5정보로 확대해서 농업경쟁력을 제고하여 UR 타결로 인한 농산물시장 개방에 대비하였다.

또한 국토교통부의 토지거래 전산화 자료와 공시지가 전산화 자료, 행정안전부의 지적(地籍) 전산화 자료와 주민등록 전산화 자료를 모두 통합해서 1995년 '종합토지정보망'을 가동함으로써 부동산시장의 투명성을 크게 높였다. 또한 같은 해부터는 일제 강점기 이후 계속돼 온 명의신탁을 금지하고 실거래자 명의로 등기하도록 의무화하는 '부동산실명제'를 실시하여 부동산 소유관계를 투명하게 하였다.

1996년에 한국은 OECD에 가입하였다. 그러나 당시 세계화 추세에 맞추려고 규제완화를 서둘러 자본시장의 대외개방을 사전 준비 없이 단행함으로써 대규모 기업 도산, 실업자 발생 및 가계 파탄 등 미증유의 국민적 고통을 초래한 외환위기를 맞게 되었다. 또한 토지개발에 대한 무분별한 규제완화로 말미암아 난개발과 환경파괴라는 심각한 부작용을 초래하였다. 농촌의 논밭 한가운데 주변 환경과 전혀 어울리지 않는 고층 아파트의 난립이 대표적인 예이다. 사려 깊지 못한 경제정책의 급격한 변화가 얼마나 큰 폐해를 초래하는가를 여실하게 드러낸 주요한 정책실패 사례였다.

2000년대 초에 이르면서 준농림지역의 '난개발'은 심각한 사회·경제적 문제로 등장하였다. 이를 시정하기 위해서 2002년 2월 〈국토기본법〉과 〈국토계획법〉을 제정하여 '선계획·후개발' 원칙에 기초한 새로운 친환경적 국토관리체계를 구축하게 되었다. 개발우선정책이 개발과 보전의 조화를 추구하는 방향으로 전환된 것이다. 아울러 도시지역은 전에도 그랬으나, 모든 시·군에 대해서도 '도시기본계획'을 수립하도록 의무화하였다.

(4) 국토의 균형발전

2003년 출범한 노무현 정부는 과도한 수도권 집중을 더 이상 방치할 수 없다고 보고 국토 균형발전을 주요한 국가정책 과제로 삼았다. '신국토구상'의 토지정책 방향은 선(先)지방육성·후(後) 수도권 규제완화와 선계획·후개발 체제이다. 이를 실현하기 위해서 〈국가균형발전 특별법〉, 〈신행정수도건설 특별조치법〉, 〈지방분권 특별법〉 등이 제정되었다. 신행정수도 건설계획은 위헌소송을 겪으면서 '행정중심복합도시' 건설로 바뀌었다. 176개 공공기관의 지방이전을 위해서 '혁신도시'를 건설하며, '기업도시' 건설도 추진하였다.

한편 외환위기가 수습되면서 다시 부동산투기가 일어나고 양극화가 주요한 사회·경제적 의제로 부각되자 정부는 토지공개념 제도를 부동산공개념 제도로 확대하였다. 첫째로, 가수요를 차단하고 부동산투기를 억제하기 위하여 부동산 조세제도를 개편하여 보유과세를 강화함으로써 부동산시장의 장기적 안정기반을 구축하려고 하였다.

토지에 부과하는 여러 세금은 토지에 대한 수요를 좌우하는 주요 요인이다. 취득 단계에서는 취득세와 등록세가 광역자치단체에 의해 부과된다. 보유 단계에서는 기초자치단체가 부과하는 재산세와 국세인 종합부동산세(종부세)가 있다.

종부세는 고가의 부동산 보유에 대해서 재산세 이외에 부과하는 것으로, 2005년부터 시행되었다. 종부세는 공시가격 6억 원 이상의 주택 소유에 대해서 부과되었는데, 그 결과 부동산의 실제가격 대비 납세자가 납부하는 세금 비율인 실효세율은 2007년에 0.5%로 높아졌다. 이는 공시가격을 실거래가의 70~80%까지 높였기 때문이다. 그

536

러나 아직도 일본 1%, 영국 1~2%, 미국 1.54%에 비해서는 훨씬 낮다.

개발 단계에서는 개발부담금이 부과되는데, 이는 택지개발사업으로 지가가 상승했을 때 개발업자에게 개발비용을 제외한 개발이익의 일정비율을 부과하는 것이다. 끝으로 이전 단계에서는 국세인 양도소득세, 상속세, 증여세가 징수된다. 양도소득세도 강화해서 과세기준을 종전의 기준시가에서 실거래가격으로 바꾸었다. 그러나 거래 위축을 막기 위해서 취득세와 등록세는 세율을 인하하였다. 양도소득세의 과세표준(과표)은 양도가액에서 각종 공제항목을 뺀 금액이 된다. 보유한 토지와 건물에 대해서는 보유연한이 길수록 낮은 세율이 적용된다. 상속세와 증여세의 세율은 7~34% 수준이다.

부동산에 대한 과세는 1990년 이후 꾸준히 강화되었으나, 특히 노무현 정부 기간에 그러하였다. 그 결과로 2005~2007년 기간에 부동산 관련 조세수입은 약 19조 8천억 원에서 31조 원으로 57%나 급증하였다. 특히 양도소득세가 4조 5천억 원에서 11조 3천억 원으로 무려 154%나 급증하였다.

취득세와 등록세는 기간 중 각각 6조 원대와 5조 원대로 비교적 일정하였으며, 재산세와 종부세는 2007년에 각각 3조 8천억 원과 2조 4천억 원 수준이었다. 2011년에는 1세대 1주택자의 종부세 부과기준이 9억 원을 초과하는 경우로 상향 조정되었는데, 8만 가구 정도가 이에 해당되었다. 개인과 법인을 모두 합하면 종부세 부과 대상자는 도합 25만 명 정도이다. 그러나 2009년 세대별 합산에 대해서 위헌결정이 내려지면서 2011년 종부세 세입은 1조 1,600억 원으로 급감하였다.

둘째로, 부동산금융에 대한 관리를 강화해서 부동산을 담보로 한 무분별한 대출을 억제하고, 금융기관의 부실대출 위험을 줄이고자 노력하였다. 투기지역에서는 주택담보대출비율(LTV)을 주택 가격의 40% 수준까지 낮추었다. 또한 투기지역에서 시가 6억 원을 초과하는 아파트를 구입할 때는 총부채상환비율(DTI)을 연간소득의 40% 이하로 제한하였다.

3) 토지정책의 성과와 과제

토지정책의 수단을 보면 먼저 도시용지 개발·공급 방식으로는 1960 년대와 1970년대에 주로 쓰인 토지구획정리사업이 있는데, 서울 등 대도시의 구(舊)시가지 대부분이 토지구획정리사업에 의해서 개발되었다. 1980년대 이후에는 공영개발방식이 대도시 주변의 대규모 주택단지를 개발하는 데 주로 활용되었다. 최근에는 다시 도시구획정리사업을 통한 기존도시 재개발, 재건축, 도시재생사업이 주를 이루고 있다.

토지정책의 또 다른 주요한 수단으로는 토지시장의 안정을 위한 토지공개념 제도가 있다. 도시화와 산업화가 급속히 진전되면 도시용지에 대한 수요와 공급 간에 격차가 생겨 토지 투기가 주기적으로 발생하게 된다. 이는 토지 소유의 극심한 불평등과 개발이익 사유화로 사회·경제적 안정을 위협한다. 또한 임금과 물가의 상승 및 토지보상비용의 급속한 증가로 국제경쟁력을 저해한다. 토지공개념 관련 3

개 법률의 도입은 1990년대에 토지시장 안정에 크게 기여하였으나 셋 모두 위헌판결 등으로 폐지되었다.

　토지시장에 대한 정보가 체계적으로 갖추어지면서 토지시장도 투명해졌다. 1995년에 구축된 종합토지정보망을 2005년에는 '한국토지정보망'으로 확대해서 지적, 도면, 지가, 거래, 용도 등을 모두 포괄하였다. 1995년에는 부동산실명제, 2005년에는 부동산거래 신고제와 부동산 가격 등기의무제가 도입되었다. 또한 1989년에 공시지가를 도입한 후 각종 조세부과의 과표로 사용했는데, 2005년에는 주택 등으로까지 확대 적용하는 부동산 가격 공시제도로 발전하였다. 이처럼 토지시장이 투명해지면서 토지시장 안정정책도 종전의 직접규제에서 조세정책과 금융정책을 사용하는 간접규제로 전환되었다.

6장 핵심사항

— 2017년 현재 내 집을 꼭 마련해야 한다는 국민의 비율은 전체의 82.8%에 달하여 자기 집을 소유하려는 욕망이 강하다. 미국인들에게도 이는 '아메리칸 드림'의 주요한 구성요소이다.

— 2008년 미국발 세계금융위기로 주택 가격이 급락하면서, 2012년 현재 미국 전체 가구의 약 5분의 1이나 되는 1천만 가구가 엄청난 고통을 겪었다.

— 주택보급률은 주거사정을 나타내는 지표로서, 주택 200만 호 건설계획(1988~1992년)이 성공적으로 추진되면서 2002년에는 전국 주택보급률이 100%를 넘어섰다.

— 택지를 개발해서 주택을 건설하는 방식에는 1950~1970년대에 널리 이용하였던 토지구획정리사업이 대표적 예인 '환지방식'과, 주택 200만 호 건설계획에서 적용한 공영개발방식이 주요한 예인 '강제매수'(또는 수용) 방식의 두 가지가 있다. 수용방식은 싱가포르, 홍콩, 대만에서도 활용되었다.

— 1980년대 후반기에는 주택 가격과 임대료의 급등으로 저소득계층의 주거안정이 가장 주요한 사회·경제적 과제로 제기되었고, 이는 민주화 시위 때마다 높은 임금인상을 요구하는 주된 논거였다.

- 경제성장과 더불어 주거밀도는 크게 개선되었으며, 주거의 질도 괄목할 만하게 나아졌다. 2005년에 이미 입식 부엌, 수세식 화장실 및 온수 목욕시설을 갖춘 주택 비중이 도시와 농촌 모두 거의 100%에 달하였다.

- 최저 주거기준에도 못 미치는 주거빈곤층도 2014년에는 전체 가구의 5.3%인 98만 가구로 급감하였다. 이 중에서도 특히 주거환경이 열악한 지하 및 반지하, 옥탑방 거주 가구도 2.8%로 크게 줄었으나, 수도권은 5.6%로 아직 높다. 3인 이상 가구 중 단칸방에 사는 가구 비율도 2014년엔 0.3%로 떨어졌다.

- 서울의 주택보급률은 2010년에 97%였으나, 자가보유율은 51.3%로 그동안 별로 개선되지 못하였다. 즉, 주거사정은 저소득계층의 경우 크게 나아지지 못했다.

- 주택 구입능력을 나타내는, 주택 가격을 연 소득으로 나눈 가격-소득비율(PIR)을 보면 2015년 초 서울의 경우 평균치 기준으로 10배이다. 이는 런던의 8배, 도쿄의 7.5배 및 뉴욕의 7배에 비해서 높은 수준이다. 한편 주거비 부담을 보이는 임대료를 연 소득으로 나눈 임대료-소득비율(RIR)은 서울이 2014년에 30.9%였다. 소득계층별로 RIR을 보면 특히 저소득층이 34.1%로 매우 높아 주거비 부담이 상당하다.

- 경부고속도로 건설계획(1967년), 강남개발계획(1970년) 등이 잇달아 발표되면서 부동산투기가 극심해져서 1969년에는 전국 지가상승률이 무려 80.7%나 급등하는 제1차 부동산 가격 폭등이 일어났다. 이를 막

기 위해서 1968년 '부동산투기억제세'(양도소득세)가 도입되었으나 효과는 적었다. 다시 10년쯤 후인 1978년에는 중화학공업화 추진, 중동건설 붐 등으로 통화 팽창이 발생하면서 서울의 지가가 무려 136%나 급등하는 제2차 부동산 가격 폭등이 발생하였다.

— 서울올림픽(1988년) 등 주요한 국제행사 개최로 인한 대규모 개발사업 추진과 3저(低) 호황으로 상당한 유동성이 시중에 살포되어 다시 10년 만인 1988년에는 전국의 지가가 27%나 급등하였다. 이에 따라 주택공급의 획기적 증대를 위해서 주택 200만 호 건설계획(1988~1992년)이 추진되었으며, 토지공개념 관련 3개 법률(1989년)도 제정되었다.

— 1990년대에는 주택 가격이 소폭으로 하향추세를 지속하였다. 그 후 다시 2005년에는 '부동산투기와의 전쟁'을 선포하였는데, 1가구 2주택 소유를 투기로 간주하는 등 주택에 대한 수요 측면을 더욱 강력하게 규제하였다. 양도소득세 중과, 종합부동산세 시행 및 LTV, DIT 등 금융규제도 강화하였다.

— 전세는 한국만의 특유한 주택임대차 제도로, 집값이 계속해서 상승하고 고(高)이자율일 때 투자 목적으로 널리 번졌다. 그러나 집값이 안정되고, 2008년 미국발 세계금융위기 이후 전 세계적으로 초저금리가 지속되면서 매력을 잃게 되었다.

— 임차인은 집값이 떨어질 우려가 있으므로 주택 구입을 미루고 계속 전세를 살려고 하나, 임대인은 저금리로 수입이 줄어들므로 월세로 전환하

고자 한다. 따라서 전세 공급에 비해서 수요가 많아져, 전세가율은 전세 가격이 오르기 시작한 2009년 2월부터 정점에 이른 2016년 6월 사이에 38.3%에서 75.1%로 급등해서 '미친 전세'라고 부르게 되었다.

— 공영택지개발과 분양가 규제를 주요 내용으로 하는 주택공급체계하에 서, 대다수 무주택 서민들은 내 집 마련의 기회가 실질적으로 봉쇄되었 으며, 자금조달능력이 있는 중산층 이상에게만 혜택이 돌아갔다.

— 주택정책의 바람직한 방향은 스스로 주택 문제를 해결할 수 있는 '중산 층' 이상 계층에 대해서는 주택시장에 맡기는 것이다. 그러나 도시영세 민, 저소득 도시서민 등 550만 가구나 되는 '저소득층'에 대해서는 주거 안정을 달성할 수 있도록 공공임대주택 공급을 장기에 걸쳐서 지속적으 로 증대시키며, 다주택 소유자가 보유한 민영임대주택 공급도 원활하게 이루어질 수 있도록 뒷받침해야만 한다.

— 통계청의 2015년 〈인구주택 총조사〉에 따르면, 1인 및 2인 가구는 각각 전체 가구의 27.2%, 26.1%로 절반을 넘는다. 가구 수는 각각 520만 가구, 499만 가구로 합해서 1천만 가구를 넘는다.

— 그런데 주택공급은 아직도 4인 가족 가구를 표본으로 하고 있으며, 공공 임대주택도 주로 신혼부부나 저소득층 2~3인 가구를 대상으로 한다. 즉, 주택의 공급과 수요 간에 불균형이 존재한다.

— 특히 1인 가구는 적당한 가격에 혼자 살 만한 집을 찾기가 너무 어려워

서 오피스텔, 기숙사, 고시원 등 이른바 '주택 외 거처'에 살고 있다. 이들 중 59%는 일자리를 구하지 못한 청년층과 소득이 없는 노년층이다. 따라서 정부는 소형·장기임대주택 공급에 최우선순위를 두어야 한다. 이를 위해서는 토지주택공사(LH) 등 공공기관에 의한 공급 이외에 민간건설업자에게도 세제지원 등을 통해서 임대주택 공급에 적극 나서도록 유인체제를 구축할 필요가 있다.

— 2014년 말 현재 장기공공임대주택 공급량은 약 107만 호로 총주택 공급량의 5.5%를 점유하는데, 이는 OECD 회원국 평균인 11.5%에 비해서는 절반에 불과하다. 2015년부터는 '주거급여제도'로 불리는 임대료 보조금인 바우처(voucher)도 무주택 저소득계층에 대해서 지원한다.

— 과거 강남 개발은 빈터에 신시가지를 새롭게 건설하는 것이었으나, 최근의 강북 개발은 재개발, 재건축 등 도시재생사업이 주를 이룬다.

— 싱가포르나 홍콩같이 땅이 없는 도시국가와는 달리, 한국은 국토의 2%만 추가로 개발해도 필요한 땅을 충분히 확보해서 사용할 수 있다. 즉, 국토가 좁아서 땅값이 비싸다는 것은 오해이다. 최근 영국의 런던에서 주택난으로 그린벨트를 완화하자는 주장이 부쩍 늘고 있는데 한국도 이를 검토해 볼 필요가 있다.

— 한국의 토지 소유는 소득분배에 비해서 더욱 심각한 불평등도를 보여서 2012년 현재 상위 5%가 전체 토지(민유지)의 무려 61.3%를 점유하고 있다.

— 지난 반세기 동안 땅값과 집값의 지속적인 상승과 자본이득을 노린 부동
산투기는 '망국병'으로 일컬어질 정도로 경제하려는 의지를 저해하고 계
층 간 갈등을 깊게 하였으며, 공동체의식을 무너뜨리고 경제정의를 훼
손시키는 등 자유민주주의·시장경제체제에 대한 중대한 위협이 되었
다. 즉, 부동산정책은 대표적인 정부실패 사례이다.

— 2018년 초 서울 강남구, 송파구 및 양천구 목동 등지에서 재건축 아파트
를 중심으로 매매가격이 또다시 가파르게 상승하였다. 따라서 정부는
재건축 초과이익 환수제, LTV·DTI 규제 강화, 다주택자에 대한 양도
소득세 중과 등을 시행하였다. 또한 부동산 거래를 활성화하기 위해서
취득세는 인하하며, 2015년 GDP 대비 0.8%에 불과해서 영국 3.1%,
미국 2.5%, 일본 1.9%에 비해서 상당히 낮은 보유세(재산세와 종합부
동산세)는 인상해서 부동산에 대한 투기적 수요를 억제하려고 한다.

— 1990년 토지공개념 관련 3개 법률인 택지소유상한제, 토지초과이득세
제, 개발부담금제가 국민들의 압도적 지지를 받으면서 도입되었으나 그
후 헌법재판소로부터 위헌결정이 내려졌다.

— 주택, 토지 등 부동산정책은 저소득계층의 주거안정에 가장 높은 우선
순위를 두어야 하나 주로 경기조절의 수단으로 활용되었다. 이에 따라
부동산경기의 호·불황에 따라서 부동산 관련 규제정책이 강화와 완화
사이를 오가면서 국민들의 신뢰를 잃었다.

미주

제1장 민본(民本)경제

1 정창영, "'民本經濟' 생각할 때", 〈중앙일보〉, 1984. 6. 30.

2 삼정(三政)이란 조선시대 국가재정의 3대 요소인 전정(田政: 농지정책), 군정(軍政: 군사정책), 환정(還政: 빈민에 대한 정부보유 미곡 대여정책)을 뜻한다.

3 박영규, 《한권으로 읽는 조선왕조실록》, 웅진 지식하우스, 2004: 484~491, 508~518쪽.

4 "Militarism is a risky temptation for China", *Financial Times*, 2015. 9. 1.

5 남경태, "동서양 철학의 차이는 질문의 차이", 〈Seri Ceo〉, 2011. 12. 26.

6 금장태, "민본 유교의 재인식", 《유교사상연구》 1권, 한국유교학회, 1986.

7 장승구, "유교의 민본주의사상과 그 현대적 의미", 《민본주의를 넘어서》.

8 이기동 역해, 《맹자강설》, 성균관대학교, 1992: 578~579쪽.

9 하라 다케시, 《직소와 왕권: 한국과 일본의 민주주의사상과 비교》, 지식산업사, 2000.

10 실학에 대한 상이한 해석에 대해서는 다음을 참조. "실학별곡 10 - 에필로그: … 서구 콤플렉스가 낳은 실학과 결별할 때", 〈중앙일보〉, 2018. 7. 21.

11 여기서의 논의는 다음에 주로 의존하였다. 丁若鏞, 《牧民心書》, 김지용·남만성 옮김, 《한국명저대전집》, 대양서적, 1972: 331, 430, 444, 494쪽.

12 김석근, "민·민본·민본주의의 개념에 관한 시론", 2000년도 한국정치학회 추계 학술회의 발표논문.

13 "What's gone wrong with democracy", *The Economist*, 2014. 3. 1.; "Free dictatorship to democracy", *The Economist*, 2015. 11. 25.

14 "Europe's unfinished fight to stem the populist tide", *Financial Times*, 2017. 12. 20.; "Poland at the crossroads in relations with Europe", *Financial Times*, 2017. 12. 18.

15 "오스트리아 극우(極右), 聯政 파트너로 … 反난민 정책 쏟아낸다", 〈동아일보〉, 2017. 12. 18.

16 "유럽의 위기 … 2011년은 PIIGS(포르투갈, 아일랜드, 이탈리아, 그리스, 스페인), 2018년은 PHIGS(폴란드, 헝가리, 이탈리아, 그리스, 스페인)", 〈조선일보〉, 2018. 6. 6., "우파 포퓰리즘이 불길처럼 유럽대륙에 번지고 있다", 〈조선일보〉, 2018. 6. 8.

17 KBS 다큐 1 〈스웨덴 정치를 만나다〉, 1부 "행복을 만드는 마술사", 2016. 1. 28., 2부 "정치가 꽃보다 아름답다", 2016. 2. 4.

18 "The world economy's surprising rise: on the up", *The Economist*, 2017. 3. 18.

19 Daniel Bell, *The China model: Political Meritocracy and the Limits of Democracy*, Princeton University Press, NJ, 2015.

20 "In China and its role model, Singapore: 'meritocratic' leaders are under scrutiny", *The Economist*, 2015. 9. 5.

21 "FT Big Read: Singapore, Life after Lee", *Financial Times*, 2015. 3., 28~29.

22 Gideon Rachman, "The rise of nostalgic nationalism", *Financial Times*, 2017. 1. 3.

23 "유럽 포퓰리즘, 4개국 연패로 급제동 … 불씨는 남아", 〈조선일보〉, 2017. 5. 10.

24 Robert B. Reich, *Saving Capitalism: for the Many, not the Few*, Knopf, 2015.

25 Martin Wolf, "Inequality is a threat to our democracies", *Financial Times*, 2017. 12. 20.

26 Zhang Wei-Wei, "Eight ideas behind China's success", *International Herald Tribune*, 2009. 10. 1.

27 Francis Fukuyama, "Democracy in America has less than ever to teach China", *Financial Times*, 2011. 1. 18.

28 "As dogma loses currency, China revives Confucius", *Wall Street Journal*, 2015. 9. 20.

29 "유교의 화(和)정신, 현대사회의 갈등 해소 방안", 〈동아일보〉, 2010. 11. 26.

30 Kaiping Peng and Richard E. Nisbett, "Culture, dialectics, and reasoning about contradiction", *American Psychologist*, 741~754.

31 Geert Hofsted and Michael Harris Bond, "The Confucius connection: From cultural roots to economic growth", *Organizational Dynamics*, *16*(4), 5~21.

32 최근 한국 민주주의에 대한 논의로는 다음을 참조. 최장집, "文정부 직접민주주의式 국정 운영 … 代議민주주의 위축 우려", 〈문화일보〉, 2018. 7. 27.

33 Adam Smith, *An Inquiry into the Nature and Causes of the Wealth of Nations*, 1776, Book I, chs. 8, 11; Book IV, ch. 9.

34 여기서의 논의는 다음에 주로 의존하였다. Niall Ferguson, *Civilization: the West and the Rest*, 구세희·김정희 옮김, 《시빌라이제이션: 서양과 나머지 세계》, 21세기북스, 2011: 244~247, 500, 503, 505쪽.

35 Jawaharlal Nehru, *Glimpses of World History*, 최충식·남궁원 편역, 《세계사편력》, 일빛, 2005: 158쪽.

36 여기서의 논의는 다음에 주로 의존하였다. David S. Landes, *The Wealth and Poverty of Nations: Why Some Are So Rich And Some So Poor*, 1998: pp. 54, 401.

37 "The clash of civilizations revisited", *Financial Times*, 2015. 11. 17.

38 여기서의 논의는 다음에 주로 의존하였다. Jeremy Rifkin, *The European Dream: How Europe's Vision of the Future Is Quietly Eclipsing the American Dream*, 이원기 옮김, 《유러피언 드림》, 민음사, 2005: 131~136, 418, 435, 439~442, 445~452, 467~480, 488~489쪽.

39 신의순, "지속가능성 위기와 경제학의 과제", 제5회 최호진 교수 기념강좌, 연세대 경제연구소, 2015. 10. 28.

40 "A climate deal in Paris need not be binding", *Financial Times*, 2015. 11. 13.

41 "교토 의정서 이후 … 파리 '新기후체제' 열린다", 〈조선일보〉, 2015. 11. 30., "지구온도 상승 폭 산업혁명 이전과 비교해서 2℃보다 훨씬 낮게 …, 화석연료시대의 종언", 〈조선일보〉, 2015. 12. 14., "Global warming … losing the war against climate change", 커버스토리, *The Economist*, 2018. 8. 4.

42 "World leaders praise breakthrough", "Teeth of accord lies in emissions scrutiny", *Financial Times*, 2015. 12. 14.

43 "FT Big Read: High pressure in Paris", *Financial Times*, 2015. 11. 13.

44 기후변화 정부 간 협의체(Intergovernmental Panel on Climate Change: IPCC) 이회성 의장 인터뷰, "한국이 고립된 나라도 아니고 … 책임 있는 사람조차 알려고 안 해", 〈조선일보〉, 2015. 12. 21., "피부로 못 느끼던 온실가스 재앙 … 이번 폭염이 경각심 깨웠다", 〈조선일보〉, 2018. 8. 9., "기후변화로 새로운 경제 탄생, 먼저 적응해야 승자 된다", 〈중앙일보〉, 2015. 10. 30.

45 "How to judge if Paris climate talks are a success", *Financial Times*, 2015. 12. 13.

46 OECD, *OECD Economic Surveys Korea 2016*, Paris, May 2016.

47 한삼희, "세계 1위 대기오염국 인도의 도전", 〈조선일보〉, 2016. 1. 18., "경유차

가 … 문제다", 〈조선일보〉, 2016. 6. 11.

48 "Climate-change policy in Germany", *The Economist*, 2017. 11. 17.

49 "Geoengineering, if all else fail: second-best solution", 〈Special Report: Climate Change〉, *The Economist*, 2015. 11. 28., 13~15.

50 "리셋코리아: 정치선진화 하려면 ― 대의민주주의와 숙의민주주의, 건전한 경쟁 절실하다", 〈중앙일보〉, 2017. 11. 15.

51 "플라스틱 포장재 줄여 2차 쓰레기 줄이기 혁명을", 〈조선일보〉, 2018. 5. 11.

52 여기서의 논의는 다음에 주로 의존하였다. 제레미 리프킨 지음, 안진환 옮김, 《3차 산업혁명》, 민음사, 2012: 10, 12, 57~59, 60, 68~69, 83~84, 94~98, 108, 120, 336~338쪽.

53 "EU '밀집사육' 2012년 법으로 금지, '13년 AI 발생 영국 3건, 스웨덴 1건 … 살처분 비용 등 1조(2013년 첫 AI 발생 이후), 그 돈 미리 친환경 사육 지원했다면 …", 〈중앙일보〉, 2017. 1. 5.

54 이주호, "제4차 산업혁명에 대응한 교육개혁", KDI, 2016.

55 "Society and technology: Money for nothing, as anxiety grows about technological disruption, the idea of UBI is being embraced by union leaders, libertarians and Silicon Valley executives, is this the future of welfare?", *Financial Times*, 2016. 5. 27.

56 "ASPE Issue Brief", Information on Poverty and Income Statistics; "A Summary of 2014 Current Population Survey Data", US Department of Health and Human Service, 2014. 9., http://aspe. hhs. gov.

57 "문 닫힌 '제도금융'", 〈매일경제〉, 2012. 8. 28.

제2장 '산 경제학'의 창조

1 Dudley Seers, "The limitations of the special cases", *The Bulletin of Oxford Institute of Economics and Statistics*, May 1963.

2 정창영, 《경제학원론》 제2판, 법문사, 2003.

3 정창영, 《경제발전론》 제3판, 법문사, 2000.

4 정창영, "《국부론》 이후 200년", 〈신동아〉, 1976. 1.

5 《한국경제 60년사》, V권 "사회복지·보건", 제1. 2장, 2010.

6 〈KOSIS 100대 지표〉, 국가통계포털(http://kosis. kr).

7 〈국제통계연감: 합계출산율(OECD)〉, 국가통계포털(http://kosis. kr).

8 안병권·김기호·육승환, "인구고령화가 경제성장에 미치는 영향", 한국은행, 2017. 6.

9 "대외 의존적 경제구조의 문제점과 내수확대방안", 〈산은조사월보〉, 2011. 10.

10 〈에너지 수급통계: 에너지 수입액〉, 국가통계포털(http://kosis. kr).

11 〈금융통계: 〔자본시장〕 22. 외국인주식투자〉, 국가통계포털(http://kosis. kr).

12 "Robust chip and panel prices see foreigners pile in to Korea", *Financial Times*, 2017. 6. 16.

13 "자본자유화 이후 한국의 자본이동 행태", 한국은행, 2012. 5. 11.

14 Robert Reich, "More profits, fewer jobs", *International Herald Tribune*, 2010. 7. 30.

15 "독일도 로봇시대 '일자리 고민' … 勞使政, 백서까지 만들어", 〈조선일보〉, 2017. 5. 25.

16 *Household Debt*, OECD, 2017.

17 〈국제통계연감: 가계저축(G20)〉, 국가통계포털(http://kosis. kr).

18 《참여정부 국정운영백서 ③: 경제》, 제4장, 국정홍보처, 2008.

19 "무너지는 서민금융", 〈매일경제〉, 2012. 8. 28.

20 http://kostat. go. kr.

21 〈국제통계연감: 지니계수〉, 국가통계포털(http://kosis. kr). 여기서 기준과 측정 대상에 따라 지니계수는 서로 다른 값을 갖는다는 점을 유의하여야 한다. 예를 들어, 본문에서 본 대로 도시 2인 이상 가구를 대상으로 하는 경우 2015년 한국의 지니계수는 0. 305이지만 전체 가구 대상일 경우에는 0. 345로 측정된다. 전체 가구를 대상으로 하는 지니계수는 2006년부터 측정되고 있다.

22 "On the top, the world economy's surprising rise", *The Economist*, 2017. 3. 18.

23 "FT Big Read: Shinzo Abe interview", *Financial Times*, 2015. 3. 27.

24 "Zero rates feed bubbles, says US Fed official", *Financial Times*, 2015. 3. 26.

25 여기서의 논의는 전체적인 흐름만 파악하는 것으로 충분하며, 자세한 설명에 대해서는 이해하기 쉽지 않은 부분이 있어도 그대로 넘어가도 별 문제가 없다.

26 "Blinded economists ponder their relevance: Economists reassess profession after missing signs of impending crisis", *International Herald Tribune*, 2009. 9. 2. ; "How to rebuild a newly shamed subjects", *Financial Times*, 2009. 12. 15.

27 "What went wrong with economics: The State of Economics", *The Economist*, 2009. 6. 18.

28 Paul Krugman, "How did economists get it so wrong?", *The New York Times*

Magazine, 2009. 9. 6. 이에 대한 반론은 John H. Cochrane, "How did Paul Krugman get it so wrong?", *IEA Economic Affairs*, 2011. 6.

29 이종규, "금융위기와 거시경제학계의 최근 논의: 토론", 한국경제학회, 2011년 가을.

30 Oliver J. Blanchard, "The state of macro", Working Paper, National Bureau of Economic Research, 2008. 8.

31 Ricardo J. Caballero, "Macroeconomics after the crisis: Time to deal with the pretense of knowledge syndrome", *Journal of Economic Perspectives*, 24(4), Fall 2010, 85~102.

32 Oliver Blanchard, Giovanni Dell Ariccia, and Paolo Mauro, "Rethinking macroeconomic policy", "Rethinking macro policy II: Getting granular", IMF Staff Position Note, SPN/10/13, SPN/13/03, International Monetary Fund, 2010. 2. 12., 2013. 4.

33 "Capitalism in crisis", *Financial Times*, 2012. 1. 9~2. 7.

34 김정식, "제도선택과 한국경제의 발전전략", 〈經濟學硏究〉, 제63집 1호, 2015.

35 Daron Acemoglu, *Why nations fail?*, 최완규 옮김, 《국가는 왜 실패하는가?》, 시공사, 2012.

36 "Global capitalism isn't working for the American middle class", *International Herald Tribune*, 2011. 4. 15.

37 Robert B. Reich, "When America's rich get too rich", *International Herald Tribune*, 2011. 9. 7.

38 https://www. imf. org/external/pubs/ft/sdn/2015/sdn1513. pdf

39 Raghuram Rajan, "The west's legitimacy rest on restoring opportunity", *Financial Times*, 2012. 10. 18.

40 정창영, 《IMF 고통인가, 축복인가》, 문이당, 1998.

41 "Promises that proved ultimately empty", *Financial Times*, 2012. 1. 10.

42 Rana Foroohar, "The rise of the superstar company", *Financial Times*, 2018. 1. 15. ; "Big Tech should hit the restart button", *Financial Times*, 2018. 1. 22.

43 Martin Wolf, "Taming the masters of the tech universe", *Financial Times*, 2017. 11. 15.

44 John Gapper, "Antitrust faces a battle of the business giants", *Financial Times*, 2017. 12. 7.

45 "Latin America Faces up to growing uncertainties", 사설, *Financial Times*,

2018. 6. 22.

46 "Capitalism is alive and well in Africa", *Financial Times*, 2012. 2. 7.

47 "True progressivism: The new politics of capitalism and inequality", *The Economist*, 2012. 10. 19.

48 Joe Studwell, *How Asia Works: Success and Failure in the World's Most Dynamic Region*, ProfileBooks, 2013.

49 "A measure remodeled: Gross domestic embellishments", *Financial Times*, 2009. 1. 28.

50 "GDP branded a poor gauge of progress", *Financial Times*, 2009. 9. 15. ; "Commission in France calls for new economic yardstick", *International Herald Tribune*, 2009. 9. 15.

51 Abrahan Maslow, *Motivation and personality*, Harper & Brothers, 1954.

52 "행복한가요?", 〈동아일보〉, 2009. 10. 22.

53 "A measure of cheer", *Financial Times*, 2010. 12. 28.

54 "Older but not wiser", *Financial Times*, 2017. 11. 25~26.

55 남주하 · 김상봉, "한국의 경제행복지수 측정에 관한 연구", 〈국제경제연구〉, 제 18 권 2호, 2012. 6.

56 삼성경제연구소, "경제행복도 지수로 본 한국경제", *CEO Information*, 2010. 4. 7.

제 3장 성장잠재력의 확충

1 고영선 · 이재준 · 강동수 · 안상훈 · 유경준 편, 《건실한 경제성장과 안정적 사회 발전을 위한 정책제언》, 한국개발연구원, 2012: 제 1장.

2 한국은행 경제통계시스템 (http://ecos. bok. or. kr).

3 "Delights and perils of the global economic upswing", *Financial Times*, 2017. 4. 15.

4 포스텍 박태준미래전략연구소, 《최고 가치창출대학으로: 포스텍 30년의 전환점에 서》, 포항공과대학교 출판부, 2017.

5 조동철 편, 《우리 경제의 역동성: 일본과의 비교를 중심으로》, 한국개발연구원, 2014: 1, 10장.

6 Donald J. Johnston, "Korea-right time, right place", a special lecture delivered at Yonsei University, Seoul, Korea, 2005. 10. 12.

7 IMD 과학/기술 경쟁력 순위 선진국 14개국 중 5위 (2011년), "민간 R&D 투자 활

성화 자문회의 별첨 자료", 미래창조과학부, 2013. 8. 21. ; "Metro systems", *The Economist*, 2013. 1. 5.

8 "中의 AI 10만 명 양병론, 우리는 어떤 미래 준비하고 있나", 〈조선일보〉, 2018. 5. 2.

9 Martin Wolf, "More than ever, we need a shining city on the hill, The Future of Cities", *Financial Times*, 2017. 6. 7.

10 "China income gap among world's widest", *Financial Times*, 2016. 1. 15.

11 "Why inequality is such a drag on economies", *Financial Times*, 2014. 10. 1.

12 Sonali Jain-Chandra et al. , "Sharing the growth dividend: Analysis of inequality in Asia", IMF Working Paper, WP/16/48, March 2016.

13 "Special report: The nordic countries", *The Economist*, 2013. 2. 2.

14 삼성경제연구소, "북유럽 경제에서 배우는 교훈", *CEO Information*, 2012. 3. 28.

15 "30조(건보), 21조(기초연금) … 쏟아지는 복지", 〈중앙일보〉, 2017. 8. 19.

16 OECD, *OECD Economic Surveys Korea 2016*, Paris, May 2016, p. 46. http://dx. doi. org/10. 1787/eco_surveys-kor-2016-en

17 김용익, "사각지대, 복지에 역행하는 복지", 〈한겨레〉, 2011. 7. 12.

18 "중위소득 50% 이하 상대적 빈곤층도 복지급여", 〈동아일보〉, 2013. 2. 18.

19 페터 슈피겔 지음, 홍이정 옮김, 《가난 없는 세상을 꿈꾸는 은행가》, 좋은책만들기, 2007.

20 여기서의 논의는 다음에 주로 의존하였다. 제레미 리프킨 지음, 이원기 옮김, 《유러피언 드림》, 민음사, 2005: 12, 69, 76~77, 147, 148, 150, 152, 211, 230, 275, 410, 418~419, 488~489, 496쪽.

21 "독일경제의 나 홀로 호황, 독일은 별천지 … 글로벌 불황 속 두 번째 라인강의 기적", 〈조선일보〉, 2012. 4. 21.

22 "Germany's economic model: What Germany offers the world", *The Economist*, 2012. 4. 14.

23 "Labor market: While America endures a job blight, employment in much of Europe is proving resilient", *Financial Times*, 2010. 1. 22.

24 "Resilient German and Dutch labor market", *Financial Times*, 2011. 8. 4.

25 "Germany: The miraculous machine", *Financial Times*, 2012.

26 "Cool Germany", 커버스토리, *The Economist*, 2018. 4. 14.

27 "France in denial", *The Economist*, 2012. 3. 31.

28 "Netherland's polder model", *The Economist*, 2002. 5. 2.

29 "The Dutch model", *The Economist*, 1999. 5. 22.

30 "Desperately seeking a perfect model", *The Economist*, 1999. 4. 10.

31 "The next supermodel, the Nordic countries", *The Economist*, 2013. 2. 2.

32 삼성경제연구소, "북유럽 경제에서 배우는 교훈", *CEO Information*, 2012. 3. 28.

33 "Nordic model starts to creak under pressure", *Financial Times*, 2014. 11. 21.

34 김동석·김문수·김영준·김승주, 《한국경제의 성장요인 분석: 1970~2010》, 한국개발연구원, 2012, 146~147쪽.

35 "취업애로계층의 특징과 시사점", 〈경제주평〉, 현대경제연구원, 2014. 4.

36 "3월 실업률 11.8%, 체감실업률 24.1%: 숨겨진 청년 실업자들", 〈한겨레〉, 2016. 5. 12.

37 국가통계포털(http://kosis. kr).

38 한국은행 경제통계시스템(http://ecos. bok. or. kr).

39 "Samsung outstrips Apple and Intel to line up for profits crown", *Financial Times*, 2017. 7. 8.

40 여기서의 논의는 다음에 주로 의존하였다. 김영배·정구현 외, 《혁신의 시간》, "발문, 파괴당하기 전에 스스로 파괴하다", RHK, 2016: 257~287쪽.

41 "Family companies: Relative success", *The Economist*, 2014. 11. 1.

42 "연세비전 150: 세계최고대학", *Yonsei Vision 2035: The World's Best University*, 세계일류대학연구회, 2018. 6.

제 4장 중산층의 확대

1 이기동 역해, 《맹자강설》, 梁惠王章句上, 성균관대학교출판부, 1992: 61~62쪽.

2 〈문화일보〉, 2009. 9. 17.

3 한국보건사회연구원, "빈부격차 확대요인의 분석과 빈곤, 서민 생활대책", 2000. 12.

4 국가통계포털(http://kosis. kr), 소득분배지표.

5 Paul Collier, *The Bottom Billion, Why The Poorest Countries Are Failing and What Can Be Done About It*, NY: Oxford University Press, 2007.

6 UN 홈페이지(http://www. un. org/millenniumgoals/); Jeffrey D. Sachs, *The End of Poverty*, NY: Penguin Books, 2005.

7 UN, *World Development Report 2013*, NY: Oxford University Press, 2013; "Poverty reduction drive succeeds in developing world", *Financial Times*,

2013. 3. 15.

8 "Slow growth clouds fight against poverty", *Wall Street Journal*, 2016. 1. 20.

9 "UN obsession with global targets for poverty", *Financial Times*, 2015. 9. 26.

10 윤석범 엮음, 《한국경제론 강의》, 세경사, 2001: 23장.

11 김태완 등, 《2007년 빈곤통계연보》, 한국보건사회연구원, 2007: 18쪽.

12 윤기중, "한국의 빈곤과 불평등", 미출판 원고.

13 "빈곤층 가구의 생활실태와 복지욕구 …", 보도자료, 국무총리실, 2012. 6. 4.

14 "빈곤경험, 전체가구의 30% 육박", 〈경향신문〉, 2012. 2. 15.

15 "Special report: Universal health care", *The Economist*, 2018. 4. 28.

16 "Hardship on rise for middle class", *Financial Times*, 2011. 3. 8.

17 이태진·정해식, 《2014년 한국복지패널 기초분석보고서》, 보건사회연구원, 2014: 201~202쪽.

18 Edward N. Wolff, *Poverty and Income Distribution, 2nd edition*, NY: Wiley and Blackwell, 2009, 제6장, p. 197.

19 "Poverty and recovery", *International Herald Tribune*, 2011. 1. 20.

20 UN Development Programme(UNDP), *Human Development Report 2009*, 한국, 중국의 지니계수는 2010년 값임.

21 "Social mobility and inequality: Equality, a true soul food", *The Economist*, 2010. 4. 15.

22 Anthony B. Atkinson, Lee Rainwater and Timothy M. Smeeding, "Income distribution in OECD countries: Evidence from the Luxembourg Income Study", *Social Policy Studies*, *18*, OECD, 1995.

23 "The disappearance of the middle class", *New York Times*, 1984. 2. 5.

24 손민중, "소득양극화에 관한 거시적 요인 분석", 연세대학교 대학원 박사학위논문, 2012. 7.

25 김낙년, "한국의 소득집중도 추이와 국제비교, 1976~2010: 소득세 자료에 의한 접근", 낙성대 경제연구소, 2012.

26 유경준, "소득불평등 개념과 실태", 〈노동경제논집〉, 제30권 3호, 2007; "소득불평등도와 양극화: 오해와 실태", 〈KDI 정책포럼〉, 제183호, 2007.

27 Martin Feldstein, "Income inequality and poverty", *NBER Working Paper*, No. 6770, 2007.

28 고영선·이재준·강동수·안상훈·유경준 편, 《건실한 경제성장과 안정적 사회발전을 위한 정책제언》, 한국개발연구원, 2012: 37~38, 470~474쪽.

29 Martin Ford, *Rise of the Robots: Technology and the Threat of Jobless Future*, NY: Basic Books, 2015, Introduction.

30 여유진·송치호, "공적이전 프로그램의 재분배 효과", 〈사회보장연구〉, 2010.

31 "빈곤계층 10명 중 4명 5대 소득보장혜택 '0'", 〈한겨레〉, 2016. 2. 4.

제 5장 일자리 창출

1 유경준, "고용안전망 사각지대 현황과 정책방향", *KDI FOCUS*, 2013. 2. 20.

2 조준모, "글로벌 금융위기하의 선진국의 복합고용전략과 한국에의 시사점", 한국고용정보원, 2009. 1. '고용위기 어떻게 극복할 것인가' 심포지엄: 36~37, 49쪽.

3 Robert Reich, "More profits, fewer jobs", *International Herald Tribune*, 2010. 7. 30.

4 고영선·이재준·강동수 외, 《견실한 경제성장과 안정적 사회발전을 위한 정책제언》, KDI, 2012: 52쪽.

5 금재호, "취업난의 불편한 진실: 일할 사람도 없다?", 한국선진화포럼, 2012. 7. 15.

6 "일자리 만족 큰 네덜란드, 덴마크…", 〈동아일보〉, 2012. 10. 12.

7 OECD, *2017 Statistics*, 2017.

8 남재량, "신규 대졸자의 주요 집단별 고용 특징", 〈월간 노동리뷰〉, 2011년 5월: 7~16쪽.

9 조민수 등, "청년층의 하향 취업 현황과 이동 분석", 〈고용이슈〉, 7권 6호, 2014년 11월.

10 OECD, *OECD Employment Outlook 2016*, 2017.

11 배무기, "한국노동경제의 구조변화", 〈경제논집〉, 21권, 1982: 57~64쪽.

12 《한국경제 60년사》, V권 "사회복지·보건", 2010: 568~569, 670~675, 678, 691쪽.

13 김유선, "비정규직 규모와 실태: 통계청, 〈경제활동인구조사 부가조사〉(2016. 3.) 결과", *KLSI Issue Paper*, 2016. 6.

14 "제조업부문 중소기업의 일자리 창출제고와 기업 간 분업관계의 개선", *KDI Focus*, 2012. 10. 25., 2013. 3. 12.

15 여기서 체감실업률은 통계청이 새로 도입한 '고용보조지표 3'에 따른 실업률을 말한다.

16 국가통계포털(http://kosis.kr), 고용보조지표, 2017. 6. 14.

17 한국노동연구원, 《2017 KLI 노동통계》, 2017.

18 박진희·김두순·양수경, "2016년 통계로 본 노동동향", 한국고용정보원, 2016. 3.

19 최인방·박상우, "경제구조 서비스화 진전의 소득불균형에 대한 영향과 시사점", 〈BOK 이슈노트〉, 한국은행, 2012. 12. 21.

20 한국고용정보원, "통계로 보는 노동시장", 2017.

21 현대경제연구원, "국내 노동생산성 변화 추이와 시사점", 〈VIP 리포트〉, 634호, 2015. 11. 12.

22 '소상공인'이란 영세중소기업으로서 광업, 제조업, 건설업, 운수업의 경우에는 상시종사자 수 1~9인 업체를, 그 외 업종의 경우는 1~4인 업체를 말한다.

23 중소기업중앙회, "2016 중소기업 위상 지표", 2016. 5.

24 "올 한국경제 화두는 중견기업 육성", 〈국민일보〉, 2013. 1. 3.

25 KDI, "제 2의 벤처 붐을 맞고 있는가", 2012. 11.

26 삼성경제연구소, "청년고용 확대를 위한 대학교육 혁신 방안", *Issue paper*, 2010. 8. 27.

27 류지성 등, "대학에 가지 않아도 성공하는 세상", *CEO Information*, 2012. 5. 30.

28 정구현, 《우리는 어디로 가고 있는가》, 청림출판, 2013, 117~123쪽.

29 OECD, "비정규직 이동성 국제비교", 2014; 〈국민일보〉, 2015. 2. 17. ; "OECD 의 한국노동개혁 …", 〈한겨레〉, 2016. 5. 18.

30 "20년차 근로자 임금, 신입사원의 3배, 佛 1.4배, 英 1.5배", 〈매일경제〉, 2014. 6. 19.

31 이원덕, "노동현안 쟁점과 과제", 미출판 원고, 2017.

32 한국노동연구원, 《2017 KLI 노동통계》, 2017.

33 박덕제·이원덕·정진호, 《노동경제학》, 한국방송통신대학교, 2015: 제7장.

34 통계청, "자영업 현황분석", 보도자료, 2016. 12.

35 주현, "자영업 문제를 어떻게 볼 것인가?", 〈KIET 산업경제〉, 2014. 10.

36 통계청, "2011년 가계금융 조사결과", 2011.

37 필자가 잘 모를 수 있으나 최근 통계를 찾기가 어려웠다. 그러나 정부당국은 2017 년에 〈서비스산업 실태조사〉를 실시할 예정이다.

38 "규제에 묶인 서비스업", 〈동아일보〉, 2017. 9. 25.

39 한국개발연구원, 〈KDI 경제전망, 2016 상반기〉, 33권 11호, 2016. 5.

40 삼성경제연구소, "최근 일자리 창출 부진의 원인", 〈SERI 경제포커스〉, 2008. 2. 25. ; 한국개발연구원, "서비스산업 생산성 향상을 위한 정책과제", 2007. 8.

41 김범식·손민중·박준, "한국서비스업 고용의 특징과 개선방안", 삼성경제연구소, 2009. 10. 29.

42 중소기업중앙회, 〈2016년 중소기업 현황〉.

43 " … 세계서 우뚝 선 수출 中企", 〈매일경제〉, 2014. 5. 19.

44 〈조선일보〉, 2012. 4. 21. , 2013. 6. 15. ; "Germany: the miraculous machine", *Financial Times*, 2012. 4. 20.

45 고영선 · 이재준 · 강동수 · 안상훈 · 유경준 편, 《건실한 경제성장과 안정적 사회발전을 위한 정책제언》, 한국개발연구원, 2012: 28~30쪽; "중소기업에 대한 가격 착취와 기술탈취 근절해야", 〈중앙일보〉 사설, 2010. 5. 20. ; 김기문, "중소기업, 무조건 지원보다 '공정한 게임' 바란다", 〈조선일보〉, 2012. 3. 1.

46 중소기업청 · 산업통상자원부, "흔들리는 '경제허리' 중견기업", 2016. 7. 20.

47 관계부처 합동, "제1차 중견기업 성장촉진 기본계획", 2015. 6.

48 "일자리 창출과 창조경제 정책방향", 〈한국경제포럼〉, 6권 1호.

49 피터 언더우드, 《퍼스트 무버》, 황금사자, 2012.

50 삼성경제연구소, "혁신형 창업 활성화의 비결, 플랫폼", m. seri. org, 2013. 9. 11.

51 "Trailblazers: China's world-class tech giants", *The Economist*, 2016. 8. 6.

52 〈Seri Ceo〉, 2018. 4. 17.

53 "Special report: Entrepreneurship", *The Economist*, 2009. 3. 14. ; "The start-up nation is running out of steam", *The Economist*, 2016. 7. 9.

54 "A pioneer of Israel's start-ups revolution", *Financial Times*, 2012. 11. 12.

55 "연세비전 150: 세계최고대학", *Yonsei Vision 2035: The World's Best University*, 세계일류대학연구회, 2018. 6.

56 포스텍 박태준 미래전략연구소, "최고가치 창출 대학으로", 2017. 6.

57 "유럽 최대 연구기관 프라운호퍼", 〈조선일보〉, 2011. 11.

58 "인텔 · HP 키워낸 벤처캐피털 … 한국도 올해 2조 넘게 투자 '제 2전성기'", 〈조선일보〉, 2017. 9. 4.

59 "대기업 틈바구니서 … '1,000억(매출) 벤처' 500곳 넘었다", 〈조선일보〉, 2017. 9. 26.

60 이호근, "규제가 '유니콘 기업' 싹 죽이고 있다", 〈문화일보〉, 2017. 8. 22.

제6장 주거안정

1 정창영, 《정교수의 경제교실》, 3장 1절 "집, 땅, 부동산 투기", 문이당, 1993.

2 국토교통부, 〈2014년 주거실태조사연구보고서〉, 2015.

3 흑인의 자가보유율은 45%이고 백인은 74%로 인종 간에 상당한 격차가 존재한다.

"Streets behind: US property market", "FT Big Read: US housing", *Financial Times*, 2011. 2. 16. , 2011. 11. 7. , 2016. 8. 27.

4 Robert Reich, "Housing is the rotting core of the US recovery", *Financial Times*, 2012. 2. 28.

5 김경환·서승환, 《도시경제》, 제4판, 홍문사, 2009.

6 여기서의 논의는 다음에 주로 의존하였다. 국토연구원, 《상전벽해, 국토 60년》, '사업편', V, VII, VIII, IX, XV, 2008.

7 손재명, "주택정책과 토지 공개념", 〈매일경제〉, 2016. 5. 27.

8 "Mind the housing gap", *Financial Times*, 2015. 3. 14~15.

9 국토연구원, 《상전벽해, 국토 60년》, '정책편', VII '초가삼간에서 고층아파트로', 2008.

10 Johan Norberg, *Progress: Ten Reasons to Look Forward to the Future*, Oneworld, 2016.

11 "94만 아이들, 곰팡내 나는 집에서 시들어간다", 〈한겨레〉, 2017. 9. 20.

12 김광기, "집을 살까 망설이는 당신에게", 〈중앙일보〉, 2015. 2. 26.

13 "서울 집값 평균 7억 …", 〈조선일보〉, 2018. 5. 14.

14 최영진, "전근대적인 개발규제 사고방식에서 벗어나자", 〈중앙일보〉, 2014. 6. 18.

15 김광기, "전 세계적 부동산 열풍의 끝은", 〈중앙일보〉, 2016. 6. 23.

16 "Bubble fears, Scandinavian capitals powerless to contain property prices", *Financial Times*, 2015. 8. 3.

17 Martin Wolf, "Britain's self-property racket", *Financial Times*, 2015. 1. 9. , "The solution to England's housing crisis lies in the green gelt", *Financial Times*, 2015. 2. 6.

18 "FT Big Read: Property: Land of opportunity", *Financial Times*, 2014. 9. 25.

19 독일은 2015~2016년에 무려 120만 명의 이민자를 받아들인 후 상당한 변화를 겪고 있다. 최근 독일의 동향에 대해서는 다음을 참조. "Cool Germany", 커버스토리, *The Economist*, 2018. 4. 14.

20 "Anglo-Saxon economics should envy Germany's rental culture", *Financial Times*, 2014. 6. 23.

21 "한국인에게 집이란 무엇인가", 〈동아일보〉, 커버스토리, 2013. 10. 12.

22 "급등 하락세 반전 … 강남 부동산 2007년 데자뷔?", 〈중앙일보〉, 2018. 5. 17.

23 "Choinomics' stimulus package: South Korean households pile up debt", *Financial Times*, 2015. 1. 6.

24 "재건축 투기에 뛰는 강남 집값", 〈한겨레〉, 2018. 1. 17.

25 "… 부동산 稅制 뜯어고치라", 〈조선일보〉 사설, 2013. 6. 21.

26 "A British property tax that is fit for purpose", *Financial Times*, 2014. 9. 25.

27 부동산금융 일반에 대한 자세한 논의는 다음을 참조. 이용만·임재만, 《부동산 금융론: 이론과 실제》, 다산출판사, 2017.

28 "주택공급 미스매치, '나 홀로 살집' 모자라", 〈중앙일보〉, 2017. 1. 4.

29 "리셋 코리아: 살 만한 집 공급이 최우선 … 공공임대·재개발 확대해야", 〈중앙일보〉, 2017. 7. 12.

30 "주거빈곤층 60만 가구, 임대주택보다 주택 바우처가 효과적", 〈조선일보〉, 2012. 3. 7.

31 "'뉴타운의 저주' … 서울 한복판 폐가 5,000채", 〈조선일보〉, 2017. 1. 25.

32 "도시재생사업은 환영 … 전월세 상한제는 시장 혼란", 〈조선일보〉, 2017. 5. 11.

33 "The future belongs to the cities of the West", *Financial Times*, 2015. 6. 3. ; "Chines architect Wang Shu is eager to stop his country forgetting its past", *Financial Times*, 2013. 3. 30.

34 "Seung Hyo-sang: Baring his Seoul", *Financial Times*, 2014. 9. 6.

35 "기존 도심 되살리는 어번 르네상스 필요", 〈동아일보〉, 2013. 11. 1.

36 "부자증세 첫 단추는 상가·주택 과표 현실화", 〈매일경제〉, 2017. 5. 12.

찾아보기(용어)

564

기타

찾아보기(인물)

저자 소개

정창영(鄭暢泳)

학 력
충청북도 충주 출생
청주고등학교
연세대학교 상경대학 경제학부(경제학사)
미국 남가주대학(University of Southern California, USC) 대학원
　　(경제학 석사, 박사)

경 력
연세대학교 상경대학 경제학부 교수
한국경제학회장
연세대학교 15대 총장

현 재
연세대학교 상경대학 경제학부 명예교수
삼성언론재단 이사장
삼성경제연구소 고문
함께나누는세상 상임대표

저 서
《정교수의 경제교실》(문이당, 1993)
《IMF 고통인가 축복인가》(문이당, 1998)
《경제발전론》(법문사, 2000)
《경제학원론》(법문사, 2003)